MANUAL PRÁTICO
DE CONTABILIDADE
SOCIETÁRIA

O GEN | Grupo Editorial Nacional – maior plataforma editorial brasileira no segmento científico, técnico e profissional – publica conteúdos nas áreas de ciências sociais aplicadas, exatas, humanas, jurídicas e da saúde, além de prover serviços direcionados à educação continuada e à preparação para concursos.

As editoras que integram o GEN, das mais respeitadas no mercado editorial, construíram catálogos inigualáveis, com obras decisivas para a formação acadêmica e o aperfeiçoamento de várias gerações de profissionais e estudantes, tendo se tornado sinônimo de qualidade e seriedade.

A missão do GEN e dos núcleos de conteúdo que o compõem é prover a melhor informação científica e distribuí-la de maneira flexível e conveniente, a preços justos, gerando benefícios e servindo a autores, docentes, livreiros, funcionários, colaboradores e acionistas.

Nosso comportamento ético incondicional e nossa responsabilidade social e ambiental são reforçados pela natureza educacional de nossa atividade e dão sustentabilidade ao crescimento contínuo e à rentabilidade do grupo.

ARIOVALDO DOS **SANTOS**
SÉRGIO DE **IUDÍCIBUS**
ELISEU **MARTINS**
ERNESTO RUBENS **GELBCKE**

MANUAL **PRÁTICO**
DE **CONTABILIDADE**
SOCIETÁRIA

APLICÁVEL A TODAS AS SOCIEDADES

DE ACORDO COM AS NORMAS INTERNACIONAIS E DO CPC

FIPECAFI
Cultura Contábil, Atuarial e Financeira
FUNDAÇÃO INSTITUTO DE PESQUISAS
CONTÁBEIS, ATUARIAIS E FINANCEIRAS

gen | atlas

- Os autores deste livro e a editora empenharam seus melhores esforços para assegurar que as informações e os procedimentos apresentados no texto estejam em acordo com os padrões aceitos à época da publicação, e todos os dados foram atualizados pelos autores até a data de fechamento do livro. Entretanto, tendo em conta a evolução das ciências, as atualizações legislativas, as mudanças regulamentares governamentais e o constante fluxo de novas informações sobre os temas que constam do livro, recomendamos enfaticamente que os leitores consultem sempre outras fontes fidedignas, de modo a se certificarem de que as informações contidas no texto estão corretas e de que não houve alterações nas recomendações ou na legislação regulamentadora.

- Data do fechamento do livro: 15/02/2022

- Os autores e a editora se empenharam para citar adequadamente e dar o devido crédito a todos os detentores de direitos autorais de qualquer material utilizado neste livro, dispondo-se a possíveis acertos posteriores caso, inadvertida e involuntariamente, a identificação de algum deles tenha sido omitida.

- **Atendimento ao cliente: (11) 5080-0751 | faleconosco@grupogen.com.br**

- Direitos exclusivos para a língua portuguesa
  Copyright © 2022 by
  Editora Atlas Ltda.
  Uma editora integrante do GEN | Grupo Editorial Nacional
  Travessa do Ouvidor, 11
  Rio de Janeiro – RJ – 20040-040
  www.grupogen.com.br

- Reservados todos os direitos. É proibida a duplicação ou reprodução deste volume, no todo ou em parte, em quaisquer formas ou por quaisquer meios (eletrônico, mecânico, gravação, fotocópia, distribuição pela Internet ou outros), sem permissão, por escrito, da Editora Atlas Ltda.

- Capa: Manu | OFÁ Design

- Editoração eletrônica: Sílaba Produção Editorial

- Ficha catalográfica

CIP-BRASIL. CATALOGAÇÃO NA PUBLICAÇÃO
SINDICATO NACIONAL DOS EDITORES DE LIVROS, RJ

M297

Manual prático de contabilidade societária: aplicável a todas sociedades / Ariovaldo dos Santos ... [et al.]. – 1. ed. – Barueri [SP] : Atlas, 2022.

Apêndice

Inclui índice

ISBN 978-65-5977-251-3

1. Contabilidade. 2. Sociedades comerciais. I. Santos, Ariovaldo dos.

22-75926   CDD: 657

                                              CDU: 657

Meri Gleice Rodrigues de Souza – Bibliotecária – CRB-7/6439

Prefácio à Primeira Edição

O *Manual de contabilidade das Sociedades por Ações* foi inicialmente editado pela Fipecafi em 1978, a pedido e com financiamento da Comissão de Valores Mobiliários (CVM). Isso porque a FEA/USP, de onde se originou a Fipecafi, desde metade da década de 1960 era a única Escola no Brasil a ensinar contabilidade no modelo norte-americano. E quando veio a Lei das S.A. em 1976, trouxe ela essa contabilidade norte-americana para o Brasil: a primeira grande revolução contábil-brasileira. E ficamos, à época, com uma das melhores legislações contábeis do mundo.

A partir disso, toda uma regulamentação contábil se seguiu, sempre inserida nas diversas edições, mas a Lei não mudava e dificultava a evolução das normas contábeis; também, a contabilidade comumente acabava cedendo à tentação de se amoldar mais aos interesses tributários do que aos dos usuários externos, principalmente investidores e credores. Até que chegou a segunda grande revolução contábil brasileira, derivada da adoção completa, no Brasil, em 2010, das normas internacionais do *International Accounting Standards Board* (IASB).

Na verdade, tudo acelerou em 2005 com a criação do Comitê de Pronunciamentos Contábeis (CPC), órgão destinado a emitir pronunciamentos contábeis uniformes a serem aprovados pelos órgãos estatais com poder para tanto. Isso para preparação do que vinha a seguir.

E então, em 2007, com a Lei nº 11.638, seguida da Lei nº 11.941/2009, possibilitou-se, primeiramente, a independência contábil no Brasil de forma completa a partir de 2010.

Criou-se a neutralidade fiscal: nenhuma norma contábil nova pode afetar a tributação da empresa, e nenhuma regra fiscal nova precisa obrigatoriamente ser aceita pela contabilidade. A não ser que o Fisco, via Lei, ou a contabilidade, via o CPC e os órgãos reguladores, assim decidam. E como a Lei nº 12.973/2014 provocou a perpetuação dessa situação de neutralidade fiscal, e com uma porção de ajustes na Lei das S.A. também feitas, ocorreu uma grande nova mudança com a adoção completa das *International Financial Reporting Statements* (IFRS), emitidas pelo IASB.

E passamos pela segunda grande revolução contábil no Brasil, voltando a estar entre as melhores contabilidades do mundo. Agora, estamos em um processo forte de convergência a essas normas internacionais, já que aproximadamente 140 países, de forma total ou parcial, as adotam.

Tantas novas mudanças e, além disso, como a partir daí passou o Conselho Federal de Contabilidade (CFC) a aplicá-las a todas as empresas não reguladas por agências especiais (Banco Central, Susep e outras), tirou-se o "Sociedades por Ações" do título do velho *Manual*, que passou a ser **Manual de contabilidade societária**. Além disso, e mais importante, passou a haver mesmo uma grande diferença entre o primeiro *Manual* e o segundo.

O segundo *Manual* foi crescendo, ficando complexo e talvez de difícil utilização para muitos iniciantes da profissão e estudantes, já que o IASB vem emitindo uma grande série de novas regras contábeis, algumas muito inovadoras. Daí a ideia de se fazer duas coisas: reduzir o tamanho do já conhecido *Manual* e criar um *Manual prático*, este livro, com as seguintes características: muitos exemplos, mais singelos, com trechos do *Manual* transferidos para esta obra, linguagem ainda mais acessível e, obviamente, menor extensão de textos.

No clássico *Manual*, ficaram, é claro, todos os assuntos de maior relevância, sem tantos exemplos simplificados (deslocados para este livro) e com diminuição do nível de detalhamento, a fim de potencializar a compreensão por parte do leitor.

O GEN | Atlas aceitou o desafio e financiou a produção deste **Manual prático**, que agora é oferecido aos estudantes e provavelmente a alguns profissionais da contabilidade. Esperamos comentários e críticas, para seu aperfeiçoamento, de todos: profissionais, professores, estudantes.

Agradecemos fortemente a todos os que participaram da elaboração deste *Manual prático*:

- Alexandre Gonzales
- Bruno Meirelles Salotti
- Eduardo Flores
- Fernando Dal-Ri Murcia
- Guillermo Oscar Braunbeck
- Raquel Wille Sarquis

Os Autores

Sumário

1 Noções Introdutórias, Estrutura Conceitual e Adoção Inicial, 1
    1.1 Introdução, 1
        1.1.1 Contabilidade, Fisco e legislações específicas, 1
        1.1.2 Efeitos da inflação, 2
        1.1.3 Código Civil, 2
        1.1.4 A criação do Comitê de Pronunciamentos Contábeis (CPC), 3
        1.1.5 Normas internacionais de contabilidade: principais características e consequências, 4
        1.1.6 Situação brasileira e o mundo: Balanços individuais e consolidados, 5
        1.1.7 Pequena e média empresa: pronunciamento especial do CPC e pequena empresa e microentidade (CFC), 5
    1.2 Estrutura Conceitual de Contabilidade, 6
        1.2.1 Dois pontos relevantes a destacar: Prudência e Prevalência da Essência Sobre a Forma, 7
        1.2.2 Objetivo, utilidade e limitações do Relatório Financeiro, 7
        1.2.3 Regime de Competência, 7
        1.2.4 Características qualitativas de informações financeiras úteis, 7
        1.2.5 Demonstrações contábeis e a entidade que reporta, 8
        1.2.6 Elementos das demonstrações contábeis, 8
    1.3 Adoção inicial das normas internacionais e do CPC, 9
        1.3.1 Elaboração do Balanço de abertura, 10
        1.3.2 Tratamento para as pequenas e médias empresas (PMEs), 11
        1.3.3 Entidades em liquidação, 11

2 Disponibilidades e Contas a Receber, 13
2.1 Introdução, 13
2.2 Conteúdo e classificação do subgrupo Disponibilidades, 13
    2.2.1 Do atual tratamento aplicável aos criptoativos, 13
    2.2.2 Saldos em moeda estrangeira, 14
2.3 Contas a receber, 15
    2.3.1 Perdas estimadas em créditos de liquidação duvidosa (PECLD), 15
2.4 Outros créditos, 17
    2.4.1 Conceito e critérios contábeis, 17
    2.4.2 Tributos a compensar e a recuperar, 18
    2.4.3 Recuperabilidade, 19
2.5 Tratamento para pequenas e médias empresas, 19

3 Estoques, 21
3.1 Introdução, 21
3.2 Conteúdo e principais contas, 21
3.3 Critérios de mensuração, 22
    3.3.1 Apuração do custo, 22
    3.3.2 Apuração do valor realizável líquido, 29
    3.3.3 Produto agrícola, 30
3.4 Tratamento para as pequenas e médias empresas, 31

4 Outros Ativos e Operações Descontinuadas, 33
4.1 Introdução, 33
4.2 Ativos especiais, 33
4.3 Despesas antecipadas, 35
4.4 Ativo Não Circulante mantido para venda, 37
4.5 Operações descontinuadas, 39

5 Realizável a Longo Prazo e Investimentos em Outras Sociedades, 41
5.1 Introdução, 41
5.2 Realizável a Longo Prazo, 41
    5.2.1 Conceitos iniciais, 41
    5.2.2 Conteúdo das contas, 42
    5.2.3 Ajuste a valor presente, 43
5.3 Investimentos em outras sociedades, 45
    5.3.1 Conceitos iniciais, 45
    5.3.2 Investimentos permanentes em outras sociedades, 45

6 Investimentos em Coligadas, Controladas e *Joint Ventures*, 49

6.1 Introdução, 49

6.2 Coligadas, 50

6.3 Controladas em conjunto, 50

6.4 A essência do método da equivalência patrimonial, 51

6.5 Aplicação do método da equivalência patrimonial, 51

6.6 Mais-valia e *goodwill*, 51

6.7 Patrimônio Líquido das investidas, 57

6.8 Resultados não realizados de operações intersociedades, 58

6.9 Mudanças de critério na avaliação de investimentos, 63

6.10 Reconhecimento de perdas, 63

6.11 Perda da influência ou do controle, 63

7 Ativo Imobilizado e Propriedade para Investimento, 67

7.1 Introdução, 67

7.2 Imobilizado, 67

   7.2.1 Conceituação, 67

   7.2.2 Critérios de avaliação, 68

   7.2.3 Gastos relacionados com o Ativo Imobilizado, 75

   7.2.4 Retiradas, 76

   7.2.5 Depreciação, 77

   7.2.6 Operações de arrendamento mercantil, 77

7.3 Propriedades para investimento, 77

   7.3.1 Conceito, 77

   7.3.2 Avaliação de propriedade para investimento, 78

   7.3.3 Notas explicativas, 79

8 Ativos Intangíveis e Ativos Biológicos, 81

8.1 Introdução, 81

8.2 Ativos Intangíveis, 81

   8.2.1 Mensuração subsequente e vida útil, 81

   8.2.2 Exemplos de transações envolvendo ativos intangíveis, 82

8.3 Ativos Biológicos, 84

   8.3.1 Um modelo contábil específico para a atividade agrícola, 84

   8.3.2 Exemplos de transações envolvendo ativo biológico e produção agrícola, 85

9 **Mensuração ao Valor Justo e Mudança nas Taxas de Câmbio, 93**
   9.1 Introdução, 93
   9.2 Mensuração ao valor justo, 93
   9.3 Mudanças nas taxas de câmbio em investimentos no exterior e conversão de demonstrações contábeis, 98
        9.3.1 Realização das variações cambiais de investimentos no exterior, 104

10 **Instrumentos Financeiros, 109**
   10.1 Introdução, 109
   10.2 Definição e classificação de instrumentos financeiros, 110
   10.3 Teste de *impairment* de instrumentos financeiros, 113
   10.4 *Hedge accounting*, 118

11 **Passivo Exigível, 123**
   11.1 Introdução, 123
   11.2 Conceitos gerais de passivo, 123
        11.2.1 Definição e reconhecimento, 123
        11.2.2 Classificação, 124
        11.2.3 Mensuração, 125
   11.3 Fornecedores, 125
   11.4 Obrigações fiscais, 127
        11.4.1 Impostos incidentes sobre a receita, 127
        11.4.2 Impostos incidentes sobre o lucro, 128
        11.4.3 Retidos na fonte, 128
        11.4.4 Outros, 129
   11.5 Outras obrigações, 130
        11.5.1 Adiantamento de Clientes, 130
        11.5.2 Contas a Pagar, 131
        11.5.3 Ordenados e Salários a Pagar, 131
        11.5.4 Encargos Sociais a Pagar e FGTS a Recolher, 132
        11.5.5 Retenções Contratuais, 132
        11.5.6 Dividendos e Juros sobre o Capital Próprio a Pagar, 132
        11.5.7 Comissões a pagar, 133
        11.5.8 Juros de Empréstimos e Financiamentos, 133
        11.5.9 Outras Contas a Pagar, 133
        11.5.10 Provisões, 133
   11.6 Tratamento para as pequenas e médias empresas, 133

12 Tributos Sobre o Lucro, Provisões, Passivos Contingentes e Ativos Contingentes, 135

12.1 Introdução, 135

12.2 Imposto sobre a Renda das Pessoas Jurídicas (IRPJ) e Contribuição Social sobre o Lucro Líquido (CSLL), 135

    12.2.1 Aspectos contábeis gerais, 135

    12.2.2 Cálculo do Imposto de Renda e da Contribuição Social sobre o Lucro, 136

12.3 Provisões, passivos contingentes e ativos contingentes, 142

    12.3.1 Provisões, 142

    12.3.2 Passivos contingentes e ativos contingentes, 144

13 Arrendamentos Mercantis, Aluguéis e Outros Direitos de Uso, 147

13.1 Introdução, 147

13.2 Objetivo e alcance, 147

13.3 Arrendamento mercantil (aluguel ou outro contrato) no arrendatário (locatário ou outro contratante), 147

    13.3.1 Reconhecimento e mensuração inicial, 148

    13.3.2 Mensuração subsequente, 149

13.4 Transação de venda e *leaseback*, 150

    13.4.1 Transferência do ativo é uma venda, 150

    13.4.2 Transferência do ativo não é uma venda, 150

13.5 Exemplos de transações envolvendo arrendamentos, 151

    13.5.1 Reconhecimento inicial, 151

    13.5.2 Mensuração subsequente (sem correção monetária das prestações), 151

    13.5.3 Mensuração subsequente (com atualização monetária das prestações), 152

    13.5.4 *Leaseback*, 153

14 Empréstimos e Financiamentos, Debêntures e Outros Títulos de Dívida, 157

14.1 Passivos financeiros gerais, 157

14.2 Tratamento para as pequenas e médias empresas, 163

15 Patrimônio Líquido, 165

15.1 Introdução, 165

    15.1.1 Conceituação, 165

15.2 Capital Social, 166

    15.2.1 Conceito, 166

    15.2.2 Capital Realizado, 166

15.3 Reservas de Capital, 167
  15.3.1 Conceito, 167
  15.3.2 Conteúdo e classificação das contas, 167
  15.3.3 Destinação das Reservas de Capital, 168
15.4 Ajustes de Avaliação Patrimonial, 169
  15.4.1 Considerações gerais, 169
  15.4.2 Constituição e realização, 169
15.5 Reservas de Lucros, 171
  15.5.1 Conceito, 171
  15.5.2 Reserva legal, 172
  15.5.3 Reservas estatutárias, 172
  15.5.4 Reserva para contingências, 172
  15.5.5 Reservas de lucros a realizar, 173
15.6 Ações em tesouraria, 177
  15.6.1 Conceito, 177
  15.6.2 Classificação contábil, 178
15.7 Prejuízos Acumulados, 179
15.8 Tratamento para as pequenas e médias empresas, 179

16 Demonstração das Mutações do Patrimônio Líquido, 181
16.1 Conceitos iniciais, 181
16.2 Conteúdo da DMPL, 181
16.3 Estrutura de apresentação, 182
16.4 Outros assuntos, 183
  16.4.1 Resultado abrangente, 183
  16.4.2 Ajustes de exercícios anteriores, 183

17 Demonstração do Resultado do Exercício, Demonstração do Resultado Abrangente e Despesas Operacionais, 187
17.1 Introdução, 187
17.2 Demonstração do Resultado do Exercício (DRE), 188
  17.2.1 Critérios gerais de apresentação, 188
17.3 Demonstração do Resultado Abrangente (DRA) do exercício, 191
  17.3.1 Critérios gerais de apresentação, 191
17.4 Custo das mercadorias e dos produtos vendidos e dos serviços prestados, 193
  17.4.1 Apuração do custo dos produtos vendidos, 193
17.5 Despesas e outros resultados das operações continuadas, 196

        17.5.1 Conceitos gerais, 196

        17.5.2 Exemplos de despesas, 196

   17.6 Tratamento para as pequenas e médias empresas, 197

18 Receitas de Vendas, 199

   18.1 Receita de vendas de produtos e serviços, 199

        18.1.1 Conceitos fundamentais, 199

   18.2 Reconhecimento e mensuração de receitas de vendas, 199

        18.2.1 Identificação de contrato com cliente, 199

        18.2.2 Identificação das obrigações contratuais de *performance*, 200

        18.2.3 Determinação do preço da transação, 201

        18.2.4 Alocação do valor do contrato nas obrigações de *performance*, 204

        18.2.5 Reconhecendo a receita, 206

   18.3 Reconhecimento de receitas da atividade de incorporação imobiliária, 211

   18.4 Custos contratuais incrementais ativáveis, 213

19 Benefícios a Empregados e Pagamento Baseado em Ações, 215

   19.1 Introdução, 215

   19.2 Benefícios a empregados, 215

   19.3 Reconhecimento, mensuração e divulgação, 216

        19.3.1 Plano de contribuição definida, 216

        19.3.2 Plano de benefício definido, 216

   19.4 Considerações iniciais sobre pagamento baseado em ações, 220

        19.4.1 Avaliação dos instrumentos outorgados nas transações de pagamentos baseados em ações, 221

        19.4.2 Condições de aquisição de direitos (*vesting conditions*), 221

   19.5 Critérios de reconhecimento e mensuração das transações de pagamento baseado em ações, 222

        19.5.1 Transações com pagamento baseado em ações liquidadas pela entrega de instrumentos patrimoniais, 222

        19.5.2 Transações com pagamento baseado em ações liquidadas em caixa, 223

        19.5.3 Transações com pagamento baseado em ações liquidadas em caixa ou mediante emissão de instrumentos patrimoniais conforme a escolha da entidade ou do fornecedor de serviços, 223

   19.6 Exemplos de transações de pagamentos baseados em ações, 223

   19.7 Problema conceitual, 228

   19.8 Pagamento com ações em tesouraria, 228

   19.9 Divulgações, 229

20 Demonstração dos Fluxos de Caixa e Demonstração do Valor Adicionado, 231
  20.1 Introdução, 231
  20.2 Demonstração dos Fluxos de Caixa (DFC), 231
    20.2.1 Aspectos introdutórios, 231
    20.2.2 Métodos de elaboração, 232
    20.2.3 Exemplos de elaboração da DFC, 233
    20.2.4 Tratamento para as pequenas e médias empresas, 237
  20.3 Demonstração do Valor Adicionado (DVA), 237
    20.3.1 Aspectos introdutórios, 237
    20.3.2 Aspectos conceituais discutíveis, 238
    20.3.3 Exemplo completo de DVA, 240
    20.3.4 Tratamento para as pequenas e médias empresas, 244

21 Consolidação das Demonstrações Contábeis e Demonstrações Separadas, 245
  21.1 Demonstrações Contábeis Consolidadas, 245
    21.1.1 Poder, 246
    21.1.2 Exposição ou não a retornos variáveis, 250
    21.1.3 Conexão entre poder e os retornos variáveis, 251
  21.2 Exceção ao princípio de consolidação: as Entidades de Investimento, 253
  21.3 Procedimentos de consolidação, 255
    21.3.1 Visão geral, 255
    21.3.2 Eliminações, 256
    21.3.3 Participação dos acionistas não controladores, 261
  21.4 Demonstrações contábeis separadas, 263

22 Políticas Contábeis, Mudança de Estimativa, Retificação de Erro e Evento Subsequente, 265
  22.1 Introdução, 265
  22.2 Alteração de políticas contábeis, 265
  22.3 Alteração de estimativas contábeis, 266
  22.4 Retificação de erros contábeis, 267
  22.5 Evento subsequente, 270

23 Combinação de Negócios, Fusão, Incorporação e Cisão, 271
  23.1 Introdução, 271
  23.2 O que é um negócio?, 272

23.3 Passo a passo do reconhecimento e mensuração de uma combinação de negócios, 273

    23.3.1 Identificação do adquirente, 274

    23.3.2 Determinação da data de aquisição, 275

    23.3.3 Reconhecimento e mensuração dos ativos líquidos adquiridos e da participação de não controladores, 276

    23.3.4 Reconhecimento e mensuração do *goodwill* ou ganho por compra vantajosa, 279

24 Notas Explicativas, 287

24.1 Aspectos introdutórios, 287

24.2 Principais pontos a serem abordados – OCPC 07, 287

    24.2.1 Materialidade ou relevância, 288

    24.2.2 Informação sabidamente irrelevante e informação relevante, 289

    24.2.3 Atendimento de pedidos de normas contábeis, 289

    24.2.4 Sequência das notas explicativas, 289

    24.2.5 Obrigatoriedade de menção de todas as práticas contábeis, 289

    24.2.6 Principais diretrizes da Lei das Sociedades por Ações, 290

    24.2.7 Outros pontos, 290

24.3 Exemplos de notas explicativas, 290

24.4 Empréstimos e financiamentos, 298

    24.4.1 Cláusulas restritivas, 301

25 Informações por Segmento e Transações com Partes Relacionadas, 305

25.1 Introdução, 305

    25.1.1 Informações por segmento, 305

    25.1.2 Transações com partes relacionadas, 305

25.2 Informações por segmento, 306

    25.2.1 Características, 306

    25.2.2 Divulgação, 307

    25.2.3 Tratamento para as pequenas e médias empresas, 307

    25.2.4 Exemplo real, 307

25.3 Transações com partes relacionadas, 309

    25.3.1 Partes relacionadas, 309

    25.3.2 Divulgações, 310

    25.3.3 Entidades relacionadas com o Estado, 311

    25.3.4 Exemplo real, 311

26 Concessões, 315

    26.1   Noções preliminares sobre concessões, 315

    26.2   Reconhecimento e mensuração, 315

    26.3   Casos de aplicação da norma, 317

27 Relatório da Administração, 323

    27.1   Introdução, 323

    27.2   Regulamentações e Estudos sobre o Relatório da Administração no Brasil e no Mundo, 323

        27.2.1   Lei nº 6.404/1976, 323

        27.2.2   Deliberações e Instruções da Comissão de Valores Mobiliários (CVM), 323

        27.2.3   Estudo da Organização das Nações Unidas (ONU), 326

        27.2.4   Projeto do IASB, 327

    27.3   Considerações finais, 327

28 Contabilidade em Economia Inflacionária, 329

    28.1   Introdução, 329

    28.2   Resumo da evolução histórica da correção monetária no Brasil, 329

    28.3   Sistema da correção integral com base nos dados nominais obtidos pela legislação societária, 330

    28.4   Modelo do IASB, 330

    28.5   Tratamento para as pequenas e médias empresas, 331

    28.6   Exemplos, 331

    28.7   Diferenças entre a correção integral e o CPC 42, 336

Apêndice (Modelo de Plano de Contas), 337

    Apresentação, 337

    Modelo de Plano de Contas, 338

Índice Alfabético, 359

Noções Introdutórias, Estrutura Conceitual e Adoção Inicial

1.1 Introdução

A concepção deste livro teve início a partir de inúmeras sugestões no sentido de que o *Manual de contabilidade societária* poderia e deveria contemplar uma quantidade maior de exemplos. Após diversas discussões entre os autores e o GEN | Atlas, passamos a entender que a elaboração de um *Manual prático* poderia atender os anseios do público em geral e em particular dos estudantes e iniciantes na profissão.

Assim, trouxemos para o *Manual prático* os conceitos mais básicos e relevantes e complementamos com quantidade maior de exemplos. A tudo isso aliamos também o aspecto econômico, com um livro de menor custo.

1.1.1 Contabilidade, Fisco e legislações específicas

A Contabilidade brasileira sempre foi, até 2007, muito influenciada pela legislação de Imposto de Renda, e no passado fizemos severas críticas a isso. No entanto, hoje a Receita Federal recebe os nossos aplausos pela postura assumida, afinal definitivamente assumiu a filosofia da neutralidade fiscal em todos os atos que de alguma forma possam não se adequar às regras contábeis.

A partir de 2005, com a criação do Comitê de Pronunciamentos Contábeis (CPC), e a edição das Leis nºˢ 11.638/2007, 11.941/2009 e 12.973/2014, o Brasil passou pela segunda revolução contábil, uma vez que a primeira tinha ocorrido em 1976 com a edição da Lei das Sociedades por Ações.

Neste *Manual prático*, faremos sempre referência à Lei e aos CPCs, mas ressaltamos que, em caso de divergência, nosso posicionamento estará sempre ao lado do que determinam as regras internacionais, desde que estas tenham sido incorporadas pelo CPC e, por consequência, pela Comissão de Valores Mobiliários (CVM) e pelo Conselho Federal de Contabilidade (CFC). E aqui cabe uma explicação: a própria Lei estabelece que a CVM deve sempre seguir as regras internacionais e o CFC também acompanha essa linha.

1.1.2 Efeitos da inflação

No Brasil, de forma obrigatória, a inflação passou a ser reconhecida em nossas demonstrações contábeis a partir de 1964. No período de 1958 a 1963, sua aplicação era facultativa. Entre 1964 e 1976, a legislação sofreu modificações que, do ponto de vista técnico, foram aperfeiçoando o que até então se praticava.

A Lei nº 6.404/1976 criou um mecanismo bastante simples e ainda muito mais eficaz que os anteriores. Foi a chamada Correção Monetária do Balanço. Nesse mecanismo, corrigiam-se as contas que hoje representam basicamente Investimentos, Imobilizado e Intangível e Patrimônio Líquido. Os efeitos dessa correção eram considerados para efeitos fiscais e societários.

Paralelamente à Correção Monetária de Balanço, prevista na lei societária, desenvolveu-se no Brasil uma metodologia bem mais completa de reconhecimento dos efeitos inflacionários nas demonstrações contábeis, ou seja, com todos os seus valores corrigidos e expressos em moeda de poder aquisitivo constante, sistemática essa denominada Correção Integral. Com o agravamento dos índices inflacionários, a CVM tornou obrigatória a correção integral para as companhias abertas, mas como demonstrações contábeis complementares, publicadas em conjunto com as demonstrações contábeis elaboradas pela legislação societária, que contemplavam a Correção Monetária de Balanço. Veja o Capítulo 28.

A partir da edição do Plano Real, em 1994, que, entre outras coisas, proibia qualquer tipo de atualização monetária automática, o governo, em 1995, editou a Lei nº 9.249, que passou a proibir o reconhecimento da inflação nas demonstrações contábeis tanto para efeitos fiscais como societários. Em outras palavras, esses efeitos não mais poderiam ser considerados para pagamento de IR e Contribuição Social sobre os Lucros nem tampouco no pagamento de dividendos.

Como consequência dessa proibição, as demonstrações contábeis elaboradas e divulgadas pelas empresas, em geral a partir de 1996, passaram a apresentar distorções não reconhecidas e, na grande maioria dos casos, sem sequer serem apuradas e divulgadas para saber se são relevantes ou não. Apesar de estarem em conformidade com a legislação societária e fiscal, apresentam distorções em relação aos aspectos econômicos que deveriam estar refletidos nas demonstrações.

Para exemplificar essa distorção, pode-se citar o índice oficial de inflação do Brasil: o Índice Nacional de Preços ao Consumidor Amplo (IPCA), medido pelo IBGE, o qual indica que a inflação acumulada desde a vigência do Plano Real até 2021 ultrapassou 610% e está muito próxima de 395% depois de extinta a Correção Monetária de Balanços.

1.1.3 Código Civil

O Código Civil, com a redação dada pela Lei nº 10.406/2002, contém alguns artigos de natureza contábil que são, em boa parte, atrocidades que jamais esperaríamos ver acontecer em nosso país. Vejamos algumas das atrocidades técnicas.

O Balanço de resultado econômico, ou demonstração da conta de lucros e perdas, acompanhará o Balanço Patrimonial e dele constarão crédito e débito, na forma da lei especial. Essa demonstração era a soma da demonstração de resultado com a de lucros ou prejuízos acumulados. Tudo numa única conta e apresentação, e no formato do Balanço: débitos e créditos.

Foram ressuscitadas contas como Fundo de Reserva Legal, Fundo de Devedores Duvidosos, Fundo de Depreciação, Fundo de Amortização etc. Estranho? Antiquado? Mas, por incrível que pareça, estão nessa lei. Que fundos são esses que não são ativos, muito pelo contrário, são redutores de ativos?

O Brasil tem-se caracterizado, desde a edição da atual Lei das Sociedades por Ações, do final de 1976, por ser um país onde raras são as confusões entre Fundo, Provisão e Reserva. No Brasil, nos dias atuais, até a confusão entre Provisão para Contingências e Reserva para Contingências diminuiu enormemente.

Por exemplo, o registro da depreciação em uma conta denominada "Fundo de Depreciação" não garante, absolutamente, a reposição do ativo ou o retorno atualizado do valor nele investido. Para que houvesse a reposição, seria necessário que a depreciação fosse calculada com base 100% no custo de reposição do ativo depreciado. O principal objetivo da depreciação é recuperar o valor investido no ativo.

Veja-se que essa Lei ainda trata de Registro Público de Empresas Mercantis, querendo, possivelmente, referir-se às atuais Juntas Comerciais.

Diversos outros enigmas contábeis inseridos nessa Lei nº 10.406/2002, felizmente, não têm sido observados pelos profissionais de contabilidade.

Ou seja, trata-se de uma Lei totalmente extemporânea, fora da realidade nacional e com atrasos enormes com relação ao que já tínhamos à época. Imagine-se com a convergência atual às normas internacionais de contabilidade! Mas tratamos dela aqui porque às vezes ainda se ouve alguém falando nele, afinal é um Código, uma Lei de estatura alta. Ainda bem que os órgãos reguladores contábeis brasileiros simplesmente o ignoram, como o Conselho Federal de Contabilidade, por exemplo. E neste *Manual* também ignoramos essa Lei na sua parte contábil.

1.1.4 A criação do Comitê de Pronunciamentos Contábeis (CPC)

Desde 1985, a CVM passou a ter um grupo de trabalho reunindo diversas entidades interessadas na contabilidade, que passou a se denominar em 1990 de Comissão Consultiva de Normas Contábeis da CVM. E passo maior, no Brasil, foi dado pela criação do **Comitê de Pronunciamentos Contábeis (CPC) em 2005**. Depois de duas décadas, seis entidades não governamentais entraram em acordo, uniram-se, e cinco delas pediram à sexta a formalização do Comitê. Assim, o Conselho Federal de Contabilidade (CFC), a pedido da Associação dos Analistas e Profissionais de Investimento do Mercado de Capitais (APIMEC NACIONAL), da Associação Brasileira das Companhias Abertas (ABRASCA), da Bolsa de Mercadorias, Valores e Futuros (BM&FBOVESPA, hoje B3), da Fundação Instituto de Pesquisas Contábeis, Atuariais e Financeiras (FIPECAFI), conveniada à FEA/USP, e do Instituto dos Auditores Independentes do Brasil (IBRACON), emitiu sua Resolução nº 1.055/2005, criando esse Comitê. Ele está sendo suportado materialmente pelo Conselho Federal de Contabilidade, mas possui total e completa independência em suas deliberações (Pronunciamentos Técnicos, Interpretações e Orientações).

Esse modelo brasileiro acompanha aquele que mais resultado tem produzido no mundo: juntam-se os preparadores (profissionais e empresas) da informação contábil, os auditores independentes dessa informação, os analistas e usuários, os intermediários e a academia para juntos, inclusive no calor dos conflitos de seus legítimos interesses, produzir uma única norma.

O processo acordado no Brasil é o de o CPC, primeiro, emitir seu Pronunciamento Técnico, após discussão com as entidades envolvidas e audiência pública; posteriormente, tem-se o órgão público (CVM, BACEN, SUSEP etc.) ou mesmo privado (CFC etc.) emitindo sua própria resolução, acatando e determinando o seguimento desse Pronunciamento do CPC.

Assim, fica o Pronunciamento transformado em "norma" a ser seguida pelos que estiverem subordinados a tais órgãos.

O CPC traduz as normas internacionais, às vezes as adapta (raramente), outras vezes emite normas próprias (como a OCPC 07 sobre notas explicativas, CPC Liquidação sobre empresas em liquidação), mas sempre dentro do guarda-chuva e da filosofia do IASB e com audiência pública para dar oportunidade a todos os interessados. Participe das audiências públicas, dando suas sugestões, oferecendo críticas, apresentando colaborações, e apoie esse órgão que vem elevando enormemente a qualidade da nossa Contabilidade.

1.1.5 Normas internacionais de contabilidade: principais características e consequências

As normas internacionais de contabilidade, implementadas no Brasil parcialmente em 2008 e integralmente em 2010 pelo CPC e pelos órgãos reguladores brasileiros, principalmente pela CVM e pelo CFC, têm algumas características básicas:

a) **São baseadas muito mais em princípios do que em regras**: preocupam-se, na maior parte das vezes, muito mais em dar a filosofia, os princípios básicos a serem seguidos pelo raciocínio contábil.

O uso de princípios, em vez de regras, obriga, é claro, a maior julgamento e a maior análise, exigindo maior preparação, mas, por outro lado, permite que se produzam informações contábeis com muito maior qualidade e utilidade.

b) **São baseadas na Prevalência da Essência sobre a Forma**: isso significa que, antes de qualquer procedimento, o profissional que contabiliza, bem como o que audita, devem, antes de mais nada, conhecer muito bem a operação a ser contabilizada e as circunstâncias que a cercam. Assim, não basta simplesmente contabilizar o que está escrito. É necessário ter certeza de que o documento formal represente, de fato, a essência econômica dos fatos sendo registrados.

Esse conceito fundamental da prevalência da essência exige do profissional bom senso e coragem de representar a realidade, o que é sua obrigação mais importante, por sinal. Essência sobre a forma não significa arbitrariedade a qualquer gosto, disponibilidade para fazer o que se acha deva ser feito etc. É preciso também que se registrem, e bem claramente, todas as razões pelas quais se chegou à conclusão de que a essência não está bem representada formalmente.

c) **São muito mais importantes os conceitos de controle, de obtenção de benefícios e de incorrência em riscos do que a propriedade jurídica para registro de ativos, passivos, receitas e despesas**: o próprio conceito de essência sobre a forma já induz a essa consequência. Assim, se uma indústria faz um contrato com os donos de terra para nelas trabalhar e colher produtos, obrigando-se a um pagamento com parcela fixa ou mínima, terá que tratar esse contrato como de arrendamento, gerando o ativo Direito de Uso e respectivo passivo, mesmo que se denomine de parceria ou outro instrumento jurídico qualquer. A essência prevalece sobre o tipo jurídico de contrato, e a essência reside no direito de controle de um ativo de propriedade de terceiros.

d) **A Contabilidade passa a ser de toda a empresa, não só do Contador**: apesar de parecer isso uma afronta à profissão contábil, trata-se, na realidade, de uma ascensão da profissão, por elevar o patamar com que é praticada e reconhecida a

Contabilidade. Não estamos mais nos tempos em que a despesa de depreciação era calculada com base na tabela emitida pela Receita Federal. Nos dias atuais, o cálculo dessa depreciação deve ser discutido também com os engenheiros, técnicos e quaisquer outros profissionais que tenham conhecimento do ativo que é o objeto da depreciação. O mesmo procedimento deve ser adotado para definição de valor justo de ativos financeiros, determinação de teste de recuperabilidade, definição dos segmentos de operação da entidade etc.

Em outras palavras, a Contabilidade passa a ser alimentada com número muito maior de *inputs* de outras áreas, devidamente formalizados tais dados, e passam a Diretoria, o Conselho de Administração, o Conselho Fiscal, o Comitê de Auditoria e outros organismos, se existirem, a se responsabilizar por todo esse processo, porque afirmarão, indiretamente, que tudo isso está sendo cumprido quando assinarem os Balanços.

1.1.6 Situação brasileira e o mundo: Balanços individuais e consolidados

A Lei das S.A., em 1976, como já vimos, representou uma grande revolução na prática contábil até então vigente, mas sua ênfase maior foi sempre para as demonstrações individuais, mesmo que o modelo norte-americano, no qual nossos legisladores se inspiraram, focasse mais nas demonstrações consolidadas. O modelo internacional (IASB), acompanhando o modelo norte-americano, também está todo voltado para as demonstrações consolidadas.

No Brasil, pode-se dizer que aos poucos estamos aprendendo a valorizar mais as demonstrações consolidadas, mesmo sem abandonar as individuais, que são úteis para finalidades específicas. Quem sabe tenhamos, proximamente, modificação na nossa legislação para também eliminarmos a obrigatoriedade desses Balanços individuais que, de fato, nada informam ao mercado em geral e, às vezes, até são indutores a erro por não fornecerem a ideia do todo se não vierem acompanhados das demonstrações consolidadas. Ainda bem que agora as demonstrações consolidadas têm que ser preparadas por todas as empresas, abertas, fechadas etc., quando divulgadas publicamente suas demonstrações individuais.

O que continua é a ainda infeliz situação de Balanços consolidados de empresas fechadas, principalmente as de grande porte, não divulgadas obrigatoriamente à sociedade.

1.1.7 Pequena e média empresa: pronunciamento especial do CPC e pequena empresa e microentidade (CFC)

O Pronunciamento para Pequenas e Médias Empresas (PMEs), vigente desde 1º de janeiro de 2017, é o que foi revisado em 2016.

Esse Pronunciamento é bastante resumido em relação ao conjunto total dos pronunciamentos vigentes para os demais tipos de empresas. Sua linguagem procura ser mais acessível e seu volume está por volta de 10% se comparado com os IFRSs. Suas principais simplificações são: não obrigatoriedade de informações sobre lucro por ação, informações por segmento e relatório da administração.

Vale lembrar, as sociedades limitadas e demais sociedades comerciais, desde que não enquadradas pela Lei nº 11.638/2007 como sociedades de grande porte, também são tidas como pequenas e médias empresas. Mas há uma exceção: a ITG 1000 do CFC permite (até 2022) que as microempresas e sociedades de pequeno porte usem normas simplificadas sem obrigação de atenderem à norma da PME.

Mas o CFC emitiu, em 2021, para início da vigência a partir de 2023, duas normas contábeis aqui não tratadas. A NBC TG 1001 – Contabilidade para Pequenas Empresas, e a NBC TG 1002 – Contabilidade para Microentidades. E a atual ITG 1000 está sendo revogada. Com isso, passam as empresas de faturamento anual até R$ 4,8 milhões a terem que seguir a NBC TG 1002 para microentidades, e as desde esse patamar até faturamento anual de R$ 78 milhões ficam submetidas à NBC TG 1001. As com faturamento daí até R$ 300 milhões anuais continuam obrigadas à NBC TG 100 – PME. Daí para cima, normas completas como descritas neste *Manual*. Antes, três faixas com regras contábeis diferentes. De 2023 em diante, passam a ser quatro faixas.

Se a empresa quiser subir de faixa, poderá fazê-lo voluntariamente, tendo que permanecer nela por pelo menos dois anos se quiser baixar depois. Quando a empresa muda de faixa por conta de seu faturamento, só está obrigada à faixa contábil superior se isso acontecer em dois anos consecutivos.

A NBC TG 1001, para pequenas empresas, é bem mais simplificada do que o CPC PME; inclusive no tamanho, este tem 194 páginas e a nova tem 47 páginas. As notas explicativas para essas pequenas empresas são muito mais simplificadas do que as exigidas pelo CPC PME. Todo o Ativo Intangível, incluindo o *goodwill*, precisa ser amortizado até cinco anos, não há contabilização de ativos a valores justos a não ser no caso de investimento em ações de empresa cotada em bolsa, não há registro dos direitos de uso (arrendamentos, aluguéis etc.); o *impairment* só quando evidente a perda, a combinação de negócios é registrada de forma simplificada, certas regras fiscais podem ser seguidas se não houver diferenças significativas e muitas outras simplificações existem nessa NBC TG 1000. As receitas são conforme o CPC 30, e não conforme o CPC 47. E a redação é bem mais simples também.

A NBC TG 1002, para microentidades, é muito mais simplificada ainda. Além das simplificações citadas para as pequenas empresas, temos: não há notas explicativas, apenas a declaração de qual norma contábil está utilizando; não há prática de equivalência patrimonial, todos os investimentos societários ficam ao custo (não há *goodwill* e mais ou menos-valia de ativos); não há a figura da moeda funcional, tudo só em reais; não há tributos diferidos, apenas e opcional quando de créditos por prejuízos; não há menção à subvenção governamental; receitas podem ser conforme regras fiscais se a diferença não for significativa; depreciações, idem; não há demonstração consolidada exigida; demonstração da mutação patrimonial pode também não ser feita etc.

1.2 Estrutura Conceitual de Contabilidade

A Estrutura Conceitual é um conjunto de teorias que um órgão regulador, uma lei ou quem tem poder para emitir normas escolhe, dentre as teorias e/ou suas vertentes todas à disposição, com o objetivo de nela se basear para emitir as normas contábeis.

No entanto, contrariando o que poderia ser um senso comum, não há hierarquia entre a Estrutura Conceitual e a Norma Contábil no sentido de esta obrigatoriamente estar contida naquela e sempre obrigatoriamente ter que ser entendida como inferior àquela. Pelo contrário, o IASB define que a Estrutura Conceitual é um guia para ajudar na elaboração das normas e ser seguida na preparação das demonstrações contábeis, mas que, em qualquer caso de conflito, prevalece a Norma sobre a Estrutura Conceitual.

1.2.1 Dois pontos relevantes a destacar: Prudência e Prevalência da Essência Sobre a Forma

Prudência deve ser entendida como a utilização de certo grau de precaução no exercício do julgamento de estimativas sempre que haja alguma incerteza. Não se deve superestimar ativos e receitas e subestimar passivos e despesas; o principal é a busca da neutralidade de forma a evitar que deliberadamente se altere o valor patrimonial da entidade.

A Estrutura Conceitual, quando se refere à representação fidedigna, deixa claro que em muitas circunstâncias a essência do fenômeno econômico e sua forma legal são as mesmas, mas se não forem, o ato de fornecer informações apenas sobre a forma legal poderá não representar fidedignamente o fenômeno econômico.

1.2.2 Objetivo, utilidade e limitações do Relatório Financeiro

O objetivo do relatório é apresentar informações que possam ser úteis para usuários em geral (investidores, credores e outros). A OCPC 07 – Evidenciação na Divulgação dos Relatórios Contábil-Financeiros de Propósito Geral determina que somente as informações úteis para tomadas de decisão sejam divulgadas. Não se deve divulgar informação que não ajude os usuários. Essas demonstrações tanto podem estar servindo como expressão do desempenho passado como instrumento a apoiar a previsão de fluxos de caixa futuros.

Em relação à utilidade às limitações dos relatórios financeiros, deve-se destacar que eles são elaborados para fins gerais e não podem ser tomados como algo cujo objetivo seja o de definir o valor da entidade. Sua função principal é servir como fonte de informações para investidores, credores e usuários em geral da posição patrimonial de uma entidade e suas mutações, dentro de diversos pressupostos, e o de dizer o quanto a empresa vale não está entre eles.

1.2.3 Regime de Competência

Determina que as operações ou transações da entidade sejam reconhecidas independentemente de sua realização em caixa, isto é, serem pagas ou recebidas. A aplicação de forma indeterminada desse regime pode levar a registros que não se adequem à definição de ativo, como são os casos de despesas que possam auxiliar na obtenção de receitas futuras. Na verdade, na estrutura atual, a definição e a mensuração dos ativos e passivos podem limitar a aplicação do Regime de Competência.

1.2.4 Características qualitativas de informações financeiras úteis

A Estrutura Conceitual divide as características qualitativas da informação contábil em dois grupos: as qualitativas fundamentais e as qualitativas de melhoria. Ou seja, há uma espécie de hierarquização entre elas. Adicionalmente, a expressão *qualitativa* foi incluída na norma atual, mais uma vez indicando a norma internacional que a qualidade e a utilidade das informações devem ser uma preocupação constante. As características qualitativas fundamentais são relevância (aquilo que tem capacidade de influenciar decisões) e representação fidedigna (informação completa, neutra e sem erros).

As características qualitativas de melhoria são: **comparabilidade** (consistência, ao longo do tempo, das mesmas políticas contábeis), **capacidade de verificação** (garantia aos usuários de que as informações são fidedignas), **tempestividade** (disponibilização de informações em tempo para a tomada de decisão) e **compreensibilidade** (relatórios financeiros são elaborados para aqueles que possuem conhecimentos mínimos sobre o que está sendo analisado).

1.2.5 Demonstrações contábeis e a entidade que reporta

O principal objetivo das demonstrações contábeis é fornecer aos seus usuários informações sobre ativos, passivos, receitas e despesas, além, é claro, do Patrimônio Líquido que possam, por exemplo, ser utilizadas para previsão de fluxos de caixa futuros. Tais informações são normalmente apresentadas na forma de Balanço Patrimonial, Demonstração de Resultado do Exercício, Demonstração de Resultado Abrangente, Demonstração dos Fluxos de Caixa, Demonstração das Mutações do Patrimônio Líquido, Notas Explicativas e Demonstração do Valor Adicionado, esta última sendo exigida apenas para as companhias abertas.

Referidas demonstrações devem sempre admitir a premissa da continuidade operacional, caso contrário ativos e passivos precisam ser avaliados a seus valores de efetiva realização. De acordo com a Estrutura Conceitual, a entidade que reporta é aquela que, por determinação legal ou iniciativa própria, elabora e divulga suas demonstrações contábeis e isso não implica a existência de uma entidade legal. Tais demonstrações contábeis podem ser da controladora ou consolidadas. Existem também as demonstrações separadas, que são muito próximas das nossas demonstrações individuais, diferenciando-se apenas na hipótese de avaliação de investimentos que seriam mensurados pelo método da equivalência patrimonial, mas o são pelo valor justo ou, excepcionalmente, ao custo.

1.2.6 Elementos das demonstrações contábeis

1.2.6.1 Ativo

A Estrutura Conceitual, em seu item 4.3, define ativo da seguinte forma: "*é um recurso econômico presente controlado pela entidade como resultado de eventos passados*", considerando-se que recurso econômico deve ser entendido como sendo (a) um direito (b) que tem potencial de produzir benefícios econômicos e (c) está sob controle.

O importante nessa definição de ativo está no sentido econômico. Por exemplo, no caso de uma máquina, o que deve ser entendido como ativo é sua capacidade de produzir benefícios econômicos futuros ou caixa.

Se não houver a evidência de que determinado item vá produzir efetivo benefício econômico no futuro (na prática: vá ajudar a gerar caixa ou a reduzir a saída de caixa), não poderá figurar como ativo. E mais, um recurso que seja controlado pela entidade deve ser considerado como ativo mesmo que dela não seja a propriedade jurídica. Em certas circunstâncias, quando há um controle apenas parcial, como no caso de aluguéis, arrendamentos e assemelhados, o que se contabiliza é o Direito de Uso do ativo em pauta.

1.2.6.2 Passivo

A Estrutura Conceitual define passivo como "*uma obrigação presente da entidade de transferir um recurso econômico como resultado de eventos passados*". Três critérios devem ser satisfeitos: (a) a entidade tem uma obrigação; (b) a obrigação é de transferir um recurso econômico; e (c) a obrigação é uma obrigação presente que existe como resultado de eventos passados.

É importante salientar que esse marco temporal, ou seja, a obrigação precisa estar presente na data do Balanço, é importantíssimo. Assim, uma autuação fiscal já ocorrida que se sabe gerará, mesmo que ainda provavelmente, um desembolso futuro precisa ser reconhecida.

Mas se um acidente sem qualquer possibilidade de controle ocorre no dia seguinte ao do Balanço e provoca a obrigação de uma indenização extremamente relevante, no passivo nada será registrado já que não era uma obrigação presente nessa data do Balanço. (Mas uma nota explicativa completa deverá ser adicionada a esse Balanço.)

1.2.6.3 Patrimônio Líquido

A Estrutura Conceitual atual define Patrimônio Líquido como a *"participação residual nos ativos da entidade após a dedução de todos os seus passivos"*. Em outras palavras, Patrimônio Líquido é a diferença aritmética entre Ativo e Passivo.

1.2.6.4 Receita e despesa

Receitas são aumentos nos ativos ou diminuições no passivo sempre com aumento no Patrimônio Líquido, desde que não se trate de uma operação com os sócios na sua condição de sócios (aumento de capital, emissão de ações etc.).

Por outro lado, despesas são reduções nos ativos ou aumentos nos passivos com redução do Patrimônio Líquido com as mesmas condições de não serem operações com os sócios (distribuição de lucros, recompra de ações etc.)

Ressaltamos que estamos fazendo aqui um breve resumo em relação ao que está definido na Estrutura Conceitual. Assim, recomendamos a leitura completa e integral do CPC 00 (R2) – Estrutura Conceitual para Relatório Financeiro.

1.3 Adoção inicial das normas internacionais e do CPC

O CPC 43 – Adoção Inicial de Pronunciamentos Técnicos deve ser utilizado em toda e qualquer oportunidade em que alguma entidade adota essas normas. Por exemplo, se a entidade adotava o CPC PME, ao adotar as *full IFRS*, está tendo uma adoção inicial.

Hoje está em vigor no Brasil o CPC 37 (R1) – Adoção Inicial das Normas Internacionais de Contabilidade, que é aplicável para as demonstrações contábeis consolidadas, pois são essas demonstrações que devem estar em conformidade com as IFRSs. Mas exige que, para que isso ocorra, também se adotem nas demonstrações individuais os mesmos critérios.

Do ponto de vista prático, o CPC 37 (R1) procura definir regras que possam garantir que as informações contábeis tenham alta qualidade, podendo, ao mesmo tempo: ser transparentes e comparáveis; proporcionar um ponto de partida adequado para a adoção das IFRSs; e ser geradas a um custo que não supere os benefícios. Esse Pronunciamento é aplicável somente na primeira vez que em que as regras internacionais estiverem sendo utilizadas. Nesse momento, a entidade deve declarar de forma explícita que as regras internacionais estão sendo aplicadas pela primeira vez.

Para as empresas que vierem a adotar as normas internacionais pela primeira vez, será necessária a elaboração de um Balanço de abertura com as respectivas informações comparativas. Por exemplo, se a empresa adotar inicialmente as normas IFRSs no ano de 2025, sua data de transição, isto é, seu Balanço de abertura, será de 1º de janeiro de 2024. Nesse caso, seu Balanço Patrimonial consolidado na adoção inicial terá três colunas: 1º de janeiro de 2024, 31 de dezembro de 2024 e 31 de dezembro de 2025.

1.3.1 Elaboração do Balanço de abertura

O item 10 do CPC 37 (R1) estabelece que, para a elaboração desse Balanço, a entidade deve:

a) **Reconhecer** todos os ativos e passivos cujo reconhecimento seja exigido pelas IFRSs.
b) **Não reconhecer** itens como ativos ou passivos quando as IFRSs não permitirem tais reconhecimentos.
c) **Reclassificar** itens reconhecidos de acordo com práticas contábeis anteriores como certo tipo de ativo, passivo ou componente de Patrimônio Líquido, os quais, de acordo com as IFRSs, constituem um tipo diferente de ativo, passivo ou componente de Patrimônio Líquido.
d) Aplicar as IFRSs na **mensuração** de todos os ativos e passivos reconhecidos.

Em outras palavras, tudo aquilo que não estiver reconhecido segundo o GAAP anterior, mas que deva ser reconhecido conforme as IFRSs, deverá ser registrado. De modo inverso, tudo aquilo que estiver reconhecido anteriormente, mas cujo reconhecimento seja proibido segundo as IFRSs, deverá ser baixado. Por fim, a classificação e a mensuração dos itens devem respeitar as normas internacionais.

O CPC 37 (R1) detalha proibições, tais como: revisar estimativas feitas em períodos anteriores com base em informações atuais; empréstimos governamentais, se não contabilizados anteriormente à adoção inicial com taxas de juros inferiores às de taxas de mercado, o valor contábil do empréstimo registrado é o que deverá ser levado para o Balanço de abertura.

O CPC 37(R1) apresenta também diversas isenções para esse momento da adoção inicial, mas vamos nos restringir a detalhar apenas aquela que consideramos a mais presente nesse tipo de situação: custo atribuído (*deemed cost*). O Apêndice A do CPC 37(R1) define custo atribuído da seguinte forma:

> "é o montante utilizado como substituto para o custo (ou o custo depreciado ou amortizado) em determinada data. Nas depreciações e amortizações subsequentes é admitida a presunção de que a entidade tenha inicialmente reconhecido o ativo ou o passivo na determinada data por um custo igual ao custo atribuído".

Desse modo, atendendo ao objetivo de gerar uma informação contábil a um custo que não supere seu benefício, o CPC 37 (R1) prevê a opção de a entidade fazer uma revisão dos valores de seus ativos com base em uma nova avaliação, a valor justo, na data de transição. Essa opção é dada para cada ativo individual, e a justificativa para tal procedimento é, novamente, a relação custo-benefício.

Para melhor compreensão, vamos citar um exemplo: uma entidade possui cinco imóveis. Dois deles foram adquiridos em 1990 e os demais são novos – com no máximo dois anos de uso. Se a entidade pensar em retroceder os cálculos do custo para adequar os registros às novas regras, isso é plenamente viável no caso dos imóveis novos. Porém, para os imóveis de 1990, seria muito custoso (depreciações calculadas por critério fiscal, diferença entre despesa e ativação de certas reformas etc.), além de, provavelmente, impraticável. Portanto, a alternativa mais lógica seria efetuar uma avaliação a valor justo desses imóveis antigos, na data de transição, ajustando os saldos contábeis. No caso dos imóveis novos, provavelmente, fazer uma nova avaliação seria mais custoso para a entidade do que manter os valores contábeis anteriores com algum tipo de revisão (a não ser que algo de muito relevante tenha ocorrido e seja muito grande a diferença entre esse custo e seu valor justo atual).

É importante deixar claro que a opção do custo atribuído não pode ser confundida com o modelo de reavaliação, utilizado no Brasil até 2007 e permitido pelas normas internacionais (IAS 16). No modelo de reavaliação, a avaliação é feita para o conjunto todo de ativos de mesma natureza, e novas avaliações periódicas são sempre exigidas. No modelo do custo atribuído, o objetivo é que o valor da avaliação seja um substituto para o custo, daí o nome "custo atribuído", mas apenas para o Balanço inicial, conforme destacado na própria definição do termo, já reproduzida. Portanto, já que o Brasil não mais permite o modelo de reavaliação, o único momento permitido para ajustar os valores dos ativos é a data de transição.

O CPC 37 (R1) permite ainda que os valores de ativos reavaliados no passado possam ser mantidos como custo atribuído, contanto que tais valores sejam amplamente comparáveis ao valor justo ou ao custo de acordo com as IFRSs. Em virtude da complexidade e relevância do tema, o CPC decidiu construir uma interpretação para melhor orientar a prática da revisão desses ativos. Essa interpretação é a ICPC 10 – Interpretação Sobre a Aplicação Inicial ao Ativo Imobilizado e à Propriedade para Investimento dos CPCs 27, 28, 37 e 43.

A Interpretação ICPC 10 orienta para que os ajustes do Ativo Imobilizado em função do uso da opção do custo atribuído sejam contabilizados, em contrapartida, na conta "Ajustes de Avaliação Patrimonial". Assim, à medida que o Ativo seja realizado (mediante depreciações/ amortizações e/ou alienações/baixas), o ajuste do PL vai sendo transferido para a conta de Lucros ou Prejuízos Acumulados na mesma proporção.

Além disso, a Interpretação ICPC 10 deixa claro que essa opção não se confunde com a reavaliação e exige divulgação específica da política de dividendos adotada pela entidade, conforme determinado respectivamente pelos itens 27 e 28 (após a transferência para Lucros Acumulados, pode haver a distribuição de lucro, mas não é obrigatória).

Por fim, destaca-se a necessidade de registro dos tributos diferidos, conforme estabelecido pelo CPC 32 – Tributos sobre o Lucro, e também nos itens 38 a 40 da Interpretação ICPC 10.

1.3.2 Tratamento para as pequenas e médias empresas (PMEs)

Os conceitos abordados neste capítulo relativos à "adoção inicial das normas internacionais e do CPC" também são aplicáveis às entidades de pequeno e médio portes. Ressalta-se apenas que, para tais tipos de empresa, não há necessidade de apresentar todas as informações comparativas de períodos anteriores, isto é, permite-se que a empresa de pequeno ou médio porte não apresente determinada informação de período anterior quando isso for demasiadamente custoso ou demande esforço excessivo. Para maior detalhamento, consultar a seção 35 – Adoção Inicial deste Pronunciamento – do Pronunciamento Técnico PME – Contabilidade para Pequenas e Médias Empresas.

1.3.3 Entidades em liquidação

Mesmo sabendo-se que é bastante comum termos entidades em liquidação ou em processo falimentar, as normas internacionais de contabilidade e, por consequência, as que passamos a utilizar no Brasil integralmente a partir de 2010, são voltadas exclusivamente para as entidades em continuidade operacional.

Por iniciativa do Conselho Federal de Contabilidade (CFC), que posteriormente buscou a parceria do Comitê de Pronunciamentos Contábeis (CPC), essas duas entidades se debruçaram no estudo do tema e conseguiram, em 2021, elaborar um documento que tem por objetivo estabelecer critérios contábeis uniformes para as entidades em liquidação. Não se pode esquecer que até então, por não haver nada nesse sentido, o que se encontrava era a aplicação de uma quantidade enorme de práticas contábeis divergentes entre si.

Importante destacar, o Pronunciamento Técnico do CPC, também aprovado pela Comissão de Valores Mobiliários (CVM) (há companhias abertas em liquidação), não é aplicável a entidades que estejam em processo de recuperação judicial, extrajudicial ou que já têm em seus documentos de constituição prazos estabelecidos de liquidação. Estas são consideradas normalmente como em continuidade, até que perdida essa condição (entrar na efetiva fase de liquidação).

Como para as entidades em liquidação pressupõe-se sua não continuidade operacional, os critérios de reconhecimento, mensuração e divulgação são bastante diferentes daqueles que são aplicados às entidades em continuidade, por exemplo, as provisões serão reconhecidas mesmo quando apenas possível ou provável. Para os ativos, os critérios de mensuração são: valor de liquidação (valor justo líquido das despesas de venda); ou em raríssimos casos o custo histórico (neste caso, óbvio sempre com a aplicação do teste de recuperabilidade). Para os passivos, passa-se a registrar as provisões relativas a perdas possíveis, enquanto o normal é só quando prováveis, e também se cria a provisão para os gastos futuros da própria liquidação.

Quando a entidade entra em liquidação, elabora-se o Balanço de Abertura, na verdade com o nome de Demonstração dos Ativos Líquidos de Abertura, com os ajustes todos para ativos e passivos; se existirem ativos ou passivos não reconhecidos até então, por força de normas contábeis, como determinados intangíveis que tenham possibilidade de venda e valor justo líquido mensurável com razoável segurança, ou por erro ou fraude, esses ativos e passivos são reconhecidos nesse momento. É óbvio que eventuais itens reconhecidos como ativo ou passivo que efetivamente não existam precisam ser baixados também nesse momento.

Para o excepcional caso de a entidade readquirir a condição de continuidade operacional, suas novas demonstrações deverão se orientar pelo CPC 37 – Adoção Inicial das Normas Internacionais de Contabilidade, a partir do momento em que deixar de ser enquadrada como entidade em liquidação.

As principais demonstrações exigidas passam a ser: Demonstração dos Ativos Líquidos; Demonstração da Mutação dos Ativos Líquidos; Demonstração dos Fluxos de Caixa, pelo Método Direto; e Demonstração da Moeda de Liquidação. Foram denominadas de forma diferente as demonstrações contábeis, inclusive para não se confundir com as demonstrações da entidade em fase operacional (veja-se que são parecidas, mas não são os "normais" balanço, demonstração do resultado etc.).

E, muito importante, a norma e o CFC admitem escrituração contábil simplificada, com os livros Diário e Razão podendo ser, inclusive, na forma de uma planilha com as colunas representando as contas e as linhas o diário, no caso de pequenas entidades. Consulte a norma para mais detalhes.

Disponibilidades e Contas a Receber

2.1 Introdução

No Brasil, por força da Lei nº 6.404/1976, art. 178, tem-se que no Ativo Circulante as contas deverão ser organizadas das mais líquidas para as menos líquidas. Por essa razão, as disponibilidades são apresentadas inicialmente.

Os recebíveis são o tipo mais usual de instrumentos financeiros, respectivamente derivados de vendas ou prestações de serviços. Por conta da sua intrínseca vinculação às práticas negociais das organizações, encontram-se regulados tanto pelo CPC 48 – Instrumentos Financeiros, quanto pelo CPC 47 – Receita de Contratos com Cliente.

2.2 Conteúdo e classificação do subgrupo Disponibilidades

As aplicações em títulos de liquidez imediata e aplicações financeiras resgatáveis aproximadamente no prazo de 90 dias da data do Balanço são classificáveis como Equivalentes de Caixa, devendo, todavia, ser mostradas em conta à parte, mas apenas quando possuírem baixa probabilidade de risco e liquidez da contraparte. Esse entendimento segue o disposto no CPC 03, item 6, as "aplicações financeiras de curto prazo, de alta liquidez, que são prontamente conversíveis em um montante conhecido de caixa e que estão sujeitas a um insignificante risco de mudança de valor".

Posto isso, não há grandes desafios na classificação dos elementos componentes do conceito de disponibilidades, cujo elenco não exaustivo pode ser tomado pelas seguintes rubricas: **(a) caixa; (b) fundo fixo; (c) caixa flutuante; (d) depósitos bancários à vista; (e) numerários em trânsito; e (f) aplicações de liquidez imediata**.

2.2.1 Do atual tratamento aplicável aos criptoativos

O IFRS Interpretations Committee concluiu, no ano de 2019, que tais ativos digitais não se elegem para definição de moeda, à medida que não servem para balizar os preços de outros produtos e serviços (pelo menos por enquanto). Adicionalmente, o mesmo Comitê de Interpretações entendeu que os criptoativos não atendem às definições de instrumentos financeiros do CPC 39. Em síntese: os criptoativos na atualidade não são considerados nem caixa e nem instrumentos financeiros. Essa não possibilidade de tratamento como instrumento financeiro deve-se, segundo aquele órgão, à literalidade da definição atual de instrumento financeiro que exige a existência de uma contraparte (no caso, a entidade devedora).

Por isso, as interpretações do IFRS Interpretations Committee indicaram que os criptoativos, quando adquiridos ou recebidos em transações comerciais com o propósito de negociação ativa no decurso ordinário das atividades negociais, ou seja, para quem compra e vende esses ativos, devem ser tratados como estoques sob a perspectiva do CPC 16 – Estoques. Caso contrário, segundo esse órgão, os criptoativos devem ser tratados como ativos intangíveis sob a ótica do CPC 04 – Ativo Intangível. Em ambos os casos, os criptoativos devem ser submetidos à regra geral do teste de *impairment* disposta no CPC 01 – Redução ao Valor Recuperável de Ativos. E não cabendo em nenhuma das duas hipóteses, isto é, enquadramento como Estoque ou como Ativo Intangível, a mensuração subsequente dos criptoativos pelo valor justo (a exceção seria a reavaliação de ativos intangíveis, mas vedada na atual legislação brasileira).

É óbvio para nós que não se trata da análise mais adequada para os criptoativos que têm mercado ativo. Deixá-los no Intangível, ao valor de custo sem ajuste a valor justo, só reconhecendo mudança de valor se ocorrer perda, não parece fazer com que a demonstração melhor reflita a posição financeira da entidade e seu desempenho. Assim como o real não tem contraparte, esses criptoativos também não têm. Por isso, por que não classificá-los como ativo financeiro mensurado continuamente a valor justo? Componente do Ativo Circulante, mas, por precaução, fora de caixa e equivalentes de caixa?

Fica o alerta de que essa posição do IASB pode mudar, inclusive por esse assunto estar na pauta de trabalhos futuros.

2.2.2 Saldos em moeda estrangeira

Valores em moeda estrangeira devem ser registrados em subcontas à parte e seu saldo deve ser traduzido pela taxa cambial de venda na data do Balanço.

Isso pode ocorrer caso a empresa tenha dinheiro em caixa em moeda estrangeira ou depósitos bancários em outros países. Nesse caso, devem ser também analisadas as eventuais restrições a que possam estar sujeitos tais valores, seja pela legislação local, seja pela do outro país. As referidas restrições devem ser claramente mencionadas nas demonstrações contábeis ou em nota explicativa.

A variação cambial correspondente ao ajuste do saldo em moeda nacional à nova taxa de câmbio deverá ser lançada, em resultado do exercício, no grupo de Despesas e Receitas Financeiras, nas subcontas à parte de Variações Monetárias, conforme previsto no Modelo de Plano de Contas. Como regra, para a conversão em moeda nacional, a taxa de compra utilizada pela instituição financeira é a que deverá ser adotada. Quando houver evidência de que os recursos serão utilizados no exterior para pagamentos de despesas, compras de ativo etc., os saldos em moeda estrangeira poderão ser convertidos pela taxa de venda da instituição financeira na data do Balanço.

2.3 Contas a receber

A quantidade de contas contábeis cabe a cada entidade, de acordo com a necessidade e a natureza do negócio. Os indicativos, não exaustivos, de contas atreladas ao conceito de contas a receber por este *Manual* são:

a) **Contas a receber de clientes:** representa o valor da contraprestação do cliente devida em função do cumprimento de uma obrigação de desempenho. Contas a receber de clientes é um instrumento financeiro de acordo com o CPC 48 – Instrumentos Financeiros, por conta do cumprimento de obrigações negociais sob a ótica do CPC 47 – Receita de Contrato com Cliente; é necessário verificar este último CPC, como no Capítulo 18 – Receitas de Vendas, para se saber quando reconhecer essas contas a receber.

b) **Contas a receber de partes relacionadas (transações operacionais):** o CPC 26 – Apresentação das Demonstrações Contábeis (item 78b) estabelece que essas contas devem ser segregadas em montantes a receber de clientes comerciais, contas a receber de partes relacionadas, pagamentos antecipados e outros montantes.

c) **Contas a receber relativas a componentes de financiamento:** quando da existência de componente de financiamento significativo no contrato (nas vendas a prazo), a empresa deverá reconhecer a receita separando os componentes da receita do contrato com clientes (equivalente ao preço de venda à vista) e da receita de juros (embutidas no preço de venda).

d) **Perdas estimadas com crédito de clientes (natureza credora):** refere-se ao conceito de *impairment* de ativos financeiros disposto no item 5.5.1 do CPC 48. Na contabilidade brasileira, tratada como Perdas Estimadas com Crédito de Liquidação Duvidosa (PECLD), representando o percentual das vendas e prestações de serviços a prazo às quais se tenha alguma expectativa de inadimplemento.

e) **Ativos de contratos:** referem-se ao direito da entidade à contraprestação em troca de bens ou serviços quando esse direito está condicionado a algum fato além da passagem do tempo, como, por exemplo, algum tipo de desempenho futuro. O Capítulo 26, sobre Concessões, cuida desses ativos.

2.3.1 Perdas estimadas em créditos de liquidação duvidosa (PECLD)

a) CONCEITO

Os conceitos de PECLD tratados neste capítulo são também abordados e expandidos no Capítulo 10 – Instrumentos Financeiros. Veja a discussão de teste de *impairment* de ativos financeiros.

A estimativa de perdas com créditos de liquidação duvidosa utilizada por instituições não financeiras é normalmente obtida por meio da contagem histórica dos recebíveis inadimplidos sobre o valor total das vendas ou prestações de serviços cujos recebimentos ocorreriam por meio de quitação a prazo – esse procedimento é denominado de abordagem simplificada, de acordo com o CPC 48. Mas há critérios mais técnicos.

As rubricas de PECLD devem ser contabilizadas pelas estimativas de valores que cubram a expectativa de perdas nas diversas contas desse subgrupo. Deve-se, na data do Balanço, efetuar uma análise da composição de cada uma das contas, estimando-se as prováveis perdas e reduzindo o saldo a receber ao valor provável de realização. As contas mais suscetíveis a essas perdas são as de valores a receber de clientes, títulos a receber, cheques em cobrança.

b) MENSURAÇÃO E CONTABILIZAÇÃO

A constituição da perda estimada tem como contrapartida contas de despesas operacionais. E essa conta vai gerando mais despesas quando o valor esperado de perda cresce, ou receitas por reversão de saldo quando o valor esperado cai.

Quando um saldo se torna efetivamente incobrável, ou seja, quando se esgotaram sem sucesso os meios possíveis de cobrança e uma perda estimada se converte em uma perda certa, sua baixa da conta de clientes deve ser feita tendo como contrapartida a própria conta de PECLD.

Exemplo prático

Admita-se um saldo de R$ 100.000 de Duplicatas a Receber, com valores e prazos, a vencer e já vencidos, conforme o Quadro 2.1.

Quadro 2.1

	Não vencidas	A vencer 01 – 30	A vencer 31 – 60	A vencer 61 – 90	A vencer 91 – 180	A vencer + 180	Total
Duplicatas a receber	22.500	25.000	20.000	15.000	15.000	2.500	100.000
% de perda estimada	2%	5%	10%	20%	50%	100%	
PECLD		450	1.250	2.000	3.000	7.500	2.500	16.700

Reconhecimento da despesa de PECLD

	Débito	Crédito
Despesa com PECLD	16.700	
a PECLD (redutora do Ativo)		16.700

Após o reconhecimento da PECLD, a análise por categoria de vencimento deve ser revisada pelo menos mensalmente, com o objetivo de atualizar seu saldo. No decorrer do mês seguinte à mensuração da PECLD, ocorrem diversos eventos, por exemplo, novas duplicatas são geradas, aumentando o saldo de Duplicatas a receber, enquanto outras duplicatas são baixadas por conta da sua liquidação (pagamento). Dessa forma, suponha que no período seguinte o modelo de mensuração da PECLD demonstre um valor de R$ 10.000, portanto, um saldo inferior ao do período anterior. Nesse caso, será necessário realizar a reversão da despesa de PECLD:

Reversão da despesa de PECLD

	Débito	Crédito
PECLD (redutora do Ativo) a Receita de reversão da PECLD (resultado)	6.700	6.700

Considere agora que o modelo de mensuração aponta a necessidade de uma perda estimada de R$ 25.000, portanto, seria necessário acrescentar em R$ 15.000 o saldo atual (não há evidências ainda de que a perda estimada se torne efetiva). Após o novo ajuste realizado, o saldo da conta redutora do Ativo PECLD será de R$ 25.000. Considere que, no período seguinte, o Cliente B, que devia uma duplicata no valor de R$ 3.000, vencida há mais de 150 dias, e que já tinha 50% do saldo em perdas estimadas, entrou em recuperação judicial, esgotaram-se todas as possibilidades de recebimento do valor devido e a duplicata a receber desse cliente foi considerada incobrável. O registro será a utilização da conta de PECLD para abater a conta a receber de clientes (afinal, a despesa já foi reconhecida no passado):

	Débito	Crédito
PECLD (redutora do Ativo) a Duplicatas a receber (ativo)	6.700	6.700

Ou seja, não se reconhece como despesa porque a despesa já foi reconhecida antes.

Finalmente, suponha que, supreendentemente, o Cliente B, após ter sido considerado incobrável, apareceu e pagou integralmente a duplicata no valor de R$ 3.000, com ou sem outros acréscimos. Nesse caso, como o título já havia sido baixado da conta Duplicatas a receber, deve-se reconhecer uma receita do resultado do exercício:

Reconhecimento da receita

	Débito	Crédito
Bancos a Receita de recuperação de crédito	3.000	3.000

É importante lembrar que, para efeitos fiscais, a despesa só é reconhecida após determinados fatos que aqui não vamos discriminar. Para isso, deverá haver o devido controle contábil e ajustes no LALUR.

2.4 Outros créditos

2.4.1 Conceito e critérios contábeis

Esse grupo de contas é composto pelos demais títulos, valores e outras contas a receber, normalmente não originadas do objeto principal da sociedade.

Os critérios de avaliação e mensuração são os mesmos, isto é, devem ser demonstrados por seus valores líquidos de realização, ou seja, por valores que se espera sejam recuperados, reconhecendo-se as perdas estimadas apresentadas como contas redutoras.

São classificadas no Ativo Circulante todas as contas realizáveis em circunstâncias normais dentro do prazo de um ano após a data da demonstração, seja ela de final de período ou intermediária; as que tiverem vencimento além constituem Ativo Não Circulante.

No Balanço, os Outros Créditos podem ser agrupados e apresentados em um só título, se seu total não for significativo comparativamente com os demais subgrupos. Deverão, porém, ser segregados por espécie, com destaque para as contas importantes, quando de valor relevante. Nesse caso, as contas devem ser descritas por título indicativo de sua natureza e origem. As contas mais comuns estão relacionadas no Modelo do Plano de Contas.

2.4.2 Tributos a compensar e a recuperar

a) CONTEÚDO E NATUREZA

Há diversas operações que podem gerar valores a recuperar de impostos, tais como saldos devedores (credores, na linguagem fiscal) de ICMS, IPI, PIS, Cofins, IRRF e outros. Há que se fazer a segregação em subcontas para facilidade de controle.

Destaca-se que "tributo a compensar/restituir" é o crédito relativo a pagamento de tributos da mesma espécie ou não e que, se não houver débito com o qual compensar, pode gerar solicitação de restituição em dinheiro. Já a expressão "tributo a recuperar" identifica o tributo pago na aquisição de bens, embutido no preço, que poderá ser deduzido do tributo devido sobre vendas ou prestação de serviços, sendo essa normalmente a única forma possível de sua recuperação.

b) IPI, ICMS, PIS E COFINS A RECUPERAR

Essas contas destinam-se a abrigar, respectivamente, o saldo devedor de Imposto sobre Operações Relativas à Circulação de Mercadorias e sobre Prestações de Serviços de Transporte Interestadual e Intermunicipal e de Comunicação (ICMS), do Imposto sobre Produtos Industrializados (IPI), do Programa de Integração Social (PIS) e da Contribuição para o Financiamento da Seguridade Social (Cofins). Pela própria sistemática fiscal desses impostos, mensalmente os débitos fiscais pelas vendas são compensados pelos créditos fiscais das compras, remanescendo um saldo a recolher ou a recuperar, dependendo do volume de tais compras e vendas. O normal é que tais saldos sejam a recolher, quando figuram no Passivo Circulante, mas às vezes ocorrem saldos a recuperar, quando então deverão figurar nessa conta do Ativo Circulante.

c) IRRF A COMPENSAR

A conta é debitada pela retenção quando do registro da operação que a originou e creditada quando o valor do imposto retido for compensado mediante sua inclusão na declaração de rendimentos e/ou utilização na guia de recolhimento, conforme a sistemática fiscal determinar.

d) IR E CS A RESTITUIR/COMPENSAR

A conta é debitada quando da apuração do valor, bem como pelo valor do acréscimo de juros (Selic) definido pelo governo para essas restituições. O crédito será feito quando do efetivo recebimento de parcelas ou do valor total, ou da compensação do imposto.

e) IR e CS DIFERIDO

Nessa conta, será registrada a parcela do Imposto de Renda e Contribuição Social, que representa diferenças temporais entre os valores de lucro apurados segundo as normas fiscais e o regime de competência. Inclui também créditos relativos a prejuízos fiscais (IR) e bases negativas (CSLL).

f) OUTROS TRIBUTOS A RECUPERAR

Nessa conta, são registrados outros casos de impostos a recuperar pela empresa. Exemplificando, temos:

a) Impostos (ICMS e IPI) que são destacados na saída de bens (mercadorias) em demonstração, consignação etc., que deverão retornar ao estabelecimento.

b) Impostos a recuperar por pagamentos efetuados indevidamente a maior etc.

2.4.3 Recuperabilidade

Só para lembrar, todos esses saldos precisam ser constantemente analisados quanto à efetiva possibilidade de serem recuperados. Atenção especial àqueles que não podem ser restituídos, e apenas compensados com valores a pagar no futuro em determinadas situações. É o caso especial de IR e CSLL diferidos, eis que sua recuperação só acontece se lucros futuros tributáveis acontecerem. E lembrar que a prudência tem que ser aplicada sempre.

2.5 Tratamento para pequenas e médias empresas

Os conceitos abordados neste capítulo são aplicáveis a entidades de pequeno e médio portes.

ESTOQUES

3.1 Introdução

Os estoques, que podem ser tangíveis ou intangíveis (como *softwares* para venda), estão intimamente relacionados com as atividades operacionais de muitas empresas e podem ser de diferentes naturezas, dependendo do tipo de empresa. Existem estoques de matéria-prima, de produtos em elaboração, de produtos acabados, de almoxarifado, de produtos agrícolas e até mesmo de serviços em andamento.

Em termos contábeis, a principal dificuldade dos estoques está relacionada com os processos de controle e de mensuração. Essa questão é relevante, principalmente no caso de empresas industriais e comerciais, já que os estoques representam um dos ativos mais importantes do capital circulante e da posição financeira, de forma que sua correta determinação no início e no fim do período contábil é essencial para uma apuração adequada do lucro líquido do exercício e da situação patrimonial e financeira da entidade.

3.2 Conteúdo e principais contas

De acordo com o CPC 16 (R1) – Estoques, os estoques são ativos: (a) mantidos para venda no curso normal dos negócios; (b) em processo de produção para venda; ou (c) na forma de materiais ou suprimentos a serem consumidos ou transformados no processo de produção ou na prestação de serviços.

Para empresas comerciais, os estoques seriam tão somente os produtos do comércio adquiridos para revenda e eventualmente uma conta de almoxarifado para materiais de consumo. Para empresas prestadoras de serviços, os estoques seriam os custos de serviços em andamento que incluem os gastos com material, mão de obra e outros aplicados à realização do serviço que ainda não tenham sido entregues aos clientes. Já para as indústrias, há necessidade de diversas contas, de acordo com o estágio de desenvolvimento dos produtos.

É importante observar que as peças de reposição de equipamentos que serão imobilizadas e os materiais destinados a obras não devem ser classificados no grupo de Estoques, mas sim no grupo de Imobilizado. Também não devem ser incluídas como

Estoque as compras que estão em trânsito, a caminho da empresa, quando o transporte é de responsabilidade do vendedor.

Apresentamos a seguir uma breve descrição das principais contas de Estoques:

a) **Produtos Acabados**: deve representar aqueles já terminados e oriundos da própria produção da empresa e disponíveis para venda (empresas industriais).

b) **Mercadorias para Revenda**: engloba todos os produtos adquiridos de terceiros para revenda, que não sofrerão qualquer processo de transformação (empresas comerciais).

c) **Produtos em Elaboração**: representa as matérias-primas consumidas na produção de produtos que estão em processo de transformação e todas as cargas de custos diretos e indiretos incorridos até a data do Balanço.

d) **Matérias-primas e Materiais Diretos**: abriga, primeiramente, todas as matérias-primas, ou seja, os materiais essenciais que sofrem transformação no processo produtivo. Além disso, também devem ser registrados em subconta à parte os materiais a serem aplicados diretamente na fabricação do produto, mas que, diferentemente das matérias-primas, não passam por transformação física.

e) **Adiantamento a Fornecedores**: abriga os adiantamentos efetuados pela empresa, vinculados a compras específicas de mercadorias e de materiais que serão incorporados aos estoques quando de seu efetivo recebimento.

f) **Produtos Agrícolas**: representa o produto colhido ou obtido a partir de um ativo biológico da entidade. Para mais informações, consultar Seção 3.3.3.

g) **Outras contas**: existem outras contas de estoques, como Almoxarifado, Materiais Auxiliares, Materiais de Acondicionamento e Embalagem, Serviços em Andamento, Materiais de Manutenção e Suprimento Gerais etc.

3.3 Critérios de mensuração

Os estoques devem ser mensurados pelo valor de custo ou pelo valor realizável líquido, dos dois o menor. Por valor realizável líquido entende-se o preço de venda estimado no curso normal dos negócios deduzido dos custos estimados para sua conclusão e dos gastos estimados necessários para se concretizar a venda.

Sendo assim, o custo é base elementar para mensuração dos estoques. Porém, se existirem evidências de que parte dos custos dos estoques provavelmente não será recuperável, deve-se registar uma estimativa de perda em conta credora retificadora dos estoques. Assim, a Seção 3.3.1 trata da apuração do custo e a Seção 3.3.2 do valor realizável líquido e do reconhecimento da estimativa de perdas com estoques. Por fim, como os estoques de produtos agrícolas apresentam aspectos específicos, o tema será abordado em seção separada (3.3.3).

3.3.1 Apuração do custo

A determinação dos custos dos estoques é um aspecto que pode ser complexo na Contabilidade, não só por ser um ativo significativo em determinados segmentos, mas também pelo fato de afetar diretamente apuração do resultado do exercício e as análises de lucratividade. Trata-se de extensa matéria, aqui abordada somente em seus aspectos principais, primeiro em relação aos estoques de matérias-primas e similares (3.3.1.1) e, na sequência, em relação aos produtos em processo e acabados (3.3.1.2).

3.3.1.1 Matérias-primas e contas similares

I – Componente do custo

O custo de aquisição desses estoques deve englobar o preço do produto adquirido e todos os custos adicionais incorridos para colocar o produto em condições de uso. O custo de aquisição, portanto, inclui o preço de compra, os impostos de importação e outros tributos **não recuperáveis**, bem como os custos de transporte, seguro, manuseio e outros diretamente atribuíveis à aquisição de produtos acabados, materiais e serviços. Os descontos comerciais, abatimentos e outros itens semelhantes devem ser deduzidos na determinação do custo de aquisição.

Em resumo, devem ser incluídos todos os custos necessários para trazer os estoques à sua condição e localização atuais. Depois que os estoques são colocados em seu local para essa finalidade – uso, consumo ou venda –, quaisquer custos adicionais são despesas.

No caso de compra a prazo que fuja aos padrões normais de negociação e se caracterize como financiamento, o valor dos juros incorridos e outras despesas financeiras não deve integrar o custo dos estoques e sim ser reconhecido como uma conta retificadora do passivo e apropriado para o resultado como despesa financeira ao longo do prazo de pagamento.

Aliás, as despesas de financiamento da produção de estoques são debitadas ao resultado e não ao estoque, com a exceção de quando o estoque leva um tempo muito significativo para ser produzido; segundo o CPC 20 (R1) – Custos de Empréstimos, nesses casos as Despesas Financeiras são agregadas ao Estoque.

No caso de importações, a variação cambial incorrida até a data da entrada no produto no estabelecimento do adquirente deverá ser agregada ao custo. Na prática, a taxa de câmbio é fechada no momento do desembaraço aduaneiro da mercadoria para emissão da nota fiscal de entrada. Daí em diante, qualquer variação cambial até a data do pagamento ao fornecedor no exterior passará a ser resultado financeiro. No caso de adiantamentos aos fornecedores em moeda estrangeira, o valor em reais precisa ser o relativo à taxa na data do fechamento do câmbio, ou seja, o valor em reais efetivamente desembolsado. As variações cambiais daí para a frente são reconhecidas no resultado, mesmo que o material importado entre na empresa mais à frente com taxa diferente.

II – Apuração do custo

Conhecendo os componentes do custo de aquisição, o problema agora se prende ao fato de a empresa ter em estoque produtos semelhantes adquiridos em datas distintas, com custos unitários diferentes. Assim, surge a dúvida sobre qual preço unitário deve ser atribuído a tais estoques na data do Balanço.

Descrevemos a seguir os principais métodos de apuração dos custos reconhecidos contábil e fiscalmente pela Contabilidade e pelo Fisco:

a) **Preço específico**: é usado somente quando for possível determinar o preço específico de cada unidade em estoque, mediante identificação física, como no caso de revenda de automóveis usados.

b) **PEPS ou FIFO**: a lógica é que as primeiras mercadorias compradas é que são vendidas ou consumidas primeiro. Assim, à medida que ocorrem as vendas ou consumo, vai-se dando baixa dos estoques pelo valor dos itens das primeiras compras, por isso que o nome do método é Primeiro que Entra é o Primeiro que Sai (PEPS ou FIFO – *First-In-First-Out*). (O LIFO ou UEPS não é mais aceito.)

c) **Média ponderada móvel**: por esse critério, o valor médio de cada unidade em estoque altera-se pelas compras de outras unidades por um preço diferente. Esse método foge dos extremos, dando como custo o valor médio das compras.

Exemplo prático

A ABC é uma empresa comercial que revende produtos que adquiriu de terceiros. Suponha que essa empresa começou a operar em 01/01/X0 e que, durante o mês de janeiro, efetuou as seguintes transações:

- 05/01/X0 – Compra de 25 unidades de mercadoria por R$ 50 cada (nota fiscal 1)
- 10/01/X0 – Compra de 25 unidades de mercadoria por R$ 60 cada (nota fiscal 2)
- 20/01/X0 – Venda de 20 unidades de mercadoria por R$ 80 cada (nota fiscal X)
- 25/01/X0 – Venda de 25 unidades de mercadoria por R$ 100 cada (nota fiscal Y)

Para ilustrar a aplicação dos dois principais métodos de avaliação de estoques permitido pela legislação fiscal brasileira, vamos primeiro elaborar a ficha de controle de estoques pelo método PEPS e depois pela média ponderada móvel.

Ficha de controle dos estoques – PEPS

Data	Descrição	Entrada Quant.	Entrada Valor R$ Unit.	Entrada Valor R$ Total	Saída Quant.	Saída Valor R$ Unit.	Saída Valor R$ Total	Saldo Quant.	Saldo Valor R$ Unit.	Saldo Valor R$ Total
01/01/X0	Saldo inicial							0	0	0
05/01/X0	Compra – NF 1	25	50	1.250				25	50	1.250
10/01/X0	Compra – NF 2	25	60	1.500				25	50	1.250
								25	60	1.500
								50		2.750
20/01/X0	Venda – NF X				20	50	1.000	5	50	250
								25	60	1.500
								30		1.750
25/01/X0	Venda – NF Y				5	50	250	5	60	300
					20	60	1.200			
					25		1.450			
31/01/X0	Total/Saldo	50		2.750	45		2.450	5	60	300

Ficha de controle dos estoques – Média ponderada móvel (MPM)								
Data	Descrição	Entrada			Saída			Saldo	
		Quant.	Valor R$ Unit.	Valor R$ Total	Quant.	Valor R$ Unit.	Valor R$ Total	Quant.	Valor R$ Unit.	Valor R$ Total
01/01/X0	Saldo inicial							0	0	0
05/01/X0	Compra – NF 1	25	50	1.250				25	50	1.250
10/01/X0	Compra – NF 2	25	60	1.500				50	55	2.750
20/01/X0	Venda – NF X				20	55	1.100	30	55	1.650
25/01/X0	Venda – NF Y				25	55	1.375	5	55	275
31/01/X0	Total/Saldo	50		2.750	45		2.475	5	55	275

Como mencionamos anteriormente, o método de avaliação dos estoques é muito relevante, pois afeta a lucratividade da empresa. Sendo assim, apresentamos a seguir uma comparação de qual seria o lucro bruto da empresa pelos dois métodos de avaliação.

DRE	PEPS	MPM
Receita de vendas	4.100	4.100
(–) CMV	(2.450)	(2.475)
(=) **Lucro bruto**	**1.650**	**1.625**

Verificamos que o custo da mercadoria vendida pelo método do PEPS é menor do que pela média ponderada, já que o PEPS considera o preço das primeiras mercadorias adquiridas e, por serem preços crescentes, foi menor do que a média. E o estoque final pelo PEPS (R$ 300) é maior do que pela MPM ($ 275). Consequentemente, no próximo período, o custo da mercadoria vendida pelo PEPS será maior do que pela MPM e, portanto, o lucro bruto será menor. Ou seja, as diferenças que possam existir entre os métodos de apuração dos estoques são temporais, pois quando todos os produtos forem vendidos, os resultados acumulados serão iguais.

Devoluções

É bastante comum ocorrerem devoluções de compras para o fornecedor e devoluções de vendas pelos clientes. Nesses casos, a empresa deve observar o seguinte:
a) O valor da devolução ao fornecedor será o mesmo pelo qual houver sido registrada a compra das mercadorias devolvidas.
b) O valor da devolução de cliente será aquele pelo qual foi registrada a respectiva saída, sendo irrelevante o preço médio (se adotado esse critério de avaliação de estoque) vigente na data do registro da devolução.

Para ilustrar essa questão das devoluções, vamos voltar ao exemplo prático da empresa ABC e considerar que, além das transações de compra e venda já registradas:
a) No dia 22/01/X0, a empresa ABC efetuou a devolução de 5 unidades das compras realizadas no dia 05/01/X0.
b) No dia 30/01/X0, a empresa ABC recebeu uma devolução de clientes de 10 unidades da venda que fez em 20/01/X0.

Vejamos a seguir quais seriam os efeitos na ficha de controle de estoques. Por simplificação, vamos evidenciar apenas a ficha pelo método da média ponderada móvel.

Ficha de controle dos estoques – Média ponderada móvel (MPM)										
		Entrada			Saída			Saldo		
Data	Descrição	Quant.	Valor R$		Quant.	Valor R$		Quant.	Valor R$	
			Unit.	Total		Unit.	Total		Unit.	Total
01/01/X0	Saldo inicial							0	0	0
05/01/X0	Compra – NF 1	25	50	1.250				25	50	1.250
10/01/X0	Compra – NF 2	25	60	1.500				50	55	2.750
20/01/X0	Venda – NF X				20	55	1.100	30	55	1.650
22/01/X0	Devolução – Compra 05/01/X0	(5)	50	(250)				25	56	1.400
25/01/X0	Venda – NF Y				25	56.00	1.400	0	0	0
30/01/X0	Devolução – Venda 20/01/X0				(10)	55	(550)	10	55	550
31/01/X0	Soma	45		2.500	35		1.950	10	55	550

Tanto a devolução da compra quanto a devolução da venda devem ser feitas pelos respectivos valores de entrada e saída, respectivamente. Observa-se, portanto, que o lançamento dessas devoluções implica ajuste no cálculo do custo médio, em virtude da alteração nos saldos físicos e monetários. Observe-se que não é incomum que empresas utilizem, principalmente para as devoluções de vendas, o valor do último custo médio ponderado utilizado. Essa é uma prática que tem a ver com frequência, materialidade e relevância da operação.

3.3.1.2 Produtos em processo e acabados

I – Componente do custo

O custo dos estoques de produtos em processo e acabados na data do Balanço deve incluir todos os custos diretos (material, mão de obra e outros) e indiretos (gastos gerais de fabricação) necessários para colocar o item em condições de venda. Em resumo, temos a seguinte composição:

a) Os custos dos materiais diretos equivalem à valoração dos consumos efetuados pela produção, na forma de determinação de custo anteriormente estudada.

b) Os custos de mão de obra direta incluem salários do pessoal que trabalha direta e produtivamente na fabricação do produto, adicionados a eles os benefícios e os respectivos encargos sociais, trabalhistas e previdenciários.

c) Os gastos gerais de fabricação, também chamados de custos indiretos industriais, incluem todos os demais custos incorridos na produção (mão de obra indireta e seus encargos, depreciações, energia etc., nas funções de inspeção, manutenção, almoxarifado, supervisão, administração da fábrica, depreciação, energia, seguros etc.) e são, em geral, atribuídos aos produtos por meio de rateios. Tais custos são geralmente aplicados com base em direcionadores como número de horas-homem ou valor da mão de obra direta, ou de horas-máquina etc.

Para o caso dos prestadores de serviços, o CPC 16 (R1), item 19, determina que, na medida em que existam estoques de serviços em andamento, também chamados de estoques em elaboração, devem ser mensurados pelos custos da produção (mão de obra, material utilizado, pessoal diretamente envolvido na prestação de serviços etc.).

II – Custeio Direto (ou Variável) e Custeio por Absorção (ou Integral)

A inclusão dos três elementos de custo definidos representa o custeio por absorção, ou seja, o estoque em processo ou acabado "absorve" todos os custos incorridos, diretos ou indiretos. Essa é a base de avaliação aceita conforme Estrutura Conceitual e pela Lei das Sociedades por Ações, sendo que é a base também aceita pela legislação fiscal.

O método de custeio direto (ou variável) atribui aos objetos de custeio apenas os custos diretos (ou variáveis), sendo que os custos fixos são tratados diretamente como despesas do período. Esse método não é aceito para fins contábeis e de demonstrações contábeis oficiais, nem para fins fiscais, já que não reconhece todos os custos de produção na determinação do valor dos estoques. Apesar disso, pode ser bastante útil para fins gerenciais, já que poderá subsidiar diversas análises e decisões gerenciais, como análise da margem de contribuição dos produtos, do ponto de equilíbrio, grau de alavancagem operacional e decisão sobre preço de venda dos produtos e serviços, entre outras.

Há outros métodos de custeio, como o RKW ou o ABC, que também não são aceitos nem contábil nem fiscalmente.

III – Sistemas de custeio

Os custos de produtos em processo e acabados são geralmente determinados sob dois tipos básicos de procedimentos ou sistemas de custeio: por ordem ou por processo. Ambos os métodos são perfeitamente viáveis e aceitáveis contábil e fiscalmente. O importante é que um ou outro seja aplicado com base no custeio por absorção e pelos custos reais incorridos.

a) **Custos por ordem**: sua característica básica é identificar e agrupar especificamente os custos para cada ordem de serviço para produção de um bem ou serviço em particular, os quais não são relativos a determinado período de tempo nem foram obtidos pela média entre uma série de unidades produzidas, como nos custos por processo contínuo. Deve ser usado quando as quantidades de produção são feitas especialmente para determinadas demandas (produção sob encomenda ou projetos).

b) **Custos por processo**: os custos são acumulados por fase do processo, por operação ou por departamento, estabelecendo-se uma média de custo que toma por base as unidades processadas ou produzidas. O custeio por processo é indicado quando o processo de produção é contínuo e fabricam-se produtos homogêneos, tais como na produção de cimento, papel, petróleo, produtos químicos e outros semelhantes. Nesse sistema, os custos são normalmente apropriados por departamento ou seção de produção ou serviço, com base em consumo, horas despendidas etc. Assim, os custos totais acumulados durante o mês, de cada departamento, são divididos pela quantidade produzida, apurando-se os custos unitários. Caso o processo produtivo englobe várias etapas, os custos incorridos em cada fase são transferidos para a etapa seguinte, e, finalmente, para o estoque de produtos acabados.

IV – Custo-padrão e custo real

Custo-padrão é o método de custeio por meio do qual o custo de cada produto é predeterminado, antes da produção, com base nas especificações do produto, elementos de custo e nas condições previstas de produção. Assim, os estoques são apurados com base em custos unitários padrão e os custos de produção reais são apurados e comparados com os padrões, registrando-se suas diferenças em contas de variação. Tal técnica tem por objetivo uma melhor análise das operações e possibilitar a identificação de ineficiências e perdas, como base para a tomada de medidas corretivas para períodos seguintes.

Considerando que o custo-padrão é um valor do custo "que deveria ocorrer", não é base para avaliação dos estoques para efeito de Balanço; por isso, utiliza-se tal sistema durante o exercício, devido à sua utilidade no planejamento e no controle das operações, na avaliação de eficiência e no estabelecimento de preços de venda, retornando-se ao custo real na data do Balanço. Por isso, as contas de variação devem ser proporcionalmente distribuídas entre os estoques e o custo dos produtos vendidos. Só se pode usar o Padrão para Balanço se a diferença entre ele e o custo real for mínima, de forma a garantir que os estoques estejam sempre registrados ao seu custo. Isso tanto para fins contábeis quanto fiscais.

3.3.1.3 Aspectos adicionais

I – Capacidade ociosa

Na hipótese de a empresa estar operando apenas parcialmente sua capacidade de produção, ou seja, com parte ociosa, há que se considerar que, mesmo no método de custeio real por absorção, o custo adicional relativo à capacidade ociosa não deve ser atribuído à produção elaborada no período caso essa ociosidade seja anormal e significativa (greve, recessão econômica setorial profunda etc.). De fato, nessa circunstância, os custos fixos relativos à parte ociosa devem ser lançados diretamente nos resultados do período da ociosidade, e não onerar o custo dos produtos elaborados no mesmo período.

II – Férias coletivas

Como no período de férias coletivas não haverá produção, mas haverá custos fixos, esses devem ser atribuídos aos custos dos 11 meses anteriores em que houve produção normal. É por esse motivo que, para as empresas que têm política de paralisar anualmente suas atividades em face de férias coletivas, o procedimento correto é registrar mensalmente uma provisão nos 11 meses anteriores para cobrir os custos fixos estimados do mês de férias coletivas. Dessa forma, tais custos serão atribuídos à produção de cada mês e, quando das férias coletivas, os custos fixos reais serão debitados contra a provisão anteriormente formada. O mesmo com o custo do 13º salário. E seus encargos.

III – Ineficiências, quebras e perdas de produção

As ineficiências, quebras e perdas de produção podem ocorrer por uma infinidade de motivos. Basicamente, o critério a ser seguido é lançá-las ao custo normal de produção sempre que forem normais e inerentes ao processo produtivo, e lançá-las diretamente no resultado do período quando forem esporádicas e não normais, além de significativas.

3.3.2 Apuração do valor realizável líquido

Como mencionado no início da Seção 3.3, os estoques devem ser mensurados pelo valor de custo ou pelo valor realizável líquido, dos dois o menor. O objetivo desse procedimento é que os estoques não fiquem registrados por um valor maior do que o seu valor recuperável. O objetivo aqui é apresentar os aspectos da apuração do valor realizável líquido e do reconhecimento de uma estimativa de perdas em estoques, quando necessário.

Assim, o valor realizável líquido é apurado pela diferença entre o preço de venda do item e as despesas estimadas para vender e receber, entendendo-se como tais as despesas diretamente relacionadas com a venda do produto e a cobrança de seu valor, tais como tributos, comissões, fretes, embalagens, taxas e desconto das duplicatas etc. Despesas do tipo propaganda, gerais, administrativas etc., que beneficiam não diretamente um produto, mas genérica e constantemente todos os produtos da sociedade, não devem ser incluídas nessa determinação de despesas para vender e receber.

Se o valor realizável líquido de determinado item do estoque for menor do que o custo registrado, isso significa que uma parcela desse custo não será recuperada e, portanto, a empresa deve reconhecer uma perda estimada com estoques. Essa estimativa de perda deve ser reconhecida em uma conta retificadora do estoque, tendo como contrapartida uma despesa do período.

Exemplo prático

A empresa ABC possui quatro tipos de produtos diferentes em seu estoque, sendo que o custo de aquisição total é de R$ 42.000, conforme evidenciado a seguir.

Produtos	Custo unitário	Quantidade	Custo total
A	20	500	10.000
B	50	360	10.000
C	30	200	10.000
D	80	100	10.000
Total	180		10.000

Para avaliarmos se algum de seus produtos está registrado por um valor maior do que o valor recuperável, precisamos comparar o custo de aquisição com o valor realizável líquido de cada um dos produtos. As informações estão no Quadro 3.1.

Quadro 3.1

Produtos	Valor de venda unitário	Quant.	Valor de venda total	Despesas de venda	Valor realizável líquido	Custo de aquisição	Diferença
A	25	500	12.500	1.250	11.250	10.000	1.250
B	55	360	19.800	5.800	14.000	18.000	(4.000)
C	35	200	7.000	1.500	5.500	6.000	(500)
D	130	100	13.000	5.000	8.000	8.000	–
Total			52.300	13.550	38.750	42.000	

Observa-se que o valor realizável líquido do produto A é maior do que seu custo de aquisição, não sendo necessário reconhecer nenhuma estimativa de perda. Da mesma forma, o valor realizável líquido do produto D é exatamente igual ao seu custo de aquisição e, portanto, nenhuma estimativa de perda é necessária. Entretanto, tanto o produto B quanto o C apresentam valores de realização menores do que os respectivos custos de aquisição. Especificamente, do custo total de R$ 18.000 do produto B, existe a estimativa de não recuperação de R$ 4.000. Da mesma forma, estima-se não recuperar R$ 500 do produto C.

Consequentemente, a empresa ABC deve reconhecer uma estimativa de perda em estoques no montante total de R$ 4.500, por meio do lançamento contábil a seguir.

	Débito	Crédito
Despesa com Estimativa de Perdas em Estoques	4.500	
a Perda Estimada para Redução ao Valor Recuperável – Estoque B (conta redutora do ativo)		4.000
a Perda Estimada para Redução ao Valor Recuperável – Estoque C (conta redutora do ativo)		500

3.3.3 Produto agrícola

Os conceitos de apuração de custos expostos nas seções anteriores aplicam-se mais a empresas industriais e comerciais, mas há uma exceção, o dos estoques de produtos biológicos. É o caso, por exemplo, das empresas pecuárias e de produção agrícola. Em vez do custo, tais empresas geralmente utilizam o valor justo como base de mensuração na hora em que o produto é obtido.

O tema de ativo biológico e produto agrícola é normatizado pelo CPC 29. Em seu item 5, esse Pronunciamento define produto agrícola como aquele que é colhido ou obtido a partir de um ativo biológico, que por sua vez representa um animal ou uma planta, vivos. Assim, o ativo biológico gera o produto agrícola. Por exemplo, o gado leiteiro é um ativo biológico que gera o produto agrícola "leite". Esse gado fica ao custo no Imobilizado, e o leite, assim que produzido, é avaliado ao valor realizável líquido (e não ao custo de produção, mesmo que este possa ser obtido). Outros exemplos: o pé de café é o ativo biológico que gera o produto agrícola "café"; o cafezal fica ao custo, e o café ao valor justo líquido das despesas de venda.

O eucalipto é o ativo biológico, a madeira é produto agrícola, a ser colhida e utilizada como matéria-prima para a obtenção de celulose etc.

Ou seja, os denominados produtos biológicos, colhidos ou obtidos de ativos biológicos da entidade, devem ser mensurados ao valor justo, menos a despesa de venda, no momento da colheita, nascimento ou qualquer outra forma de obtenção do produto agrícola. O valor assim atribuído representa o custo para o caso de, na sequência, passar a ser utilizado como matéria-prima num processo industrial, por exemplo.

Para os produtos agrícolas com características de *commodity*, valem duas regras: a partir da produção (ou da compra), ficam ao custo como qualquer estoque; mas podem, se essa for a prática utilizada no mercado, ser avaliados com base no valor justo menos as despesas de vendas em cada Balanço, com as variações sendo reconhecidas no resultado.

O ganho ou a perda proveniente do reconhecimento inicial do produto agrícola recém-obtido ao valor justo, menos a despesa de venda, devem ser incluídos no resultado do período em que ocorrerem. Assim, existe aí um lucro, na produção do café, pela diferença entre o estoque ao valor justo e todos os custos de produção lançados como despesa. A entidade deve evidenciar em nota explicativa o método e as premissas significativas aplicadas na determinação do valor justo de cada grupo de produto agrícola.

3.4 Tratamento para as pequenas e médias empresas

Os conceitos abordados neste capítulo também são aplicáveis às entidades de pequeno e médio portes. Apenas para o caso dos ativos biológicos há uma menção de que, se houver necessidade de esforço excessivo para a obtenção de seu valor justo, pode-se permanecer com o uso do custo como base de avaliação. E, no caso de produção de estoques de longa maturação, não lhe são adicionadas as despesas financeiras, que vão para o resultado. Para mais detalhamento, consulte o CPC PME – Contabilidade para Pequenas e Médias Empresas.

Outros Ativos e Operações Descontinuadas

4.1 Introdução

Este capítulo apresenta o tratamento contábil de outros ativos, como, por exemplo, ativos especiais, despesas antecipadas e ativos não circulantes mantidos para venda. Também aborda as operações descontinuadas que, assim como os ativos não circulantes mantidos para venda, estão sob o escopo do CPC 31 – Ativo Não Circulante Mantido para Venda e Operações Descontinuadas.

4.2 Ativos especiais

Os ativos especiais são normalmente comercializados mais de uma vez, contribuindo diretamente para a geração de receitas da empresa, e a baixa de seu custo não deve ser feita de forma integral, mas sim parcial, na proporção da sua capacidade de geração de receitas. Por exemplo, uma empresa que desenvolve *softwares* pode vender o direito de uso desse produto para diversos clientes ao mesmo tempo, mas continua com a propriedade dele. Outro exemplo são os gastos incorridos com conteúdos artístico-culturais (filmes) elaborados com o objetivo de obter receita mediante a cessão do direito de exibição. Tais ativos não se enquadram na definição de intangível ou imobilizado e nem na definição de estoques. Devem, portanto, permanecer em um grupo separado.

A principal característica que diferencia os ativos especiais dos estoques é que os estoques podem ser comercializados uma única vez e seu custo é integralmente baixado no momento da venda. De outra forma, como os ativos especiais podem continuar gerando receitas, a confrontação será apenas com uma amortização parcial de seu custo.

Alguns ativos especiais geram receitas ao longo de determinado período por meio de seu uso e também possuem valor de venda final relevante. É como se fosse uma mistura de estoque e imobilizado/intangível, pois geram receitas tanto pelo uso quanto pela venda final; as locadoras de automóveis são exemplos típicos.

Em relação ao tratamento contábil, os ativos especiais devem ser inicialmente reconhecidos pelo custo de aquisição ou construção/desenvolvimento. A baixa desses ativos deve ser na proporção em que existir uma perda na capacidade de geração de novas receitas, além de também estarem sujeitos ao teste de *impairment*.

Exemplo prático

A empresa Filmes Brasileiros S.A. foi constituída em 01 de janeiro de 20X1 com objetivo principal de explorar o direito de propriedade dos filmes, por meio da cessão do direito de exibição deles, mas também pode vendê-los de forma definitiva antes do lançamento do filme.

Em seu primeiro ano de operação, investiu R$ 500.000 na produção de determinado filme. Esse investimento, ainda em construção, terá o seguinte registro contábil:

Lançamentos de 20X1	Débito	Crédito
Ativos Especiais em Elaboração – Filmes	500.000	
a Disponibilidades		500.000

Até 31/03/20X2, gastou mais R$ 100.000 na finalização do filme e promoveu o lançamento. A receita estimada total é de R$ 3.000.000 ao longo de toda sua vida útil. Até dezembro de 20X2, a empresa reconheceu uma receita com a exploração dos direitos de propriedade do filme no valor de R$ 1.400.000. Adotando-se o regime de competência pelo método da efetiva utilização para cálculo da amortização, a baixa do custo do filme será de R$ 280.000 no custo do filme, conforme registros contábeis de 20X2 apresentados a seguir.

Lançamentos de 20X2	Débito	Crédito
Gastos com a produção do filme		
Ativos Especiais em Elaboração – Filmes	100.000	
a Disponibilidades		100.000
Pelo término da produção		
Ativos Especiais – Filmes	600.000	
a Ativos Especiais em Elaboração – Filmes		600.000
Pelo reconhecimento da receita de exploração		
Disponibilidades	1.400.000	
a Receita de Exploração de Filmes		1.400.000
Pelo reconhecimento da amortização do custo		
Despesa de Amortização – Filmes	280.000	
a (–) Amortização Acumulada – Filmes		280.000

Em 20X3, a receita foi de apenas R$ 600.000, bem abaixo do esperado. Portanto, a administração revisou suas estimativas e agora espera obter receita total de R$ 2.500.000, em vez dos R$ 3.000.000. Nesse sentido, já foi reconhecido como receita um total de R$ 2.000.000 (R$ 1.400.000 em 20X2 e R$ 600.000 em 20X3) da nova previsão de R$ 2.500.000, ou seja, 80%. Portanto, até 31/12/20X3 a parcela da amortização acumulada deve representar 80% do custo total do filme (R$ 600.000 × 80% = R$ 480.000). Assim, a amortização a ser reconhecia em 20X3 é de R$ 200.000.

Lançamentos de 20X3	Débito	Crédito
Pelo Reconhecimento da Receita de Exploração		
Disponibilidades	600.000	
a Receita de Exploração de Filmes		600.000
Pelo reconhecimento da amortização do custo		
Despesa de Amortização – Filmes	200.000	
a (–) Amortização Acumulada – Filmes		200.000

Por fim, durante o ano de 20X4 a empresa reconheceu receitas de R$ 700.000, valor acima da expectativa de R$ 500.000 (R$ 2.500.000 − R$ 1.400.000 − R$ 600.000), e não existe mais expectativa de geração de novas receitas. Sendo assim, os registros contábeis de 20X4 estão apresentados a seguir.

Lançamentos de 20X4	Débito	Crédito
Pelo Reconhecimento da Receita de Exploração Disponibilidades a Receita de Exploração de Filmes	700.000	700.000
Pelo Reconhecimento da Amortização do Custo Despesa de Amortização – Filmes a (–) Amortização Acumulada – Filmes	120.000	120.000

4.3 Despesas antecipadas

As despesas antecipadas representam aplicações de recursos efetuadas no exercício corrente, cujos benefícios serão usufruídos pela empresa em períodos subsequentes. Tais aplicações de recursos devem ser reconhecidas como um ativo na data do pagamento ou da criação da obrigação de pagar e transferidas para o resultado apenas no período a que efetivamente pertencerem, respeitando o regime de competência.

Normalmente, os itens dessa natureza referem-se a despesas que beneficiarão o período subsequente à data de encerramento das Demonstrações Contábeis e, portanto, devem ser classificados no Ativo Circulante, mas se excederem ao período subsequente serão classificados no Realizável a Longo Prazo.

São exemplos de despesas antecipadas: prêmios de seguro pagos antecipadamente, aluguéis pagos relativos a períodos de utilização posteriores, bilhetes de passagem adquiridos e não utilizados, comissões comerciais pagas relativas a benefícios ainda não usufruídos, assinaturas anuais de publicações técnicas, IPVA e IPTU, dentre outros.

Exemplo prático

A empresa ABC pagou à vista em 01/01/20X0 um seguro de incêndio para a sede administrativa da empresa, no valor de R$ 24.000, com vigência de 12 meses. O registro contábil dessa operação será:

	Débito	Crédito
Despesas Antecipadas (Ativo Circulante) a Disponibilidades	24.000	24.000

Ao final de cada mês, a empresa ABC deve apropriar 1/12 (R$ 2.000) das despesas antecipadas para o resultado, seguindo o regime de competência, conforme o lançamento contábil apresentado a seguir:

	Débito	Crédito
Despesa com Seguros a Despesas Antecipadas (Ativo Circulante)	2.000	2.000

Em 30/06/20X0, a empresa ABC também contratou a assinatura de uma revista científica importante na sua operação, por um período de 36 meses, no valor total de R$ 18.000 (pagamento à vista). Assim, no momento da contratação, a empresa deverá efetuar o seguinte registro contábil:

	Débito	Crédito
Despesas Antecipadas (Ativo Circulante)	6.000	
Despesas Antecipadas (Ativo Não Circulante)	12.000	
a Disponibilidades		18.000

Ao final de cada mês, a empresa ABC deve apropriar R$ 500 para o resultado, além de reclassificar uma parcela da despesa antecipada do Ativo não Circulante para o Ativo Circulante, conforme evidenciado a seguir:

	Débito	Crédito
Pela Apropriação da Despesa Antecipada para o Resultado do Exercício		
Despesa com Assinatura de Revistas	500	
a Despesas Antecipadas (Ativo Circulante)		500
Pela Transferência do Ativo Não Circulante para o Ativo Circulante		
Despesas Antecipadas (Ativo Circulante)	500	
a Despesas Antecipadas (Ativo Não Circulante)		500

Para exemplificação, no Quadro 4.1 apresentamos os efeitos no Balanço Patrimonial e na Demonstração do Resultado do Exercício da empresa ABC ao longo dos 12 meses do ano de 20X0.

Quadro 4.1

Balanço Patrimonial	Início	Jan.	Fev.	Março	Abr.	Maio	Jun.	Jul.	Ago.	Set.	Out.	Nov.	Dez.
Ativo Circulante													
Despesas Antecipadas	24.000	22.000	20.000	18.000	16.000	14.000	18.000	16.000	14.000	12.000	10.000	8.000	6.000
Seguros	24.000	22.000	20.000	18.000	16.000	14.000	12.000	10.000	8.000	6.000	4.000	2.000	–
Assinatura de Revista	–	–	–	–			6.000	6.000	6.000	6.000	6.000	6.000	6.000
Ativo Não Circulante													
Despesas Antecipadas	–	–	–	–			12.000	11.500	11.000	10.500	10.000	9.500	9.000
Assinatura de Revista	–	–	–	–	–	–	12.000	11.500	11.000	10.500	10.000	9.500	9.000
DRE	Início	Jan.	Fev.	Mar.	Abr.	Maio	Jun.	Jul.	Ago.	Set.	Out.	Nov.	Dez.
Despesa com Seguros	–	2.000	2.000	2.000	2.000	2.000	2.000	2.000	2.000	2.000	2.000	2.000	2.000
Despesa com Assinaturas	–	–	–	–	–	–	500	500	500	500	500	500	500

4.4 Ativo Não Circulante mantido para venda

Estão sob o escopo do CPC 31 – Ativo Não Circulante Mantido para Venda e Operações Descontinuadas os ativos (ou grupos de ativos) não circulantes que a empresa tem a intenção de alienar em até 12 meses e que, portanto, foram classificados como mantidos para venda, no Ativo Circulante. No caso de grupos de ativos, além dos ativos em si, o grupo pode incluir passivos diretamente relacionados e que serão transferidos para o comprador, além de algum ágio por expectativa de rentabilidade futura que possa ter sido alocado ao grupo.

Para ser classificado como "mantido para venda" (ou distribuição aos sócios), não basta que a empresa tenha a intenção de vender (ou distribuir) o ativo ou grupo de ativos. Diversos critérios precisam ser atendidos, como, por exemplo: o valor contábil do ativo será recuperado por meio de uma transação de venda, em suas condições atuais, e não pelo uso contínuo; sua venda deve ser **altamente provável**, ou seja, a administração da empresa deve estar comprometida com um plano de venda em até um ano, a partir da data da classificação.

Devem ser mensurados pelo menor dentre seu valor contábil e seu valor justo menos as despesas de venda (despesas com assessores jurídicos, bancos de investimento, transporte, comissões etc.). Ainda, antes da classificação inicial como mantido para venda, os valores contábeis dos ativos e passivos devem ser mensurados de acordo com as normas aplicáveis. Assim, se o valor de um imobilizado será recuperado por meio da venda e não pelo uso, seu custo contábil deverá ser ajustado ao seu valor recuperável e, portanto, nenhum ajuste adicional será necessário quando da reclassificação de imobilizado para mantido para venda.

No Balanço Patrimonial, os ativos mantidos para venda devem ser apresentados no Ativo Circulante, assim como os passivos afins serão apresentados no Passivo Circulante, não sendo permitida a apresentação em bases líquidas. Não se deve reclassificar ou reapresentar o Balanço Patrimonial comparativo para refletir a atual classificação do ativo mantido para venda, pois anteriormente tais ativos não atendiam a tal classificação.

O CPC 31 requer a divulgação em nota explicativa sobre: a natureza e a descrição dos ativos mantidos para venda; os fatos e as circunstâncias da venda; momento esperado para a venda; expectativas de resultados etc.

Exemplo prático

Em 20X1, a empresa XYZ colocou à venda determinados ativos operacionais (terrenos, edifícios e máquinas/equipamentos, além de dívidas relacionadas, que deverão ser assumidas pelo comprador). Tais ativos estão registrados na contabilidade pelo valor líquido de R$ 1.500.000. Antes da reclassificação para ativo mantido para a venda, cada um dos ativos e passivos foi mensurado de acordo com as normas aplicáveis. Ao efetuar o teste de *impairment* (CPC 01 (R1), foi reconhecida uma perda de R$ 150.000 para terrenos e edifícios.

	Saldo contábil	Ajuste – Impairment	Saldo contábil ajustado – antes da classificação
Terrenos	1.000.000	(100.000)	900.000
Edifícios	800.000	(50.000)	750.000
Máquinas e Equipamentos	200.000	–	200.000
Passivos Relacionados	(500.000)	–	(500.000)
Total	**1.500.000**	**(150.000)**	**1.350.000**

O grupo de ativos será alienado em uma única transação, sendo que o valor justo, líquido das despesas de vendas do grupo como um todo, é exatamente igual à soma dos valores contábeis de cada um dos ativos e passivos que compõem o grupo, ou seja, R$ 1.350.000. Portanto, nenhum ajuste adicional foi necessário.

O grupo de ativos líquidos mantido para venda deve ser apresentado no Balanço Patrimonial de 20X1, sem reapresentação das informações de 20X0. Informações adicionais devem ser divulgadas em nota explicativa.

Ativo	20X1	20X0	Passivo e PL	20X1	20X0
Ativo Circulante	X	X	Passivo Circulante	X	X
Ativo Não Circulante Mantido para Venda	1.850.000	–	Passivo Não Circulante Mantido para Venda	500.000	–
Ativo Não Circulante	X	X	Passivo Não Circulante	X	X
			Patrimônio Líquido	X	X
Total do Ativo	**X**	**X**	**Total do Passivo e PL**	**X**	**X**

Exemplo prático

A empresa ABC colocou à venda um conjunto de ativos, com valor contábil de R$ 600.000. Antes da reclassificação para ativo mantido para venda, não foi identificada a necessidade de reconhecer qualquer ajuste nos saldos contábeis. Porém, o valor justo menos as despesas de venda é de R$ 450.000 e, portanto, foi necessário reconhecer uma perda de R$ 150.000 quando da classificação inicial como mantido para venda.

	Saldo contábil antes da classificação	Perda alocada	Saldo contábil após a classificação
Máquinas e Equipamentos	130.000	(8.125)	121.875
Terrenos	200.000	(12.500)	187.500
Edifícios	150.000	(9.375)	140.625
Goodwill	120.000	(120.000)	–
Total	**600.000**	**(150.000)**	**450.000**

Nesse caso, em primeiro lugar faz-se a baixa do *goodwill* no valor de R$ 120.000. Posteriormente, os R$ 30.000 restantes devem ser alocados proporcionalmente aos demais ativos.

Admitindo-se que após seis meses a venda foi concretizada por R$ 400.000, uma perda adicional de R$ 50.000 será reconhecida, conforme registro contábil apresentado a seguir.

Lançamentos no momento da venda	Débito	Crédito
Disponibilidades	400.000	
Perda na Venda de Ativos	50.000	
a Grupo de Ativos Mantidos para Venda		450.000

4.5 Operações descontinuadas

As operações descontinuadas podem ser definidas como um componente da entidade que foi baixado (abandonado) ou está classificado como mantido para venda e deve: (a) representar uma importante linha separada de negócios ou área geográfica de operações; (b) ser parte de um plano coordenado para venda de uma importante linha separada de negócios ou área geográfica de operações; ou (c) ser uma controlada adquirida exclusivamente com o objetivo de revenda.

Ativos (ou grupos de ativos) que compõem a operação descontinuada podem ser também classificados como mantidos para venda, mas não necessariamente. Uma empresa pode abandonar determinadas operações e os ativos que compõem essa operação serão fechados e não vendidos. Nesses casos, existe uma operação descontinuada, sob o escopo do CPC 31, mas não existem ativos mantidos para venda.

O CPC 31 determina que a entidade deve divulgar um montante único na Demonstração do Resultado do Exercício, compreendendo: (a) o resultado total após o imposto de renda das operações descontinuadas; e (b) os ganhos ou as perdas após o imposto de renda reconhecidos na baixa ou na mensuração a valor justo menos as despesas de venda dos ativos (ou grupos de ativos) mantidos para venda que constituam operações descontinuadas. Ainda na Demonstração do Resultado do Exercício ou em nota explicativa, a entidade deve apresentar uma análise desse montante único, evidenciando as receitas, as despesas e o resultado antes dos tributos, bem como os tributos de forma separada. Além disso, deve apresentar: (a) os fluxos de caixa das operações descontinuadas atribuíveis às atividades operacionais, de investimento e de financiamento; e (b) o montante do resultado proveniente das operações em continuidade e o das operações descontinuadas atribuível aos acionistas controladores.

Exemplo prático

Em 20X5, a empresa XYZ descontinuará as operações relacionadas com um de seus produtos e não é sua intenção alienar os ativos respectivos. A divulgação dos resultados de 20X5, assim como os de 20X4 para fins comparativos, deve ser feita da forma apresentada no Quadro 4.2.

Quadro 4.2

DEMONSTRAÇÃO DO RESULTADO DO EXERCÍCIO	20X5	20X4
Receita Líquida das Vendas e Serviços Prestados	250.000	220.000
(–) Custo dos Produtos e Serviços Vendidos	(180.000)	(150.000)
(=) **Lucro bruto**	**70.000**	**70.000**
(–) Despesas com Vendas, Gerais e Administrativas	(25.000)	(37.500)
(+/–) Outras Receitas/Despesas	2.000	4.000
(–) Resultado Financeiro Líquido	(12.000)	(15.000)
(+/–) Resultado com Coligadas e Controladas em Conjunto	10.000	7.000
(=) **Resultado Antes dos Tributos sobre o Lucro**	**45.000**	**28.500**
(–) Despesa de Imposto de Renda e Contribuição Social	(15.300)	(9.690)
(=) **Lucro (ou prejuízo) das Operações em Continuidade**	**29.700**	**18.810**
(+/–) Lucro (ou prejuízo) das Operações em Descontinuidade (Nota X)	(7.000)	(5.000)
(=) **Lucro (ou prejuízo) Líquido do Exercício**	**22.700**	**13.810**
Acionistas Controladores	**18.160**	**11.048**
Lucro (ou prejuízo) das Operações em Continuidade	*23.760*	*15.048*
Lucro (ou prejuízo) das Operações em Descontinuidade	*(5.600)*	*(4.000)*
Acionistas não controladores	**4.540**	**2.762**
Lucro (ou prejuízo) das operações em continuidade	*5.940*	*3.762*
Lucro (ou prejuízo) das operações em descontinuidade	*(1.400)*	*(1.000)*

A Nota X deve apresentar uma descrição da operação descontinuada, assim como evidenciar a composição do valor apresentado na Demonstração do Resultado do Exercício, conforme evidenciado a seguir:

Resultado da operação descontinuada	20X5	20X4
Receitas	40.000	35.000
(–) Custos e Despesas	(47.000)	(40.000)
(=) Resultado Antes dos Tributos	(7.000)	(5.000)
(–) Tributos sobre o Lucro	–	–
(=) Resultado Líquido	(7.000)	(5.000)

Além disso, também deve evidenciar em nota (ou no corpo da Demonstração dos Fluxos de Caixa) os valores dos fluxos de caixa das atividades operacionais, investimento e financiamento relacionados com a operação descontinuada.

5

Realizável a Longo Prazo e Investimentos em Outras Sociedades

5.1 Introdução

O Ativo Não Circulante agrega os seguintes grupos: (i) Realizável a Longo Prazo; (ii) Investimentos; (iii) Imobilizado; e (iv) Intangível. Imobilizado e Intangível são abordados nos Capítulos 7 e 8 deste *Manual*, respectivamente. O presente capítulo trata tanto das contas do Realizável a Longo Prazo, quanto dos aspectos introdutórios do grupo de Investimentos (que será abordado com maior profundidade nos Capítulos 6 e 21).

O Realizável a Longo Prazo é, em essência, composto por contas de mesma natureza do Ativo Circulante, mas com expectativa de realização após o término do exercício seguinte, por exemplo: Créditos e Valores a Receber, Investimentos Temporários a Longo Prazo, a parcela de longo prazo das Despesas Antecipadas, bem como os Tributos Diferidos.

Os instrumentos patrimoniais em outras sociedades que são mantidos para fins especulativos em caráter temporário devem ser classificados no Realizável a Longo Prazo quando a expectativa de sua realização for a longo prazo. E quando a empresa possui investimentos em outras sociedades com o propósito de permanência para rendimentos e benefícios por seu uso, tais investimentos devem ser classificados no grupo de Investimentos, no Ativo Não Circulante. Assim, tal investimento será mensurado pelo custo, pelo valor justo ou pela equivalência patrimonial, dependendo da natureza do investimento.

5.2 Realizável a Longo Prazo

5.2.1 Conceitos iniciais

De acordo com a Lei das Sociedades por Ações, por seu art. 179, inciso II, a definição dos elementos do Ativo que devem ser classificados como Realizável a Longo Prazo é:

> "os direitos realizáveis após o término do exercício seguinte, assim como os derivados de vendas, adiantamentos ou empréstimos a sociedades coligadas ou

controladas (art. 243), diretores, acionistas ou participantes no lucro da companhia, que não constituírem negócios usuais na exploração do objeto da companhia."

O significado de "direitos" dado pela Lei nº 6.404/1976 é bastante amplo, incluindo contas e títulos a receber, estoques, créditos, valores etc. Todavia, a Lei apresenta uma exceção, ao definir que, independentemente do prazo de vencimento, créditos de "coligadas ou controladas, diretores, acionistas ou participantes no lucro", oriundos de negócios **não usuais** na exploração do objeto da companhia, devem ser também classificados no longo prazo, mesmo que vencíveis ou com previsão de curto prazo.

5.2.2 Conteúdo das contas

O grupo do Realizável a Longo Prazo pode ser dividido em quatro contas principais: (i) Créditos e Valores; (ii) Investimentos Temporários a Longo Prazo; (iii) Despesas Antecipadas; e (iv) Tributos Diferidos, que serão detalhadas a seguir.

5.2.2.1 Créditos e Valores

Nesse subgrupo, estarão classificados os Créditos a Receber de Clientes com prazo de recebimento superior ao exercício seguinte à data do Balanço, como Títulos a Receber, Adiantamentos, Depósitos e Empréstimos Compulsórios, Impostos e Contribuições a Recuperar, dentre outras contas.

5.2.2.2 Investimentos Temporários a Longo Prazo

São exemplos desses investimentos: (i) aplicações em títulos e valores mobiliários (letras de câmbio, títulos de emissão do governo etc.); (ii) aplicações temporárias em instrumentos patrimoniais de outras sociedades, desde que mantidas para negociação após o próximo exercício social; (iii) depósitos para investimentos por incentivos fiscais e participações em fundos de investimentos.

De forma geral, esses investimentos são considerados ativos financeiros e, portanto, devem ser reconhecidos conforme sua natureza, sua destinação e conforme o modelo dos negócios na entidade. Alguns são avaliados a valor justo, outros, ao custo. Os instrumentos financeiros que se destinam a permanecer até seu final recebimento ficam pelo custo amortizado; os instrumentos patrimoniais serão discutidos mais à frente.

Para os investimentos mensurados pelo custo, a empresa deve verificar a necessidade de reconhecimento de estimativas de perdas por redução ao valor recuperável (Seção 5.3.2.3 deste capítulo).

5.2.2.3 Despesas Antecipadas

Esse subgrupo é composto de pagamentos antecipados de itens que se converterão em despesa após o exercício seguinte à data do Balanço. Caracterizam-se por benefícios ou serviços já pagos, mas a incorrer a longo prazo, como é o caso de Prêmios de Seguro a Apropriar, conta analisada no Capítulo 4, Seção 4.3, sobre despesas antecipadas.

5.2.2.4   Tributos Diferidos

Os tributos diferidos podem ser reconhecidos tanto no Ativo quanto no Passivo. Os tributos diferidos ativos são decorrentes de diferenças temporárias dedutíveis e de direito a compensação futura de prejuízos fiscais não utilizados e créditos fiscais não utilizados. Para mais informações, consultar o Capítulo 12.

Ativos fiscais diferidos, e também os passivos, não podem ser classificados no Circulante, mesmo que a expectativa de realização seja no exercício social seguinte. Devem ser sempre apresentados no Ativo não Circulante Realizável a Longo Prazo (no caso de ativo fiscal diferido) ou no Passivo não Circulante (no caso de passivo fiscal diferido).

5.2.3   Ajuste a valor presente

O conceito de ajuste a valor presente foi introduzido expressamente com o advento da Lei nº 11.638/2007 e isso possibilitou que a Contabilidade corrigisse o problema de tratar de forma semelhante transações a prazo e à vista e passasse a levar em consideração o efeito do dinheiro no tempo. Os juros embutidos nas transações que não são à vista precisam ter tratamento contábil de acordo com a sua efetiva natureza, isto é, a de resultado financeiro.

O CPC 12 – Ajuste a Valor Presente define valor presente como "a estimativa do valor corrente de um fluxo de caixa futuro, no curso normal das operações da entidade". Tanto a Lei nº 11.638/2007 quanto o CPC 12 determinam que os ativos e os passivos decorrentes de operações de longo prazo sejam obrigatoriamente ajustados a valor presente. Para os ativos e passivos de curto prazo, entretanto, o ajuste a valor presente somente é obrigatório para quando o efeito do desconto for material.

O referido CPC determina que a mensuração contábil a valor presente deve ser aplicada no **reconhecimento inicial** de ativos e passivos, e sua mensuração realizada em base exponencial *pro rata*, a partir da origem de cada transação, sendo os seus efeitos apropriados nas contas a que se vinculam. O ajuste será feito em conta retificadora (Juros a Apropriar ou Encargos/Receitas Financeiros a Transcorrer), para que não se percam os valores originais. O método a ser utilizado é o da taxa efetiva de juros, sendo que a taxa aplicada não deve ser líquida de efeitos fiscais, mas antes dos impostos.

O CPC 12 reconhece que há certos ativos e passivos que não têm como ser trazidos a valor presente em função de se tratar de recebíveis ou pagáveis sem prazo determinado, ou de difícil determinação de quando a liquidação financeira se dará. É o caso de muitos dos contratos de mútuos entre partes relacionadas que não possuem data prevista para vencimento. Os tributos diferidos também não são ajustados, por conta da falta de clareza e objetividade na identificação de quando esses tributos serão devidos ou recuperados.

> **Exemplo prático**
>
> A empresa ABC comercializa máquinas industriais e tem como política comercial efetuar suas vendas com prazo de 14 meses para pagamento, cobrando uma taxa de juros de 2% ao mês. Suponha que em 31/12/X0 a empresa ABC efetuou uma venda no valor de R$ 100.000, cujo prazo de recebimento é 28/02/X2. No momento da venda, 31/12/X0, a empresa ABC deve realizar os seguintes lançamentos contábeis:

	Débito	Crédito
Contas a Receber a Longo Prazo (Não Circulante) a Receita de Vendas (Resultado)	100.000	
Receita de Vendas (Resultado)		100.000
a AVP – Receita Financeira Comercial a Apropriar (redutora das contas a receber a longo prazo)	24.121	24.212*

* Esse valor foi calculado considerando-se a taxa efetiva de juros da operação no período ((1,0214) – 1) = 0,3195. Com base nessa taxa, o valor presente das contas a receber na data inicial da transação é de R$ 75.788. Em uma planilha eletrônica ou calculadora financeira: 100.000 em FV; 2 em i; 14 em n; PV = 75.788. 100.000 – 75.788 = 24.212.

Mês a mês, a receita financeira comercial a apropriar deverá ser reconhecida no resultado do período como receita financeira comercial utilizando-se a mesma taxa efetiva de juros (2% ao mês). Assim, ao final do primeiro mês, 31/01/X1, a empresa deve reconhecer uma receita financeira comercial no valor de R$ 1.516 (R$ 75.788 × 2%).

	Débito	Crédito
AVP – Receita Financeira Comercial a Apropriar (redutora das contas a receber a longo prazo)	1.516	
a Receita Financeira Comercial (Resultado)		1.516

O Quadro 5.1 evidencia o saldo de contas a receber e da conta redutora de ajuste a valor presente, bem como a receita financeira comercial a ser reconhecida no resultado, em cada um dos 14 meses. No dia 28/02/X2, a empresa receberá o valor de R$ 100.000.

Quadro 5.1

	31/01/X1	28/02/X1	31/03/X1	30/04/X1	31/05/X1	30/06/X1	31/07/X1
Contas a Receber	100.000	100.000	100.000	100.000	100.000	100.000	100.000
(–) AVP	(22.697)	(21.151)	(19.574)	(17.965)	(16.324)	(14.651)	(12.944)
(=) Saldo	77.303	78.849	80.426	82.035	83.676	85.349	87.056
Receita Financeira	1.516	1.546	1.577	1.609	1.641	1.674	1.707
	31/08/X1	30/09/X1	31/10/X1	30/11/X1	31/12/X1	31/01/X2	28/02/X2
Contas a Receber	100.000	100.000	100.000	100.000	100.000	100.000	100.000
(–) AVP	(11.203)	(9.427)	(7.615)	(5.768)	(3.883)	(1.961)	0
(=) Saldo	88.797	90.573	92.385	94.232	96.117	98.039	100.000
Receita Financeira	1.741	1.776	1.811	1.848	1.885	1.922	1.961

O mesmo tratamento se dá ao ajuste a valor presente de contas no Passivo. Cria-se a conta de Juros a Transcorrer, retificadora do Passivo, e os valores nela contidos são apropriados como despesa financeira ao longo do tempo pela taxa efetiva de juros. Assim, o financiamento é registrado pelo seu saldo líquido, constituído do valor nominal diminuído dos juros a transcorrer. Esse saldo crescerá à medida que os juros forem apropriados ao resultado e essas contas retificadoras estejam zeradas. Ou seja, essas contas retificadoras devem ser, ao longo do tempo, apropriadas sempre ao resultado.

5.3 Investimentos em outras sociedades

5.3.1 Conceitos iniciais

Esses investimentos representam ativos não classificáveis no Circulante ou no Realizável a Longo Prazo e que não se destinem à manutenção da atividade da empresa. Enquadram-se neste grupo três contas: (i) Investimentos Permanentes em Outras Sociedades; (ii) Propriedades para Investimento; e (iii) Outros Investimentos Permanentes.

São exemplos de outros investimentos permanentes as obras de arte, que devem ser mensuradas pelo custo de aquisição menos qualquer estimativa de perda. As propriedades para investimento, por sua vez, são mantidas para obtenção de renda ou valorização de capital, e não para uso nas atividades operacionais ou venda no curso ordinário dos negócios. São originalmente mensuradas pelo custo, mas subsequentemente podem ser mensuradas pelo valor justo. Os aspectos contábeis serão discutidos no Capítulo 7.

Os investimentos permanentes em outras sociedades, por sua vez, são as participações no capital social de outras sociedades por meio de ações ou quotas. Entretanto, vale destacar que para serem classificados no grupo de Investimento do Ativo não Circulante, tais investimentos em outras sociedades precisam ter característica de serem destinados a produzir benefícios pela sua permanência na investida. Os investimentos temporários em outras sociedades, mantidos para fins especulativos, devem ser classificados no Realizável a Longo Prazo ou até mesmo no Ativo Circulante, como já discutido anteriormente.

Diversos são os tipos de investimentos em outras sociedades e o tratamento contábil depende de seu tipo. O presente capítulo apresenta uma introdução aos principais conceitos, enquanto os Capítulos 6 e 21 abordam o tema com maior profundidade.

5.3.2 Investimentos permanentes em outras sociedades

5.3.2.1 Natureza dos investimentos

Os investimentos em outras sociedades a longo prazo podem ser classificados em diversos tipos, dependendo do nível de envolvimento da investidora na investida. Quando essa participação em outra sociedade lhe confere o controle integral ou parcial, estamos falando de um investimento em controlada. Se a investidora não exerce o controle integral, mas possui o controle compartilhado com outros investidores, trata-se de um controle conjunto. Entretanto, quando a investidora não exerce nenhum tipo de controle (integral ou compartilhado), mas sua participação lhe confere algum tipo de influência significativa sobre a investida, tal investimento deve ser classificado como investimento em coligada. Por fim, também existem os investimentos sem influência significativa, que ocorrem quando o percentual detido pela investidora na investida não lhe confere influência significativa e nem controle (integral ou compartilhado).

A empresa pode manter investimentos permanentes em outras sociedades com diversas finalidades, inclusive por conta de incentivos fiscais. Entretanto, o mais comum é que esses investimentos sejam de natureza voluntária. Por exemplo, com o propósito de expandir suas atividades econômicas, a empresa pode adquirir participações em coligadas ou controladas que tenham por atividade a produção de matérias-primas que são utilizadas em seu processo produtivo, ou vice-versa.

Também são comuns os investimentos em coligadas ou controladas que atuam em outras atividades econômicas, com o propósito de diversificar suas atividades. Esse é o caso comum das *holdings*.

5.3.2.2 Critérios de avaliação

Os investimentos em controladas, controladas em conjunto e coligadas devem ser mensurados pelo método de equivalência patrimonial (ver Capítulo 6). Os demais investimentos em outras sociedades caracterizam-se como ativos financeiros e, portanto, estão sob o escopo do CPC 48 – Instrumentos Financeiros. Por este, tais investimentos devem ser avaliados a valor justo (ver Capítulo 10).

Mas nos investimentos em outras sociedades, quando a mensuração a valor justo não for possível, deve-se utilizar o custo. Se existirem evidências de perdas nesses investimentos, tais perdas precisam ser reconhecidas (débito no resultado e crédito em conta retificadora do Ativo). Por exemplo, se a investida estiver operando com prejuízos, pode evidenciar a necessidade de reconhecimento de uma perda.

Pior ainda é o caso de perdas em empresas falidas; mas também ocorrem investimentos em empresas em recuperação judicial ou em má situação.

5.3.2.3 Dividendos

Como já mencionado, o valor dos investimentos mensurados pelo custo não é alterado quando a investida apura lucro ou prejuízo. Quando essa investida distribui dividendos ou outra forma de distribuição de resultado, a investidora reconhece esse valor como Receita de Dividendos ou Participação nos Lucros, tendo como contrapartida Disponibilidades, ou Dividendos e/ou Lucros a Receber.

Exemplo prático

Suponha que a empresa A adquiriu, em 01/01/X0, 10% de participação na empresa B e que com esse percentual de participação não exerça nem controle e nem influência significativa sobre a empresa B, portanto, trata-se de um investimento sem influência significativa. Suponha também que B é uma empresa de capital fechado e que seu valor justo não pode ser mensurado com confiabilidade. Portanto, o investimento que a empresa A possui na empresa B será avaliado pelo método do custo.

Na data de aquisição, 01/01/X0, o Patrimônio Líquido contábil da empresa B era de R$ 100.000. Para adquirir 10% da empresa B, a empresa A pagou exatamente R$ 10.000, sendo este o valor registrado, no reconhecimento inicial, na conta de Investimento.

Durante o exercício de X0, a empresa B apurou um lucro de R$ 15.000. Porém, como o investimento é mensurado pelo método do custo, o fato de a empresa B ter apurado lucro não produz nenhum efeito na contabilidade da investidora (empresa A). No ano seguinte (X1), a empresa B apurou um lucro de R$ 30.000 e distribuiu dividendos no valor de R$ 20.000. Nesse caso, a empresa A deve reconhecer a sua parcela de participação sobre os dividendos distribuídos pela empresa B (R$ 20.000 × 10% = R$ 2.000) e efetuar o registro contábil a seguir:

	Débito	Crédito
Dividendos a Receber (ou Caixa/Bancos)	2.000	
a Receita com Dividendos		2.000

O Patrimônio Líquido da empresa B, em 31/12/X1, era de R$ 125.000 (R$ 100.000 iniciais + lucro de R$ 15.000 em X0 + lucro de R$ 30.000 em X1 – distribuição de dividendos de R$ 20.000 em X1). A conta de Investimento que a empresa A tem em B, entretanto, continua registrada pelo custo de aquisição de R$ 10.000. Ou seja, pelo método do custo, a conta de Investimento não reflete nenhuma das alterações que possam ter ocorrido no Patrimônio Líquido da investida.

Na sequência, suponha que os projetos operacionais da empresa B passaram a não dar certo e, como consequência, a empresa B passou a apurar prejuízos materiais nos anos subsequentes. Especificamente, a empresa B apurou um prejuízo de R$ 10.000 em X2, de R$ 25.000 em X3 e de R$ 30.000 em X4, fazendo com que seu Patrimônio Líquido em 31/12/X4 totalizasse R$ 60.000. Considere, ainda, que não existe expectativa de que a empresa B possa retomar os investimentos que não deram certo.

Com base nessas evidências, ao comparar o saldo da conta de Investimentos que a empresa A possui em B (R$ 10.000) com o seu percentual de participação sobre o atual Patrimônio Líquido da empresa B (R$ 60.000 × 10% = R$ 6.000), a empresa A verifica que existe forte indício de que não conseguirá recuperar os R$ 10.000 investidos na empresa B, sendo que o valor recuperável de tal investimento reduziu-se para apenas R$ 6.000. Verifica-se, portanto, a necessidade de reconhecimento de uma estimativa de perda no valor de R$ 4.000. A empresa A deve efetuar o registro contábil a seguir:

	Débito	Crédito
Despesas com Perdas Prováveis em Investimentos (Resultado) a Perdas Estimadas (Redutora da Conta de Investimento)	4.000	4.000

O Quadro 5.2 apresenta um resumo das alterações que aconteceram no Patrimônio Líquido da empresa B (investida), bem como os reflexos nas contas do Ativo e de resultado da empresa A (investidora), em cada um dos anos analisados.

Quadro 5.2

	01/01/X0	31/12/X0	31/12/X1	31/12/X2	31/12/X3	31/12/X4
Informações de B						
Patrimônio Líquido	100.000	115.000	125.000	115.000	90.000	60.000
Resultado		15.000	30.000	(10.000)	(25.000)	(30.000)
Distribuição de Dividendos			(20.000)			
Contas do Ativo de A						
Investimento em B	10.000	10.000	10.000	10.000	10.000	10.000
(–) Perdas Estimadas						(4.000)
						6.000
Contas do Resultado de A						
Receita de Dividendos	0	0	2.000	0	0	0
Despesas com perdas prováveis em investimentos	0	0	0	0	0	(4.000)

Investimentos em Coligadas, Controladas e *Joint Ventures*

6.1 Introdução

De forma geral, de acordo com os Pronunciamentos Técnicos do CPC, as aplicações em participações no capital de outras sociedades, como demonstrado na Figura 6.1, devem ser contabilizadas de acordo com a natureza do relacionamento entre investidor e investida.

Figura 6.1 Contabilização das aplicações em participações no capital de outras sociedades.

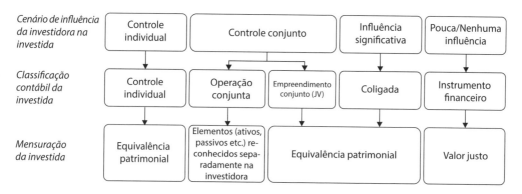

Com o método da equivalência patrimonial, as empresas reconhecem a parte que lhes cabe nos resultados gerados por suas investidas no momento em que tais resultados são gerados naquelas empresas, e não somente no momento em que são distribuídos na forma de dividendos, como ocorre no método de custo. Portanto, o método da equivalência patrimonial acompanha o fato econômico, que é a **geração dos resultados** e não a formalidade da **distribuição de tal resultado**. Mas há países conservadores que em suas demonstrações individuais não apreciam esse método exatamente porque a realização em caixa do lucro em equivalência patrimonial se dá parte por dividendos, que podem ser distribuídos bem abaixo dos lucros reportados, e o restante só se realiza em dinheiro na venda do investimento. Esses países, porém, utilizam o método nas demonstrações consolidadas porque essas normalmente estão dentro das regras do IASB, como no caso do Brasil.

6.2 Coligadas

A Lei das Sociedades por Ações define coligadas como "as sociedades nas quais a investidora tenha influência significativa" (art. 243, § 1º) e considera que existe tal influência quando "a investidora detém ou exerce o poder de participar nas decisões das políticas financeira ou operacional da investida, sem controlá-la" (art. 243, § 4º). A Lei dispõe que tal influência é presumida "quando a investidora for titular de 20% (vinte por cento) ou mais do capital votante da investida, sem controlá-la".

O CPC 18 (R2) – Investimento em Coligada, em Controlada e em Empreendimento Controlado em Conjunto exemplifica influência significativa:

a) Representação no conselho de administração ou na diretoria da investida.

b) Participação nos processos de elaboração de políticas, inclusive em decisões sobre dividendos e outras distribuições.

c) Operações materiais entre o investidor e a investida.

d) Intercâmbio de diretores ou gerentes.

e) Fornecimento de informação técnica essencial.

6.3 Controladas em conjunto

O controle conjunto exige que as decisões sejam consenso entre as partes, normalmente estabelecidas em contrato ou estatuto. Os empreendedores podem até ter participações societárias diferentes na entidade controlada em conjunto (por exemplo, 60% e 40%) e, ainda assim, o controle pode ser compartilhado, implicando que as decisões devem ser consensuais.

O CPC 19 (R2) define dois tipos de "negócios em conjunto" (*joint arrangements*): (a) operação em conjunto (*joint operation*) ou (b) empreendimento controlado em conjunto (*joint venture*). As definições relevantes para se compreender essa taxonomia são como segue:

a) **Negócio em conjunto** é o acordo segundo o qual duas ou mais partes têm o controle conjunto.

b) **Controle conjunto** significa o compartilhamento, contratualmente convencionado, do controle de negócio, que existe somente quando decisões sobre as atividades relevantes exigem o consentimento unânime das partes que compartilham o controle.

c) **Operação em conjunto** é o negócio em conjunto segundo o qual as partes que têm o controle conjunto do negócio têm direitos sobre os ativos e obrigações pelos passivos de outras empresas relacionados ao negócio da investidora.

d) **Empreendimento controlado em conjunto** (ou *joint venture*) é um negócio em conjunto segundo o qual as partes que detêm o controle conjunto do negócio têm direitos sobre os ativos líquidos do negócio em conjunto.

6.4 A essência do método da equivalência patrimonial

O método de equivalência patrimonial (MEP) é definido como segue:

> "é o método de contabilização por meio do qual o investimento é inicialmente reconhecido pelo custo e, a partir daí, ajustado para refletir a alteração pós-aquisição na participação do investidor sobre os ativos líquidos da investida. As receitas ou as despesas do investidor incluem sua participação nos lucros ou prejuízos da investida, e os outros resultados abrangentes do investidor incluem a sua participação em outros resultados abrangentes da investida" (CPC 18 (R2), item 03).

As contrapartidas ao ajuste no saldo da conta de Investimento dependerão da natureza de cada mutação no Patrimônio Líquido da investida, cujos aspectos específicos serão tratados na Seção 6.5.

Exemplo prático

Racionalidade básica da equivalência patrimonial

Suponha-se que uma investidora Alfa tenha participação nas Empresas Beta, Gama, Delta e Épsilon, que são coligadas ou empreendimentos em conjunto e que no período em questão tenham o resultado do período como única mutação de Patrimônio Líquido. Dadas as informações a seguir, temos:

	Resultado líquido apurado	Participação % no capital	Equivalência patrimonial	Saldo contábil inicial	Saldo contábil final
Empresa Beta	958.773	20%	191.755	250.000	441.755
Empresa Gama	1.402.928	25%	350.732	820.000	1.170.732
Empresa Delta	(172.150)	40%	(68.860)	640.000	571.140
Empresa Épsilon	138.698	90%	124.828	380.000	504.828
Total			550.516	2.090.000	2.688.455

6.5 Aplicação do método da equivalência patrimonial

Pelo MEP exigido no CPC 18 (R2), a parte do investidor no lucro ou prejuízo do período da investida será reconhecida no resultado do período, enquanto as demais variações de Patrimônio Líquido (Reservas, Outros Resultados Abrangentes etc.) serão reconhecidas de forma reflexa, ou seja, diretamente no Patrimônio Líquido. A receita e a despesa de equivalência patrimonial devem representar "apenas" a parte da investidora no resultado da investida.

6.6 Mais-valia e *goodwill*

Sempre que uma companhia comprar ações de uma empresa já existente e esse evento lhe proporcionar influência, controle ou controle conjunto, muito provavelmente o valor de aquisição será representativo pelos seguintes valores: (a) valor patrimonial do investimento, pela parte do investidor no Patrimônio Líquido da investida; (b) valor por mais-valia de ativos líquidos, pela parte do investidor na diferença positiva entre o valor justo dos ativos líquidos e o valor patrimonial desses mesmos ativos líquidos; e (c) valor de ágio por rentabilidade futura (*goodwill*), pela diferença positiva entre o valor de aquisição para o investidor na participação comprada e a parte que lhe cabe no valor justo dos ativos líquidos da investida. Caso ambas as diferenças sejam negativas, teremos então um valor por menos-valia de ativos líquidos (ativos que valem menos do que o montante pelo qual estão escriturados) e um ganho de compra vantajosa (custo de aquisição por valor menor do que valem os ativos e passivos adquiridos – que deveria, como regra, ser exceção).

No reconhecimento inicial, deve-se segregar o valor do investimento (reconhecimento inicial) em subcontas específicas. Essas subcontas compõem o saldo contábil do investimento (coligadas, controladas em conjunto ou controladas), que deve figurar no subgrupo Investimentos do Ativo Não Circulante.

Caso antes da obtenção da influência significativa ou do controle (conjunto ou individual) a investidora já tenha uma participação na investida, a determinação da mais-valia de ativos líquidos (ou menos-valia) e do *goodwill* (ou ganho por compra vantajosa) será feita considerando a soma do valor de aquisição da participação comprada com o valor justo dessa participação que a investidora já tinha na investida. Vale lembrar que isso não vale para uma situação em que antes a investidora tinha influência e com a transação passou a ter controle conjunto e vice-versa, já que nesse caso era utilizada a equivalência patrimonial e nada muda com tal alteração.

Agora, se a empresa já tinha um investimento em coligada ou controlada em conjunto e, posteriormente, passa a deter o controle, o procedimento é diferente. O investimento anterior é ajustado a seu valor justo, contra o resultado do período, e esse valor é somado ao valor justo da nova aquisição para definição do valor de aquisição. A partir desse novo valor de aquisição é que se definem a mais-valia e o *goodwill* (ágio por expectativa de rentabilidade futura). É como se fosse vendida a participação anterior pelo seu valor justo e uma compra nova fosse feita relativa à nova participação total.

No caso de uma entidade que está obtendo influência ou controle conjunto, a participação preexistente que ela tinha antes da obtenção de influência ou controle conjunto certamente estava classificada como ativo financeiro, cuja regra geral de mensuração é o valor justo mesmo.

A determinação do ágio por rentabilidade futura (*goodwill*) e do ágio por mais-valia de ativos líquidos é similar àquela relativa à obtenção de controle, de forma que devem ser seguidas as orientações previstas no CPC 15 – Combinação de Negócios, que é objeto do Capítulo 23.

Exemplo prático

Aquisição da coligada Alfa

Suponha-se que uma investidora Beta tenha realizado a aquisição, em 01/01/X1, por $ 5 milhões à vista, de 30% do Patrimônio Líquido de determinada sociedade (Alfa), cujo Patrimônio Líquido contábil era de $ 12 milhões na data dessa aquisição; então, o valor de aquisição em excesso ao valor patrimonial dessa participação foi de $ 1,4 milhão [$ 5 milhões – (12 milhões × 30% = $ 3,6 milhões)]. Admita, desconsiderando os tributos sobre o lucro, que isso tenha sido pago por dois motivos:

a) Na determinação do valor justo dos ativos líquidos da investida, na data da aquisição, constatou-se que o valor justo do imobilizado era $ 1 milhão maior que seu saldo contábil, bem como que existe uma patente, criada pela própria empresa e que, por isso, não estava contabilizada, mas que pode ser negociada normalmente no mercado por $ 0,5 milhão. Assim, o Patrimônio Líquido da investida, considerando os valores justos dos ativos deduzidos dos valores justos dos passivos, é de $ 13,5 milhões; isso corresponderia ao valor que seria obtido se os ativos fossem vendidos pelos seus valores justos individuais e os passivos fossem pagos por seus valores justos. 30% dessa importância correspondem a $ 4,05 milhões; vê-se então que se pagou $ 0,45 milhões em decorrência da mais-valia dos ativos líquidos ($ 4,05 milhões − $ 3,6 milhões).

b) O valor da empresa em funcionamento, todavia, está se mostrando maior do que o valor de $ 13,5 milhões que representam o que seria obtido na sua dissolução ordenada na data da aquisição da participação, já que, após negociações com a outra parte, o valor a que a investidora se dispôs a pagar foi de $ 5 milhões. Portanto, a diferença de $ 0,95 milhão ($ 5 milhões − 30% × $ 13,5 milhões) representa o quanto foi pago em excesso devido às expectativas de rentabilidade futura, ou seja, pela existência de um *goodwill*.

Efetuando-se a segregação do investimento em subcontas, temos o seguinte lançamento para o reconhecimento inicial de uma participação em coligada:

	Débito	Crédito
INVESTIMENTOS EM COLIGADAS − Alfa (conta):		
Valor Patrimonial do Investimento na Coligada Alfa (subconta)	3.600.000	
Mais-valia no investimento na Coligada Alfa (subconta)	450.000	
Ágio por Rentabilidade Futura no Inv. na Coligada Alfa (subconta)	950.000	
a Bancos Conta Movimento (conta)		5.000.000

Mutações patrimoniais da coligada Alfa

Pelo MEP, cada mutação verificada no Patrimônio Líquido da coligada (ou controlada) corresponderá, no investidor, a um ajuste para mais ou menos na conta de Investimentos, na subconta relativa ao valor patrimonial do investimento. Assim, a subconta de Valor Patrimonial do Investimento irá variar acompanhando as alterações no Patrimônio Líquido contábil da investida.

Dessa forma, suponhamos que, ao final de X1, a Alfa tenha auferido um lucro de $ 200.000. A parcela desse resultado que diz respeito à investidora Beta corresponde a 30% desse valor, ou seja, $ 60.000. Assim, o lançamento contábil seria, portanto, como segue:

	Débito	Crédito
Investimentos em Coligadas a Receita de Equivalência Patrimonial	60.000	60.000

Considerando-se que os ativos líquidos que deram origem à mais-valia tenham vida útil de 10 anos e sejam depreciados/amortizados em 10% a. a., durante o exercício de X1 teríamos o seguinte registro contábil:

	Débito	Crédito
Despesa de Depreciação (amortização) de Mais-valias	45.000	
a Investimentos em coligadas Mais-valia no Investimento na Coligada Alfa (subconta de depreciação e amortização acumulada)		45.000

A parcela relativa ao *goodwill* só será baixada por alienação ou pelo reconhecimento de perdas por redução ao valor recuperável do investimento (*impairment*).

Nas alterações de capital, pode acontecer de a nova participação ser maior ou menor do que aquela que mantinha anteriormente, implicando alteração de sua participação relativa.

É óbvio que outros motivos podem alterar a participação relativa no capital de uma investida, por exemplo: a investidora pode adquirir uma participação adicional (comprando de outros sócios), ou então ela pode vender uma parte de sua participação para terceiros, mas sem que isso implique a perda do controle ou da influência.

Em qualquer desses casos, ocorrerá alteração no percentual de participação da investidora no capital da coligada (ou controlada). Portanto, pela equivalência patrimonial, o valor patrimonial do investimento deve ser ajustado considerando sua nova participação relativa, mas não contra o resultado e sim diretamente no Patrimônio Líquido. Portanto, qualquer que seja essa diferença, ela não deve ser contabilizada na investidora como resultado do período, mas como se fosse um resultado abrangente reconhecido diretamente no Patrimônio Líquido. Essa variação, quando transferida para o resultado na baixa do investimento, também não é sujeita a efeitos tributários, assim como a receita e a despesa de equivalência patrimonial.

Exemplo prático

Ganho por alteração no percentual de participação

Suponha-se que, quando da constituição da Empresa B, um de seus acionistas, a Empresa A, tenha integralizado $ 900 em ações ordinárias, o que representa 30% do capital realizado da Empresa B que é de $ 3.000 e é formado apenas por ações ordinárias. Como se trata da constituição da investida, então, não há mais-valia nem *goodwill*. Considere ainda que, ao final do período, a Empresa A possui influência significativa sobre a Empresa B e que o Patrimônio Líquido da Empresa B seja de $ 5.500, por lucros gerados e não distribuídos no valor de $ 2.500.

O investimento em coligada da Empresa A deve ser avaliado por equivalência patrimonial. Assim, no reconhecimento inicial, o custo do investimento foi de $ 900. A equivalência patrimonial sobre a mutação de Patrimônio Líquido que ocorreu no período ($ 2.500 de lucro líquido) será de $ 750 ($ 2.500 × 30%). Portanto, o saldo final do investimento em 31/12/X0 será $ 1.650, ou seja, 30% de $ 5.500.

Suponha, agora, que durante X1 a Empresa B faça um aumento de capital por subscrição de 1.000 novas ações no valor de $ 1.000, e que seja totalmente subscrito pela Empresa A, já que os demais acionistas que detinham os outros 70% não exerceram seu direito de preferência. Assim, o Capital Social da Empresa B estaria então com 4.000 ações, das quais 1.900 (900 + 1.000) estão em poder da Empresa A, que passa, agora, a ter 47,5% do Capital da B (1.900 ações ÷ 4.000 ações), em vez dos 30% anteriores.

	Patrimônio Líquido da Empresa B			Participação de A em B	
	Em 31/12/X0	Aumento em X1	Atual	Anterior 30%	Atual 47,5%
Capital Realizado	3.000,00	1.000,00	4.000,00	900,00	1.900,00
Reservas de Lucros	2.500,00	–	2.500,00	750,00	1.187,50
	5.500,00	**1.000,00**	**6.500,00**	**1.650,00**	**3.087,50**

Então, a conta de Investimentos em Coligadas, na Empresa A, pela equivalência patrimonial, passa de um saldo de $ 1.650 para $ 3.087,50. O acréscimo de $ 1.437,50 corresponde a:

Aumento de capital subscrito e contabilizado ao custo	1.000,00
Efeito da concentração na participação relativa nas demais contas do Patrimônio Líquido da coligada (reservas de lucros) em decorrência da integralização de mais 700 ações (17,5%) do direito de subscrição que era de 30% [$ 2.500 × 17,5% = $ 437,50].	437,50
Total do ajuste na conta de Investimentos em Coligadas	**1.437,50**

O ajuste no saldo do investimento de $ 437,50 (17,5% sobre as reservas existentes ou alternativamente $ 1.187,50 – $ 750,00) representa o quanto a Empresa A se beneficiou em detrimento dos demais acionistas pelo fato de estes terem declinado do direito de subscrever ações no aumento de capital pelo seus respectivos percentuais de participação.

A Empresa A deve registrar os $ 437,50 a débito da conta de Investimentos em Coligadas e a crédito de seu Patrimônio Líquido, como Outros Resultados Abrangentes (por exemplo, no caso em questão, poderia ser na conta "Mudança na Participação Relativa de Coligada", como já sugerido). Recomenda-se que a conta representativa da alteração na participação seja subdividida em subcontas por investida e que seja mantido o histórico dos eventos e transações para fins de controle.

O valor em questão representa efetivamente um ganho, mas que irá se realizar, para fins de sua transferência para o resultado do período, somente quando da alienação integral ou parcial do investimento ou quando da perda da influência. Se em vez de concentração houvesse uma diluição, a Empresa A teria uma perda, a qual, da mesma forma, seria contabilizada contra o Patrimônio Líquido. Esse tratamento é similar ao reconhecimento de forma reflexa das mutações do Patrimônio Líquido da coligada ocorridas no período, situação em que o investimento é ajustado e a contrapartida é direta no Patrimônio Líquido da investidora.

Exemplo prático

Efeitos de mutações patrimoniais de coligada

Suponha agora que em X1, além do aumento de capital, a Empresa B tenha tido as seguintes mutações de patrimônio líquido: (a) lucro líquido de X1, de $ 2.000; (b) ajuste de avaliação patrimonial proveniente de variações cambiais de investimentos no exterior de $ 500; e (c) reavaliação em terrenos do imobilizado no valor $ 1.000 (admitindo a legalidade desse procedimento). Portanto, o Patrimônio Líquido final da Empresa B, em 31/12/X1, soma $ 10.000.

Então, pela equivalência patrimonial, o valor patrimonial do Investimento em Coligada da Empresa A será de $ 4.750, considerando já a nova participação efetiva de 47,5%. Note que, no caso em questão, o saldo da conta de investimento não contém *goodwill* ou mais-valia. Desconsiderando os tributos sobre o lucro, o acréscimo de $ 1.662,50 (em relação ao saldo contábil do investimento após o aumento de capital) será correspondente a:

Equivalência sobre o Resultado de X1 [$ 2.000 × 47,5%]	950,00
Equivalência sobre os Resultados Abrangentes de X1:	
Ajustes de Avaliação Patrimonial [$ 500 × 47,5%]	237,50
Reserva de Reavaliação [$ 1.000 × 47,5%]	475,00
Total do ajuste na conta de Investimentos em coligadas	**1.662,50**

No Patrimônio Líquido da Empresa A será apresentada uma nova conta (Outros Resultados Abrangentes da Coligada B), que em 31/12/X1 terá o saldo de $ 712,50 ($ 237,50 + $ 475,00).

Vale lembrar que esse caso desconsiderou os tributos sobre o lucro para facilitar o entendimento, mas na prática, quando a coligada efetuasse os registros da reavaliação e do ajuste de avaliação patrimonial, ela consideraria o imposto de renda diferido no Passivo, com a respectiva contrapartida em conta retificadora do Patrimônio Líquido. Portanto, a parte da investidora nessa mutação de patrimônio líquido já estaria líquida dos tributos sobre o lucro.

Agora, suponhamos que em 01/01/X2 a Empresa A receba uma oferta irrecusável para vender 15% de sua participação na Empresa B por $ 2.000, e que ela faça isso. A participação remanescente após a venda, que passou a ser de 32,5%, continua a proporcionar à Empresa A influência significativa sobre a investida.

A transação de venda será então contabilizada como segue:

		Débito	Crédito
1	Bancos	2.000	
	a Investimentos em Coligadas		1.500
	a Ganho na Alienação de Investimentos		500
2	Outros Resultados Abrangentes de Coligadas	225	
	a Outros Resultados com Coligadas		75
	a Lucros Acumulados		150

O procedimento contábil para o saldo remanescente da conta de Investimento em Coligadas na Empresa A ($ 3.250) será o mesmo, isto é, continuará sendo avaliado por MEP (só que agora considerando a participação efetiva de 32,5%). Por outro lado, na conta de Outros Resultados Abrangentes de Coligadas, cujo saldo em 31/12/X1 era de $ 712,50, houve uma baixa proporcional à participação vendida de 15% em 01/01/X2. Assim, o saldo remanescente de $ 487,50 representa a nova participação efetiva da investidora (32,5%) sobre os outros resultados abrangentes da coligada B (de $ 1.500), sendo $ 325,00 referente à reserva de reavaliação reflexa e $ 162,50 de ajustes de avaliação patrimonial reflexo.

Observe que a realização proporcional da reserva de reavaliação reflexa (15% ÷ 47,5% × $ 475 ou alternativamente 15% de $ 1.000) ocorreu contra Lucros Acumulados, pois se houver uma redução na participação efetiva da investidora na coligada ou controlada em conjunto, a entidade deve reclassificar para o resultado do período a porção dos outros resultados abrangentes reflexos da mesma forma que aconteceria se os ativos e passivos que lhes deram origem, na investida, tivessem sido baixados.

Portanto, caso a coligada tivesse vendido o terreno reavaliado, ela teria realizado sua reserva de reavaliação contra lucros acumulados, de forma que, via MEP, a investidora acompanharia esse movimento; então, pela baixa por venda dos 15% da participação, a investidora deve baixar de forma proporcional a parte que lhe cabe na reserva de reavaliação da coligada, tal qual seria feito caso o terreno fosse vendido.

No caso da realização parcial do ajuste de avaliação patrimonial reflexo, o lançamento foi contra o resultado do período (em Outros Resultados com Coligadas) porque, de outra forma, se o ajuste relativo às variações cambiais de investimentos no exterior da coligada tivesse sido baixado, a coligada realizaria esse saldo contra resultado do período.

Entretanto, supondo-se alternativamente que, em 01/01/X2, a Empresa A tivesse alterado suas estratégias, de forma que a alta gestão da empresa estivesse comprometida com um plano de venda do ativo e tivesse iniciado esforços para localizar um comprador visando concluir até o final de X2 a venda de 32,5% de sua participação na Empresa B, a participação remanescente, após a venda, passaria para 15%, e a influência seria perdida, pois esse percentual não mais permitiria, em condições normais, à Empresa A participar do processo decisório da investida.

Então, a transferência para a conta de Ativos Mantidos para Venda teria sido de $ 3.250 (correspondente à participação que será vendida de 32,5%), uma vez que os critérios do CPC 31 seriam atendidos. Já a parte remanescente deveria ser mantida no Ativo Não Circulante, como investimento em coligada e avaliada pelo MEP até que a influência venha a ser perdida de fato. Nesse caso, o lançamento contábil em 01/01/X2 teria sido:

	Débito	Crédito
Ativos Mantidos para Venda	3.250	
a Investimentos em Coligadas		3.250

Considerando que o valor justo esperado (líquido das despesas para vender) seja superior ao custo reconhecido de $ 3.250, então nenhum outro lançamento será necessário em 01/01/X2. Se fosse o contrário, uma perda deveria ser reconhecida, conforme disposições do CPC 31 – Ativo Não Circulante Mantido para Venda e Operação Descontinuada.

Caso a venda dessa participação tivesse se efetivado, por exemplo, em 30/06/X2, então, a influência teria sido perdida; de fato, somente nessa data se aplicariam as disposições da perda da influência, tratadas na Seção 6.13. Sendo assim, a participação remanescente de 15% seria mensurada a valor justo,

6.7 Patrimônio Líquido das investidas

O valor do Patrimônio Líquido das investidas, base para a determinação do valor patrimonial do investimento, deve ser extraído de Balanços elaborados dentro dos critérios contábeis e de apresentação das demonstrações contábeis da Lei das Sociedades por Ações e dos Pronunciamentos do CPC.

As investidas devem adotar critérios contábeis uniformes em relação aos da empresa investidora. Todavia, quando de investimentos em coligadas, pode ocorrer com mais frequência uma diversidade de critérios contábeis, pois a coligada pode ter a necessidade de atender também a outros investidores. De qualquer forma, cabe à investidora apurar a influência e a materialidade de eventuais diferenças de critérios e políticas contábeis e ajustar extracontabilmente as demonstrações recebidas das coligadas para então aplicar o MEP, guardando todas as memórias de cálculos e documentos utilizados.

6.8 Resultados não realizados de operações intersociedades

O item I do art. 248 da Lei das Sociedades por Ações estabelece que para fins de aplicação do MEP "não serão computados os resultados não realizados decorrentes de negócios com a companhia, ou com outras sociedades coligadas à companhia, ou por ela controladas". A eliminação de lucros não realizados do Patrimônio Líquido da investida por transações entre as partes deriva do fato de que o impacto no investimento e no resultado do investidor deve vir somente de resultados obtidos em operações com terceiros. Portanto, enquanto os ativos transacionados estiverem no Balanço de alguma empresa do grupo, o lucro nele contido não está "realizado".

No caso de coligada, não se elimina a totalidade dos lucros não realizados em transações entre investidas e investidor, mas somente a parte do investidor. Isso implica dizer que se assume como terceiros os demais investidores. Afinal, quando se negocia com uma coligada, está-se, genuinamente, negociando com terceiros, já que influência de forma alguma significa controle. Se a investida for uma controlada, o procedimento correto é eliminar 100% dos resultados não realizados em transações intersociedades, de forma que, para fins de MEP sobre investimentos em controladas, quando da elaboração das demonstrações individuais do controlador, a totalidade desses resultados não realizados é que deve ser eliminada. É como se fosse venda para si mesma.

Um dos objetivos da aplicação do MEP é provocar, nas demonstrações individuais, toda a vez em que isso for possível, o mesmo lucro líquido e o mesmo Patrimônio Líquido que seriam obtidos caso houvesse consolidação das demonstrações da investida. Considerando a entidade grupo (a controladora e suas controladas), a diretriz maior das demonstrações consolidadas é apresentar a posição patrimonial e os efeitos no desempenho e nos fluxos de caixa levando-se em conta somente transações com terceiros. No caso de coligada, quando ela vende para a investidora é como se produzisse dois lucros: um para os outros investidores dessa coligada, que é genuíno e sem problemas, e outro pela venda para a investidora; esta parte da investidora ela não reconhece no seu resultado porque é como se fosse ela vendendo para ela mesma.

Vendas de mercadorias com lucro, situação mais comum dentre os ativos transacionados entre companhias relacionadas, podem ocorrer em duas situações: a adquirente já vendeu essas mercadorias todas para terceiros ou possui parte delas ainda. No primeiro caso, em que não há mais estoque, logicamente não haverá *lucros nos estoques* decorrentes das operações entre as sociedades. Assim, não há eliminação a ser feita para fins de aplicação da equivalência patrimonial. Já no segundo caso, é necessário eliminar o lucro não realizado. Mas no segundo o lucro obtido pela vendedora está incorporado ao custo da adquirente, e precisa ser eliminado.

Exemplo prático

Transação entre Investidor e sua Coligada

Suponhamos que a Coligada Beta venda para sua Investidora Alfa, por $ 140.000, mercadorias que lhe custaram $ 100.000. Sabe-se que na data do Balanço, nada desses estoques foi vendido para terceiros, permanecendo nos estoques da Investidora Alfa. Então, a eliminação seria da totalidade do lucro na transação, ou seja, $ 26.400 (considerando 34% de tributos sobre o lucro: $ 40.000 – $ 13.600). Admitindo-se como única mutação de Patrimônio Líquido da coligada no período o lucro líquido de $ 500.000 (que contém o lucro não realizado de $ 26.400) e uma participação efetiva de Alfa sobre Beta de 45%, o MEP na avaliação do investimento seria:

Lucro Líquido da Coligada Beta	500.000
Menos: Lucros não realizados contidos no estoque de Alfa	(26.400)
Lucro líquido ajustado para fins de MEP	473.600
Vezes: o Percentual de Participação de Alfa em Beta	45%
Receita de equivalência patrimonial	**213.120**

E o lançamento contábil seria:

	Débito	Crédito
Investimentos em Coligadas – Empresa B	213.120	
a Receita de Equivalência Patrimonial		213.120

Supondo-se alternativamente que fosse o Investidor Alfa que tivesse vendido mercadorias para a Coligada Beta nas condições apresentadas e, desde que esse investidor e essa coligada não estivessem sob um controle comum, o procedimento, pelo disposto no CPC 18 em conjunto com o disposto no ICPC 09, seria diferente, porque a controladora procederia como demonstrado a seguir:

		Débito	Crédito
1	Investimentos em Coligadas	225.000	
	a Receita de Equivalência Patrimonial		225.000
2	Lucros não Realizados com Coligadas	11.880	
	a Lucros a Realizar com Coligadas		11.880

A conta Lucros não Realizados com Coligadas é uma conta de resultado e destina-se a reduzir o resultado do investidor pela parte deste nos lucros não realizados que teve ao vender mercadorias para sua coligada. Por sua vez, Lucros a Realizar com Coligadas é uma conta redutora da conta Investimentos em Coligadas. É como se, ao vender para a investida e dela receber o valor relativo à venda, estivesse havendo uma espécie de "devolução" do investimento feito para a investidora.

Conforme já comentado, na medida em que se realizar o ativo (pelo uso, perda ou venda) que originou o lucro não realizado, este deve ser reconhecido no investimento, "invertendo" o lançamento pelo qual a parte do investidor nos lucros não realizados (na transação de venda para sua coligada) foi expurgada do seu resultado e do saldo contábil líquido do investimento naquela coligada.

Exemplo prático

Transação entre Controlador e sua Controlada

Quando a controlada vende à controladora, o procedimento não é o mesmo que o demonstrado para o caso da coligada vendendo à investidora. Suponhamos que tenhamos a mesma situação que no exemplo anterior, porém Alfa controla Beta com 55% de participação em seu capital, permanecendo as demais condições análogas. Vejamos como se deve proceder à eliminação do lucro não realizado:

Lucro líquido da Controlada Beta	500.000
Vezes: o Percentual de Participação de Alfa em Beta	55%
Subtotal	275.000
Menos: Lucros não realizados contidos no estoque de Alfa (líquido de IR)	(26.400)
Receita de Equivalência Patrimonial	248.600

Se, alternativamente, a empresa vendedora fosse a controladora e não a controlada, a controladora eliminaria a **totalidade** do lucro não realizado em suas próprias demonstrações individuais.

O MEP deve procurar produzir o mesmo efeito que a consolidação produziria no resultado e no Patrimônio Líquido atribuíveis à controladora, então, o melhor procedimento para as demonstrações individuais da controladora seria, neste caso já considerando os efeitos do imposto de renda diferido:

		Débito	Crédito
1	Investimentos na Controlada B	275.000	
	a Receita de Equivalência Patrimonial		275.000
2	Lucros não Realizados com Controladas	40.000	
	Ativo Fiscal Diferido (IR/CS)	13.600	
	a Lucros a Realizar com Controladas		40.000
	a Despesa com Tributos sobre o Lucro		13.600

A conta devedora Lucros não Realizados com Controladas é uma conta de resultado e recomenda-se que seja uma conta do grupo de contas relativo aos Resultados com Controladas, juntamente com a conta de Receita de Equivalência Patrimonial em Controladas. O débito de $ 40.000 nessa conta de resultado, em conjunto com o crédito de $ 13.600 na despesa de tributos sobre o lucro, implica que o resultado da controladora foi reduzido em $ 26.400 ($ 40.000 – $ 13.600) por ela ter vendido mercadorias para sua controlada.

Por outro lado, a conta de Lucros a Realizar com Controladas é uma conta redutora da conta de Investimentos em Controladas (ou poderia ser uma conta representativa de um lucro a apropriar no Passivo, já que ainda não chegou o momento de, por competência, reconhecer esse ganho no resultado). Por fim, a conta de Ativo Fiscal Diferido recebe um débito de $ 13.600, já que a redução de $ 40.000 no resultado da controladora é temporária, pois, pelas regras fiscais, o IR/CS sobre esse lucro de $ 40.000 teria de ser pago normalmente (IR/CS correntes), mas por competência, esse ganho será computado no resultado somente quando as mercadorias forem vendidas a terceiros ou baixadas por perda.

Assim, quando da consolidação, a receita de $ 140.000 e o CMV de $ 100.000 seriam eliminados, já que não foram gerados em transações com terceiros e a conta de Lucros a Realizar com Controladas seria eliminada contra a conta de Estoques, já que, na consolidação, o lucro de $ 40.000 contido nos estoques deverá ser eliminado. Note que nada precisará ser feito na consolidação acerca do IR/CS diferido, pois o lançamento realizado nas demonstrações individuais da controladora quando da aplicação do MEP já antecipou esse lançamento que, de outra forma, teria de ser feito no resultado consolidado, já que, por competência, esse lucro de $ 40.000 ainda não pode ser reconhecido, mas a regra fiscal implica computar um IR/CS corrente sobre ele. Vale lembrar que a conta de receita (ou despesa) de equivalência patrimonial, bem como outras subcontas relativas aos resultados com controladas (como a conta Lucros não Realizados com Controladas) são todas eliminadas no processo de consolidação porque as receitas e despesas da controlada são incluídas nas receitas e despesas consolidadas.

É por essa razão que entendemos que esse é o melhor procedimento, ou seja, é o que mais se aproxima dos efeitos que veríamos na consolidação das demonstrações contábeis da controladora e suas controladas, caso o MEP não tivesse sido aplicado dessa forma.

Exemplo prático

Aquisição de investimento em coligada

Suponhamos que a Empresa Alfa tenha iniciado entendimentos em julho de X0 com os acionistas da Empresa Beta, para compra de 40% de suas ações, o que irá lhe conferir influência (mas não controle). As discussões preliminares foram feitas até fins de agosto de X0 com base no Balanço de junho de X0 da Empresa Beta; numa fase final, no final de setembro de X0, formalizou-se a compra das ações (em 30/09/X0), cujo preço foi fixado em $ 60,00/ação e nessa data a investidora passou a exercer influência significativa sobre a investida, sua nova coligada, cujo Patrimônio Líquido é formado por 3.000.000 de ações ordinárias. Em 30/09/X0, o reconhecimento inicial do investimento foi feito como indicado a seguir:

	Débito	Crédito
Investimentos na Coligada Beta	72.000.000	
a Bancos		72.000.000

Contudo, a segregação da mais-valia e do *goodwill* será possível somente após obter o valor justo dos ativos líquidos e o valor contábil do Patrimônio Líquido da investida na data da obtenção da influência significativa ou controle (ou controle conjunto). Foi levantado um Balanço Patrimonial em 30/09/X0 e o Patrimônio Líquido contábil da Empresa Beta, nesse Balanço, era de $ 150.000.000. Agora, podemos determinar o valor da mais-valia e do *goodwill* contidos no custo inicial do investimento.

	Empresa Beta	Aquisição de 40%
Valor Justo dos Ativos Líquidos	170.000.000	68.000.000
Valor Patrimonial	150.000.000	60.000.000
Mais-valia nos Ativos Líquidos	20.000.000	8.000.000

Como demonstrado, desconsiderando os tributos sobre o lucro, o ágio por mais-valia de ativos líquidos contido no custo inicial do investimento ($ 72 milhões) seria de $ 8 milhões. Por sua vez, o ágio por rentabilidade futura (*goodwill*) seria de $ 4 milhões ($ 72 milhões – $ 68 milhões).

Considerando o disposto no CPC 15 – Combinações de Negócios e no CPC 32 – Tributos sobre o Lucro, o valor justo dos ativos líquidos da investida deve representar o caixa teórico que se faria pela realização dos ativos e dos passivos em bases isoladas. Em outras palavras, pela venda dos ativos em bases separadas e pelo pagamento dos passivos, o que iria gerar ganhos de capital tributáveis. Então, esse caixa teórico deve estar líquido dos tributos sobre o lucro (IR/CS) incidentes nessa realização hipotética dos ativos e passivos em bases separadas.

Portanto, na data da obtenção da influência significativa, com a decomposição do custo inicial de $ 72 milhões do investimento na Coligada Beta, reconhecido nas demonstrações da Investidora A, considerando o ajuste no valor justo dos ativos líquidos pelo efeito dos tributos sobre o lucro, teríamos os seguintes valores de mais-valia e de *goodwill*:

	Empresa Beta	Aquisição de 40%
Valor justo dos Ativos Líquidos (Bruto):	170.000.000	68.000.000
(–) IR/CS sobre a Mais-valia Bruta [$ 20.000.000 × 34%]	6.800.000	2.720.000
Valor Justo dos Ativos Líquidos (Final)	163.200.000	65.280.000
(–) Valor do Patrimônio Líquido da Investida:	(150.000.000)	(60.000.000)
(=) Mais-valia Líquida do IR/CS:	13.200.000	5.280.000

Parte do Investidor (40%) no valor justo dos ativos líquidos da Empresa BETA (com IR/CS)	65.280.000
(–) Parte do investidor (40%) no patrimônio líquido da Empresa BETA	(60.000.000)
(=) **Ágio por mais-valia de ativos líquidos**	**5.280.000**

Valor de aquisição das ações adquiridas [1.200.000 ações × $ 60,00]	72.000.000
(–) Parte do investidor (40%) no valor justo dos ativos líquidos da Empresa Beta	(65.280.000)
(=) **Ágio por rentabilidade futura (*goodwill*)**	**6.720.000**

Então, nas demonstrações contábeis da Investidora teremos o seguinte lançamento contábil:

	Débito	Crédito
Investimento na Coligada Beta – Valor Patrimonial	60.000.000	
Mais-valia de Ativos Líquidos – Coligada Beta	5.280.000	
Ágio por Rentabilidade Futura (*goodwill*) – Coligada Beta	6.720.000	
a Bancos		72.000.000

Observe que, em comparação com os valores antes de ser computado o IR/CS sobre a mais-valia bruta (correspondente a um passivo fiscal diferido), a redução de $ 2.720.000 na mais-valia corresponde ao valor de aumento no *goodwill*. E é esse o procedimento exigido, não importando se o investimento é em coligadas, controladas ou controladas em conjunto.

> Vale lembrar que, após o reconhecimento inicial, deverá se proceder à realização da mais-valia de ativos líquidos, que ocorrerá de forma proporcional à realização dos ativos e passivos da investida que lhes deu origem quando do reconhecimento inicial do investimento. Assim, utilizando-se de subcontas específicas, aquela, destinada à mais-valia de ativos líquidos, será realizada em contrapartida à própria conta do Resultado da Equivalência Patrimonial.

6.9 Mudanças de critério na avaliação de investimentos

Pode ocorrer de um investimento em instrumentos patrimoniais de outra sociedade estar avaliado ao valor justo (ou ao custo quando não existir preço de mercado e seu valor justo não puder ser mensurado com confiabilidade) em função de o investidor não ter influência significativa (ou se enquadrar nos casos em que o investidor é um tipo de entidade de investimento). Como vimos no Capítulo 10, sempre que uma empresa detiver ações ordinárias de outra empresa, as quais não lhe conferem influência ou controle (integral ou conjunto), em essência, são instrumentos representativos de um ativo financeiro e, dependendo das circunstâncias, estarão classificadas como disponível para venda, mantida para negociação ou designada ao valor justo com efeito no resultado. Todavia, na medida em que o investidor obtenha a influência significativa ou controle (ou controle conjunto), tais instrumentos patrimoniais devem ser reclassificados para o subgrupo de Investimentos no grupo dos Ativos Não Circulantes, bem como passar a ser avaliados pelo método da equivalência patrimonial. Nesse caso, os procedimentos serão os mesmos vistos até agora.

6.10 Reconhecimento de perdas

Se a parte da investidora nas perdas de sua investida – via equivalência patrimonial – vier a se igualar ou exceder o valor do seu investimento total líquido nessa investida, a investidora deve suspender o reconhecimento de sua parte em futuras perdas (prejuízos). A não ser que exista *goodwill* nesse investimento, e ele irá sendo baixado até zerar (não deveria haver saldo, já que provavelmente deveria ter sido objeto de *impairment*). Depois disso, para-se de reconhecer os prejuízos na investida. O CPC 45 – Divulgação de Participações em Outras Entidades exige, em seu item 22(c) que a investidora divulgue em nota explicativa a parte não reconhecida nos prejuízos que excederem ao investimento total líquido. A entidade deve informar tanto a parte não reconhecida no prejuízo do período, quanto o saldo acumulado dessas perdas.

Após serem reduzidas a zero as contas que integram o investimento total líquido da investidora na coligada ou controlada em conjunto, poderá ser necessário o reconhecimento de provisão para perdas no Passivo, contra o resultado, na medida em que o investidor tenha incorrido em obrigações legais ou construtivas de fazer pagamentos em nome da investida para liquidar suas dívidas. Um exemplo disso pode ser a cobertura de garantias, avais, fianças, hipotecas ou penhor concedidos, em favor de investidas, referentes a obrigações vencidas (ou vincendas) quando caracterizada a incapacidade de pagamentos pela controlada ou coligada.

6.11 Perda da influência ou do controle

O CPC 18 (R2), que prescreve o tratamento contábil (como regra geral) tanto para coligadas quanto para controladas em conjunto, prevê que o método de equivalência patrimonial deve ser descontinuado apenas quando o investimento deixar de ser uma coligada ou uma controlada em conjunto (item 22). Portanto, se a influência significativa foi perdida, por exemplo, pelo fato de a entidade que reporta ter entrado em um acordo de acionistas, pelo qual o controle conjunto foi obtido, nada muda no tratamento contábil (equivalência patrimonial) do investimento. O inverso também é verdadeiro. A entidade continua a aplicar o MEP e não deve mensurar a participação remanescente a valor justo.

Entretanto, quando a influência ou o controle conjunto for perdido, o investimento deverá ser mensurado a valor justo a partir da data em que se perdeu a influência ou o controle conjunto. Isso porque, se a entidade detentora de instrumentos de capital de outra sociedade não tiver mais a influência nem o controle conjunto, restarão somente duas opções:

a) Se o investimento se tornar uma controlada, a entidade contabilizará essa participação remanescente de acordo com o IFRS 3/CPC 15, que exige a sua mensuração a valor justo na data em que o controle foi obtido.

b) Se a participação remanescente na investida se caracterizar como um ativo financeiro, a entidade deve efetuar a mensuração dessa participação ao valor justo e esse valor justo será utilizado no reconhecimento inicial de um ativo financeiro de acordo com o CPC 48.

E, na medida em que uma entidade descontinuar o uso do método de equivalência patrimonial, ela deve:

a) Reconhecer no resultado do período o ganho (ou perda) da alienação de parte da participação na investida (se houver) e o ganho (ou perda) pela avaliação da participação remanescente ao valor justo na data da perda da influência ou controle conjunto.

b) Realizar os "outros resultados abrangentes" reconhecidos de forma reflexa diretamente em seu Patrimônio Líquido, nas mesmas bases que seriam requeridas se a investida tivesse alienado os ativos e passivos que originaram esses valores.

A perda do controle implica o mesmo tratamento contábil para a participação remanescente na investida, ou seja, alguma participação remanescente na ex-controlada, se houver, será avaliada pelo respectivo valor justo da data em que o controle foi perdido. Contudo, existem algumas particularidades diante do fato de que haverá alguma mudança na estrutura do grupo. Assim, o tratamento contábil subsequente para essa participação remanescente dependerá da nova relação entre o investidor e sua investida.

Exemplo prático

Perda de controle em subsidiária pela venda de participação

A Empresa Alfa, que detém 100% da Investida Beta (e a controla), decide vender à vista, em 31/12/20X0, parte de suas ações de Beta equivalentes a 60% de sua participação (Beta só tem ações ordinárias com direito a voto) pelo valor de $ 360.000. A empresa Beta é regida fundamentalmente pelos direitos votantes dos acionistas, motivo pelo qual o comprador de 60% das ações ordinárias de Beta passou a ser o novo controlador de Beta em 31/12/20X0 e Alfa, nessa mesma data, perdeu o controle que antes detinha. Não obstante, os 40% de participação que Alfa manteve em Beta lhe garantem influência significativa nessa investida.

Na data da venda, mas antes de reconhecer seus efeitos, Alfa tinha registrado em suas demonstrações individuais um investimento em Beta que totalizava $ 510.000, subdividido em $ 440.000 de investimento pelo MEP e $ 70.000 de ágio fundamentado na expectativa de rentabilidade futura. Esse ágio fora recentemente testado na sua recuperabilidade e não há necessidade de reconhecimento de perdas em consonância com o CPC 01 (R1). Alfa também tem reconhecida uma reserva de reavaliação reflexa, por conta da reavaliação de terrenos que Beta havia feito há muitos anos, no valor de $ 66.000 e um Passivo Não Circulante de imposto de renda diferido por conta dessa reavaliação de $ 34.000.

Como discutido neste tópico, o investimento na controlada deve ser baixado em 31/12/X0 em contrapartida do valor recebido e do "novo" investimento, agora numa coligada, mensurado por seu valor justo. Considerando que a transação de venda do controle foi uma transação entre partes independentes e em condições de mercado, é possível se deduzir que o valor justo da participação de 40% que Alfa manteve tem valor justo de $ 240.000 (basta fazer uma regra de três – sabendo-se que 60% valem $ 360.000, então 40% valem $ 240.000).

Portanto, os lançamentos de reconhecimento da perda do controle sobre Beta pela venda de participação a um terceiro é como segue:

	Débito	Crédito
Bancos	360.000	
Investimento – Coligada BETA	240.000	
Reserva de Reavaliação	66.000	
Imposto de Renda Diferido (Passivo)	34.000	
a Reserva de Lucros – PL		100.000
Investimento – Controlada Beta (MEP)		440.000
Investimento – Controlada Beta (ágio)		70.000
Ganho na Alienação de Controlada (Resultado)		90.000

Ativo Imobilizado e Propriedade para Investimento

7.1 Introdução

Neste capítulo, são abordados conceitos e critérios de mensuração de Ativos Imobilizados e de propriedades para investimento.

7.2 Imobilizado

7.2.1 Conceituação

O CPC 27 – Ativo Imobilizado define o Imobilizado como um ativo tangível que: (a) é mantido para uso na produção ou fornecimento de mercadorias ou serviços, para aluguel a outros, ou para fins administrativos; e que (b) se espera utilizar por mais de um ano.

São classificados no Ativo Imobilizado bens corpóreos como terrenos, obras civis, máquinas, móveis, veículos, assim como direitos decorrentes de direito de uso (aluguel, arrendamento etc.), atendidas as condições previstas no CPC 06 (R2) – Arrendamentos.

O Ativo Imobilizado contabilizado deve estar limitado à capacidade de esse ativo gerar benefícios econômicos futuros para a entidade e não pode estar reconhecido no Balanço por valor superior a seu valor recuperável.

O Imobilizado, incluindo dos Direitos de Uso, deve ter contas para cada classe principal de ativo. As depreciações acumuladas devem estar em contas à parte, mas classificadas como redução do ativo. As perdas estimadas por redução ao valor recuperável também devem ser registradas em contas específicas, reduzindo o Ativo Imobilizado também. Veja plano de contas no final deste *Manual*.

No caso de existir Ativo Intangível reconhecido como parte do valor contábil de um item do Imobilizado por estar estreitamente vinculado a este (*software*, por exemplo), sendo inseparáveis, de acordo com o CPC 04 (R1) – Ativo Intangível, a entidade deve avaliar qual elemento é mais significativo, para decidir se deve ser tratado como um Ativo Imobilizado ou Ativo Intangível.

7.2.2 Critérios de avaliação

7.2.2.1 Mensuração no reconhecimento e após o reconhecimento

Ativo Imobilizado deve ser mensurado pelo seu custo. E após o reconhecimento como ativo, deve ser apresentado ao custo menos qualquer depreciação e perda por redução ao valor recuperável acumuladas (CPC 01 – Redução ao Valor Recuperável de Ativos).

Integram o custo de um Imobilizado, segundo o item 16 do CPC 27:

a) Preço de aquisição, acrescido de impostos de importação e impostos não recuperáveis sobre a compra, depois de deduzidos os descontos comerciais e abatimentos.

b) Quaisquer custos diretamente atribuíveis para colocar o ativo no local e condição necessários para o mesmo ser capaz de funcionar da forma pretendida pela administração, tais como frete, seguros, montagem, construção, testes etc.

c) Estimativa inicial dos custos de desmontagem e remoção do item e de restauração do local no qual este está localizado quando da cessação da atividade da empresa. A desmontagem final, sua remoção e todo o custo com colocação do terreno em condições tais como exigidas pela legislação ou determinadas pela administração não serão despesas no futuro, porque devem, então, constituir parte do custo do imobilizado.

O reconhecimento dos custos no valor contábil de um item do Ativo Imobilizado deve cessar no momento em que esse item atinja as condições operacionais pretendidas e esteja pronto para funcionamento. Nos pagamentos a prazo, o custo ativável deve estar a valor presente.

7.2.2.2 Redução ao valor recuperável (impairment)

O CPC 27 não fornece tratamento específico para a análise da recuperabilidade do valor dos ativos reconhecidos no Imobilizado, mas ordena que a entidade deve aplicar o CPC 01 (R1) para realizar essa análise, por este ser de natureza geral e aplicável a qualquer ativo. Para os ativos não destinados à venda, há duas regras para o teste de irrecuperabilidade: o do valor líquido de venda ou o do valor presente dos fluxos de caixa futuros estimados, dos dois o maior.

Caso o valor contábil do ativo seja superior a seu valor recuperável (valor presente dos fluxos futuros), a entidade reduz o ativo a esse valor por meio da conta credora Perdas Estimadas por Redução ao Valor Recuperável, de forma semelhante à depreciação acumulada. Esse valor é dedutível fiscalmente apenas quando a perda se materializar de fato.

O valor líquido de venda é o valor a ser obtido pela venda do ativo em uma transação em condições normais envolvendo partes conhecedoras e independentes, deduzido das despesas necessárias para que essa venda ocorra. Já o valor em uso de um Ativo Imobilizado é o valor presente dos fluxos de caixa futuros estimados decorrentes do seu emprego ou uso nas operações da entidade. O CPC 01 (R1) determina que as entidades devem avaliar pelo menos no final de cada exercício social se existe alguma indicação de que um ativo tenha perdido valor. Não é obrigatório fazer-se o teste todo o ano (diferentemente do *goodwill*), mas sim pesquisar-se se há indícios de perda. Aí, sim, há que se fazer a análise detalhada.

Exemplo prático

A Companhia ABC tem um Ativo Imobilizado reconhecido em seu Balanço Patrimonial de 31/12/20X8 pelo valor contábil de R$ 150.000. Seu custo no reconhecimento inicial é de R$ 200.000, com um saldo de depreciação acumulada de R$ 50.000, calculada até 31/12/20X8.

Ao longo do exercício de 20X8, a companhia verificou que o valor de mercado desse Ativo imobilizado diminuiu consideravelmente, mais do que seria de esperar como resultado da passagem do tempo ou do uso normal. Além disso, verificou que o desempenho econômico desse ativo foi pior que o esperado. Diante dessas evidências, precisou estimar o valor recuperável desse ativo para avaliar se deveria ser reconhecida alguma perda.

A companhia pesquisou o valor de venda e chegou ao valor líquido realizável líquido de tributos e despesas de entrega de R$ 116.500; e calculou o valor em uso por meio dos fluxos de caixa futuros que esse ativo pode gerar para a empresa ao longo de sua vida útil a partir das informações disponíveis e das premissas mais razoáveis possíveis, conforme a seguir:

Os fluxos de caixa futuros estimados para o período de sua vida útil são apresentados na Tabela 7.1.

A taxa de desconto empregada para colocar os fluxos futuros em valor presente foi de 15% a.a.

Tabela 7.1

Período	Fluxos de caixa estimados (nominal)	Valor presente dos fluxos estimados
20X9	50.700	44.087
2X10	42.400	32.060
2X11	35.000	23.013
2X12	28.300	16.181
2X13	23.000	11.435
Total	179.400	126.776

Assim, a Companhia ABC concluiu que o valor recuperável do Imobilizado sob análise é R$ 126.776 (valor em uso), por este ser maior que o valor líquido de venda (R$ 116.500). Ao comparar o valor contábil do imobilizado (R$ 150.000) com seu valor recuperável (R$ 126.776), a companhia constatou que deve reconhecer uma perda por desvalorização, reduzindo o valor contábil do ativo em R$ 23.224, de forma a refletir o montante recuperável.

Os registros contábeis da Companhia ABC no final do exercício de 20X8 relativos à redução do Ativo Imobilizado ao seu valor recuperável são os seguintes:

	Débito	Crédito
Perda por Desvalorização (DRE)	23.224	
a Perdas Estimadas por Valor não Recuperável – (redutora do Ativo Imobilizado)		23.224

7.2.2.3 Identificação da unidade geradora de caixa

Pode haver situações em que não é possível estimar o valor recuperável de um Ativo Imobilizado de maneira individual, considerando a unidade de propriedade definida pela empresa. Nessas situações, a entidade deve identificar a unidade geradora de caixa à qual o imobilizado pertence e determinar seu valor recuperável. O CPC 01 (R1) define unidade geradora de caixa como o menor grupo identificável de ativos que gera as entradas de caixa, que são em grande parte independentes das entradas de caixa provenientes de outros ativos ou de grupos de ativos.

Existe um grupo de ativos que também precisa ser atribuído para certa unidade geradora de caixa, tendo em vista a possível necessidade de redução ao valor recuperável. São os ativos que são caracterizados por não gerarem entradas de caixa atribuíveis a uma unidade geradora de caixa que está sob análise. Exemplos desse tipo de ativo: um centro de pesquisa, uma central de processamento de dados do grupo, o prédio usado como sede da empresa e outros de natureza semelhante. Precisam ser apropriados a uma ou mais unidades geradoras de caixa para fins do cálculo do *impairment*.

7.2.2.4 Reversão da perda por desvalorização

Se o valor de mercado do ativo ou o valor em uso, dos dois o maior, aumentou significativamente durante o período, a perda registrada deverá ser total ou parcialmente revertida. A reversão da perda é reconhecida no resultado do período.

7.2.2.5 Escolha da taxa de desconto

Um dos pontos mais difíceis em qualquer prática de ajuste a valor presente é a determinação da taxa de desconto. O anexo do CPC 01 (R1) provê informações excelentes sobre como determinar essa taxa, e discussão conceitual mais detalhada sobre o processo de fluxo de caixa ajustado a valor presente é encontrada no referido Pronunciamento Técnico.

Para o caso do teste de *impairment*, o CPC 01 (R1) determina a adoção de uma taxa que não se relacione obrigatoriamente à estrutura de capital da própria empresa, porque o grande objetivo é a procura de um valor justo para a hipótese de como o mercado avaliaria o ativo considerando seu potencial gerador de fluxo de caixa, o que tenderia a representar seu valor de negociação entre partes independentes incluindo não só esse ativo, mas o conjunto todo. Assim, o mercado não introduziria no valor do ativo o viés relativo à forma como ele foi financiado. Portanto, o conceito básico é o de a taxa de desconto ser baseada na soma da taxa livre de risco mais a taxa de risco que o mercado atribuiria a esse tipo de ativo.

7.2.2.6 Obrigação por retirada de serviço de ativos de longo prazo

O custo do Imobilizado deve refletir os gastos a serem incorridos no futuro para retirada de serviço dos seus ativos de longo prazo utilizados no negócio. Convencionou-se chamar essas obrigações de *Asset Retirement Obligations* (AROs).[1] O CPC 27 – Ativo Imobilizado assim determina.

---

[1] Deve ficar bem claro que *Asset Retirement Obligations* (AROs) não se confundem com as obrigações decorrentes do mau uso de ativos e respectivos danos causados ao meio ambiente. Estas últimas caracterizam-se muito mais como riscos contingenciais a que dada entidade está sujeita por práticas empresariais que possam ferir a legislação do meio ambiente.

Do mesmo modo, o CPC 25 – Provisões, Passivos Contingentes e Ativos Contingentes, em seu item 19, e também a ICPC 12 requerem que o gasto a incorrer com a retirada de serviço de um ativo de longo prazo seja incorporado ao custo desse ativo. E há duas formas principais de análise: estimam-se os custos futuros a preços de agora ou a valores já projetados incluindo variações estimadas de preços para o futuro. Para o primeiro caso, o ajuste a valor presente dos gastos no futuro é por uma taxa de desconto real (descontada a inflação), e para o segundo utiliza-se uma taxa nominal (com a inflação embutida na previsão) de desconto. Esse valor presente tem uma provisão como contrapartida.

Assim, se uma empresa mineradora se instala e sabe que, ao final da extração, terá que retirar todos os equipamentos, removê-los e ainda gastar para restaurar o meio ambiente ao final da extração, precisará estimar esses gastos todos e registrar: débito no custo do Imobilizado em preparação para funcionar, a crédito de uma provisão no Passivo Não Circulante (supondo longo prazo, é claro).

Como terá sido utilizada taxa de desconto, esse desconto irá sendo reconhecido como despesa financeira ao longo do tempo. Mas poderão existir variações no valor dos gastos estimados para o futuro à medida que o tempo passa e os preços específicos variam, ou se alteram as normas ambientais, ou se tem agora qualidade maior na previsão etc. Essas oscilações por variação dos custos estimados não vão, conforme a ICPC 12, para o resultado; são ajustes (para mais ou para menos) do custo do imobilizado. Consequentemente, as depreciações daí para frente mudarão. Com isso, a variação do ajuste do custo estimado não será despesa do ano da mudança do valor, mas, sim, considerada no resultado (ou no custo do produto, conforme o caso), pela vida útil remanescente do ativo.

De acordo com a ICPC 12, no caso de ativos mensurados pelo método do custo, as mudanças no Passivo serão adicionadas ao/deduzidas do custo do respectivo ativo no período corrente, desde que o valor deduzido do custo do ativo não exceda seu valor contábil. Se a redução no Passivo exceder o valor contábil do Ativo, o excedente é reconhecido imediatamente no resultado. Na hipótese de o ajuste resultar em adição ao custo do ativo, a entidade considera se esse é um indício de que o novo valor contábil do ativo contém parcela não recuperável. Se houver tal indício, a entidade estima seu valor recuperável e reconhece qualquer possível perda por redução ao valor recuperável no resultado do período.

Exemplo prático

Vejamos um exemplo em que, por hipótese, determinada entidade que explore atividade específica sujeita à provisão das AROs, após estudo de viabilidade econômica de determinado projeto, tenha chegado aos seguintes números:

Custo do Ativo de Longo Prazo	700.000
Valor residual	43.417
Vida útil	4 anos

Há a expectativa de que no quarto ano haverá a retirada de serviço do ativo de longo prazo. Para estimativa da obrigação ARO, em decorrência de não haver no mercado dívida similar que possa servir de parâmetro para cômputo do valor justo, a companhia estimou o fluxo de caixa esperado (múltiplos cenários), descontado por uma taxa de juros que considera as atuais avaliações de mercado quanto ao valor do dinheiro no tempo e os riscos específicos para o Passivo. A seguir, evidenciam-se os cálculos:

Período	Probabilidade do evento	Estimativa de fluxo de caixa nominal	Valor estimado
Ano 4	70%	107.000	
	20%	98.000	103.400
	10%	89.000	

70% × R$ 107.000 + 20% × R$ 98.000 + 10% × R$ 89.000 = R$ 103.400
Taxa de desconto = 13% a.a.
Valor presente = R$ 63.417

Logo, considerando os procedimentos contábeis a serem adotados, os lançamentos do 1º exercício social seriam os que seguem:

Na ativação (01-01-X1)

	Débito	Crédito
Custo de aquisição do ativo	763.417	
a Financiamento para aquisição do ativo (ou caixa, se pago à vista)		700.000
a Passivo ARO		63.417

No reconhecimento da depreciação e dos juros no final do primeiro ano (31-12-X1)

	Débito	Crédito
Despesa de Depreciação	180.000	
a Depreciação Acumulada		180.000
Despesa com Juros ARO (R$ 63.417 × 13%)	8.244	
a Passivo ARO		8.244

Para os exercícios sociais subsequentes, a planilha a seguir pode ser utilizada para facilitar os lançamentos:

Planilha-Base para Contabilização de AROs							
	Custo do ativo	Depreciação acumulada	Valor contábil	Despesa c/ depreciação	Passivo ARO	Despesa de juros
Ano 1	763.417	180.000	583.417	180.000	71.661	8.244
Ano 2	763.417	360.000	403.417	180.000	80.977	9.316
Ano 3	763.417	540.000	223.417	180.000	91.504	10.527
Ano 4	763.417	720.000	43.417	180.000	103.400	11.896

No quarto ano, quando a companhia for retirar o ativo de serviço, admitindo que suas estimativas tenham sido perfeitas, deverá liquidar o Passivo e dar baixa do Ativo por seu valor residual, vendendo-o. Os lançamentos são os que seguem:

	Débito	Crédito
Caixa	43.417	
a Ativo de Longo Prazo		43.417
Passivo ARO	103.400	
a Caixa		103.400

Imaginando agora, por hipótese, que a taxa de juros no início do 2º exercício social baixe para o patamar de 6% a.a. Como proceder? Como tratar o Passivo ARO, o custo do ativo e as despesas com juros e depreciação? Deve-se ajustá-los? E quanto ao resultado líquido desses ajustes, onde registrá-lo? Admitindo também no início do 2º exercício social, por hipótese, uma revisão dos fluxos de caixa para cima, o cômputo da estimativa do Passivo ARO resulta no que segue:

Período	Probabilidade do evento	Estimativa de fluxo de caixa nominal	Valor estimado
Ano 4	70%	108.000	104.600
	20%	99.500	
	10%	91.000	

70% × R$ 108.000 + 20% × R$ 99.500 + 10% × R$ 91.000 = R$ 104.600
Taxa de desconto = 6% a.a.
Valor presente = R$ 87.824

Quanto à planilha base para a contabilização, os novos números são a seguir apresentados:

	Estimativa X1		Estimativa X2		Ajustes	
	Passivo ARO	Despesa de juros	Passivo ARO	Despesa de juros	Passivo ARO	Ativo longo prazo
Ano 1	71.661	8.244				
Ano 2			93.093	5.269	16.163	16.163
Ano 3			98.679	5.586		
Ano 4			104.600	5.921		

Os ajustes derivam da diferença entre o Passivo ARO reestimado no início de X2 (R$ 87.824) e o Passivo ARO estimado em X1, capitalizado até 31/12/X1, no montante de R$ 71.661. A diferença de $ 16.163 deve ser reconhecida em contrapartida do ativo. Essa diferença é decorrente tanto da alteração do fluxo de caixa estimado quanto da mudança da taxa de desconto. As alterações decorrentes de mudança de fluxo de caixa e de taxa de juros são reconhecidas no Passivo ARO em contrapartida do respectivo ativo, a menos que o saldo do ativo seja inferior à redução ocorrida no Passivo ARO ou tenha chegado ao final de sua vida útil. Se a redução no Passivo ARO exceder o valor contábil do ativo, o excedente deve ser reconhecido no resultado do período. Todas as mudanças no Passivo ARO são reconhecidas no resultado do período a partir do momento em que o ativo tenha chegado ao final de sua vida útil.

O valor reestimado no início de X2 deve ser atualizado pela nova taxa de juros (6% a.a.) para refletir o aumento do Passivo em função da passagem do tempo, o qual representa $ 5.269. Assim, no final de X2, o Passivo ARO a ser apresentado no Balanço Patrimonial é de $ 93.093.

Como pode ser observado, não são requeridos ajustes retrospectivos. Objetivamente, não se recalcula o Passivo ARO, tampouco a despesa de juros de X1 com as novas premissas, em decorrência de se tratar de uma mudança de estimativa contábil.

Tal postura encontra amparo no CPC 23 – Políticas Contábeis, Mudança de Estimativa e Retificação de Erro. Vejam-se os itens 34 e 38 do Pronunciamento, para deslinde da questão.

O tratamento a ser dispensado à despesa de depreciação, por ser mudança em estimativa, é a distribuição do ajuste procedido no custo do ativo de longo prazo, no montante de R$ 16.163, ao longo dos próximos três períodos de sua vida útil remanescente. Pode-se concluir que há alteração no padrão de consumo do ativo, em decorrência da retificação do custo para retirada de serviço, anteriormente capitalizado a menor (a informação anterior distorcia a realidade econômica do ativo). Assim, R$ 5.388 são acrescidos às cotas de depreciação de cada um dos próximos três períodos (exceto o último, cujo acréscimo é de R$ 5.387, por uma acomodação no arredondamento).

Logo, procedendo-se aos cálculos, chega-se à nova planilha-base para contabilização das despesas de depreciação:

Planilha-base para contabilização das depreciações			
	Custo do ativo	Depreciação acumulada	Valor contábil	Despesa c/ depreciação
Ano 1	763.417	180.000	583.417	180.000
Ano 2	779.580	365.388	414.192	185.388
Ano 3	779.580	550.776	28.804	185.388
Ano 4	779.580	736.163	43.417	185.387

Em relação à mensuração do Passivo ARO, o CPC 25, item 36, estabelece que o valor a ser reconhecido deve ser a melhor estimativa do desembolso exigido para liquidar a obrigação presente na data do Balanço. A melhor estimativa é o valor que a entidade racionalmente pagaria para liquidar a obrigação nesse momento.

O item 39 do CPC 25 expõe que quando a estimativa a ser mensurada envolve uma grande população de itens, a obrigação deve ser estimada ponderando-se todos os possíveis desfechos pelas suas probabilidades associadas, ou seja, é calculado o valor esperado. Já em relação à mensuração de uma única obrigação, o item 40 do CPC 25 estabelece que o desfecho individual mais provável pode ser a melhor estimativa do Passivo.

Assim, no exemplo desenvolvido anteriormente, a melhor estimativa para o Passivo pode ser o desfecho mais provável, ou seja, R$ 107.000, como evidenciado na Tabela 7.2.

Tabela 7.2

Período	Probabilidade do evento	Estimativa de fluxo de caixa nominal	Valor estimado
Ano 4	70%	107.000	
	20%	98.000	104.600
	10%	89.000	

Considerando a taxa de desconto de 13% a.a., o valor que deveria ser reconhecido inicialmente é $ 65.625 (valor presente). Importante observar que as referências aos valores possíveis ou remotos são simplesmente para ficar caracterizado, nesse exemplo, que o que deve ser levado em conta, de acordo com o CPC 25, é a alternativa provável.

7.2.3 Gastos relacionados com o Ativo Imobilizado

Os gastos relacionados com os bens do Ativo Imobilizado podem ser considerados **gastos de capital** (Capex – *Capital Expenditures*), que irão beneficiar mais de um exercício social e devem ser adicionados ao valor do Ativo Imobilizado, ou **gastos do período** (Opex – *Operating Expenditures*), que devem ser agregados às contas de despesas do período, pois só beneficiam um exercício e são necessários para manter o Imobilizado em condições de operar, não aumentando a vida útil do ativo nem incrementando os benefícios econômicos futuros a serem gerados por ele.

Os gastos de manutenção e reparos são os incorridos para manter ou recolocar os ativos em condições normais de uso, sem com isso aumentar sua capacidade de produção ou sua vida útil. Os registros desses gastos como despesas ocorrem à medida que são incorridos. Normalmente, ocorrem de maneira relativamente contínua ao longo do tempo, ou pelo menos uma vez por ano.

Já os gastos de capital ocorrem quando há incremento na vida útil até então estimada, na capacidade de produção desse ativo ou ambos. Em geral, fisicamente trata-se de acréscimos ao que existia (equipamento adicionado, por exemplo), mas podem ser um gasto relevante num *software* que produz acréscimo de sua vida útil e de sua capacidade de produção. Nesse caso, esses gastos são adicionados ao custo do Imobilizado e depreciados pela vida útil muitas vezes reestimada. E isso afetará os custos de produção ou as despesas dos períodos seguintes.

No caso de paradas programadas de tempos em tempos (não todo ano, senão seriam despesas), com gastos relevantes (troca de motores, reparação, retirada e substituição de placas de um alto-forno etc.), não se admite o reconhecimento de uma provisão, tampouco o reconhecimento de um ativo a ser depreciado nos próximos três anos. Ou seja, não se pode nos três primeiros anos provisionar-se o gasto com a troca do motor de grande valor e o que nele se gastar no início do quarto ano (por suposição) ser registrado como redução da provisão que estará no Passivo. Nos três últimos anos não haveria custo ou despesa a provisionar.

Por outro lado, se não se fizesse nada no primeiro triênio, e se considerasse no início do quarto ano o custo do novo motor como adição ao imobilizado e depreciado pelo próximo triênio, não haveria custo ou despesa nos três primeiros anos. Assim, o que se exige é:

depreciação do motor, desde o início, pela sua vida útil específica, ou seja, três anos no exemplo, afetando custo ou despesa já nesse primeiro triênio. No início do quarto, na troca, baixa do motor depreciado e ativação do novo motor, a também ser depreciado pelos próximos três anos. Com isso, todos os valores gastos com os motores estarão sendo apropriados como custo ou despesa por todos os anos.

> **Exemplo prático**
>
> **Racionalidade básica da equivalência patrimonial**
>
> Uma máquina tem vida útil de oito anos, desde que seja trocado seu motor ao final do quarto ano, motor esse de valor relevante. Distribuição do custo da máquina toda a ser feita na aquisição:
>
> | | |
> |---|---|
> | Máquina, exceto motor: | R$ 24.000.000 |
> | Motor: | R$ 8.000.000 |
> | Imobilizado total: | R$ 32.000.000 |
>
> A obrigação do contador será depreciar os R$ 24.000.000 pela vida útil total de oito anos, R$ 3.000.000 por ano, e o motor será depreciado em quatro anos, R$ 2.000.000 por ano. Depreciação total por ano, R$ 5.000.000.
>
> Depois de quatro anos, teremos os valores contábeis seguintes no imobilizado:
>
> | | |
> |---|---|
> | Máquina, exceto motor: | R$ 24.000.000 – R$ 12.000.000 = R$ 12.000.000 |
> | Motor: | R$ 8.000.000 – R$ 8.000.000 = R$ 0 |
> | Imobilizado contábil do imobilizado: | R$ 12.000.000 |
>
> Agora é baixado o motor totalmente depreciado e adicionado ao Imobilizado o valor de, admitamos, R$ 9.000.000 do novo motor. O Imobilizado vai a R$ 21.000.000. E a depreciação nos últimos anos será de R$ 3.000.000 relativos à máquina (exceto motor) e R$ 2.250.000 do novo motor. Ao final, o ativo total estará cem por cento depreciado, e terão todos os R$ 41.000.000 investidos no Imobilizado sido baixados via depreciação nos oito anos (R$ 5.000.000 nos primeiros 4 e R$ 5.250.000 nos seguintes).

7.2.4 Retiradas

Os elementos retirados do Ativo Imobilizado motivados por alienação, liquidação ou baixa por perecimento, extinção, desgaste, obsolescência ou exaustão, deverão ser baixados das respectivas contas do Ativo Imobilizado. O CPC 27 determina que o valor contábil de um item do Imobilizado deve ser baixado: (i) por ocasião de sua alienação; ou (ii) quando não há expectativa de benefícios econômicos futuros com a sua utilização ou alienação.

O registro contábil da retirada envolve um crédito à conta de custo e um débito à respectiva conta de depreciação acumulada, cujas contrapartidas serão lançadas em uma conta de resultado do período que irá registrar o valor líquido do bem baixado, o valor da alienação, se houver, e, como saldo, o ganho ou a perda. Lembrar que a baixa de um ativo de uso não faz parte das receitas líquidas na Demonstração do Resultado; o que aparecerá neste será o lucro ou prejuízo da baixa.

7.2.5 Depreciação

O CPC 27 define depreciação como "a alocação sistemática do valor depreciável de um ativo ao longo da sua vida", sendo que entende-se valor depreciável como o custo de um ativo ou outro valor que substitua o custo, menos o seu valor residual. A legislação fiscal permite que seja deduzida da base de cálculo dos tributos diretos a depreciação com base em taxas por ela determinadas, o que não deve afetar o reconhecimento contábil da depreciação. Eventuais diferenças, conforme previsão legal, devem ser tratadas fiscalmente quando da apuração dos referidos tributos. Da mesma forma que o valor residual e a vida útil do ativo, as taxas de depreciação também devem ser revisadas no mínimo uma vez por ano.

Existem vários métodos para calcular a depreciação. Os mais tradicionalmente utilizados são: método das quotas constantes, método da soma dos dígitos dos anos, método das unidades produzidas e método das horas de trabalho. Mas as normas internacionais praticamente forçam o máximo possível o método das quotas constantes. O das unidades produzidas praticamente só é utilizado no caso de exploração de recursos naturais, como minérios, considerando a capacidade total a ser explorada; ou no caso excepcional de um imobilizado cuja vida útil seja definida em termos de uma certa quantidade de unidades produzidas.

Não é demais relembrar que eventuais diferenças entre a depreciação contábil e a fiscal devem ser tratadas e controladas em registros fiscais próprios.

7.2.6 Operações de arrendamento mercantil

A nova norma de arrendamento, CPC 06 (R2), eliminou a classificação entre arrendamento operacional e financeiro para a contabilidade dos arrendatários, preservando-a apenas para os arrendadores. O novo modelo de Contabilidade do arrendatário é baseado na abordagem do **direito de uso do ativo**. Esses direitos de uso comumente são classificados como parte do Ativo Imobilizado, ou então à parte dentro do Ativo Não Circulante. Com a alteração, contratos classificados como arrendamento passaram a ser refletidos na Contabilidade das arrendatárias de forma que o total da obrigação figure no Passivo, em contrapartida do direito de uso (ativo). Esse Pronunciamento prevê duas isenções: arrendamento de curto prazo (contratos de prazo igual ou inferior a 12 meses) e arrendamentos de ativos de baixo valor. Consulte o Capítulo 13 deste *Manual*.

7.3 Propriedades para investimento

7.3.1 Conceito

De acordo como CPC 28, uma

> "propriedade (terreno ou edifício – ou parte de edifício – ou ambos, obrigatoriamente imóveis) mantida (pelo proprietário ou pelo arrendatário como ativo de direito de uso) para auferir aluguel ou para valorização do capital ou para ambos, e não para: (a) uso na produção ou fornecimento de bens ou serviços ou para finalidades administrativas; ou (b) venda no curso ordinário do negócio".

Um exemplo de propriedade que não pode ser classificada como para investimento é aquela construída ou adquirida exclusivamente para alienação subsequente em futuro próximo no curso ordinário dos negócios, já que esse é o objeto social da entidade. Serão classificadas no Imobilizado as propriedades mantidas ou adquiridas para uso futuro nas operações da empresa. Esse é o caso, por exemplo, de terrenos adquiridos para futuras instalações, quer na forma de expansão das atividades, quer na transferência de localização das instalações atuais.

As propriedades para investimento podem ser avaliadas ao valor justo, mas podem ser avaliadas ao custo, a critério da entidade.

7.3.2 Avaliação de propriedade para investimento

A propriedade para investimento deve ser mensurada inicialmente pelo seu custo de aquisição (preço de entrada), cujo preço de transação, normalmente coincide com o valor justo (preço de saída). E são adicionados todos os gastos com a aquisição, como os relativos a tributos, encargos com escritura e todos os demais necessários a colocar o ativo na forma e na condição pretendidas para sua exploração.

No caso de aquisição por permuta, valem as mesmas regras aplicáveis à aquisição do imobilizado vistas neste capítulo.

Caso o pagamento pela compra de uma propriedade para investimento seja feito a prazo, o seu custo é o equivalente ao valor à vista, e a diferença entre esse valor e os pagamentos totais deve ser reconhecida, por competência, como despesa financeira no período da dívida.

Como dito, a propriedade para investimento, após o registro inicial, pode ser avaliada pelo método do custo ou pelo método do valor justo, a critério da entidade que reporta e desde que aplicada de forma consistente ao longo do tempo (trata-se de uma escolha entre duas políticas contábeis alternativas). É necessário existirem motivos relevantes para a mudança de qualquer política contábil. A mudança de avaliação de valor justo para o custo é muito difícil de ser fundamentada. Já a mudança do custo para o valor justo é sempre mais fácil de ser justificada.

Importante destacar que a entidade que escolher o método do custo deve, de qualquer forma, divulgar o valor justo da sua propriedade para investimento em nota explicativa. O inverso não é obrigatório.

Se houver alteração de método de avaliação de custo a valor justo, deve ser reapresentado o conjunto de demonstrações do exercício anterior como já se aplicasse o valor justo desde então (a empresa que avalia ao custo é obrigada a calcular o valor justo e mostrar em nota explicativa), e a diferença entre custo e valor justo no Balanço de abertura é um ajuste de exercício anterior (ver Capítulo 22).

Importante: quando utilizada a política contábil do valor justo, suas variações são reconhecidas diretamente no resultado de cada período.

O valor justo pode ser obtido de avaliador independente, o que via de regra a torna preferível por ser mais confiável. E, se não existir condição de uma mensuração confiável do valor justo para uma propriedade para investimento em particular, deve-se utilizar, para essa propriedade, o método do custo; o valor residual da propriedade para investimento deve ser assumido como zero. Para os ativos em construção, pode não ser possível mensurá-lo a valor justo, quando, então, é usado o método do custo até que o valor justo possa ser utilizado.

Todas as disposições da norma que tratam do Imobilizado são aplicáveis às propriedades para investimentos avaliadas a custo, inclusive as relacionadas à segregação entre o que é despesa e o que é adição ao ativo proveniente de reformas, manutenções, benfeitorias etc.

Por outro lado, quando a entidade utiliza o método do valor justo, a norma CPC 28 traz orientações específicas para quando houver necessidade de substituição de partes da propriedade (um elevador, por exemplo), uma vez que o valor justo da propriedade para investimento pode já refletir o fato de que a parte a ser substituída perdeu o seu valor, mas pode haver casos em que é difícil discernir quanto do valor justo deve ser reduzido para a parte a ser substituída. Assim, a norma recomenda, como alternativa à redução do valor justo para a parte substituída nos casos em que não for prático realizar essa redução, que a entidade inclua o custo da substituição no valor contábil do ativo antes da sua nova avaliação pelo valor justo, tal como seria exigido para adições não envolvendo substituição (CPC 28, item 68).

Podem ocorrer transferências de imóveis do Ativo Imobilizado para a propriedade para investimento e vice-versa, caso surjam motivos para isso. Essas transferências precisam estar muito bem suportadas por fatos devidamente documentados e fundamentações que verdadeiramente as justifiquem. Ou também pode ocorrer que um mesmo imóvel tenha parte classificada no Imobilizado (parte destinada ao uso pela entidade) e parte como propriedade para investimento (parte destinada a aluguel, por exemplo).

Apesar de a norma dar a escolha do método como opção, não deixa de ser interessante imaginar que o valor justo devesse ser utilizado para as propriedades para investimento destinadas à especulação, à venda futura, e o custo para as destinadas à produção de aluguel. Ou então que não existisse essa opção, porque dificulta bastante a comparabilidade entre as empresas.

7.3.3 Notas explicativas

De forma geral, devem ser divulgados o método utilizado para a avaliação da propriedade para investimento, os motivos que levaram a essa classificação do imóvel, os métodos e pressupostos significativos utilizados na determinação do valor justo (e se é adotado ou não avaliador independente), os valores reconhecidos no resultado de receitas de aluguel e outras, os gastos operacionais diretos com essas propriedades (segregando destes os incorridos com propriedades que não estejam gerando receitas), a existência de restrições (hipotecas, por exemplo) sobre tais propriedades e suas receitas e as obrigações contratuais para comprar, construir, reparar etc.

Para as propriedades avaliadas ao valor justo, devem ser divulgadas também as adições ocorridas no período com novas propriedades para investimento, as propriedades baixadas e/ou transferidas para outras contas, os ganhos (ou perdas) provenientes da variação no valor justo, as variações cambiais resultantes de conversão para outra moeda etc.

Para as propriedades avaliadas ao custo, devem ser divulgados adicionalmente os métodos e as taxas de depreciação, as vidas úteis, os valores brutos e líquidos contábeis e a conciliação entre os saldos iniciais e finais do período, com a movimentação por novas aquisições, baixas, perdas por redução ao valor recuperável, depreciações, diferenças cambiais (para propriedades no exterior ou em empresas com outra moeda funcional), transferências etc. Novamente: deve ser divulgado o valor justo das propriedades avaliadas ao custo.

Para mais detalhes, necessários à aplicação prática da matéria, recomenda-se consultar o CPC 28 – Propriedade para Investimento, por conter informações não tratadas aqui.

Ativos Intangíveis e Ativos Biológicos

8.1 Introdução

Neste grupo, são classificados "os direitos que tenham por objeto bens incorpóreos destinados à manutenção da companhia ou exercidos com essa finalidade, inclusive o fundo de comércio adquirido", conforme art. 19 da Lei nº 6.404/1976, CPC 04 (R1) – Ativos Intangíveis, CPC 15 (R1) Combinação de Negócios e Interpretação Técnica ICPC 09 (R2) – Demonstrações Contábeis Individuais, Demonstrações Separadas, Demonstrações Consolidadas e Aplicação do Método de Equivalência Patrimonial.

O presente capítulo aborda também a normatização específica dos Ativos Biológicos que é tratada no CPC 29 – Ativo Biológico e Produto Agrícola.

8.2 Ativos Intangíveis

O CPC 04 (R1) define Ativo Intangível como um ativo não monetário identificável sem substância física, o que nos remete ao Pronunciamento Conceitual Básico, que estabelece que um ativo é um recurso econômico presente controlado pela entidade como resultado de eventos passados, e do qual se espera que resultem benefícios econômicos para a entidade.

Para fins de contabilização, só podem ser considerados como intangíveis aqueles para os quais a entidade tenha incorrido em custo, derivado de uma transação envolvendo partes não relacionadas. Evita-se dessa forma o reconhecimento de intangíveis (como o ágio/*goodwill*, por exemplo) gerados internamente e sem forma objetiva de mensuração.

Os gastos incorridos na fase de pesquisa devem ser reconhecidos como despesa no resultado do período, e gastos com desenvolvimento de um intangível podem ser reconhecidos como ativo apenas se a entidade demonstrar todos os aspectos constantes do item 57 do CPC 04 (R1).

8.2.1 Mensuração subsequente e vida útil

O CPC 04 (R1) determina que, após seu reconhecimento inicial, um Ativo Intangível deve ser mensurado com base no custo, deduzido da amortização acumulada e de possíveis perdas estimadas por redução ao valor recuperável. Reavaliações são previstas apenas se permitidas legalmente, o que não é o caso no cenário atual.

Sua mensuração subsequente também será em função de o ativo possuir vida útil definida (conhecida), e nesse caso será amortizado, ou uma vida útil não definida (ilimitada ou, se limitada, impossível de determinar com confiabilidade), e nesse caso não há previsão de amortização. Eventuais perdas de recuperabilidade devem ser reconhecidas nos moldes do CPC 01 (R1) – Redução ao Valor Recuperável de Ativos.

8.2.2 Exemplos de transações envolvendo Ativos Intangíveis

8.2.2.1 Um caso concreto: os direitos federativos

Os direitos federativos, ou coloquialmente "passes",[1] inegavelmente representam o principal ativo de um clube de futebol. Atualmente, a norma do CFC NBC T 10.13 – Entidades Desportivas Profissionais, que está na versão (R1), determina o registro em intangível da entidade desportiva dos "valores gastos diretamente relacionados com a formação, aquisição e renovação de contratos com atletas, inclusive luvas, valor da cláusula compensatória e comissões, desde que sejam esperados benefícios econômicos atribuíveis a este ativo e os custos correspondentes possam ser mensurados com confiabilidade".

Os direitos federativos têm vida útil limitada, devendo ser amortizados, mas com o teste de *impairment* acompanhando se a amortização precisa ou não ser modificada. Seguindo o CPC 04 (R1), é recomendado que a curva de amortização do intangível reflita o padrão de consumo ou uso dos benefícios econômicos advindos da exploração do ativo. Caso não seja possível identificar tal curva, o método de amortização em linha reta deve ser empregado. Como regra proveniente da ITG 2003, seu item 8 prevê que ao menos uma vez por ano, de preferência no encerramento do exercício social, deve ser avaliada a possibilidade de recuperação econômico-financeira do valor líquido contábil dos direitos contratuais de cada atleta.

8.2.2.2 Licença de software

Exemplo prático

Uma empresa adquire os direitos de utilização de um *software*, ao custo de $ 100.000, sem limite contratual de tempo para utilização, e espera utilizá-lo pelo período de cinco anos. Ao final desse período, espera não existir valor residual algum. A contabilização, considerando-se que a amortização linear reflita adequadamente a perda de valor do direito ao longo do tempo no caso:

		Débito	Crédito
Aquisição	*Softwares* (Ativo Intangível)	100.000	
	a Disponibilidades/obrigações		100.000
Amortização – ao ano	Despesas de amortização (DRE)	20.000	
	a (–) Amortização acumulada (Ativo Intangível)		20.000

---

[1] Em verdade, o instituto legal do passe foi extinto com a revogação da Lei nº 6.354, de 2 de setembro de 1976, tendo sido substituído pelo instituto legal do vínculo desportivo, que recebeu a denominação amplamente aceita "direito federativo".

Nesse caso, não há limitação de tempo legal para utilização do *software*, e a amortização é reconhecida no período em que se espera que o *software* contribua para a geração de receita.

A classificação aqui proposta considera que é possível identificar o *software* separadamente de outros ativos, o que nem sempre pode ser praticável, como poderia ser o caso de aquisição de um computador com sistema operacional já instalado.

8.2.2.3 Marca comercial

Exemplo prático

Uma empresa adquire determinada marca comercial por $ 1.000.000, e todas as informações disponíveis indicam que tal ativo possui vida útil indefinida. Dessa forma, o Ativo Intangível não será amortizado. Após três anos de exploração da marca, a concorrência fica muito acirrada e ao final do terceiro ano após a aquisição, a empresa que adquiriu a marca considera que nem todo o valor aplicado na aquisição da marca será recuperado, quer por venda, quer pela sua exploração. Nesse momento, final do terceiro ano – X3 –, a empresa acredita que conseguiria recuperar $ 700.000 pela venda da marca, ou então $ 750.000 pela sua exploração. Devemos perceber que há uma perda de valor do ativo, mas no caso deve ser reconhecida por meio de *impairment*, e não amortização, uma vez que o ativo continua com prazo indefinido de vida útil.

A contabilização ficaria da seguinte maneira, considerando-se não haver amortização:

		Débito	Crédito
Aquisição – início de X1	Marcas (Ativo Intangível) a Disponibilidades/obrigações	1.000.000	1.000.000
Perda de recuperabilidade – final de X3	Despesas por redução ao valor recuperável – Marcas (DRE) a (–) Perda estimada por redução ao valor recuperável acumulada (Ativo Intangível)	250.000	250.000

Devemos notar que a empresa identificou dois valores recuperáveis: $ 700.000 e $ 750.000, e para fins de perda de recuperabilidade é considerado o maior deles, nos termos do CPC 01.

8.2.2.4 Patente para fabricação de produto

Exemplo prático

A empresa ABC adquire uma patente para explorar a fabricação de determinado produto por $ 500.000, com validade de 10 anos, e pode ser negociada com terceiros. A empresa decide que fabricará o produto por três anos, e após esse período venderá o direito de explorar a fabricação que possui. Estima-se que o valor de venda, após três anos (vida útil para a empresa ABC), seja de $ 290.000. Considerando-se que a amortização linear representa de maneira mais adequada a perda de valor do intangível em questão, qual seria o valor da amortização em cada exercício?

Aquisição	$ 500.000
(–) Valor residual	$ 290.000
(=) Valor amortizável	$ 210.000
Amortização anual (linear): $ 210.000 ÷ 3 =	$ 70.000

A contabilização ficaria da seguinte maneira:

		Débito	Crédito
Aquisição	Patentes (Ativo Intangível) a Disponibilidades/obrigações	500.000	500.000
Amortização – a cada exercício	Estoques – Produto em elaboração (Ativo Circulante) a (–) Amortização acumulada (Ativo Intangível)	70.000	70.000

De acordo com o CPC 04 (R1) – item 97, "A amortização deve ser iniciada a partir do momento em que o ativo estiver disponível para uso, ou seja, quando se encontrar no local e nas condições necessários para que possa funcionar da maneira pretendida pela administração".

Atenção especial, pois o valor da amortização não foi considerado diretamente como despesa. Por estar diretamente relacionada com a elaboração de produtos que a empresa explora como atividade principal, deve ser classificada como estoque, compondo o custo dos produtos. Transitará pelo resultado no momento oportuno, que é o momento do reconhecimento da respectiva receita de venda e baixa da mercadoria.

8.3 Ativos Biológicos

8.3.1 Um modelo contábil específico para a atividade agrícola

De acordo com o CPC 29, Ativo Biológico é "um animal e/ou uma planta, vivos". O tratamento contábil dos Ativos Biológicos e dos produtos agrícolas é baseado na mensuração a valor justo. O CPC 29 exige que as despesas de venda sejam deduzidas do valor justo dos Ativos Biológicos e dos produtos agrícolas. A ideia central é que a não dedução dessas despesas poderia resultar no diferimento de uma perda, que só seria reconhecida no momento da venda. Nos casos em que o valor justo não puder ser mensurado com confiabilidade, os Ativos Biológicos, em nível de exceção, deverão ser mensurados pelo custo menos depreciação (quando cabível) e eventuais perdas por desvalorização (*impairment*).

Estão fora do alcance da norma as plantas portadoras, que são aquelas cujo objeto de comercialização são seus frutos, suas folhas etc. e não a planta em si, como um laranjal, uma plantação de cocos etc. Nesse caso, são registradas ao custo e devidamente depreciadas pelo prazo de vida útil.

Para o produto agrícola, no momento da colheita, a base de mensuração será sempre o valor justo menos as despesas de venda, isto é, não existe para tais ativos qualquer faculdade de mensuração pelo custo. O entendimento da norma é que, para produtos agrícolas já colhidos, existe preço de mercado disponível e o valor justo pode ser facilmente obtido.

8.3.2 Exemplos de transações envolvendo Ativo Biológico e produção agrícola

8.3.2.1 Comparação entre modelos contábeis: valor justo versus custo

Exemplo prático

Considere a Cia. ABC, cuja atividade principal é a venda de madeira. Ela planta eucalipto, Ativo biológico que tarda, em média, sete anos para se transformar em produto agrícola para venda. E vamos admitir que essa árvore só produz uma vez, sendo em seguida substituída pela plantação de outra árvore (situação não muito comum na prática de hoje).

Em 01/01/X0, ela incorreu em custos iniciais diretamente relacionados com a atividade agrícola no valor de $ 50.000 referentes à aquisição das mudas e preparação da propriedade. Ao longo dos sete anos de crescimento da plantação, X0 a X6, incorreu igualmente em custos adicionais, todos relacionados com a atividade agrícola (adubação, combate às pragas, formigas, funcionário etc.) no valor de $ 100.000. Considere que todos esses gastos incorridos são diretamente atribuíveis à produção e, portanto, ativados; despesas operacionais (administrativas gerais da entidade, de venda, por exemplo) são reconhecidas imediatamente no resultado.

No início do ano de X7, a Cia. ABC colheu o produto agrícola, madeira, e o vendeu pelo valor de $ 2.000.000, incorrendo em despesas de vendas de $ 100.000. Caso mensurasse seus ativos biológicos pelo custo, prática contábil anterior vigente no Brasil, não mais permitida pelas normas internacionais e pelo CPC, exceto nos raros casos em que o valor justo não puder ser mensurado com confiabilidade, seus saldos patrimoniais e de resultado nos anos de X0 a X7 seriam os apresentados no Quadro 8.1.

Quadro 8.1 Saldos Patrimoniais e de Resultado da Cia. ABC nos anos de X0-X7: Modelo do Custo

Ano	Ativo Biológico/produto agrícola			DRE	PL
	Saldo inicial	Custos de produção	Saldo final		
X0	0	150.000	150.000		
X1	150.000	100.000	250.000		
X2	250.000	100.000	350.000		
X3	350.000	100.000	450.000		
X4	450.000	100.000	550.000		
X5	550.000	100.000	650.000		
X6	650.000	100.000	750.000		
X7	750.000	–	0	1.150.000*	1.150.000*
Total				1.150.000	1.150.000

* Receita de Vendas de $ 2.000.000 – Custos dos Produtos de $ 750.000 – Despesas de Vendas de $ 100.000.

O impacto no resultado do exercício e no Patrimônio Líquido ocorre apenas no momento da venda, de uma só vez, e as demonstrações contábeis pouco informam o usuário acerca da situação patrimonial e financeira da Cia. ABC e de seu desempenho ao longo dos anos. Nesse modelo, a Contabilidade pouco captura da realidade econômica da atividade agrícola.

A baixa relevância do modelo de custo para fins decisórios fica ainda mais nítida quando o comparamos com o modelo do valor justo, exigido pelo CPC 29. Considere que o valor justo menos as despesas de venda do Ativo Biológico ao longo dos anos, dadas as condições da plantação no final de cada exercício social, foi o apresentado no Quadro 8.2.

Quadro 8.2

Datas	Idade plantação de eucalipto	Valor justo (–) Despesas de Venda
31/12/X0	1 ano	250.000
31/12/X1	2 anos	450.000
31/12/X2	3 anos	700.000
31/12/X3	4 anos	1.000.000
31/12/X4	5 anos	1.300.000
31/12/X5	6 anos	1.500.000
31/12/X6	7 anos*	1.900.000

* Ponto de corte.

Com base nesses valores justos, podemos calcular os ajustes necessários no final de cada ano e a respectiva contrapartida nos resultados dos exercícios, conforme Quadro 8.3.

Quadro 8.3

Ano	Ativo Biológico/produto agrícola			DRE	
	Saldo inicial	Custos de produção	Ajuste a valor justo (Ativo)	Saldo final	Ajuste a valor justo – Resultado
31/12/X0	1 ano	250.000	31/12/X0	1 ano	250.000
31/12/X0	1 ano	250.000	31/12/X0	1 ano	250.000
31/12/X0	1 ano	250.000	31/12/X0	1 ano	250.000
31/12/X0	1 ano	250.000	31/12/X0	1 ano	250.000
31/12/X0	1 ano	250.000	31/12/X0	1 ano	250.000
31/12/X0	1 ano	250.000	31/12/X0	1 ano	250.000
31/12/X0	1 ano	250.000	31/12/X0	1 ano	250.000
31/12/X0	1 ano	250.000	31/12/X0	1 ano	250.000
31/12/X0	1 ano	250.000	31/12/X0	1 ano	250.000

* No ano X7, o efeito no resultado é zero, pois a receita de venda será de $ 2.000.000, o custo da venda baixado do ativo é de $ 1.900.000 e as despesas de vendas $ 100.000.

De acordo com o CPC 29, o ajuste decorrente da mensuração a valor justo menos despesas de venda do Ativo Biológico deve ser reconhecido na demonstração do resultado no final de cada exercício contábil. Assim, por exemplo, no final do ano de X0, teríamos o seguinte registro contábil:

		Débito	Crédito
Registro dos custos iniciais e durante o primeiro período	Ativo Biológico – Custos de Produção a Disponibilidades	150.000	150.000
Registro do reconhecimento do valor justo	Ativo Biológico – Valor Justo a Ajuste a Valor Justo de Ativo Biológico – Resultado	100.000	100.000

No final de cada ano, repetiríamos esses registros, ajustando o referido ativo para refletir o valor justo menos as despesas de venda, em contrapartida ao resultado.

Percebe-se que o resultado no final do ciclo de sete anos é o mesmo nos dois modelos contábeis: $ 1.150.000. Isso porque, no final das contas, a Cia. ABC gastou $ 750.000 com os custos da plantação, teve despesas de vendas de $ 100.000 e vendeu a madeira colhida por $ 2.000.000. Os fluxos de caixa também seriam iguais nos dois modelos contábeis, pois não são impactados pela forma como a entidade mensura seus ativos.

As demonstrações contábeis, exceto a demonstração dos fluxos de caixa, se apresentariam totalmente distintas ao longo dos sete anos. Nesse sentido, o modelo do valor justo exigido pelas normas vigentes é bastante superior, conforme demonstrado nesse simples exemplo, para capturar a realidade econômica dessa atividade agrícola. As demonstrações contábeis baseadas no modelo de custos não teriam qualquer relevância, por exemplo, para fins de avaliação de empresas, concessão de crédito, dissidência de sócios etc. Um comparativo dos dois métodos é apresentado no Quadro 8.4.

Quadro 8.4

Ano	Mensuração pelo custo			Mensuração a valor justo		
	Saldo final – Ativo	Resultado	Efeito no caixa	Saldo final – Ativo	Resultado	Efeito no caixa
X0	150.000	–	–150.000	250.000	100.000	–150.000
X1	250.000	–	–100.000	450.000	100.000	–100.000
X2	350.000	–	–100.000	700.000	150.000	–100.000
X3	450.000	–	–100.000	1.000.000	200.000	–100.000
X4	550.000	–	–100.000	1.300.000	200.000	–100.000
X5	650.000	–	–100.000	1.500.000	100.000	–100.000
X6	750.000	–	–100.000	1.900.000	300.000	–100.000
X7	–	1.150.000	1.900.000	–	–	1.900.000
Final	–	1.150.000	1.150.000		1.150.000	1.150.000

Comparando-se as duas formas de mensuração, verificamos que o resultado foi distribuído no tempo de maneira diferente em cada uma delas.

Mas é importante lembrar: se essa plantação de eucalipto não for para produção de um único lote de madeira, mas sim de quatro lotes anuais, os valores dos custos incorridos até a venda do primeiro lote deverão ser contabilizados no Ativo Imobilizado e depreciados pelos quatro anos.

8.3.2.2 Tratamento do Ativo Biológico quando anexado à propriedade agrícola

Exemplo prático

A Cia. XYZ possui uma plantação de 100 hectares de floresta de eucalipto, com idade de dois anos, que se encontra anexada a uma fazenda localizada em determinada região rural. Não existem preços disponíveis para eucalipto nessa fase de crescimento, mas existe mercado ativo com preços disponíveis para os ativos combinados, isto é, para fazendas que tenham ou não tenham plantações de eucalipto.

De acordo com os dados de mercado, a fazenda vale $ 1.000.000; o valor do hectare da terra nua na região é de $ 7.000. A Cia. XYZ entende que esses valores representam o valor justo das propriedades rurais naquela data.

A partir desses dados, portanto, podemos calcular o valor justo das plantações de eucalipto, que é o Ativo Biológico, por diferença, conforme apresentado a seguir:

Cômputo do valor justo do Ativo Biológico	$
1. Preço dos ativos combinados (fazenda + plantação de eucalipto)	1.000.000
2. Preço da fazenda "crua" (100 hectares × 7.000)	(700.000)
Valor justo da plantação de eucalipto (1 – 2)	**300.000**

Essa abordagem de mensuração do valor justo de um Ativo Biológico, por diferença, é permitida pela normatização vigente, conforme o item 25 do CPC 29. Ressalta-se apenas que os preços utilizados devem sempre refletir o valor justo dos ativos sendo mensurados. Finalmente, para fins de reconhecimento dos valores nas demonstrações contábeis, seria necessário ainda deduzir as despesas de venda do valor justo apurado no exemplo citado.

8.3.2.3 Alterações no valor justo: mudanças físicas versus variações de preços no mercado

O exemplo a seguir, adaptado do Apêndice do CPC 29, busca ilustrar a separação das variações nos valores justos dos Ativos Biológicos decorrentes de transformações biológicas das variações motivadas por alterações de preços de mercado. É recomendado pelo referido Pronunciamento Técnico que se divulguem tais informações em Nota Explicativa para que o usuário melhor compreenda o desempenho da entidade em dado período.

Exemplo prático

Em 31/12/X0, a Cia. ABC possuía um rebanho composto de 100 ovelhas com idade de um ano, cujo valor justo menos as despesas de venda na data era de $ 200 por animal. Portanto, seus Ativos Biológicos estavam reconhecidos nessa data por $ 20.000. No dia 01/07/X1, nasceram outras 10 ovelhas. Os valores justos, menos as despesas de venda, para ovelhas de diferentes idades, são apresentados a seguir:

Valores justos menos despesas de venda – Ovelhas (unitários)	$
Ovelhas com 1 ano de idade – 31/12/X0	200
Ovelhas com 1 ano de idade – 31/12/X1	210
Ovelhas com 2 anos de idade – 31/12/X1	220
Ovelha recém-nascida – 01/07/X1	140
Ovelha recém-nascida – 31/12/X1	144
Ovelha de 0,5 ano – 31/12/X1	160

Em 31/12/X1, a Cia. ABC possuía 110 ovelhas: (i) 100 com idade de dois anos e (ii) 10 com 0,5 ano de idade. Portanto, o valor justo menos despesas de venda do seu rebanho, nessa data, era:

Valor justo do rebanho	Unitário ($)	Total ($)
100 unidades – 2 anos de idade	220	22.000
10 unidades – 0,5 ano de idade	160	1.600
Total		**23.600**

A variação total do valor justo período, de $ 20.000 (31-12-X0) para $ 23.600 (31/12/X1), pode ser explicada pelas: (i) alterações dos preços, e (ii) alterações físicas das ovelhas.

Ativos Biológicos – Ovelhas (31/12/X0)		**20.000**
Variação no valor justo:		
1. Em razão de alteração nos preços		
100 ovelhas de 1 ano: $ 210 – $ 200	1.000	
10 ovelhas recém-nascidas: $ 144 – $ 140	40	
Total da variação em razão de alterações nos preços		1.040
2. Em razão de mudança física		
100 ovelhas (de 1 ano para 2 anos): $ 220 – $ 210	1.000	
10 ovelhas (nascimento): $ 140	1.400	
10 ovelhas (nascimento – 0,5 ano): $ 160 – $ 144	160	
Total da variação em razão de mudança física		2.560
Ativos Biológicos – Ovelhas (31/12/X1)		**23.600**

No cômputo da variação do valor justo em decorrência das flutuações dos preços, busca-se isolar tais efeitos, isto é, assume-se que as ovelhas não mudaram fisicamente no período. Por exemplo, numa situação hipotética (e irreal), mesmo que as 100 ovelhas iniciais não tivessem crescido, seu valor justo teria aumentado em $ 1.000 [100 × (210 – 200)].

Já para a análise das alterações do valor justo em razão das mudanças físicas, consideram-se apenas os ganhos decorrentes do nascimento de novas ovelhas e igualmente do crescimento das ovelhas já existentes. Por exemplo, em 01/07/X1, a empresa obteve um ganho de $ 1.400 decorrente do nascimento de 10 novas ovelhas (10 × 140).

Finalmente, para reconhecer a variação no valor justo menos despesas de venda dos Ativos Biológicos nesse período, teríamos apenas o seguinte registro contábil:

	Débito	Crédito
Ativo Biológico – Valor Justo	3.600	
a Ajuste a Valor Justo (DRE)		3.600

Vale lembrar que a Cia. ABC incorreu em gastos para "cuidar" do rebanho, e para fins didáticos não foram inseridos neste exemplo.

8.3.2.4 Mensuração do valor justo pelo fluxo de caixa descontado

A seguir, apresentamos exemplo de mensuração do valor justo utilizando modelo de fluxo descontado. Na prática, tais cálculos devem ser realizados por profissionais que conheçam as especificidades da atividade agrícola em questão, levando em conta variáveis tanto setoriais quanto financeiras.

Exemplo prático

A Cia. ABC iniciou suas atividades em 01 de janeiro de X0 e plantou 50 hectares de eucalipto, a serem colhidos em aproximadamente sete anos, e depois haverá novo replantio. Durante o ano de X0 a Cia. ABC incorreu em custos iniciais de implantação e início da produção que incluem o custo das mudas, adubação, funcionários etc. no valor $ 100.000. Esse valor corresponderá à formação da planta portadora (raízes) que será ativado ao custo de depreciado por três cortes.

A empresa projeta um custo médio de manutenção da plantação para o ano de X1 de $ 50.000. Para os anos de X2 a X6, estima-se que esses custos crescerão em linha com a inflação do período, prevista de 6% ao ano. A empresa paga suas despesas/custos sempre no final de cada ano.

A receita com a venda da madeira ocorrerá ao final do ano de X6, já que, pelas estimativas dos engenheiros agrônomos, o corte ocorrerá após sete anos do plantio. De acordo com estudos realizados, a receita esperada no momento da venda da madeira será de $ 787.500,00, já levando em conta as despesas de venda. Essa receita esperada considera o preço por hectare médio de $ 15.750,00 pago pela indústria em dezembro de X0, atualizado pela inflação do período (6% ao ano, 15.750 × 1,06^6 × 50 = 1.117.084). Para trazer essa receita futura para a data da mensuração do valor justo, 31/12/X0, a empresa utiliza uma taxa nominal de desconto de 13%, que representa seu custo médio ponderado de capital ajustado pelo risco do negócio na ótica de participantes do mercado.

Com base nas premissas mencionadas e na metodologia do fluxo de caixa descontado, o valor justo da plantação de eucalipto será conforme apresentado no Quadro 8.5.

Quadro 8.5

	Fluxo de caixa projetado – Anos X1-X6						
	31/12/X0	31/12/X1	31/12/X2	31/12/X3	31/12/X4	31/12/X5	31/12/X6
Receitas – Despesas de Venda							1.117.084
Despesas*		– 50.000	– 53.000	– 56.180	– 59.551	– 63.124	– 66.911
Fluxo Nominal		– 50.000	– 53.000	– 56.180	– 59.551	– 63.124	1.050.173
Fator de Desconto**		1,13	1,2769	1,4429	1,6305	1,8424	2,0820
Fluxo Descontado		– 44.248	– 41.507	– 38.935	– 36.523	– 34.262	504.406
Valor Justo	308.931						

* Despesa projetada de $ 50.000 no ano de X1, e com crescimento de 6% ao ano nos anos seguintes.

** Fator de desconto: $(1 + i)^n$.

Note-se que o valor justo do Ativo Biológico (caules a serem cortados) na data de mensuração é de $ 308.931, decorrente do somatório de todos os fluxos de caixa líquidos (entradas – saídas) (504.406 – 195.475) ao longo dos anos de X1 a X6 trazidos a valor presente à taxa de 13% ao ano.

Neste exemplo, o Ativo Biológico deverá estar em 31/12/X0 registrado na Contabilidade da Cia. ABC pelo valor de $ 308.931. Obviamente, o valor encontrado, pela utilização do modelo do fluxo de caixa projetado, apenas reflete as premissas utilizadas (projeções de fluxo de caixa futuros e as taxas). Como a empresa gastou o valor de $ 100.000 decorrente dos custos iniciais de produção, terá dois ativos: o caule, a ser depreciado em cada um dos três cortes, e os $ 308.931 como representativos do valor justo do Ativo Biológico a ser efetivamente cortado e vendido:

	Débito	Crédito
Ativo Biológico – Valor Justo a Ajuste a Valor Justo (DRE)	308.931	308.931
Ativo Biológico – Custos de Produção a Disponibilidades	100.000	100.000

Finalmente, é mister ressaltar que a metodologia do fluxo de caixa descontado só deve ser utilizada para cômputo do valor justo quando da inexistência de mercado ativo para os itens. Salientamos novamente que, na prática, os critérios utilizados pela empresa devem basear-se ao máximo em premissas utilizadas pelo mercado (dados observáveis), sendo de suma importância a divulgação de todas essas informações em Nota Explicativa.

Afinal, todo o benefício esperado com a mensuração a valor justo, o aumento de utilidade esperada da informação contábil para fins de tomada de decisão econômica, só ocorrerá quando da utilização parcimoniosa dos modelos de avaliação, que nada fazem senão refletir os dados inseridos pelos responsáveis pela mensuração.

8.3.2.5 Mensuração do valor justo quando há opção entre mercados

Exemplo prático

Um produtor agrícola opera com apenas um produto. Ao mensurar o valor justo, depara com informações provenientes de dois mercados, mas precisa fazer ajustes para chegar ao valor justo que deverá ser considerado, uma vez que não opera diretamente em nenhum deles.

Primeiro cenário, com despesas de transporte por conta do vendedor:

	Mercado 1	Mercado 2
Preço de venda/saca	100,00	101,00
Despesas de venda/saca	5,00	7,00
Transporte/saca	3,00	1,00

O valor justo a ser considerado então será de $ 93,00/saca, proveniente do mercado 2. Nos termos do item 13 do CPC 29, "o produto agrícola colhido de Ativos Biológicos da entidade deve ser mensurado ao valor justo, menos a despesa de venda, no momento da colheita".

Caso o cenário seja outro, com as despesas de transporte por conta do comprador, e considerando-se os mesmos valores apontados, o valor justo considerado será de $ 95,00/saca, proveniente do mercado 1. Nesse cenário, o valor do transporte não deve ser incluído no cálculo do valor justo, por não fazer parte das despesas de venda.

Mensuração ao Valor Justo e Mudança nas Taxas de Câmbio

9.1 Introdução

O presente capítulo apresenta os procedimentos contábeis relativos à mensuração ao valor justo, conforme disposto no Pronunciamento Técnico CPC 46 – Mensuração ao Valor Justo, e também o tratamento contábil relativo às alterações nas taxas de câmbio previsto no Pronunciamento Técnico CPC 02 – Efeitos das Mudanças nas Taxas de Câmbio e Conversão de Demonstrações Contábeis.

9.2 Mensuração ao valor justo

Os requisitos referentes à mensuração de ativos e passivos ao valor justo, bem como as exigências de divulgação em nota explicativa sobre o tema, encontram-se dispostos no Pronunciamento Contábil CPC 46 – Mensuração ao Valor Justo, correlacionado à IFRS 13 do IASB. O presente tópico apresenta os principais conceitos presentes no citado Pronunciamento Técnico, acompanhados de exemplos e discussões.

a) DEFINIÇÃO DE VALOR JUSTO

O CPC 46, em seu Apêndice A, define valor justo como o "**preço** que seria recebido pela venda de um ativo ou que seria pago pela transferência de um passivo em uma **transação não forçada** entre participantes do **mercado** na data de mensuração".

A definição apresentada deixa claro que "valor justo" é uma mensuração baseada no mercado. Portanto, não se trata de uma mensuração específica da entidade (premissas e *inputs* intrínsecos à entidade), assim como a intenção da entidade acerca do objeto da mensuração (ativo ou passivo) não é relevante para a mensuração do valor justo. Como exemplos de valor justo de ativos podem-se citar: (a) preço das Ações negociadas na B3, (b) preço de um automóvel Onix 2020 conforme tabela FIPE; (c) preço dos Títulos Públicos do Governo Brasileiro divulgados no Tesouro Direto e (d) preço da soja negociado na Bolsa de Chicago.

b) MERCADO PRINCIPAL E MERCADO MAIS VANTAJOSO

O CPC 46 determina que, ao mensurar o valor justo, a entidade considere que a transação de venda do ativo (ou transferência do passivo) ocorra no **mercado principal**, que é aquele com o maior volume e nível de atividade para o ativo ou passivo.

Na ausência de um mercado principal, deve-se assumir que a transação ocorre no mercado **mais vantajoso**, após considerar os custos de transação e de transporte". Mas os custos de transação só serão utilizados para detecção do mercado mais vantajoso e não para a determinação final do valor justo. O mercado principal (ou mais vantajoso) deve ser considerado do ponto de vista da entidade que realiza a mensuração.

Exemplo prático

Adaptado do item EI18 e seguintes do CPC 46

Um ativo (*commodity*) é vendido a preços diferentes em dois mercados ativos diferentes. A entidade celebra transações em ambos os mercados e pode acessar o preço nesses mercados para o ativo na data de mensuração. No mercado A, o preço que seria recebido é de $ 26, os custos de transação nesse mercado são de $ 3 e os custos para transportar o ativo a esse mercado são de $ 2. No mercado B, o preço que seria recebido é de $ 25, os custos de transação nesse mercado são de $ 1 e os custos para transportar o ativo a esse mercado são de $ 2.

	Mercado A (em $)	Mercado B (em $)
Preço de Venda	26	25
Custos de Transporte	(2)	(2)
Valor Justo	24	23
Custo de Transação	(3)	(1)
Valor Líquido	21	22
Mercado mais Vantajoso		X

Note-se que na ausência de um mercado principal – mercado com mais volume e liquidez para o ativo –, a mensuração do valor justo deve ser realizada no Mercado B, pois é ele que maximiza o valor recebido para a entidade.

Ressalte-se que no referido exemplo o valor justo será de $ 23 e não $ 22, pois os custos de transação não fazem parte do cômputo do valor justo; já os custos de transporte, sim, conforme dispõe o item 25 do CPC 46.

c) APLICAÇÃO DE VALOR JUSTO PARA ATIVOS NÃO FINANCEIROS

Um ativo não financeiro pode ser um estoque ou um imobilizado, por exemplo. Na mensuração desses ativos, o CPC 46 determina que se adote como premissa o **melhor uso possível** desse ativo na perspectiva de um participante do mercado.

O item 28 do referido Pronunciamento determina que esse melhor uso possível considere que seja fisicamente possível, legalmente permitido e financeiramente viável, conforme a seguir:

> "(a) fisicamente possível considera as características físicas como, por exemplo, a localização ou o tamanho de um imóvel).
>
> (b) legalmente permitido considera quaisquer restrições legais como, por exemplo, as regras de zoneamento aplicáveis a um imóvel.
>
> (c) financeiramente viável considera se o uso do ativo que seja fisicamente possível e legalmente permitido gera receita ou fluxos de caixa adequados".

Esse melhor uso possível pode ser tanto em bases isoladas ou em conjunto com outros ativos. Se o uso do ativo em bases isoladas é a forma de uso que maximiza valor, então o seu valor justo será o preço que seria recebido em uma transação ordenada em condições correntes de mercado pela venda do ativo aos participantes do mercado que o utilizariam dessa forma (bases isoladas). Vejamos um exemplo.

Exemplo prático

Em decorrência de uma combinação de negócios, a empresa ABC identifica para reconhecimento a marca da entidade adquirida que, conforme as disposições previstas no CPC 15 – Combinação de Negócios, deve ser mensurada pelo valor justo.

A ABC não pretende utilizar a marca na suposição de que a retirada do mercado resultará no aumento de vendas provenientes de suas próprias marcas. O benefício para as atuais marcas, com a retirada da marca adquirida, é de $ 2.000 e um participante do mercado independente estaria disposto a pagar $ 1.000 por ela.

Conclusão: o valor justo dessa marca é $ 1.000, pois representa o uso e o valor na perspectiva de um participante de mercado – e não da própria entidade.

---

d) TÉCNICAS DE AVALIAÇÃO

Como já visto, o que faz de determinado valor um valor justo é que ele foi obtido ou construído na perspectiva dos participantes do mercado. Somente na inexistência de preços correntes em mercados ativos é que a mensuração utilizará técnicas de avaliação.

Essas técnicas, de acordo com a abordagem, podem ser classificadas em três grandes espécies.

1. Abordagem de mercado: a avaliação é feita com base em preços e outras informações relevantes geradas pelas transações de mercado e envolvendo itens idênticos ou comparáveis.

A mensuração de uma sala comercial ao valor justo, por exemplo, no preço de um imóvel similar, no tocante a (a) localização, (b) tamanho, (c) idade, (d) planta etc.

2. Abordagem de custo: o valor justo determinado reflete o valor corrente do montante necessário para substituir a capacidade de serviço do ativo, ou seja, reflete o custo de reposição corrente do ativo.

O exemplo a seguir envolve a mensuração do valor justo pela abordagem do custo e de mercado.

> **Exemplo prático**
>
> **Adaptado dos exemplos ilustrativos do CPC 46**
>
> A entidade Alfa adquire, dentre outros ativos da entidade adquirida, um equipamento industrial. Até então, o equipamento vem sendo utilizado nas operações da entidade adquirida (a empresa Beta). Para fins de mensuração a valor justo, Alfa julgou que o uso do equipamento em combinação com outros ativos é o melhor uso possível.
>
> Assim, (i) a customização do equipamento para as operações de Beta não foi extensa a ponto de o equipamento não ter mais comparabilidade com outros do mercado (de bens usados) e (ii) existem dados disponíveis suficientes para aplicar a abordagem de custo e a abordagem de mercado.
>
> As abordagens de mercado e de custo foram, então, aplicadas da seguinte forma:
>
> a) **Abordagem de mercado**: Alfa utilizou preços de mercado para equipamentos similares. A mensuração a valor justo, refletindo o preço que seria recebido pela venda do equipamento usado em suas atuais condições, resultou em valores válidos de $ 400.000 a $ 480.000.
>
> b) **Abordagem de custo**: Alfa estimou o valor corrente que seria necessário para construir um equipamento substituto de utilidade comparável. A estimativa levou em conta as condições atuais de operação, além dos custos de instalação e encontrou, para essa abordagem, valores entre $ 400.000 a $ 520.000.
>
> Diante de duas faixas de valores válidas para definir o valor justo do equipamento, Alfa julgou que a melhor estimativa (representação do valor justo) é determinada pelo limite superior da faixa de valores apurada pela abordagem de mercado, portanto $ 480.000. Esse entendimento baseia-se na subjetividade relativa das informações, levando em conta o grau de comparabilidade entre o equipamento de Beta e os equipamentos similares.

3. **Abordagem da receita**: montantes futuros (entradas e saídas de caixa ou ainda receitas e despesas) são convertidos em um valor presente utilizando-se uma taxa de desconto.

A técnica de valor presente busca capturar (a): as projeções de caixa do item sendo mensurado, (b) as expectativas de incertezas relativas ao fluxo projetado, (c) o valor do dinheiro no tempo por meio de uma taxa de desconto livre de risco, e (d) o prêmio pelo risco; além de outros fatores que os participantes do mercado levariam em consideração na mensuração do ativo ou passivo. Vejamos um exemplo de mensuração de passivo utilizando a técnica do valor presente a partir da abordagem da receita.

> **Exemplo prático**
>
> **Adaptado do item EI43 e seguintes do CPC 46**
>
> No início de 20X1, Alfa emite, pelo valor nominal de $ 2 milhões, um instrumento de dívida de cinco anos com taxa fixa e que está classificado como BBB (*rating* de risco de crédito) e que paga um cupom anual de 10% e classificou esse passivo financeiro na categoria "ao valor justo por meio do resultado".
>
> No final do ano, as condições de mercado continuam inalteradas para esse instrumento de dívida. Por motivos diversos, o *spread* de crédito de Alfa deteriorou-se em 50 pontos-base

> e ela concluiu que, se tivesse emitido o instrumento em 31/12/20X1, a taxa seria 10,5% e ela teria recebido menos do que o valor nominal do instrumento.
>
> Como não existe preço de cotação para o instrumento de dívida emitido por Alfa, o valor justo de seu passivo foi mensurado pelo valor presente. Dessa forma, os *inputs* normalmente utilizados são os seguintes:
>
> - Cupom anual de 10%, o valor nominal de $ 2 milhões e prazo remanescente de 4 anos.
> - A taxa atual de juros de mercado de 10,5%, que inclui risco de inadimplência de Alfa.
>
> Aplicando-se a técnica de valor presente, Alfa calcula o valor justo de seu passivo em 31 de dezembro de 20X1 em $ 1.968.641 (com a ajuda de uma calculadora financeira, temos um fluxo de caixa de $ 200.000 em quatro anuidades, mais os $ 2.000.000 do resgate como valor futuro ao final do quarto ano que foi descontado a uma taxa de 10,5% ao ano).

e) HIERARQUIA DO VALOR JUSTO

O CPC 46 estabelece uma hierarquia de valor justo em três níveis de classificação:

Informações de Nível 1: preços cotados (não ajustados) em mercados ativos para ativos ou passivos idênticos a que a entidade possa ter acesso na data de mensuração. Exemplos são preços de ações cotados na Bolsa de Valores de São Paulo, preços de *commodities* negociadas na Bolsa de Chicago etc.

Informações de Nível 2: são informações observáveis para o Ativo ou Passivo, seja direta ou indiretamente, exceto preços cotados incluídos no Nível 1, por exemplo: (a) preços cotados para ativos ou passivos similares em mercados ativos, (b) preços cotados para ativos ou passivos idênticos ou similares em mercados que não sejam ativos, (c) informações, exceto preços cotados, que sejam observáveis para o Ativo ou Passivo como, por exemplo, taxas de juros, volatilidades implícitas etc.

Informações de Nível 3: são dados não observáveis para o Ativo ou Passivo e são geralmente elaboradas pela própria entidade, devendo ser utilizadas apenas quando inexistirem as informações dos Níveis 1 e 2.

f) DIVULGAÇÕES SOBRE VALOR JUSTO

A entidade deve divulgar informações:

a) Para ativos e passivos que sejam mensurados ao valor justo de forma recorrente ou não recorrente no Balanço Patrimonial após o reconhecimento inicial, as técnicas de avaliação e informações utilizadas para desenvolver essas mensurações.

b) Para mensurações do valor justo recorrentes que utilizem dados não observáveis significativos (Nível 3), o efeito das mensurações sobre o resultado do período ou outros resultados abrangentes.

As exigências completas de divulgação encontram-se previstas nos itens 93 e seguintes do referido CPC.

9.3 Mudanças nas taxas de câmbio em investimentos no exterior e conversão de demonstrações contábeis

O presente capítulo apresenta os procedimentos de avaliação e mensuração dos investimentos societários no exterior que, mais corretamente, deveríamos denominar investimento com moeda funcional diferente da moeda funcional da investidora.

Para a contabilização dos investimentos societários de caráter permanente em controladas, coligadas e controladas em conjunto no exterior, primeiro veja o Capítulo 6, já que aqueles procedimentos são também adotados para estas, com as alterações aqui mencionadas. Trataremos neste capítulo exclusivamente dos aspectos contábeis relacionados com a variação cambial.

a) DEFINIÇÃO DE MOEDA FUNCIONAL

Moeda funcional é a moeda do ambiente econômico principal no qual a entidade opera e servirá como parâmetro para os procedimentos de mensuração das transações e eventos econômicos da entidade. Os itens 9 a 14 do Pronunciamento Técnico CPC 02 (R2) apresentam um conjunto de fatores que determinam a identificação da moeda funcional. Dentre tais fatores, destacamos:

a) A que mais fortemente influencia os preços dos bens ou serviços.

b) A do país cujas forças competitivas e reguladoras influenciam na estrutura de precificação da empresa.

c) A que influencia os custos e despesas da empresa.

d) Aquela na qual os fundos (financeiros) são gerados.

e) Aquela na qual os recebimentos das atividades operacionais são obtidos.

No Brasil, somente em situações consideradas raríssimas a moeda funcional é diferente do "real" (veja-se o balanço da Embraer, uma dessas raridades).

b) ETAPAS ENVOLVIDAS NA CONVERSÃO DAS DEMONSTRAÇÕES CONTÁBEIS DE INVESTIDA PARA A MOEDA FUNCIONAL DA INVESTIDORA

No caso de avaliação desses investimentos pelo MEP, a investidora deverá efetuar as seguintes etapas:

a) Elaborar as demonstrações contábeis da investida na moeda funcional dela, porém com base em normas e procedimentos contábeis adotados pela investidora.

b) Converter as demonstrações contábeis para a moeda funcional da investidora.

c) Reconhecer o resultado da investida por equivalência patrimonial com base na demonstração de resultado levantada conforme o item b.

d) Reconhecer ganhos/perdas cambiais no investimento em conta específica no Patrimônio Líquido.

e) Finalmente, caso seja um investimento em controlada, a investidora deverá consolidar as demonstrações contábeis dessa investida.

c) MÉTODO PARA CONVERSÃO DAS DEMONSTRAÇÕES CONTÁBEIS DA INVESTIDA PARA MOEDA FUNCIONAL DA INVESTIDORA

O método de conversão adotado pelo CPC 02 (R2), (IAS 21 – *International Accounting Standard*), é o método da taxa corrente, aplicado às demonstrações em moeda estrangeira, ajustadas às práticas brasileiras:

a) Os ativos e passivos serão convertidos utilizando-se a taxa de fechamento (denominada também taxa corrente) na data do respectivo Balanço.

b) O PL inicial será o PL final do período anterior conforme convertido na época.

c) As mutações no PL ocorridas durante o período, por exemplo, pagamentos de dividendos e aumentos de capital, serão convertidas pelas respectivas taxas históricas, ou seja, as taxas cambiais das datas em que ocorreram as transações.

d) Todas as receitas e despesas da demonstração do resultado serão convertidas utilizando-se, quando possível, as taxas cambiais em vigor nas datas das transações ou pela taxa média do período quando isso não trouxer variação relevante quanto à primeira alternativa.

e) As variações cambiais resultantes dos itens "a" até "d" serão reconhecidas em conta específica no PL.

Conversão do Balanço Patrimonial e as taxas cambiais

ATIVO Taxa corrente	**PASSIVO** Taxa corrente
	PATRIMÔNIO LÍQUIDO
	Saldo anterior PL (igual a saldo final do período anterior)
	Dividendos e ingressos de capital (taxa histórica)
	Resultado do período (transportado da DRE convertida por taxa histórica ou média)
	Ajuste acumulado de conversão

Observe-se que todos os itens do Ativo e do Passivo são convertidos pela taxa corrente. Os itens do Patrimônio Líquido são inicialmente convertidos por outras taxas (históricas); por isso, surgem as variações cambiais resultantes dos itens "a" até "d" descritas e representadas em conta específica no Patrimônio Líquido, denominada Ajuste Acumulado de Conversão, que compõe os Outros Resultados Abrangentes.

É mister ressaltar que, caso as variações cambiais decorrentes de investimento em uma entidade no exterior resultem em diferenças temporárias para efeitos tributários, deverão ser contabilizadas de acordo com as regras próprias de tributos sobre o lucro, previstas no CPC 32 – Tributos sobre o Lucro.

Exemplo prático

A Cia. A e outros investidores constituíram a Cia. B. Em 01/01/20X1, a Cia. A integralizou 80% do capital social de B pelo valor de USD 200.000,00 (taxa USD/R$ = 1,50). No final do exercício de 20X1, a Cia. B apresentou as seguintes demonstrações contábeis:

Cia. B – Demonstração do resultado de 01/01/20X1 a 31/02/20X1

	Em USD
Receitas	150.000
Custos dos Serviços Prestados	(80.000)
Lucro Bruto	70.000
Despesas Operacionais	(25.000)
Outras Receitas	5.000
Lucro Antes dos Tributos	50.000
Tributos sobre o Lucro	(15.000)
Lucro Líquido	35.000

Cia. B – Balanço Patrimonial em 31/12/20X1

	Em USD
ATIVO	
Ativo Circulante	
Disponíveis e Contas a Receber	240.000
Ativo Não Circulante	
Realizável a longo Prazo	70.000
Imobilizado	90.000
Total do Ativo	**400.000**
PASSIVO E PATRIMÔNIO LÍQUIDO	
Passivo Circulante	
Contas a Pagar	55.000
Passivo Não Circulante	
Exigível a Longo Prazo	60.000
Soma	115.000
Patrimônio Líquido	
Capital Social	250.000
Lucros Acumulados	35.000
Soma	285.000
Total do Passivo e PL	**400.000**

Por simplificação, admita-se que a investida utiliza as mesmas práticas contábeis adotadas pela investidora.

1º passo: converter a demonstração de resultado do exercício da investida

As receitas e as despesas são convertidas pela taxa histórica ou, opcionalmente, por uma taxa média, semanal, quinzenal ou mensal, desde que produzam aproximadamente os mesmos montantes. Isso significa que a empresa somente poderá utilizar taxas médias em períodos sem grandes oscilações nas taxas cambiais e em suas receitas e despesas.

As Tabelas 9.1 e 9.2 apresentam a conversão das receitas e das despesas. As taxas médias mensais estão na Tabela 9.1.

Tabela 9.1 Conversão das receitas e despesas do período

Mês	Taxa média mensal	Receitas USD	Receitas R$	Custos USD	Custos R$
Janeiro	1,55	10.000	15.500	6.000	9.300
Fevereiro	1,60	10.000	16.000	6.000	9.600
Março	1,60	14.000	22.400	7.500	12.000
Abril	1,70	18.000	30.600	9.000	15.300
Maio	1,60	17.000	27.200	8.000	12.800
Junho	1,65	15.000	24.750	7.000	11.550
Julho	1,70	12.000	20.400	5.500	9.350
Agosto	1,75	13.000	22.750	6.000	10.500
Setembro	1,75	8.000	14.000	4.500	7.875
Outubro	1,80	10.000	18.000	6.000	10.800
Novembro	1,70	12.000	20.400	7.500	12.750
Dezembro	1,75	11.000	19.250	7.000	12.250
Total		150.000	251.250	80.000	134.075

Tabela 9.2 Conversão das despesas e outras receitas do período

Mês	Taxa média mensal	Despesas USD	Despesas R$	Outras receitas USD	Outras receitas R$	Antecipação de tributos sobre o lucro USD	Antecipação de tributos sobre o lucro R$
Janeiro	1,55	1.500	2.325			600	
Fevereiro	1,60	1.800	2.880			600	
Março	1,60	1.700	2.720			840	
Abril	1,70	2.200	3.740			1.080	
Maio	1,60	2.000	3.200	400	640	1.020	
Junho	1,65	2.000	3.300			900	
Julho	1,70	2.000	3.400	800	1.360	720	
Agosto	1,75	2.200	3.850			780	
Setembro	1,75	2.300	4.025	1.300	2.275	480	
Outubro	1,80	2.400	4.320			600	
Novembro	1,70	2.400	4.080	1.000	1.700	720	
Dezembro	1,75	2.500	4.375	1.500	2.625	660	
Total		25.000	42.215	5.000	8.600	9.000	

Os valores apurados nas Tabelas 9.1 e 9.2 são transportados para a DRE convertida.

Cia. B – Demonstração do resultado de 01/01/20X1 a 31/12/20X1

	Em USD	Taxa	Em R$
Receitas	150.000		251.250
Custos	(80.000)		(134.075)
Lucro Bruto	70.000		117.175
Despesas Operacionais	(25.000)		(42.215)
Outras Receitas	5.000		8.600
Lucro Antes dos Tributos	50.000		83.560
Tributos sobre o Lucro	(15.000)		(25.200)
Lucro Líquido	35.000	1,68	58.360

O valor de "Tributos sobre o Lucro" foi convertido pela taxa média anual (1,68), pelo fato de ter-se admitido que o resultado tributável tenha sido formado ao longo do exercício.

A empresa efetuou pagamentos mensais a título de Antecipação de Tributos sobre o Lucro no valor de USD 9.000 que será deduzido tributo apurado (USD 15.000). O saldo de Tributos a Pagar (USD 6.000) será convertido pela taxa corrente juntamente com as demais contas do Passivo.

2º passo: converter o Balanço Patrimonial da investida

Os itens do Ativo e Passivo são convertidos pela taxa corrente, que é a taxa de encerramento do período (1,80). O Capital Social é convertido pela taxa histórica na data da constituição (1,50), enquanto os Lucros Acumulados são transportados da DRE convertida.

Ganhos e perdas na conversão são calculados a partir das contas do Patrimônio Líquido.

Capital Social

USD 250.000 × 1,80 = R$ 450.000

USD 250.000 × 1,50 = R$ 375.000

Variação cambial = R$ 75.000

Lucros Acumulados

USD 35.000 × 1,80 = R$ 63.000

USD 35.000 cfe. DRE = R$ 58.360

Variação cambial = R$ 4.640

Assim, a conta de Ajuste Acumulado de Conversão será de R$ 79.640 (R$ 75.000 + R$ 4.640).

O Balanço Patrimonial convertido será o seguinte:

CIA. B – Balanço Patrimonial em 31/12/20X1

	Em USD	Taxa	Em R$
ATIVO			
Ativo Circulante			
Disponíveis e Contas a Receber	240.000	1,80	432.000
Ativo Não Circulante			
Realizável a Longo Prazo	70.000	1,80	126.000
Imobilizado	90.000	1,80	162.000
Total do Ativo	400.000		720.000
PASSIVO E PATRIMÔNIO LÍQUIDO			
Passivo Circulante			
Contas a Pagar	55.000	1,80	99.000
Passivo Não Circulante			
Exigível a Longo Prazo	60.000	1,80	108.000
Soma	115.000		207.000
Patrimônio Líquido			
Capital Social	250.000	1,50	375.000
Lucros Acumulados	35.000		58.360
Ajuste Acumulado de Conversão	0		79.640
Soma	285.000		513.000
Total do Passivo e PL	400.000		720.000

3º passo: Reconhecimento da Receita de Equivalência Patrimonial e do ajuste acumulado de conversão no período pela investidora

A investidora deverá reconhecer o resultado da investida por Equivalência Patrimonial com base na demonstração de resultado da investida convertida para a moeda funcional da investidora.

Como a Cia. A detém 80% do capital da Cia. B, reconhecerá o Resultado de Equivalência Patrimonial no valor de R$ 46.688 (80% de R$ 58.360) que será reconhecido da seguinte forma:

Dia 31/12/X1

	Débito	Crédito
Investimento – Cia. "B"	46.688	
Receita de Equivalência Patrimonial		46.688

Os ganhos cambiais da Cia. "A" serão reconhecidos diretamente no Patrimônio Líquido, na proporção do seu investimento, na conta Ajuste Acumulado de Conversão. No exemplo, o valor dos ganhos cambiais a ser reconhecido pela Cia. "A" é de R$ 63.712,00 (80% × R$ 79.640,00).

Dia 31/12/X1

	Débito	Crédito
Investimento – Cia. "B"	63.712	
Ajuste Acumulado de Conversão (PL)		63.712

Assim, a conta "Investimento – Cia. B" apresenta a seguinte movimentação no período:

01/01/X1	Integralização do Capital	R$ 300.000
31/12/X1	Receita de Equivalência Patrimonial	R$ 46.688
31/12/X1	Ajuste Acumulado de Conversão	R$ 63.712
	Soma	**R$ 410.400**

Na contabilidade da Cia. A, o saldo final da conta "Investimento – Cia. B", no valor de R$ 410.400,00, representa 80% do Patrimônio Líquido (convertido para reais) dessa Cia. Investida (80% × R$ 513.000,00 = R$ 410.400,00).

9.3.1 Realização das variações cambiais de investimentos no exterior

9.3.1.1 Critério de mensuração segundo IAS 21 e Pronunciamento CPC 02 (R2)

Em operações de venda, liquidação, reembolso de capital ou abandono de investimentos em entidade no exterior, a investidora deverá reconhecer a realização das variações cambiais desses investimentos, registradas no Patrimônio Líquido, na proporção em que ocorre o "desinvestimento", contra o resultado.

Para efeitos didáticos, continuaremos a partir do exemplo anterior. Admita-se que a Demonstração das Mutações do Patrimônio Líquido (DMPL) da Cia. B entre 01/01/20X0 e 31/12/20X3 seja a apresentada a seguir.

Exemplo prático

DMPL – Cia. "B" – em USD

	Capital	Lucros acumulados	Total
Saldo em 31/12/20X0	0	0	0
Integralização de Capital (01/01/20X1)	250.000		250.000
Resultado do Exercício		35.000	35.000
Saldo em 31/12/20X1	250.000	35.000	285.000
Dividendos Distribuídos (30/06/20X2)		(26.250)	(26.250)
Resultado do Exercício		30.000	30.000
Saldo em 31/12/20X2	250.000	38.750	288.750
Dividendos Distribuídos (30/06/20X3)		(20.000)	(20.000)
Resultado do Exercício		25.000	25.000
Saldo em 31/12/20X3	250.000	43.750	293.750

Taxas cambiais

Período	Taxa
01/01/20X1	1,50
Média no período	1,68
31/12/20X1	1,80
30/06/20X2	2,00
Média no período	2,10
31/12/20X2	2,30
30/06/20X3	2,20
Média no período	2,15
31/12/20X3	2,00

Ano X2

Em 30/06/X2, a Cia. B distribuiu dividendos de USD 26.250. Desse montante, a Cia. A recebeu USD 21.000, ou seja, R$ 42.000 (USD 21.000 × $ 2,00). Então, a Cia. "A" efetua o seguinte registro:

Dia 30/06/X2

	Débito (R$)	Crédito (R$)
Disponibilidades	42.000	
Investimentos – Cia. "B"		42.000

Deve-se destacar que os dividendos recebidos (à taxa cambial de $ 2,00) são provenientes do lucro da Cia. "B" em X1, reconhecidos por Equivalência Patrimonial no próprio exercício de X1 pela taxa aproximada de $ 1,6674 (R$ 58.360/USD 35.000). Contudo, o lucro da Cia. B em X1 está, até o momento, convertido pela taxa de $ 1,80 (taxa corrente em 31/12/X1). Portanto, é necessário atualizar a parcela do lucro distribuída à taxa histórica da data do recebimento dos dividendos:

Dia 30/06/X2

	Débito (R$)	Crédito (R$)
Investimento – Cia. "B"	4.200	
Ajuste Acumulado de Conversão (PL)		4.200
USD 21.000,00 × ($ 2,00 – $ 1,80) = R$ 4.200,00		

Recomenda-se que os saldos da conta de Ajuste Acumulado de Conversão sejam atualizados mensalmente, reconhecendo-se ou não novos valores referentes aos resultados da equivalência patrimonial.

No final de X2, a Cia. B apurou um lucro de USD 30.000. Considerando-se a taxa cambial média de $ 2,10, a Cia. A reconhece uma Receita de Equivalência Patrimonial de R$ 50.400 [(USD 30.000 × $ 2,10) × 80%].

Dia 31/12/X2

	Débito (R$)	Crédito (R$)
Investimento – Cia. "B"	50.400	
Resultado de Equivalência Patrimonial		50.400

Ainda, no final do exercício de X2, a Cia. A deve reconhecer os ganhos ou perdas cambiais de investimento no exterior (considerando-se a taxa corrente de $ 2,30), conforme demonstrado a seguir:

PL inicial de X2 menos Dividendos pagos no período

USD 258.750 × 2,30 = R$ 595.125

USD 258.750 × 1,80 = R$ 465.750

Variação cambial = R$ 129.375

Resultado no Exercício X2

USD 30.000 × 2,30 = R$ 69.000

USD 30.000 × 2,10 = R$ 63.000

Variação cambial = R$ 6.000

Total = **R$ 135.375**

Portanto, a Cia. A reconhece os ganhos de variação cambial de R$ 108.300 (80% × R$ 135.375).

Dia 31/12/X2

	Débito (R$)	Crédito (R$)
Investimento – Cia. "B"	108.300	
Ajuste Acumulado de Conversão (PL)		108.300

Movimentação da conta Investimentos – Cia. "B" – 01/01 a 31/12/X2 – em reais

Conta Investimentos – Cia. "B"	Taxa	Capital integralizado	Resultado equivalência patrimonial	Ajuste acumulado de conversão	Soma
Saldo em 31/12/X1		300.000	46.688	63.712	410.400
Dividendos Distribuídos	2,00		(42.000)		(42.000)
G/P Conversão Referente aos Dividendos Distribuídos				4.200	4.200
Receita de Equivalência Patrimonial	2,10		50.400		50.400
G/P Conversão no Período	2,30			108.300	108.300
Saldo em 31/12/X2		300.000	55.088	176.212	531.300

O saldo final da conta Investimentos – Cia. B no valor de R$ 531.300 na Contabilidade da Cia. A representa 80% do Patrimônio Líquido da Cia. B [(USD 288.750 × 80%) × 2,30].

Ano X3

Em 30/06/X3, a Cia. A recebeu R$ 35.200, equivalentes a USD 16,000 [(USD 20.000 × 80%) × $ 2,20]. Então a Cia. A realiza os registros referentes à atualização da parcela do lucro distribuído, pela respectiva taxa histórica da data do recebimento dos dividendos, bem como o recebimento:

Dia 30/06/X3

	Débito (R$)	Crédito (R$)
Ajuste Acumulado de Conversão (PL)	1.600	
Investimento – Cia. B		1.600
[USD 16.000 × ($ 2,20 – $ 2,30) = (R$ 1.600)]		

Dia 30/06/X3

	Débito (R$)	Crédito (R$)
Disponibilidade	35.200	
Investimento – Cia. B		35.200

No final de 31/12/X3, a Cia. B apurou lucro de USD 25.000. Assim, a Cia. A reconhece como Receita de Equivalência Patrimonial o valor de R$ 43.000 [(USD 25.000 × $ 2,15) × 80%].

Dia 31/12/X3

	Débito (R$)	Crédito (R$)
Investimento – Cia. "B"	43.000	
Resultado de Equivalência Patrimonial		43.000

Ainda, no final do exercício de X3, a Cia. "A" reconhece ganhos ou perdas cambiais de investimento no exterior (considerando-se a taxa corrente de $ 2,00):

PL Inicial de X3 líquido dos dividendos pagos no período

USD 268.750,00 × 2,00 = R$ 537.500

USD 268.750,00 × 2,30 = R$ 618.125

Variação cambial   = (R$ 80.625)

Resultado no Exercício X3

USD 25.000 × 2,00   = R$ 50.000

USD 25.000 × 2,15   = R$ 53.750

Variação cambial   = (R$ 3.750)

Total   **= (R$ 84.375)**

A Cia. A, portanto, reconhece uma perda por variação cambial de R$ 67.500 (80% × R$ 84.375):

Dia 31/12/X3

	Débito (R$)	Crédito (R$)
Ajuste Acumulado de Conversão (PL)	67.500	
Investimento – Cia. B		67.500

Movimentação da conta Investimentos – Cia. B – 01/01 a 31/12/X3 – em reais

Conta Investimentos – Cia. B	Taxa	Capital integralizado	Resultado Equivalência Patrimonial	Ajuste acumulado de conversão	Soma
Saldo em 31/12/X2		300.000	55.088	176.212	531.300
G/P Conversão referente aos dividendos distribuídos				(1.600)	(1.600)
Dividendos Recebidos	2,20		(35.200)		(35.200)
Receita de Equivalência Patrimonial	2,15		43.000		43.000
G/P Conversão no Período	2,00			(67.500)	(67.500)
Saldo em 31/12/X3		300.000	62.888	107.112	470.000

9.3.1.2 Critério alternativo de mensuração

Conforme os itens 48 e 49 do Pronunciamento CPC 02 (R2), ganhos ou perdas cambiais acumulados registrados no PL devem ser reconhecidos no resultado do período em que o ganho ou a perda da referida baixa forem realizados.

A questão é que, conforme o CPC 02 (R2), os dividendos recebidos por conta da distribuição de lucros, sejam eles oriundos de lucro pré ou pós-aquisição, não são considerados "desinvestimento". Portanto, os ganhos ou perdas cambiais acumulados na conta de Ajuste Acumulado de Conversão, no Patrimônio Líquido, não são reconhecidos no resultado em razão da distribuição de dividendos. Isso nos parece tecnicamente incorreto. Se se quiser conhecer esse método alternativo, recorra-se ao *Manual de contabilidade societária*.

10

Instrumentos Financeiros

10.1 Introdução

A contabilidade de instrumentos financeiros depende do domínio prévio de três áreas do conhecimento em negócios (contabilidade, finanças e métodos quantitativos), a fim de que possa ser adequadamente assimilada e praticada. Sua normatização está calcada em três pronunciamentos técnicos: CPC 39 – Instrumentos Financeiros: Apresentação, pelo CPC 40 – Instrumentos Financeiros: Evidenciação, e pelo CPC 48 – Instrumentos Financeiros.

Cumpre mencionar que o CPC 38 – Instrumentos Financeiros: Reconhecimento e Mensuração, revogado parcialmente a partir de janeiro de 2018, ainda possui passagens que ainda se encontram vigentes, especialmente no que se refere à contabilidade de proteção, doravante *hedge accounting*.

É possível segregar a contabilidade de instrumentos financeiros nas seguintes categorias:

a) **Classificação de instrumentos financeiros**: essa seção é voltada para determinar se ativos ou passivos financeiros devem ser mensurados pelo seu valor justo ou pelo seu custo amortizado. O maior desafio dessa etapa reside na classificação dos ativos financeiros, posto que a mensuração a valor justo dos passivos financeiros é, geralmente, uma escolha contábil por parte da entidade que reporta.

b) **Teste de *impairment* de ativos financeiros**: essa seção visa estabelecer os procedimentos para aquilo que convencionou-se chamar no Brasil de Perdas Estimadas com Crédito de Liquidação Duvidosa (PECLD). Isto é, dada uma carteira de ativos financeiros mensurados pelo custo amortizado, por exemplo, recebíveis, é necessário estabelecer o valor pelo qual não se espera que haja realização em caixa desses contratos.

c) ***Hedge accounting***: a contabilidade de proteção tem por mérito refletir a gestão de riscos financeiros praticada pelas organizações, quer seja por meio da contratação dos instrumentos financeiros derivativos, quer seja por meio da mútua compensação das posições de ativos e passivos expostos aos mesmos índices.

Este capítulo tratará de forma separada cada uma dessas seções.

É importante ressaltar que a contabilidade de instrumentos financeiros apresenta diferentes gradações de complexidade. Tomando-se como referência uma instituição financeira, é possível estabelecer que a contabilidade de instrumentos financeiros abarca quase todo o Balanço de um banco, à medida que os seus ativos e passivos são, *grosso modo*, instrumentos financeiros. Migrando-se para perspectiva de uma indústria fabril, por exemplo, a contabilidade de instrumentos financeiros torna-se um tema secundário porque os principais ativos continuam se encontrando nos Estoques, no Imobilizado e em alguma medida no Intangível. Não que os recebíveis e os pagáveis não sejam relevantes, mas não são proporcionalmente tão relevantes quanto na instituição financeira. No entanto, uma indústria que produz e exporta os seus itens pode ter grandes discussões acerca do tema *hedge accounting*.

É dizer: tão importante quanto dominar as normas contábeis de instrumentos financeiros é compreender de forma clara e inequívoca o modelo de negócios da entidade para a qual se pretende aplicar os conceitos discutidos nesses documentos. Do contrário, corre-se o risco de tentar se impor a complexidade da contabilidade de instrumentos financeiros atinentes à indústria bancária para empresas que não têm nesse tópico a maior representação das suas atividades negociais.

10.2 Definição e classificação de instrumentos financeiros

Instrumento financeiro é qualquer contrato que dê origem a um ativo financeiro para a entidade e a um passivo financeiro ou instrumento patrimonial para outra entidade.

A classificação de instrumentos financeiros visa, sobretudo, determinar se tais contratos deverão ser mensurados pelo valor justo ou pelo custo amortizado (valor original + juros – amortizações) após o seu registro inicial, ou simplesmente ao seu valor original (recebíveis e pagáveis de curto prazo). Mais especificamente, o maior impacto desse processo de classificação recai sobre os ativos financeiros, uma vez que os passivos financeiros, geralmente, são mensurados pelo custo amortizado e, quando o são pelo valor justo, isso decorre, na maioria das vezes, de escolhas da entidade que reporta.

Nesse contexto, o CPC 48 estabelece que os ativos financeiros devem ser submetidos a dois testes para avaliar qual critério de mensuração é compatível, tanto com o fluxo financeiro desses ativos, quanto com o modelo de negócios da entidade que os detém. Referidos testes são chamados de teste Somente Pagamento de Principal mais Juros (SPPJ) e teste do modelo de negócios.

Precedentemente à explicação de cada um desses testes, é válido rememorar a natureza do custo amortizado, bem como a essência do valor justo e respectivos métodos de mensuração dos instrumentos financeiros.

O custo amortizado é um critério de mensuração que representa a força de juros intrínseca a um ativo ou passivo financeiro. Talvez o exemplo mais objetivo do que esse critério de mensuração significa resida na forma como são avaliados títulos da dívida pública federal.

Suponha-se que um investidor adquiriu uma Letra do Tesouro Nacional na monta de $ 10.000 e que esse título rende uma taxa de 5,75% ao ano. Transcorrido um mês dessa aquisição, o título valerá, por acúmulo do regime de competência, exatos $ 10.046,70. Já ao término do período de 12 meses, os juros acumulados desse papel terão sido de $ 575. A seguir, existirá a amortização de parte da dívida se for o caso e, sobre o novo saldo, haverá o cálculo do novo juro e assim sucessivamente. Portanto, o custo amortizado é o que se chama de curva do papel no jargão de mercado, pois permite que um ativo ou passivo financeiro seja capitalizado a cada período pela taxa pré ou pós-fixada que o corrige.

No tocante ao conceito de valor justo, é importante recobrar que esse critério de mensuração foi originalmente pensado para capturar o valor de mercado de determinados ativos e passivos financeiros. Ocorre que com a crescente ampliação do uso normativo do valor justo, inclusive para ativos não financeiros (por exemplo, ativos biológicos e propriedades para investimentos), houve uma espécie de alargamento conceitual.

No teste do SPPJ, tem-se que sua natureza está vinculada com a forma como o ativo financeiro proverá remunerações para o seu detentor. Títulos de renda variável, ações por exemplo, não possuem indexação a uma taxa de juros, portanto, não perfazem uma curva de juros. Dessa forma, não cabe aplicar para esses papéis a mensuração pelo custo amortizado, restando, por conseguinte, a mensuração pelo valor justo ou o valor original.

O valor original (às vezes denominado inadequadamente custo original) corresponde ao valor nominal declarado a ser recebido ou pago, como Clientes, Fornecedores, Contas a Pagar, se não ajustados a valor presente.

Note-se: se um instrumento financeiro não possui juros atrelados à sua composição remuneratória ou o valor do principal não será pago de volta ao agente superavitário que realizou investimentos nesse papel, referido ativo financeiro não atende ao conceito do pagamento de principal e juros. Destarte, falha no teste do SPPJ, cabendo sua metrificação pelo valor justo.

Eis a síntese do teste SPPJ; caso um ativo financeiro o atenda, passa para a segunda avaliação, a qual se encontra centrada no modelo de negócios da entidade que realizou o investimento, do contrário compete de imediato a mensuração desse ativo financeiro pelo valor justo.

O teste do modelo de negócios tem a sua natureza cingida à forma como as entidades trataram negocialmente ativos financeiros similares ao que está sendo avaliado. Por exemplo, suponha-se que uma empresa acabou de adquirir um título no valor de $ 15.000 cuja remuneração se dará por meio de uma taxa fixa na ordem de 6% ao ano (resta demonstrado que o título atende ao teste do SPPJ). Em experiências passadas, quando a mesma entidade adquiriu papéis similares ao ativo financeiro em questão, na expressiva maioria das vezes os vendeu em condições favoráveis de mercado. Desse modo, é mais esperado que a empresa venda esse papel antes do seu vencimento do que o caso contrário. Portanto, competirá avaliá-lo pelo valor justo, ainda que haja condições de se determinar a curva de juros do ativo.

O teste de modelo de negócios tem uma implicação fulcral para o bom entendimento da forma como uma entidade gere, do ponto de vista das avaliações probabilísticas, os investimentos que realiza em instrumentos financeiros pré ou pós-fixados. E veja-se que essa ideia é totalmente relevante para o caso das vendas a prazo; esses recebíveis, se destinados a serem recebidos no vencimento, ficam obrigatoriamente pelo valor original ou custo amortizado (se trazidos a valor presente); se destinados a serem vendidos, ficam obrigatoriamente a valor justo.

Rememore-se o seguinte: os usuários primários das demonstrações contábeis, de acordo com o CPC 00 (R1), são investidores e credores. O uso dessas demonstrações por tais alocadores de recursos tem em perspectiva dois planos com relação ao passado, sendo: (a) avaliar a prestação de contas dos administradores, dado que lhes foi conferido um volume de ativos para que administrassem em favor dos acionistas e credores; e (b) analisar a rentabilidade do negócio justamente advinda da gestão desses recursos. Portanto, todas as escolhas contábeis da entidade que reporta devem ser originalmente pensadas na informação que melhor transpareça o modelo de negócios de uma organização sob a perspectiva de inteligibilidade dos usuários. E há a perspectiva de utilização dessas informações para ajudar no processo de estimar caixas futuros. E para esse fim o assunto é também, obviamente, de total interesse.

Posto isso, suponha-se que uma empresa forma carteiras de investimentos em títulos de dívidas de empresas privadas e do governo federal, mantendo esses títulos para coletar os juros que são pagos periodicamente e os recebimentos dos valores principais. Nesse contexto, a mensuração a valor justo contribuiria muito pouco para se entender a lógica negocial desses ativos para essa entidade específica, porque a expectativa de geração de caixa desses portfólios seria decorrente dos pagamentos de juros e principais, e não da venda no mercado secundário desses papéis.

Agora considere-se uma situação oposta. Isto é, uma entidade compra títulos que atendem ao teste do SPPJ, mas o seu modelo de negócios é vender tais títulos sob as melhores condições mercadológicas. Nesse caso, a informação a valor justo é vital para que os usuários possam compreender o modelo de negócios da empresa, porque se os administradores decidirem postergar as vendas de parte dessa carteira, em prol de expectativas de incrementos de valor de mercado, e isso não se concretizar, os usuários das informações contábeis poderão detectar e metrificar as chances perdidas da alienação de parte ou de todos os instrumentos financeiros em questão.

O exemplo exposto na Tabela 10.1 considera um título adquirido no momento 0, cujo vencimento do principal e juros ocorrerá no momento 5, de modo que durante esse período foram verificados os valores justos apresentados a seguir.

Tabela 10.1 Custo amortizado *versus* Ajuste a valor justo – em reais

Data	Valor	Juros do período	Taxa de juros ao período	Valor justo observado no mercado ativo	Ajuste a valor justo
T0	200.000,00	–	6,25%	200.000,00	–
T1	212.500,00	12.500,00	6,25%	220.000,00	7.500,00
T2	225.781,25	13.281,25	6,25%	223.500,00	–9.781,25
T3	239.892,58	14.111,33	6,25%	241.250,00	3.638,67
T4	254.885,86	14.993,29	6,25%	252.700,00	–3.543,29
T5	270.816,23	15.930,37	6,25%	270.816,23	2.185,86

Pode-se visualizar que os juros do período seriam exatamente os reconhecidos como receitas por conta do regime de competência em cada um dos anos. Portanto, os juros do período perfazem o reconhecimento por meio do critério do custo amortizado. Mas seriam reconhecidos periodicamente como visto na Tabela 10.1.

Já a coluna Ajuste a Valor Justo representa o valor de mercado do título para cada um dos períodos avaliados e o seu registro no resultado do exercício geraria receitas nos períodos T1, T3 e T5, bem como despesas nos períodos T2 e T4, evidenciando os efeitos da gestão da entidade. O comportamento do resultado quando considerados cada um dos critérios de mensurações subsequentes é tal como segue no Gráfico 10.1.

Gráfico 10.1   Custo amortizado *versus* valor justo.

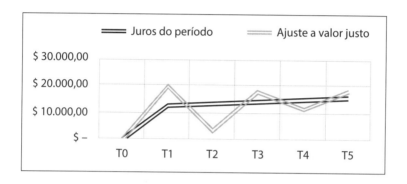

10.3   Teste de *impairment* de instrumentos financeiros

O modelo do teste de *impairment* para ativos financeiros implementado pelo CPC 48 pode ser subdividido em duas abordagens, sendo: (a) abordagem geral; e (b) abordagem simplificada. Precedentemente ao desenvolvimento dessas propostas, é necessário compreender adequadamente a aplicação de cada uma *vis-à-vis* com o modelo de negócios da entidade.

Recorde-se que o objetivo do teste de *impairment* de ativos financeiros é o mesmo de qualquer outro ajuste dessa natureza cabível aos ativos de uma entidade, qual seja: estabelecer que os ativos contábeis não sejam mantidos registrados no Balanço Patrimonial por valores que excedam o seu valor esperado de realização em caixa.

Ocorre que, diferentemente de ativos não financeiros como, por exemplo, estoques, os ativos financeiros são mantidos registrados pelo custo amortizado ou pelo custo histórico (valor original), quando não aplicável a mensuração a valor justo. Ativos que são mensurados pelo valor justo não necessitam ser corrigidos pelo teste de *impairment* à medida que as desvalorizações desses itens são capturadas pelas próprias alterações no valor justo desses instrumentos financeiros.

Desse modo, é possível estabelecer que a rubrica de perdas estimadas com créditos de liquidação duvidosa (PECLD) é a materialização do teste de *impairment* de instrumentos financeiros mensurados pelo custo amortizado ou valor original (comumente, se inclui o valor original como parte dos itens avaliados ao custo amortizado, o que se vê inclusive na normatização), para os quais se tenham dúvidas quanto à completa realização em caixa.

A PECLD, que produz esse ajuste ao valor esperado, pode também ser compreendida como uma predição do que uma organização espera sofrer com inadimplementos. Esse racional se torna mais límpido quando cotejado sob a perspectiva de uma instituição financeira.

Contudo, é importante notar as distinções entre os recebíveis de uma empresa da economia real comparativamente aos de uma instituição financeira. Especialmente porque esse é um formato de entendimento importante para se aplicar uma das duas abordagens do teste de *impairment* supramencionadas.

É possível estabelecer que, enquanto a receita líquida de uma instituição financeira é formada por receitas financeiras, a de um varejista, por exemplo, é composta majoritariamente por receitas de vendas (só se inclui a receita financeira como parte da receita líquida se a entidade não financeira vende a prazo, fia com os recebíveis até o final, e esse juro é significativo; isso demonstra que, na essência, o modelo de negócio é ganhar pela venda e pela receita financeira – mas isso é exceção, já que grande parte dessas são negociadas com terceiros). Portanto, não seria cabível que a mesma forma com que uma instituição financeira apura a sua PECLD fosse também aplicável a uma instituição não financeira. Eis que surgem então a abordagem geral e a simplificada.

Assim, a denominada abordagem geral deve ser aplicada para os casos em que se tem um componente significativo de financiamento no contrato, como é o caso dos recebíveis da indústria bancária. Já para as situações em que o recebível não contém um componente significativo de financiamento na sua formação, a entidade deve aplicar a denominada abordagem simplificada.

Note-se: o CPC 48 não estabelece que a abordagem geral deva ser aplicada exclusivamente para o setor financeiro. A indicação é de que cada organização deverá avaliar se os seus recebíveis possuem componentes significativos de financiamento e se concluírem que sim, então, deverá ser aplicada a abordagem geral em detrimento da abordagem simplificada, independentemente do segmento econômico. Imagine-se que uma indústria de capital produza tratores que ela mesma financia diretamente ao cliente por vários anos, e mantém essa carteira até final. Nesse caso, aplica-se a abordagem geral.

O montante exposto ao risco de perda se refere ao valor do ativo financeiro ou somatório de um conjunto de ativos financeiros de mesma natureza submetidos ao teste de *impairment* estabelecido pelo CPC 48; a probabilidade final de inadimplemento refere-se à melhor estimativa da não recuperação de parte dos ativos financeiros sujeitos ao teste de *impairment*, respectivamente deduzida a taxa de recuperação quando do inadimplemento.

Iniciando-se com um exemplo da **abordagem simplificada**, é possível visualizar que uma das formas mais usuais de se implementar a PECLD com base nessa proposta é por meio das matrizes de perdas estimadas. A matriz de perdas estimadas nada mais é do que uma decomposição analítica das taxas de perdas passadas por meio de fatores específicos, de modo a permitir que se calcule a expectativa de inadimplência para tipos de clientes, regiões, capacidade creditícia etc.

Para fins exemplificativos, suponha-se que a empresa Alfa possua uma taxa média de inadimplemento de vendas a prazo na ordem de 15%. Por meio de um estudo descritivo mais aprofundado a respeito dessa taxa de anos anteriores, os gestores de Alfa descobriram que os 15% podem ser divididos em 7,5% para clientes da região A, 2,5% para clientes da região B e 5% para clientes da região C. Adicionalmente, os gestores também verificaram que os seus clientes são basicamente divididos em pessoas físicas e pessoas jurídicas. A inadimplência média de PFs foi 2/3 e de 1/3 para PJs. Com base nessas informações, estabeleceram a Tabela 10.2.

Tabela 10.2 Matriz de perdas estimadas da Cia. Alfa – Parcial

Regiões	Clientes	% Default
A	PF	5,00%
A	PJ	2,50%
B	PF	1,67%
B	PJ	0,83%
C	PF	3,33%
C	PJ	1,67%
	Total	15,00%

Veja-se que a decomposição analítica da taxa de 15% permitiu compreender que sua distribuição não é uniforme entre os diferentes perfis de clientes, bem como entre as distintas áreas em que a empresa Alfa atua. Naturalmente, poderia ser adicionado um sem-número de outros fatores que fariam com que o detalhamento dos percentuais fosse cada vez mais granular, como, por exemplo, o tempo de vencimento dos recebíveis. No entanto, é sempre necessário verificar o balanceamento entre o custo para se obterem informações mais detalhadas em face do benefício que produzirão.

Em continuidade ao exemplo da Cia. Alfa, suponha-se que a empresa possua contas a receber na monta de $ 5.000.000. Se simplesmente Alfa tivesse aplicado 15% sobre o valor de $ 5.000.000 para formação da sua PECLD, então o valor a ser registrado como expectativa de perda por não recebimento seria da ordem de $ 750.000,00. Contudo, cônscios de que esse não é formato mais adequado, os gestores de Alfa solicitaram que o cálculo fosse feito segregando os recebíveis de acordo com os grupos da Tabela 10.2, tal como demonstrado adiante.

Tabela 10.3 Matriz de perdas esperadas da Cia. Alfa – Completa – em reais

Regiões	Clientes	% Default	Recebíveis	PECLD
A	PF	5,00%	1.000.000,00	50.000,00
A	PJ	2,50%	500.000,00	12.500,00
B	PF	1,67%	2.500.000,00	41.666,67
B	PJ	0,83%	300.000,00	2.500,00
C	PF	3,33%	250.000,00	8.333,33
C	PJ	1,67%	450.000,00	7.500,00
	Total	15,00%	5.000.000,00	122.500,00

Com base nos cálculos da Tabela 10.3, os gestores de Alfa discutiram sobre a taxa de recuperação de créditos inadimplidos; isto é, ao passo que um cliente não paga, são iniciados esforços de cobrança extrajudicial e judicial, os quais culminam com a recuperação de cerca de 30% dos valores em aberto. Portanto, para efetiva apuração do saldo da PECLD houve a ponderação de 70% sobre o saldo de $ 122.500, restando o produto de $ 85.750,00 dessa multiplicação que é o saldo da PECLD a ser registrada.

Reconhecimento da PECLD – Abordagem simplificada	Débito	Crédito
Despesa com PECLD	85.750,00	
PECLD		85.750,00

Obviamente, há que se manter controles analíticos desses valores e do comportamento dos recebíveis, normalmente extracontabilmente.

Conforme se tem, caso a Companhia Alfa tivesse registrado uma PECLD provinda da aplicação de 15% sobre o valor de $ 5.000.000, superestimaria as melhores estimativas de perda por não recebimento na ordem de $ 664.250 ($ 750.000 – $ 85.750). Por outra perspectiva, caso tivesse registrado o valor de $ 122.500, bruto da taxa de recuperação de 30%, incorreria numa superavaliação na ordem de $ 36.750.

Compete mencionar que a matriz de perdas estimadas baseada no histórico passado e contemplada na abordagem simplificada do CPC 48 é uma técnica altamente dependente da retroalimentação de informações observadas; portanto, a matriz de perdas estimadas deve ser revista periodicamente, geralmente a cada exercício, para que incrementos na inadimplência, por faixa de clientes e de outros fatores de especificação, possam ser capturados por esse modelo e devidamente refletidos no saldo da PECLD.

Passando-se para a abordagem geral, não é equivocado dizer que essa abordagem tem sido usualmente denominada modelo de três estágios, os quais podem ser genericamente compreendidos como demonstrado na Tabela 10.4.

Tabela 10.4 Aumento da deterioração no risco de crédito – Abordagem geral

Estágio I	Estágio II	Estágio III
Ativos financeiros que não sinalizaram aumento de risco de crédito desde seu reconhecimento inicial. Logo, PECLD para os próximos 12 meses	O risco de crédito aumentou desde o reconhecimento inicial, mas não há indicação objetiva de que o ativo objeto possua um risco de crédito pior. Por exemplo, uma carteira de financiamento de veículos para um prazo médio de três anos adimplida em sua grande maioria. Todavia, a taxa de desemprego está em elevação e sabe-se, por meio de correlação, que o inadimplemento de uma carteira como esta possui correlação com essa variável econômica. Passa-se então a mensurar a perda esperada para toda vida útil da carteira e não somente 12 meses.	Há indicações objetivas, como, por exemplo, aumento no atraso dos pagamentos, de que o risco de crédito do ativo financeiro piorou. Continua-se a mensuração da perda esperada para toda vida útil da carteira e não somente 12 meses.
Resultado Financeiro = Taxa de Juros Efetiva × Custo Amortizado Bruto	Resultado Financeiro = Taxa de Juros Efetiva × Custo Amortizado Bruto	Resultado Financeiro = Taxa de Juros Efetiva × Custo Amortizado Líquido* *(Custo Amortizado Bruto – PECLD)

Algumas informações para utilizar na determinação dos gatilhos desses estágios poderiam ser: risco de inadimplência, avaliação por meio de uma empresa de *rating*, capacidade de pagamento, mudanças no cenário econômico, mudanças no cenário político que culminariam por afetar o econômico, dentre outros elementos amplamente divulgados pela literatura de análise de crédito. Existe uma presunção refutável de que o risco de crédito aumenta significativamente quando os pagamentos contratuais estão vencidos há mais de 30 dias.

Outro ponto fundamental de destaque é a transitividade do modelo de três estágios, isto é, suponha-se que, em virtude de uma piora nos fundamentos econômicos, toda uma carteira de recebíveis tenha sido movida do segundo para o terceiro estágio; entretanto, após a recuperação econômica essa mesma carteira possui condições para voltar ao estágio II ou para o estágio I. Dessa maneira, caberá à entidade reclassificar a carteira para os estágios precedentes. Ou seja, da mesma forma que um ativo financeiro pode avançar nos estágios, esse também poderá voltar para as seções anteriores.

A Parte B do CPC 48,[1] seção que inclui orientações de aplicação da norma e exemplos conceituais, indica uma forma de aplicação da abordagem geral para 12 meses, levando em consideração a abordagem explícita de probabilidade de inadimplência, conforme adaptação a seguir.

Exemplo prático

Abordagem geral – Reconhecimento da PECLD para 12 meses

Cenário 1

A entidade A concede um único empréstimo amortizável em 10 anos de $ 1 milhão. Levando em consideração as expectativas para instrumentos com risco de crédito similar (utilizando informações razoáveis e sustentáveis disponíveis, sem custo ou esforço excessivos), o risco de crédito do mutuário e o panorama econômico para os próximos 12 meses, a entidade A estima que o empréstimo no reconhecimento inicial tenha a probabilidade de inadimplência (PI) de 0,5% durante os próximos 12 meses. A entidade A também determina que alterações na PI de 12 meses são uma aproximação razoável das alterações na PI permanente para determinar se houve aumento significativo no risco de crédito desde o reconhecimento inicial.

Na data do relatório (que é antes que o pagamento do empréstimo seja devido), não ocorreu alteração na PI de 12 meses e a entidade A determina que não houve aumento significativo no risco de crédito desde o reconhecimento inicial. A entidade A determina que 25% do valor contábil bruto deve ser perdido se o empréstimo não for pago (ou seja, a *Loss Given Default* ou Perda dado o Inadimplemento é de 25%). A entidade A mensura as perdas esperadas no valor equivalente às perdas de crédito esperadas para 12 meses utilizando a PI de 12 meses de 0,5%. A probabilidade de 99,5% de que não deve ocorrer inadimplência está implícita nesse cálculo. Na data do relatório, o ajuste para as perdas de crédito esperadas para 12 meses é de $ 1.250 (0,5% × 25% × $ 1.000.000).

Cenário 2

A entidade B adquire uma carteira de 1.000 empréstimos "balão" (*bullet loans*) de cinco anos de $ 1.000 cada (ou seja, $ 1 milhão no total) com uma PI média de 12 meses de 0,5% para a carteira. A entidade B conclui que, como os empréstimos somente têm obrigações de pagamento significativas após os próximos 12 meses, não é apropriado considerar alterações

---

[1] Para mais detalhes, veja: http://www.cpc.org.br/CPC/Documentos-Emitidos/Pronunciamentos/Pronunciamento?Id=106. Acesso em: 21 nov. 2021.

na PI de 12 meses ao determinar se houve aumentos significativos no risco de crédito desde o reconhecimento inicial. Na data do relatório, a entidade B utiliza, portanto, as alterações na PI permanente para determinar se o risco de crédito da carteira aumentou significativamente desde o reconhecimento inicial.

A entidade B determina que não houve aumento significativo no risco de crédito desde o reconhecimento inicial e estima que a carteira tem a *Loss Given Default* média de 25%. A entidade B determina que é apropriado mensurar o ajuste para perdas coletivamente de acordo com o CPC 48. A PI de 12 meses permanece 0,5% na data do relatório. Portanto, a entidade B mensura o ajuste para perdas coletivamente no valor equivalente às perdas de crédito esperadas para 12 meses com base na PI de 12 meses média de 0,5%. A probabilidade de 99,5% de que não deve ocorrer inadimplência está implícita no cálculo. Na data do relatório, o ajuste para perdas de crédito esperadas para 12 meses é de $ 1.250 (0,5% × 25% × $ 1.000.000).

Ressalta-se que em ambos os cenários o IASB se limita a dar exemplos partindo de probabilidades de inadimplência já determinadas. Na prática, o grande desafio de implementação da abordagem geral consiste justamente nessa etapa, pois a implementação de modelos estatísticos para realizar tais previsões dependerá inclusive das habilidades quantitativas que os profissionais contábeis possuírem.

10.4 Hedge accounting

A contabilização de operações de *hedge* é uma metodologia especial para que as demonstrações financeiras reflitam de maneira adequada o regime de competência quando da realização de operações de proteção (*hedge*) pela empresa. A aplicação desse mecanismo, entretanto, altera a base de mensuração e a contabilização dos itens objeto de *hedge* (itens protegidos) ou dos instrumentos de *hedge* (no caso de *hedge* de fluxo de caixa e de *hedge* de investimento no exterior). Assim, há a exigência de que a entidade comprove que a operação realizada é, de fato, uma operação de *hedge*.

A operação de proteção denominada *hedge* pode ser entendida a partir de um exemplo muito simples: uma empresa faz uma compra de imobilizado a ser paga em dólar, mas não quer correr o risco da variação cambial. Vai ao mercado e faz a compra dos dólares para a data do pagamento da dívida, mas para receber esses dólares e fazer seu pagamento no dia do vencimento da dívida. Vai ter custo esse procedimento, porque alguém estará assumindo o risco da variação cambial. A compra dos dólares é uma medida de proteção, de *hedge*. Mas há formas mais complexas a ver à frente. Inclusive será retomado esse exemplo.

O principal objetivo da metodologia de *hedge accounting* é o de refletir a operação dentro de sua essência econômica, de maneira a resolver o problema de confrontação entre receitas/ganhos e despesas/perdas existente quando os derivativos são utilizados nessas operações. Vale ressaltar que o *hedge accounting* não é obrigatório, mas sim um direito que a empresa tem. Caso a utilização dessa política seja desejada, determinados critérios devem ser atendidos. Os principais critérios a serem atendidos são:

a) Identificar qual o risco objeto de *hedge* e o respectivo período.

b) Identificar o(s) item(ns) ou transação(ções) objeto de *hedge*.

c) Identificar o instrumento de *hedge*.

d) Demonstrar que o *hedge* será altamente eficaz.
e) Monitorar de maneira retrospectiva a eficiência do *hedge*.

Quando as operações de *hedge* forem designadas e cumprirem os requisitos para a aplicação do *hedge accounting*, uma das três categorias, a seguir descritas, deve ser selecionada:

a) **Hedge de valor justo**: nesse caso o *hedge* tem como finalidade proteger um ativo ou passivo reconhecido, ou um compromisso firme ainda não reconhecido. Variações no valor justo do derivativo são contabilizadas no resultado juntamente com as variações no item sendo protegido – isso só pode ocorrer quando se tratar de *hedge* de valor justo.

b) **Hedge de fluxo de caixa**: é o *hedge* de uma exposição à variabilidade no fluxo de caixa, atribuível a um determinado risco associado com um ativo ou passivo reconhecido ou uma transação altamente provável, que possa afetar o resultado da entidade (dívida pós-fixada ou uma transação futura projetada). As variações no valor justo do derivativo são contabilizadas em conta de patrimônio na conta de Ajuste de Avaliação Patrimonial (a parte efetiva) sendo reclassificadas para o resultado no momento da realização contábil da transação protegida. Nesse tipo de *hedge*, o resultado fica intacto até o momento da realização do fluxo de caixa decorrente do objeto de proteção, mas o patrimônio é afetado.

c) **Hedge de investimentos no exterior**: nesse tipo de *hedge*, ganhos e perdas são contabilizados no Patrimônio para compensar os ganhos e perdas no investimento, sendo a parte ineficaz do *hedge* contabilizada em resultado. Os ganhos e perdas devem permanecer no Patrimônio Líquido e somente serão baixados no momento da venda, descontinuidade ou perda de valor recuperável do investimento no exterior.

Para fins exemplificativos, suponha-se que a empresa E realizou compromissos firmes para importação de maquinários na data de T0 cujas entregas ocorrerão dois meses depois em T2. A moeda funcional da companhia E é o real brasileiro, mas as máquinas estão sendo negociadas em dólares norte-americanos, de modo que a empresa ficará exposta às variações cambiais durante um bimestre. Ao todo, foram encomendadas 10 máquinas no valor unitário de $ 1.000.000, conforme revela a Tabela 10.5.

Tabela 10.5 Compromisso firme da Cia. E

Máquinas	Total (UN)	Valor USD	Total USD	Paridade USD – BRL	Total BRL
T0	10	1.000.000,00	10.000.000,00	3,50	35.000.000,00

> **Exemplo prático**
>
> Em T0, a Cia. E entrou em uma posição no derivativo K com a finalidade de travar a paridade cambial USD – BRL em R$ 3,50 para os próximos dois meses e manter o valor total da aquisição em R$ 35 milhões. A variação cambial flutuou nos dois meses seguintes conforme vemos na Tabela 10.6.

O CPC 48 estabelece que derivativos são instrumentos financeiros que conjugam três características concomitantes, sendo: (a) possuem liquidação futura; (b) têm o seu valor justo inicial nulo ou pequeno; e (c) têm o seu valor justo atrelado a algum ativo subjacente.

No exemplo em tela, K é um derivativo cambial cuja motivação reside em fixar a paridade real-dólar do período T0 até T2. Dessa maneira, o seu valor justo inicial é igual a zero à medida que nessa data não se tem variações cambiais que afetem o contrato, bem como resta claro que o valor do derivativo K irá mudar ao passo que a paridade cambial se altere. Por fim, sua liquidação ocorrerá em T2.

Tabela 10.6 Variação do valor justo do derivativo K

Máquinas	Total (UN)	Valor USD	Total USD	Paridade USD – BRL	Total BRL	Variação do valor justo do derivativo K
T0	10	1.000.000,00	10.000.000,00	3,50	35.000.000,00	
T1	10	1.000.000,00	10.000.000,00	3,90	39.000.000,00	4.000.000,00
T2	10	1.000.000,00	10.000.000,00	4,20	42.000.000,00	3.000.000,00

Esse exemplo poderia ensejar a adoção de um *hedge* de fluxo de caixa ou de um *hedge* de valor justo. A seguir, será apresentada a abordagem do *hedge* de valor justo.

Exemplo prático

Hedge de valor justo de um compromisso firme Reconhecimento das variações do AVJ do Derivativo K (T1)	Débito	Crédito
AVJ Derivativo (Ativo)	4.000.000	
Resultado		4.000.000

Esse lançamento inicial decorre do aumento do valor justo do derivativo na ordem de R$ 4 milhões, tendo em vista que houve uma valorização do dólar de $ 3,50 para $ 3,90.

Reconhecimento das variações do AVJ do compromisso firme K (T1)	Débito	Crédito
Resultado	4.000.000	
Compromisso Firme (Passivo)		4.000.000

Esse registro refere-se a quão mais caro ficou para se adquirir o maquinário à medida que o dólar se apreciou frente ao real. Todavia, é importante notar que se trata de um *hedge* perfeito. Isto é, para cada unidade monetária exposta tem-se uma cobertura idêntica para travar o câmbio. É possível concluir que a receita de $ 4 milhões do lançamento anterior é anulada pela despesa de igual valor desse lançamento.

Reconhecimento das variações do AVJ do compromisso firme K (T2)	Débito	Crédito
AVJ Derivativo (Ativo)	3.000.000	
Resultado		3.000.000

Esse registro segue a mesma lógica do ajuste a valor justo anterior. Ou seja, é reconhecido no resultado o ajustamento por conta da variação positiva do câmbio, com consequente aumento do valor justo do derivativo.

Reconhecimento das variações do AVJ do Compromisso Firme K (T2)	Débito	Crédito
Resultado	3.000.000	
Compromisso Firme (Passivo)		3.000.000

Essa é a mesma lógica do lançamento do ajuste a valor justo do compromisso firme para T1.

Liquidação financeira do derivativo K	Débito	Crédito
Caixa	7.000.000	
AVJ Derivativo (Ativo)		7.000.000

Esse registro refere-se ao recebimento dos valores apurados por conta do derivativo K, cujos valores serão pagos pelo banco contraparte da operação à companhia contratante.

Compra das máquinas	Débito	Crédito
Imobilizado	42.000.000	
Caixa		42.000.000

Esse registro representa a aquisição do maquinário pela paridade cambial da data da aquisição.

Ajuste de Imobilizado pelo saldo do compromisso firme	Débito	Crédito
Compromisso Firme (Passivo)	7.000.000	
Imobilizado		7.000.000

Esse registro acaba fazendo com que o imobilizado, mesmo com o pagamento de $ 42 milhões ao vendedor, seja efetivado por $ 35 milhões que, em última análise, representa a saída líquida de caixa, uma vez que a diferença de $ 7 milhões estava protegida pela operação de *hedge*.

Nesse exemplo, verifica-se a simetria entre os registros contábeis; essa é a proposta do *hedge accounting*, ainda que em situações mais complexas não seja possível alcançar o *hedge* perfeito, isto é, quando 100% das variações do instrumento são atreladas a 100% das variações do objeto.

Caso tivesse sido empregado o *hedge* de fluxo de caixa, os lançamentos por conta do reconhecimento do compromisso firme não ocorreriam, bem como os ajustes a valor justo não seriam registrados no resultado do exercício, mas sim na conta de Ajuste de Avaliação Patrimonial. Por exemplo, uma empresa tem dívida em dólar e exporta em dólar. O valor da dívida sobe ou desce por conta do câmbio, mas essa mesma variação cambial afetará o valor das exportações seguintes. Assim, com o uso do *hedge* de fluxo de caixa, a variação cambial da dívida será registrada no Patrimônio Líquido para ser baixada quando do reconhecimento da venda.

Quanto ao *hedge* de investimentos líquidos no exterior, é possível estabelecer a seguinte exemplificação: a empresa A faz um *hedge* de sua participação em uma controlada chinesa. A empresa deseja proteger-se da variação cambial sobre o PL da investida. Para isso, toma emprestado o montante referente à sua participação na empresa chinesa, que é de 120.000.000 de yuans. Se as condições de *hedge accounting* forem satisfeitas, os ganhos ou perdas com a variação cambial do título (que seriam contabilizados no resultado pelo IAS 21) são contabilizados no PL. Assim, mitiga-se a inconsistência de mensuração considerando que a variação cambial do PL da investida e do título de dívida é reconhecida no PL. Lembre-se, esse ajuste não é feito contra o resultado, pois a decisão da aplicação é dos acionistas e, assim, seus efeitos vão direto para o PL. O valor é lá armazenado e somente será revertido com a venda da participação na controlada.

# Passivo Exigível

11.1 Introdução

São exemplos de contas do Passivo: Fornecedores, Salários e Encargos Sociais a Pagar, Obrigações Fiscais, Empréstimos e Financiamentos, Debêntures, Provisões para Riscos, dentre outras obrigações.

Tais obrigações podem ser classificadas tanto no Passivo Circulante quanto no Passivo Não Circulante, dependendo do prazo de vencimento. Assim, o objetivo deste capítulo é apresentar os conceitos iniciais sobre Passivo, além de explorar mais detalhadamente os grupos de fornecedores, obrigações fiscais e outras obrigações. Os demais grupos do Passivo serão abordados nos próximos capítulos deste *Manual*.

11.2 Conceitos gerais de passivo

11.2.1 Definição e reconhecimento

Com base na definição de que passivo é "uma obrigação presente da entidade de transferir um recurso econômico como resultado de eventos passados", o CPC 00 (R2) determina que, para ser considerado um passivo, três critérios devem ser satisfeitos:

1. A entidade tem uma obrigação, que pode ser legalmente exigível, por meio de um contrato ou estatuto, ou em decorrência de práticas usuais do negócio e do desejo de manter boas relações comerciais.
2. A obrigação é de transferir um recurso econômico, ou seja, é esperado que a liquidação da obrigação resultará na saída de recursos capazes de gerar benefícios econômicos futuros (basicamente ativos, mas nem sempre). Essa saída de recursos pode ocorrer por meio do pagamento em caixa, transferência de outros ativos, prestação de serviços, substituição da obrigação por outra, ou ainda conversão da obrigação em item patrimonial.
3. É uma obrigação presente que existe como resultado de eventos passados.

Se os três critérios forem satisfeitos, a obrigação atende ao conceito de passivo. Entretanto, nem todas as obrigações que atendem ao conceito de passivo devem ser reconhecidas nas demonstrações contábeis. Especificamente, o CPC 00 (R2) determina que o passivo somente deve ser reconhecido se fornecer informações úteis aos usuários das informações contábeis, ou seja, se resultar em informações relevantes e que representem fidedignamente o evento.

Nesse sentido, o passivo não deve ser reconhecido se existir incerteza sobre sua existência ou se a probabilidade de saída de benefícios econômicos para sua liquidação for baixa. Também não devem ser reconhecidos os passivos em que o nível de incerteza na mensuração é tão grande a ponto de levantar questionamentos sobre se as estimativas utilizadas realmente permitem a representação fidedigna. O Capítulo 12 explica melhor.

11.2.2 Classificação

Se atender aos critérios de reconhecimento, o passivo pode ser classificado tanto no Circulante quanto no Não Circulante, sendo que essa classificação depende fundamentalmente do ciclo operacional da empresa.

A Lei nº 6.404/1976, em seus arts. 179 e 180, determina que, quando o ciclo operacional da empresa for menor ou tiver a mesma duração que o exercício social, o critério para classificação entre Passivo Circulante e Não Circulante é o período de 12 meses após o encerramento das demonstrações contábeis atuais. Entretanto, se o ciclo operacional da empresa for superior ao período do exercício social (como é o caso de empresas que constroem edifícios, fabricam grandes equipamentos, navios etc., em que o prazo de construção ou montagem é maior que 12 meses), a Lei nº 6.404/1976 determina que deve prevalecer a duração do ciclo operacional.

É importante observar que o exercício social é o da empresa e nada tem a ver com o ano civil de 1º de janeiro a 31 de dezembro. Entretanto, muitas empresas têm seu exercício social coincidente com o ano civil, talvez por influência da legislação fiscal, que determina que a apuração do imposto de renda deve ser com base nos resultados apurados no término do ano civil (31 de dezembro). Apesar disso, algumas empresas utilizam exercícios sociais diferentes, como 31 de março, em decorrência da sazonalidade de suas atividades, como as empresas do setor de açúcar e álcool ou de produtos agrícolas.

Ainda sobre a classificação em Circulante e Não Circulante, o CPC 26 (R1) – Apresentação das Demonstrações Contábeis, em seu item 69, orienta que devem ser classificados no Circulante os passivos que atenderem qualquer um dos seguintes critérios: (a) serão liquidados no ciclo operacional normal da entidade; (b) estão mantidos essencialmente para a finalidade de negociação; (c) devem ser liquidados no período de até 12 meses após a data do Balanço; ou (d) a entidade não tem o direito incondicional de diferir a liquidação do Passivo durante pelo menos 12 meses após a data do Balanço.

Adicionalmente, o CPC 26 (R1) também destaca que as obrigações decorrentes de itens operacionais, como gastos com empregados e fornecedores, são classificadas como Circulante mesmo que a previsão de liquidação seja para um período maior que 12 meses após a data de encerramento das demonstrações contábeis.

Por fim, em alguns setores não faz muito sentido a divisão entre Circulante e Não Circulante, como pode ser o caso de bancos e seguradoras, por exemplo. Mas, nesses casos, é necessário que a nota explicativa dê o *aging* dos realizáveis e exigíveis relevantes, com sua divisão típica em: "até 3 meses", "de 3 a 6 meses", "de 2 a cinco anos" etc.

11.2.3 Mensuração

Em relação ao processo de mensuração dos passivos, o art. 184 da Lei nº 6.404/1976 determina que:

> "I – as obrigações, encargos e riscos, conhecidos ou calculáveis, inclusive Imposto sobre a Renda a pagar com base no resultado do exercício, serão computados pelo valor atualizado até a data do Balanço;
>
> II – as obrigações em moeda estrangeira, com cláusula de paridade cambial, serão convertidas em moeda nacional à taxa de câmbio em vigor na data do Balanço;
>
> III – as obrigações, encargos e riscos classificados no passivo não circulante serão ajustados ao seu valor presente, sendo os demais ajustados quando houver efeito relevante."

Em relação ao item III, o CPC 12 – Ajuste a Valor Presente também corrobora a obrigatoriedade de ajustar a valor presente as contas do Passivo Não Circulante, sendo que as obrigações de curto prazo devem ser ajustadas quando o efeito for material. O efeito do ajuste deve ser contabilizado como conta redutora do passivo em questão.

Adicionalmente, ressalta-se que alguns passivos também podem ser mensurados ao valor justo, como é o caso de alguns instrumentos financeiros. Para mais informações, consulte o Capítulo 10 – Instrumentos Financeiros.

11.3 Fornecedores

Representa as obrigações da empresa decorrentes das compras de produtos e serviços necessários para o desenvolvimento de suas atividades, incluindo não apenas a compra de matérias-primas, mas também de mercadorias e outros materiais, como embalagens. Essa conta não deve ser utilizada para obrigações decorrentes da aquisição de ativos imobilizados ou outros investimentos não circulantes, os quais devem ser registrados em contas separadas e específicas.

Em relação ao momento de reconhecimento, a contabilização das compras e o registro do passivo devem ser feitos na data em que o controle da mercadoria é transferido para o comprador. Geralmente, essa data corresponde à posse física do bem, mas não necessariamente. Existem algumas situações em que o comprador assume todos os riscos e custos com o transporte da mercadoria. Nesses casos, portanto, o comprador já adquiriu o controle da mercadoria, mesmo antes e ter a posse física dela. Assim, o comprador deve reconhecer a "mercadoria em trânsito" e a obrigação com o fornecedor no momento de obtenção do controle, sendo que, quando do recebimento físico da mercadoria, deve transferir de "Mercadoria em Trânsito" para a conta específica do estoque.

O valor a ser contabilizado na conta de fornecedores é o constante na nota fiscal ou fatura. No caso de compras de mercadorias no exterior, o valor em moeda nacional a ser registrado no Estoque e no Passivo deve ser o das faturas, em moeda estrangeira, convertido para moeda nacional pela taxa de câmbio da data em que houve a transferência do controle das mercadorias. Adicionalmente, ao final de cada exercício, se ainda existirem saldos em aberto com fornecedores em moeda estrangeira, a dívida deverá ser atualizada com base na taxa cambial da data do Balanço, e a variação cambial reconhecida no resultado do exercício, conforme CPC 02 (R2).

Nas situações em que a empresa realizar adiantamentos aos fornecedores de matérias-primas ou mercadorias, tais adiantamentos devem ser contabilizados no próprio grupo de Estoques, porém em uma conta específica denominada Adiantamento a Fornecedores.

Exemplo prático

Adiantamento de fornecedores

No dia 15/08/X0, a empresa ABC assinou um contrato com o seu fornecedor para adquirir 100 unidades de determinada mercadoria, ao preço unitário de R$ 200 cada. No contrato, estava previsto o pagamento de 40% do valor no momento da assinatura e 60% após 30 dias do recebimento das mercadorias.

Sendo assim, no dia da assinatura do contrato (15/08/X0) a empresa ABC deveria efetuar o seguinte lançamento contábil:

	Débito	Crédito
Adiantamento de Fornecedores (Estoques)	8.000	
a Caixa e Equivalentes de Caixa		8.000

Considere a entrega ao comprador no dia 10/09/X0, quando o controle das mercadorias foi transferido para o comprador. Portanto, em 10/09/X0 a empresa ABC deveria registrar:

	Débito	Crédito
Estoques	20.000	
a Adiantamento de Fornecedores (Estoques)		8.000
a Fornecedores		12.000

Caso exista a necessidade de segregação da obrigação entre curto e longo prazo, é importante observar que as parcelas do longo prazo devem ser obrigatoriamente ajustadas a valor presente e as parcelas do curto prazo devem ser ajustadas se o efeito for material. A Seção 5.2.3 do Capítulo 5 deste *Manual* apresenta um exemplo prático da segregação do Passivo em curto e longo prazo e também do Ajuste a Valor Presente.

Exemplo prático

Fornecedores em moeda estrangeira

No dia 31/08/X0, uma empresa adquiriu mercadorias de um fornecedor estrangeiro, no valor de US$ 20.000. A entrega da mercadoria ocorreu no dia 31/10/X0. Durante o período entre a data da compra (31/08/X0) e a data da entrega (31/10/X0), os riscos da mercadoria estiveram sob responsabilidade do fornecedor estrangeiro, que arcou com todos os gastos de frete e seguro (operação realizada na modalidade *Cost, Insurance and Freight* (CIF). Consequentemente, apenas no momento do recebimento físico da mercadoria (31/10/X0) é que houve a transferência de controle para o comprador.

O pagamento das compras ocorreu 60 dias após o recebimento físico da mercadoria. A taxa de câmbio era de R$ 1,80 na data da compra (31/08/X0), passando para R$ 1,90 na data do recebimento físico (31/10/X0) e, por fim, para R$ 2,00 na data do efetivo pagamento ao fornecedor.

Considerando que a transferência do controle da mercadoria ocorreu apenas no momento do recebimento físico, somente em 31/10/X0 a empresa compradora contabilizou as compras nos estoques e, consequentemente, reconheceu a obrigação com o fornecedor. O lançamento contábil, nessa ocasião, seria:

	Débito	Crédito
Estoques de Mercadorias para Revenda	38.000	
a Fornecedores Estrangeiros		38.000

O valor contabilizado (R$ 38.000) corresponde ao valor em moeda estrangeira (US$ 20.000) multiplicado pela taxa de câmbio da data da transferência do controle ($ 1,90). Quando do pagamento das obrigações com o fornecedor estrangeiro, em 31/12/X0, a taxa de câmbio passou para $ 2,00 e, portanto, o valor da dívida deve ser atualizado creditando-se a conta de Fornecedores Estrangeiros e debitando-se a conta de Resultado de Variações Cambiais. Assim, em 31/12/X0, o seguinte lançamento contábil seria realizado:

Pelo reconhecimento da variação cambial:

	Débito	Crédito
Variações Cambiais (Despesas financeiras)	2.000	
a Fornecedores Estrangeiros		2.000

Valor Atualizado do Passivo US$ 20.000 a $ 2,00/US$	40.000
Menos: Saldo anterior	(38.000)
Variação Cambial	2.000

É importante observar que o Estoque não sofre os efeitos da variação cambial, já que continuará registrado, se ainda estiver com a empresa, pelo valor de $ 38.000.

11.4 Obrigações fiscais

Nesse grupo de contas são registradas as obrigações da companhia com o Governo relativas a impostos, taxas e contribuições. Apresentamos a seguir uma breve descrição das principais contas, segregando em: (a) Impostos Incidentes sobre a Receita; (b) Impostos Incidentes sobre o Lucro; (c) Retidos na Fonte; e (d) Outros.

11.4.1 Impostos Incidentes sobre a Receita

a) IPI A RECOLHER

Representa a obrigação da companhia com o Governo Federal, relativa ao Imposto sobre Produtos Industrializados (IPI). Entre os impostos incidentes sobre a receita, o IPI é o único calculado "por fora", ou seja, calculado sobre o valor bruto cobrado ao cliente. O Decreto nº 7.212/2010, que regulamenta o IPI, em seu art. 262, estabelece os prazos de recolhimento desse imposto.

Ressalta-se que a conta de IPI a Recolher existirá apenas para as empresas contribuintes do IPI, como é o caso das empresas industriais, sendo que o valor que a empresa deve realmente recolher é o valor do imposto calculado sobre as vendas efetuadas deduzido do valor pago por ocasião das compras com direito a crédito. Para mais informações, consulte o Capítulo 18 deste *Manual*.

b) ICMS A RECOLHER

Representa a obrigação da companhia com o Governo Estadual, relativa ao Imposto sobre Circulação de Mercadorias e Serviços (ICMS). Especificamente, o ICMS incide sobre o valor agregado em cada etapa do processo de industrialização e comercialização da mercadoria ou produto, até chegar ao consumidor final, e sobre prestações de serviços de transporte interestadual e intermunicipal e de comunicação.

Sendo um imposto não cumulativo, a apuração do ICMS ocorre pela diferença entre o valor incidente sobre as vendas e o imposto sobre as compras em determinado período. Da mesma forma é o IPI. Se a apuração resultar em ICMS a recolher, tal obrigação deverá ser paga nos meses subsequentes, dependendo dos prazos concedidos pelo Governo Estadual. Na hipótese de a empresa ter saldo de ICMS a seu favor, este deve ser classificado na conta Tributos a Compensar e Recuperar. Para mais informações, consulte o Capítulo 18 deste *Manual*.

c) COFINS E PIS/PASEP A RECOLHER

Essas contas representam o valor mensal a recolher da Cofins e do PIS/Pasep, respectivamente. A Cofins e o PIS/Pasep seguem, atualmente, duas regras gerais de apuração: incidência não cumulativa e incidência cumulativa. Estas metodologias de apuração, que são aplicáveis dependendo do tipo de empresa, têm diferenças quanto às alíquotas aplicáveis e suas respectivas bases de cálculo. Adicionalmente, existem diversos regimes especiais de apuração. Para mais informações, consulte o Capítulo 18.

d) ISS A RECOLHER

Representa a obrigação com o governo municipal, relativa ao imposto incidente sobre os serviços prestados, que deve ser apurado e contabilizado pela competência.

11.4.2 Impostos incidentes sobre o lucro

Tanto o Imposto de Renda (IR) quanto a Contribuição Social sobre o Lucro Líquido (CSLL) incidem sobre o lucro apurado pela empresa em determinado período e são de competência da União. Ou seja, devem ser recolhidos para o Governo Federal. Considerando suas particularidades, o tema será abordado no Capítulo 12 deste *Manual*.

11.4.3 Retidos na fonte

a) IMPOSTO DE RENDA RETIDO NA FONTE (IRRF) A RECOLHER

Representa a obrigação da empresa relativa a valores retidos de empregados e terceiros a título de Imposto de Renda incidente sobre os salários ou rendimentos pagos a terceiros. A sociedade atua simplesmente como responsável pela retenção e respectivo recolhimento, não representando tal operação qualquer despesa para a empresa. Na verdade, é parte do salário pago e já reconhecido como despesa. A alíquota de incidência varia dependendo da natureza jurídica dos rendimentos.

b) CONTRIBUIÇÕES SOCIAIS RETIDAS NA FONTE A RECOLHER

Representa o montante retido pela entidade no momento do pagamento efetuado a outras pessoas jurídicas, pela prestação de serviços profissionais, serviços de limpeza, conservação, manutenção, segurança, vigilância (inclusive escolta), transporte de valores e locação de mão de obra, bem como serviços de assessoria creditícia, mercadológica, gestão de crédito, seleção e riscos, administração de contas a pagar e a receber.

A retenção corresponde à alíquota de 4,65% (1% de CSLL, 3% de Cofins e 0,65% de PIS/Pasep) e o prazo de recolhimento vence no último dia do segundo decêndio do mês subsequente àquele mês em que ocorreu o pagamento do rendimento à pessoa jurídica, conforme o art. 35 da Lei nº 10.833/2003, alterado pela Lei nº 13.137/2015.

11.4.4 Outros

a) IMPOSTO SOBRE OPERAÇÕES FINANCEIRAS (IOF) A PAGAR

O IOF é um imposto de competência da União, que incide sobre operações de crédito, operações de câmbio, operações de seguro, operações relativas a títulos e valores mobiliários e operações com ouro, ativo financeiro ou instrumento cambial. Por ser um imposto que incide sobre diversas operações, tanto as alíquotas aplicáveis quanto os critérios e prazos de cobrança e recolhimento também são diferentes, dependendo da natureza da operação. Toda a legislação encontra-se consolidada no Regulamento do IOF (Decreto nº 6.306/2007, alterado pelo Decreto nº 8.731/2016).

b) PROGRAMA DE RECUPERAÇÃO FISCAL (REFIS)

Por meio da Lei nº 9.964/2000 e legislação complementar a esta, foi instituído o Programa de Recuperação Fiscal (Refis). Essa legislação permitiu às empresas, com algumas restrições, parcelar suas dívidas com a União, no tocante a tributos e contribuições gerenciados pela Secretaria da Receita Federal (SRF) e Instituto Nacional do Seguro Social (INSS) (atualmente esses órgãos formam a Receita Federal do Brasil). A inscrição para esse programa teve prazo limite findo em dezembro de 2000, mas vários outros planos de refinanciamento dos débitos tributários foram apresentados desde então.

Quando da negociação, a empresa não deve reconhecer a diferença entre o valor anterior e o valor negociado como receita. É preciso reconhecer como uma Receita a Apropriar no Passivo para só ir sendo reconhecido o ganho no resultado à medida que for efetivamente fazendo os pagamentos. Isso porque a cessação de qualquer pagamento normalmente resulta em perda do benefício.

c) OUTROS IMPOSTOS E TAXAS A RECOLHER

Essa conta recebe as obrigações fiscais da empresa que não estiverem já inclusas nas demais contas desse subgrupo e que foram descritas anteriormente. Serão, usualmente, impostos e taxas pagáveis mais esporadicamente, tais como o imposto predial e territorial, imposto de transmissão e outros, além de taxas e contribuições.

11.5 Outras obrigações

Esse subgrupo deve englobar as obrigações da empresa com empregados e respectivos encargos sociais, além de outras obrigações com terceiros não inclusas nos subgrupos anteriores. São exemplos de contas: Adiantamento de Clientes, Contas a Pagar, Ordenados e Salários a Pagar, Encargos Sociais a Pagar, Comissões a Pagar, Retenções Contratuais, Dividendos e Juros sobre o Capital Próprio a Pagar, dentre outras.

11.5.1 Adiantamento de Clientes

É comum que as empresas recebam adiantamentos de clientes, principalmente em operações de fornecimento de bens, obras ou serviços de longo prazo. Essas antecipações recebidas devem ser reconhecidas como um passivo, pois representam a obrigação contratual da empresa de produzir tais bens ou prestar serviços, sendo que, caso isso não se concretize, a empresa tem a obrigação de devolver o dinheiro recebido. Assim, o recebimento de adiantamento de clientes representa uma obrigação de desempenho da empresa para com o cliente e, portanto, é uma obrigação presente e que se espera resultar na saída de recursos da entidade (entrega do bem e/ou prestação do serviço). Esses valores não devem ser classificados como receita diferida ou equivalente.

Exemplo prático

Adiantamento de clientes

Considere o exemplo de uma empresa que presta serviços de filmagem de eventos. Como política da empresa, é cobrado do cliente um adiantamento de 40% do valor total do serviço no momento em que o contrato é firmado. A parcela remanescente (60%) será paga pelo cliente na data em que o serviço for prestado. Assim, suponha que no dia 01/08/X0 a empresa tenha fechado contrato com um cliente para a filmagem de um evento a ser realizado no dia 01/10/X0, pelo valor total de R$ 1.000.

Os lançamentos contábeis realizados pela empresa prestadora do serviço, na data da assinatura do contrato (01/08/X0) e na data de prestação do serviço (01/10/X0), seriam:

Contabilização na data da assinatura do contrato (01/08/X0):

	Débito	Crédito
Caixa e Equivalentes (Ativo Circulante)	400	
a Adiantamento de Clientes (Passivo Circulante)		400

Contabilização na data de prestação do serviço (01/10/X0):

	Débito	Crédito
Adiantamento de Clientes (Passivo Circulante)	400	
Caixa e Equivalentes (Ativo Circulante)	600	
a Receita de Prestação de Serviços (Resultado)		1.000

Observa-se que a conta de Adiantamento de Clientes foi registrada no Passivo Circulante, já que a obrigação de desempenho da empresa (prestação do serviço) é de curto prazo (apenas dois meses). Entretanto, poderia ocorrer a situação de tal obrigação ser um exigível de prazo maior, dependendo do período de produção do bem e/ou prestação do serviço, sendo então classificada no Passivo Não Circulante.

Caso tal adiantamento seja recebido em decorrência de um contrato com um cliente no exterior, a ICPC 21 – Transação em Moeda Estrangeira e Adiantamento, em seu item 8, determina que o valor em moeda estrangeira deve ser convertido pela taxa de câmbio da data em que a entidade reconhece inicialmente o passivo não monetário decorrente do recebimento antecipado.

Para fins ilustrativos, suponha que, no exemplo anterior da empresa que presta serviços de filmagem de eventos, o negócio tenha acontecido com um cliente no exterior. Em vez de R$ 1.000, o contrato foi firmado em US$ 1.000, sendo que a taxa de câmbio era de R$ 2,00 na data de assinatura do contrato e na data em que o serviço foi prestado é de R$ 2,20.

Nesse caso, a empresa deveria reconhecer, em 01/08/X0, um adiantamento no valor de R$ 800 (US$ 400 × R$ 2,00), conforme lançamento a seguir:

	Débito	Crédito
Caixa e Equivalentes (Ativo circulante)	800	
a Adiantamento de Clientes (Passivo Circulante)		800

Na data de prestação do serviço, a empresa recebeu mais US$ 600. Como a taxa de câmbio em 01/10/X0 é R$ 2,20, o valor a ser contabilizado é R$ 1.320. Portanto, a empresa deveria efetuar, em 01/10/X0, o registro contábil a seguir:

	Débito	Crédito
Adiantamento de Clientes (Passivo Circulante)	800	
Caixa e Equivalentes (Ativo Circulante)	1.320	
a Receita de Prestação de Serviços (Resultado)		2.120

11.5.2 Contas a Pagar

Representam passivos a pagar por conta de aquisição de outros bens e serviços.

A base de registro do passivo é similar à das outras contas, pois deve ser reconhecido o passivo e registrada a despesa ou o ativo em função do serviço recebido até a data do Balanço, mas a pagar posteriormente.

11.5.3 Ordenados e Salários a Pagar

Os salários e ordenados, quando pagos no mês seguinte a que forem incorridos, devem ser reconhecidos como passivo. Esse registro deve incluir todos os benefícios a que o empregado tenha direito, como horas extras adicionais, prêmios etc., e a contabilização deve ser feita com base na folha de pagamento do mês.

11.5.4 Encargos Sociais a Pagar e FGTS a Recolher

As obrigações de previdência social resultante dos salários pagos ou creditados pela sociedade deverão ser registradas nessa conta, com base nas taxas de encargos incidentes. Tais encargos englobam principalmente as contribuições ao INSS e ao FGTS, calculadas com base na folha de pagamento e recolhidas por meio de guias específicas.

11.5.5 Retenções Contratuais

Em determinados contratos assinados com fornecedores de bens ou empreiteiros, poderá haver a condição da retenção de uma parcela das faturas ou medições apresentadas. Essa retenção representa uma garantia da empresa e, portanto, só é paga no término da obra ou na entrega do bem e na respectiva aprovação. Assim, essas retenções devem figurar em conta específica do Passivo.

Exemplo prático

Retenções contratuais

Suponha que a empresa ABC contratou o serviço de uma empreiteira para a construção de sua sede administrativa. A previsão de término da obra é de três anos, sendo que ao final de cada ano a empresa ABC pagará o valor de R$ 100.000, totalizando R$ 300.000 pela obra completa. Também está prevista no contrato uma retenção de 10%.

Assim, ao final de cada um dos três anos, a empresa ABC deverá registrar:

	Débito	Crédito
Obras em Andamento	100.000	
a Caixa e Equivalentes		90.000
a Retenções Contratuais		10.000

Adicionalmente, ao final da obra, o saldo da conta de Obras em Andamento será de R$ 300.000, sendo que a empresa ABC terá desembolsado o montante de R$ 270.000 ao longo dos três anos. A diferença de R$ 30.000 está registrada na conta de Retenções Contratuais. Se a obra for entregue conforme o esperado, a empresa ABC deverá pagar o valor remanescente de R$ 30.000, por meio do registro contábil apresentado a seguir:

	Débito	Crédito
Retenções Contratuais	30.000	
a Caixa e Equivalentes		30.000

11.5.6 Dividendos e Juros sobre o Capital Próprio a Pagar

A conta de Dividendos e Juros sobre o Capital Próprio a Pagar representa as obrigações da empresa decorrentes das distribuições de lucros para os seus acionistas. É importante observar, entretanto, que apenas os dividendos mínimos obrigatórios serão registrados nessa conta. A parcela da proposta de dividendo da administração que ultrapassar o dividendo mínimo obrigatório deverá ser registrada em uma conta específica, dentro do Patrimônio Líquido, até a aprovação pela assembleia.

11.5.7 Comissões a Pagar

Essa conta deverá registrar as comissões normalmente devidas aos vendedores. As comissões de vendas devem ser lançadas como despesa no mês do registro das vendas, tendo como crédito a conta de Comissões a Pagar, no Passivo. Caso parte da comissão ainda não esteja disponível ao vendedor, por depender do recebimento da duplicata ou de outro fator, essa parcela deverá ser registrada em uma conta específica do Passivo, como, por exemplo, Comissões a Pagar – Pós-recebimento.

11.5.8 Juros de Empréstimos e Financiamentos

Os juros devem ser registrados como passivo à medida do tempo transcorrido. Serão aqui registrados os juros incorridos a pagar relativos a empréstimos e financiamentos. No Capítulo 14 – Empréstimos e Financiamentos, Debêntures e Outros Títulos de Dívida, os juros e seu tratamento contábil são analisados mais detalhadamente.

11.5.9 Outras Contas a Pagar

Além dos passivos mencionados, existem outras obrigações líquidas e certas, mas em que é necessário estimar o prazo ou o valor a ser registrado para o correto reconhecimento do passivo de acordo com o regime de competência. Esses passivos derivados das apropriações por competência (*accruals*) são passivos a pagar por bens ou serviços fornecidos ou recebidos, mas que não tenham sido pagos, faturados ou formalmente acordados com o fornecedor, sendo normalmente classificados como parte das contas a pagar, de acordo com a natureza do item a que estiverem relacionados. Os principais exemplos são: (a) Gratificações e Participações a Empregados e Administradores; (b) Participações de Partes Beneficiárias; (c) Férias; (d) 13º Salário; (e) Imposto de Renda e Contribuição Social; (f) Resgate de Partes Beneficiárias etc.

11.5.10 Provisões

As provisões estão tratadas no Capítulo 12, mas obviamente são também passivos. E devem estar distribuídas conforme a natureza da dívida a que se referem: Provisões para Riscos Fiscais, nas Obrigações Fiscais; Provisões para Indenizações Trabalhistas, junto com as obrigações com o pessoal etc. Chamamos a atenção para algumas, às vezes relevantes, como a de Benefícios Pós-Emprego.

Apenas alertamos para o que está exposto neste capítulo: quando as diferenças entre valor previsto e valor efetivado depois no pagamento são irrelevantes, não se faz uso das provisões. São obrigações que nascem por competência (*accruals*) por valores muito próximos ao definitivo e devem ficar essas obrigações dentro do grupo a que se referem como valores a pagar, sem a utilização da palavra **provisão**. Assim, não se utiliza mais "provisão para férias, provisão para 13º salário, provisão para imposto de renda" etc.

11.6 Tratamento para as pequenas e médias empresas

Todos os conceitos abordados neste capítulo também são aplicáveis a entidades de pequeno e médio portes. Para mais detalhamento, consulte Pronunciamento Técnico PME – Contabilidade para Pequenas e Médias Empresas.

12

Tributos Sobre o Lucro, Provisões, Passivos Contingentes e Ativos Contingentes

12.1 Introdução

O Imposto sobre a Renda (IR) e a Contribuição Social sobre o Lucro Líquido (CSLL) são o ponto de partida deste capítulo. A apuração desses tributos normalmente está relacionada com o resultado das empresas apurado pelo lucro contábil e a partir dele os tributos sobre o Lucro Real (lucro tributável). Tais tributos também podem ser calculados com uso da modalidade Lucro Presumido.

Obrigações com prazos e/ou valores incertos, mas que, apesar da incerteza, são reconhecidas como passivos, são denominadas provisões e estão sob o escopo do CPC 25 – Provisões, Passivos Contingentes e Ativos Contingentes. Quando tais obrigações com prazos e/ou valores incertos são apenas possíveis e não prováveis, estamos falando de passivos contingentes e não devem ser reconhecidos como passivos, apenas divulgados em notas explicativas. O CPC 25 também trata dos ativos contingentes, que representam a possibilidade de entrada de benefícios econômicos para a entidade, mas que dependem de eventos futuros incertos. Os ativos contingentes são apenas divulgados em notas explicativas e não reconhecidos nas demonstrações contábeis.

12.2 Imposto sobre a Renda das Pessoas Jurídicas (IRPJ) e Contribuição Social sobre o Lucro Líquido (CSLL)

12.2.1 Aspectos contábeis gerais

O IRPJ e a CSLL devem ser reconhecidos e contabilizados de acordo com o regime de competência e atualizados até a data do Balanço, de acordo com o art. 184 da Lei nº 6.404/1976.

O Imposto de Renda e a Contribuição Social sobre o Lucro Líquido são apurados com base no Lucro Real (trimestral ou anual), ou no Lucro Presumido (trimestral). Nossos exemplos serão sempre com base no Lucro Real. Como regra geral, esses tributos devem ser apresentados destacadamente de outros passivos.

Nem sempre os lucros são tributados quando gerados contabilmente. Assim, os valores devidos relacionados com os tributos sobre o lucro corrente recebem a denominação de tributos correntes. As diferenças temporárias existentes entre o contabilizado e o que está na legislação fiscal resultará no que é denominado de tributos diferidos sobre o lucro.

12.2.2 Cálculo do Imposto de Renda e da Contribuição Social sobre o Lucro

12.2.2.1 Apuração do lucro real

O Regulamento do Imposto de Renda, Decreto nº 9.580/2018, prevê que o tributo pelas pessoas jurídicas é calculado com base no lucro real, presumido ou arbitrado. Lucro real é definido como "o lucro líquido do período" (na verdade, o lucro antes do IR e da CSLL), conforme definido na Lei nº 6.404/1976, ajustado pelas adições, exclusões ou compensações prescritas ou autorizadas (art. 258).

12.2.2.2 O RTT e o LALUR

No início da implantação das normas internacionais de Contabilidade no Brasil, houve demora entre essas normas e sua regulação para fins tributários. Por conta das alterações introduzidas pela Lei nº 11.638/2007, foi instituído o Regime Tributário de Transição (RTT) – Lei nº 11.941/2009. Com isso, até 2014 (com algumas variações) houve um regime todo especial. Para quem precisar de informações sobre essa época, favor consultar o *Manual de contabilidade societária*.

12.2.2.3 Adições e exclusões ao lucro líquido para apuração de IRPJ e CSLL

A base de cálculo do IRPJ e da CSLL é o lucro contábil antes dos referidos tributos. A esse resultado são adicionados e excluídos valores, de acordo com a previsão legal. Maior detalhamento sobre quais são as adições e exclusões vigentes estão no Regulamento do Imposto de Renda – Decreto nº 9.580/2018, e na Instrução Normativa RFB nº 1.700/2017.

É possível, embora menos comum, que algum item deva ser adicionado ou excluído ao resultado contábil para se chegar à base do IRPJ, mas o mesmo não ocorra na apuração da base de cálculo da CSLL. Nos Anexos I e II da Instrução Normativa RFB nº 1.700/2017, há casos assim.

12.2.2.4 Alíquotas aplicáveis

O IRPJ foi calculado até 2021, aplicando-se uma alíquota de 15% sobre o lucro real. Alíquota adicional de 10% foi aplicada sobre a parcela do lucro real que exceder R$ 240.000,00 no ano. Em períodos inferiores a um ano, o limite era de R$ 20.000,00 multiplicado pelo número de meses compreendidos no período. No lucro real trimestral, esse adicional incide sobre o lucro que exceder R$ 60.000,00 no trimestre. Mudanças podem ocorrer a partir de 2022.

A CSLL normalmente é calculada utilizando-se a alíquota de 9%, sendo que pode ser diferente para algumas atividades específicas, variando de 15% a 25%. Também houve mudanças em estudo durante 2021.

12.2.2.5 Postergação do Imposto de Renda (diferimento)

12.2.2.5.1 Receitas não realizadas

Do ponto de vista contábil, em face do regime de competência, a despesa do imposto relativa às receitas já registradas, cujo pagamento é postergado, deve ser contabilizada no próprio período. De fato, o Passivo já existe e é unicamente pagável em períodos posteriores.

Se na contabilidade já reconhecemos uma receita ou lucro, a despesa de Imposto de Renda deve estar também reconhecida no próprio período, mesmo que seja pagável no futuro.

Exemplos dessas receitas são contratos a longo prazo de construção por empreitada ou de fornecimento de bens ou serviços, estes quando contratados com empresas do governo ou com ele próprio (art. 480 do RIR/2018), ou ainda em venda a prazo de bens do Ativo Não Circulante, desde que em conformidade com art. 503 do RIR/2018.

Exemplo prático

Uma empresa tem receita por serviços prestados a uma entidade do Governo Federal de $ 10 milhões. E o lucro derivado desse contrato foi de $ 1 milhão. Mas, até o fechamento do Balanço, a empresa recebeu apenas $ 6 milhões do seu recebível de $ 10 milhões. Assim, o tributo a pagar será de 60% ($ 6 milhões/$ 10 milhões) sobre o lucro de $ 1 milhão. Se a alíquota for de 30% sobre o lucro, a empresa, em vez de pagar $ 300 mil de imposto, vai pagar agora apenas 60% disso: $ 180 mil. Os outros $ 120 mil só serão pagos proporcionalmente à medida do recebimento.

Mas a contabilidade não pode apropriar como despesa com o tributo apenas o valor a pagar imediatamente, já que os $ 120 mil a serem pagos no futuro na verdade dependem de um lucro de agora, com o pagamento diferido no tempo. A esses valores diferidos no tempo dá-se o nome de Imposto Diferido. Por competência, então a empresa contabilizará, supondo, para simplificar, que nada ainda tenha pago desse tributo:

	Débito	Crédito
Imposto de Renda sobre o Lucro do Exercício	300.000	
a Imposto de Renda a Pagar (Passivo Circulante)		180.000
a Imposto de Renda Diferido (Passivo Não Circulante)		120.000

Quando os $ 120.000 forem pagos, não afetarão mais o resultado contábil futuro, e o total do tributo estará devidamente registrado por regime de competência contábil.

12.2.2.5.2 Depreciação incentivada

A depreciação incentivada ocorre quando legislação fiscal permite a depreciação de um ativo, para fins de tributação, muito acelerada, em três anos por exemplo, não representando um desgaste efetivo dos bens, visto que é mero incentivo fiscal e gera o diferimento do imposto. Na contabilidade, é realizado o registro da depreciação de acordo com normas contábeis, e o ajuste para fins de cálculo de tributos sobre o lucro é realizado em livros fiscais próprios.

Exemplo prático

Para melhor entendimento, suponhamos que uma empresa tenha bens no valor total de $ 1.000, cuja depreciação normal seja de $ 100 por ano. Como está amparada legalmente, a depreciação que pode ser deduzida fiscalmente seria de, digamos, três vezes a normal, ou seja, no total de R$ 300, por ano, representando um incentivo de $ 200.

Na contabilidade, portanto, a despesa de depreciação seria registrada em $ 100 por ano e os $ 200 restantes seriam computados como uma exclusão temporária nos livros fiscais próprios para dedução: o Livro de Apuração do Lucro Real e o Livro de Apuração da Base de Cálculo de CSLL.

A Tabela 12.1 apresenta os valores da depreciação contábil e do incentivo. Ao final, a despesa de imposto é a mesma, mudando apenas sua distribuição no tempo.

Tabela 12.1

Ano	Na contabilidade				Para fins fiscais			
	Lucro antes da depreciação (A)	Depreciação normal (B)	Lucro antes do IR (C)	Despesas de IR (25%) (D) = C × 25%	Depreciação incentivada (E)	Lucro real (Tributável) (F) = C − E	IR a pagar (25%) (G) = F × 25%	Diferença (H) = D − E
1	1.000	(100)	900	225	(200)	700	175	50
2	1.000	(100)	900	225	(200)	700	175	50
3	1.000	(100)	900	225	(200)	700	175	50
4	1.000	(100)	900	225	–	900	225	–
5	1.000	(100)	900	225	100	1.000	250	(25)
6	1.000	(100)	900	225	100	1.000	250	(25)
7	1.000	(100)	900	225	100	1.000	250	(25)
8	1.000	(100)	900	225	100	1.000	250	(25)
9	1.000	(100)	900	225	100	1.000	250	(25)
10	1.000	(100)	900	225	100	1.000	250	(25)
		(1.000)		2.250	– 0 –		2.250	– 0 –

Assim, em cada um dos três primeiros anos, a empresa faria a seguinte contabilização:

	Débito	Crédito
D – Despesas de Imposto de Renda Corrente a C – Imposto de Renda a Pagar (Passivo Circulante) (a ser pago no ano seguinte)	175	175
D – Despesas de Imposto de Renda Diferido a C – Imposto de Renda Diferido (Passivo Não Circulante) (200 × 25%)	50	50

A despesa tributária anual será de $ 225, somando-se o imposto de renda corrente e o diferido (coluna D), que corresponde ao valor de imposto de renda considerando-se o resultado contábil sem efeito de diferenças tributárias temporárias.

No final do terceiro ano, a conta do Imposto de Renda Diferido estaria com saldo de $ 150. No quarto ano, não haveria diferença.

A partir do quinto ano, o processo inverte-se, pois continua a haver depreciação contábil, mas não há depreciação fiscal. Passa-se então a reverter o Imposto de Renda Diferido, como segue, em cada ano:

	Débito	Crédito
D – Despesas de Imposto de Renda Corrente a C – Imposto de Renda a Pagar (Passivo Circulante) (a ser pago no ano seguinte)	250	250
D – Imposto de Renda Diferido (Passivo Não Circulante) a C – Receitas de Imposto de Renda Diferido	25	25

Esse controle deve ser feito segregadamente nos livros fiscais por natureza de bens, taxas diferenciadas de depreciação e data de aquisição.

Os procedimentos contábeis preconizados para o Imposto de Renda Diferido são aplicáveis, também, à Contribuição Social Diferida, observando-se que nem todas as hipóteses de diferimento são iguais para os dois tributos.

12.2.2.6 Diferimento da despesa do Imposto de Renda

12.2.2.6.1 Provisões dedutíveis no futuro

Nem todos os custos e despesas são dedutíveis para o cálculo do lucro real e, assim, devem ser adicionados ao lucro líquido contábil. Alguns não são dedutíveis nunca.

Exemplo prático

Suponha que a empresa tenha a seguinte apuração do Lucro Real:

	$
Lucro Líquido do Exercício antes do Imposto de Renda	3.000,00
Adições: Despesas não Dedutíveis no Período	
Multas Indedutíveis	300,00
Provisão para Garantia de Produtos	100,00
Provisão para Manutenção e Reparos	150,00
Provisão Trabalhista	40,00
Lucro Real (Tributável)	3.590,00
Imposto de Renda 25% (já lançado como despesa)	897,50

	Débito	Crédito
Despesa com Imposto de Renda Corrente a Imposto de Renda a Pagar (Passivo Circulante)	897.50	897,50

Entretanto, existem despesas não dedutíveis nesse período, mas que o serão no futuro, portanto é necessário reconhecer esse benefício fiscal no próprio período, como segue:

	$
Despesas Dedutíveis em Exercícios Futuros:	
Provisão para Garantia de Produtos	100,00
Provisão para Manutenção e Reparos	150,00
Provisão Trabalhista	40,00
Total	290,00
Valor do Imposto de Renda Diferido (25%)	72,50

Observe que não consideramos nesse cálculo o valor das multas, pois nunca serão consideradas como dedutíveis. A contabilização dos $ 72,50 seria:

	Débito	Crédito
Imposto de Renda Diferido (Ativo Não Circulante – Realizável a Longo Prazo)	72,50	
a Receita com Imposto de Renda Diferido		72,50

No período seguinte, se as despesas forem consideradas dedutíveis, faz-se a reversão:

	Débito	Crédito
Despesa com Imposto de Renda Diferido	72,50	
a Imposto de Renda Diferido (Ativo Não Circulante – Realizável a Longo Prazo)		72,50

As Demonstrações do Resultado desses dois períodos seria:

	Não fazendo o diferimento		Fazendo o diferimento	
	1º Período	2º Período	1º Período	2º Período
Lucro antes do IR	3.000,00	3.000,00	3.000,00	3.000,00
Despesa Tributária	897,50	677,50*	825,00	750,00*
Lucro Líquido	2.102,50	2.322,50	2.175,00	2.250,00
Detalhamento da Base do IR				
Resultado Fiscal (base IR corrente)	3.590,00	2.710,00	3.590,00	2.710,00
Diferenças Temporárias	–	–	–290,00	+290,00

* Nem todos os valores adicionados no primeiro ano são excluídos no segundo ano. Isso porque no primeiro ano há 300,00 de multas, que não constituem uma diferença temporária, mas permanente.

Como constatamos, ao adotar o diferimento, a despesa fica registrada numa base mais justa e proporcional ao lucro contabilizado, eliminando as distorções que aparecem no lucro quando o diferimento não é adotado. A soma da despesa tributária dos dois períodos é a mesma ($ 1.575,00), assim como o lucro líquido ($ 4.425,00), pois o que muda é a distribuição no tempo.

No entanto, deve-se ter o cuidado seguinte: o IR Diferido Ativo só pode ser reconhecido se houver boas indicações de que existirão lucros tributáveis futuros que o absorverão. Assim, se não existir essa condição, não se constitui esse IR Diferido. E, se constituído, há que sempre se analisar, em cada Balanço, a manutenção da capacidade de recuperação.

12.2.2.6.2 Mudança de alíquota ou de legislação

Modificações na legislação tributária, seja por alterações de alíquotas do imposto ou outro dispositivo, que afetem o IR Diferido, devem ser reconhecidas no momento de sua ocorrência.

Exemplo prático

Uma empresa apresenta, em 31/12/X1, o valor de $ 120.000,00 referente a ativo fiscal diferido, decorrente de diferenças temporárias. A partir de 01/01/X2 a alíquota dos tributos sobre o lucro é majorada de 20% (que estava em vigor até X1) para 25%.

Nesse momento, o valor a ser deduzido de tributos correntes no futuro é alterado.

Se a alíquota dos tributos sobre o lucro era de 20%, isso significa que a base de cálculo do ativo fiscal diferido era de $ 600.000,00. No início de X2, considerando a mesma base de diferenças temporárias, o Ativo Fiscal Diferido tem seu valor alterado para $ 150.0000,00 ($ 600.000,00 × 25%), com acréscimo de $ 30.000,00 no Ativo Fiscal Diferido.

O registro contábil seria:

	Débito	Crédito
Imposto de Renda Diferido (Ativo não Circulante – Realizável a Longo Prazo)	30.000,00	
a Receita com Imposto de Renda Diferido		30.000,00

Nesse exemplo, é considerado apenas o reajuste do saldo anterior pela aplicação da nova alíquota, ainda sem considerar os efeitos relacionados com tributos diferidos do próprio exercício de X2.

Percebemos uma situação curiosa: a alíquota dos tributos sobre o lucro foi majorada, e o efeito no patrimônio foi positivo, pois o Ativo e o Resultado (e consequentemente PL) sofreram aumento. Mas pode acontecer o contrário: a alíquota ser reduzida e aí aparecerá uma despesa pela baixa do IR Diferido Ativo.

12.2.2.6.3 Ativo fiscal diferido relativo a prejuízos fiscais

Prejuízos fiscais podem ser deduzidos de lucros fiscais futuros, seguindo regras específicas, de forma que os tributos correntes sobre o lucro no futuro serão reduzidos. Não há atualmente, pela legislação fiscal, prazo para compensação dos prejuízos fiscais, mas o registro no Ativo do valor a ser compensado no futuro depende de questões adicionais, abordadas no *Manual de contabilidade societária*.

> ### Exemplo prático
>
> Uma empresa não possui histórico de prejuízo fiscal ou contábil. No ano de X2, apresenta prejuízo fiscal de $ 100.000,00. Nos últimos meses de X2, já foi possível notar uma melhora no desempenho da empresa, de forma que é possível estimar que, por exemplo, em X3 provavelmente haverá lucro suficiente para absorver o prejuízo apurado em X2.
>
> Em um cenário assim, como há perspectiva de aproveitamento do benefício decorrente da compensação do prejuízo fiscal com lucro fiscal futuro, assim como preenchimento dos demais requisitos do item 36 do CPC 32, é necessário o registro de ativo fiscal diferido. Importante observar que devem ser obedecidas regras fiscais dessa compensação, como, por exemplo, não exceder a 30% do lucro tributável, dentre outras. Considerando-se que a alíquota dos tributos sobre o lucro seja de 25%, a compensação futura do prejuízo fiscal permitirá uma redução de $ 25.000,00 no montante dos tributos sobre o lucro a serem recolhidos.
>
> O lançamento contábil seria:
>
> | | Débito | Crédito |
> |---|---|---|
> | Imposto de Renda Diferido (Ativo não Circulante – Realizável a Longo Prazo) | 25.000,00 | |
> | a Receita com Imposto de Renda Diferido | | 25.000,00 |
>
> Caso não fosse provável a existência de lucro tributável futuro contra o qual o prejuízo fiscal pudesse ser utilizado, o ativo fiscal diferido não seria reconhecido na contabilidade. A ausência desse registro na contabilidade não prejudica o direito que a empresa possui de compensação futura na esfera fiscal.
>
> O cuidado com a recuperabilidade desse IR Diferido Ativo é muito maior no caso de ser derivado de prejuízo. O prejuízo, em si, já é fator de levantar a preocupação. Assim, esse reconhecimento no Ativo só pode ser feito se forem bastante boas as indicações das condições de que lucros futuros surgirão para essa efetiva recuperação. Se não forem boas, não se reconhece o Ativo. Porém, se as condições não boas na geração do IR Diferido mudarem, pode vir a ser reconhecido posteriormente. Mas o contrário é verdadeiro: tendo sido registrado, há que se acompanhar com muita atenção anualmente se continuam existindo as condições de recuperação. Não existindo, há que se fazer sua baixa.

12.3 Provisões, passivos contingentes e ativos contingentes

12.3.1 Provisões

Provisão é definida pelo CPC 25 (item 10) como "um passivo de prazo ou de valor incerto". Ou seja, as provisões representam obrigações presentes, derivadas de eventos passados, em que existe uma expectativa provável de saída de recursos que incorporam benefícios econômicos para sua liquidação e que possam ser mensuradas com confiabilidade. E provável significa que há mais probabilidade de vir a ocorrer o desembolso no futuro do que de não ocorrer.

Apesar da incerteza em relação ao prazo de liquidação ou ao valor, as provisões representam obrigações que atendem ao conceito de passivo e, portanto, devem ser reconhecidas nas demonstrações contábeis como tal. Entretanto, é válido observar que é justamente essa incerteza que diferencia as provisões dos demais passivos, como impostos a pagar ou fornecedores, que possuem prazos e valores claramente definidos. São exemplos de provisões: (a) provisões para garantias de produtos, mercadorias e serviços; (b) provisões para obrigações de devolução; (c) provisões para riscos fiscais, trabalhistas e cíveis; (d) provisão para danos ambientais causados pela entidade; (e) provisão para obrigações de retirada de ativos de longo prazo; (f) provisões para reestruturação; dentre outras.

Com base nas definições apresentadas, verifica-se que as provisões são obrigações e, portanto, essencialmente relacionadas com contas do Passivo. O termo **provisões** ainda é utilizado de forma equivocada para fazer referência a qualquer estimativa de redução do valor de um ativo. Essa utilização é conceitualmente errada, pois o termo **provisões** está relacionado apenas com a expectativa de saída de recursos da entidade (Passivo), enquanto a estimativa de perdas em ativos é decorrente da expectativa de redução nas entradas de recursos (Ativo). Portanto, as expressões **provisão para créditos de liquidação duvidosa e provisão para perdas em estoques**, por exemplo, devem ser substituídas por **perdas estimadas com créditos de liquidação duvidosa** e **perdas estimadas em estoques**. Além disso, não se chama de provisão a passivos cujo desembolso é certo, mas cujo valor contém incerteza de pequena monta. Assim, não existem **provisão para férias, provisão para 13º salário, provisão para imposto de renda** etc. O que existe é: Férias a pagar, 13º salário a pagar, IR a pagar etc.

O CPC 25, em seu item 14, define três condições que devem ser satisfeitas para que as provisões possam ser reconhecidas:

a) Deve ser uma obrigação presente (legal ou não formalizada), decorrente de eventos passados.

b) A expectativa de saída de recursos que incorporam benefícios econômicos para liquidação da obrigação deve ser provável. A expectativa será provável quando o evento for mais provável que improvável de ocorrer.

c) O valor da obrigação possa ser estimado de forma confiável.

Se a obrigação atender aos três critérios, deve ser reconhecida como uma provisão. Em relação à mensuração, o CPC 25 determina que as provisões devem representar a "melhor estimativa" do desembolso exigido para liquidação da obrigação presente, ou seja, o valor requerido para a entidade pagar para liquidar a obrigação ou transferi-la para terceiros.

As estimativas do desfecho mais provável e do efeito financeiro são determinadas pelo julgamento da administração, com base nas experiências passadas e com o apoio de peritos especializados (quando necessário). O CPC 25 também orienta que, quando a provisão a ser mensurada envolve grande quantidade de itens, deve ser utilizado o método do "valor esperado", que consiste em estimá-la ponderando-se todas as suas probabilidades associadas.

Quando o efeito for relevante, o valor da provisão deve ser o valor presente dos desembolsos que se espera sejam exigidos para liquidar a obrigação. Nesse caso, o valor da provisão deve aumentar em decorrência da passagem do tempo, sendo que esse aumento deve ser reconhecido como despesa financeira, no resultado do exercício.

Ao final de cada exercício, as provisões devem ser reavaliadas e ajustadas para refletir a melhor estimativa corrente sobre sua classificação, montante e data de exigibilidade. Alteração nas estimativas indicando não ser mais provável a expectativa de saída de recursos para liquidar a obrigação leva à necessidade de essa provisão ser revertida.

O reconhecimento da provisão é normalmente efetuado contra o resultado do exercício. Existem algumas exceções, em que o lançamento de débito deve ser no custo do ativo, como no caso de fabricação de produtos, construção de ativos ou como nas provisões para obrigações por retirada de serviço de ativos de longo prazo.

12.3.2 Passivos contingentes e ativos contingentes

Caso a expectativa de saída de recursos para liquidação da obrigação não seja provável, e sim possível (menos de 50% de chance de ocorrer), ou caso uma obrigação que tenha expectativa provável não possa ser mensurada com confiabilidade, tal obrigação deve ser classificada como passivo contingente. O CPC 25 determina que os passivos contingentes não devem ser reconhecidos nas demonstrações contábeis, mas apenas divulgados em nota explicativa.

O CPC 25, item 86, determina que a empresa deve divulgar, para cada classe de passivo contingente, uma breve descrição de sua natureza. Quando praticável, deve divulgar também uma estimativa do seu efeito financeiro, as incertezas relacionadas com a estimação do valor e do momento de ocorrência de qualquer saída de recursos e eventual possibilidade de reembolso.

Quando a expectativa de saída de recursos é considerada remota, nem a divulgação em nota explicativa é obrigatória. Com base no Apêndice A do CPC 25, a seguir resume-se a classificação das obrigações conforme a probabilidade de saída de recursos, bem como o tratamento contábil a ser utilizado em cada situação.

Probabilidade de ocorrência do desembolso		Tratamento contábil
Provável	Mensurável por meio de estimativa confiável	Uma provisão é reconhecida e é divulgada em notas explicativas
	Não mensurável por inexistência de estimativa confiável	Divulgação em notas explicativas
Possível		Divulgação em notas explicativas
Remota		Não divulgada em notas explicativas

Ativo contingente, por sua vez, é definido pelo CPC 25, item 10, como "um ativo possível que resulta de eventos passados e cuja existência será confirmada apenas pela ocorrência ou não de um ou mais eventos futuros incertos não totalmente sob o controle da entidade". Os ativos contingentes, portanto, surgem da possibilidade de entrada de benefícios econômicos para a entidade de eventos não esperados ou não planejados.

Se a possibilidade de entrada de benefícios econômicos for praticamente certa, o ativo deve ser reconhecido nas demonstrações contábeis, o que deixa de caracterizá-lo como ativo contingente. Se a probabilidade for provável, mas não praticamente certa, aí, sim, temos um ativo contingente, que não deve ser reconhecido nas demonstrações contábeis, mas divulgado em nota explicativa. Caso a probabilidade não seja provável, o ativo não deve ser reconhecido e nem divulgado em nota explicativa. É o caso de expectativas de ganhos de causa em discussão cível, tributária etc.

Exemplo prático

Uma empresa produz e comercializa máquinas industriais. Durante o ano de 20X0, produziu e vendeu 100 máquinas. Suas vendas são realizadas com garantia de cobertura de todo o custo de reparação de qualquer defeito de fabricação pelo prazo de 12 meses após a data da compra.

Com base em dados históricos, a empresa determina que é provável que 10% das máquinas apresentem pequenos defeitos e 5% defeitos significativos. O custo estimado de reparação para pequenos defeitos é de R$ 200 e para defeitos significativos é de R$ 1.000.

Assim, a empresa deve reconhecer uma provisão para garantias, pois existe uma obrigação presente como resultado de um evento passado (venda das máquinas), cuja expectativa de saída de recursos econômicos da entidade é provável e pode ser mensurada com confiabilidade.

Como a provisão envolve um grande número de itens, com base no item 39 do CPC 25, a empresa calculou a provisão utilizando o método do "valor esperado", que consiste em ponderar todos os possíveis desfechos pelas respectivas probabilidades de ocorrência.

Foram vendidas 100 unidades, sendo que é provável que 10 unidades apresentem defeitos pequenos (10%) e cinco unidades apresentem defeitos significativos (5%). Portanto, o valor da provisão a ser reconhecida é de R$ 7.000 (10 unidades × R$ 200 + 5 unidades × R$ 1.000). O registro contábil de reconhecimento da provisão deve ser o seguinte:

	Débito	Crédito
Despesa com Provisões para Garantias (Resultado)	7.000	
a Provisão para Garantias (Passivo)		7.000

Suponha que no final do prazo de 12 meses, apenas sete unidades apresentaram defeitos pequenos e quatro unidades defeitos significativos. Como a provisão inicialmente estimada foi superior ao desembolso efetivamente realizado para liquidação da obrigação, a empresa deve reverter o valor excedente de R$ 1.600 por meio do lançamento contábil apresentado a seguir:

	Débito	Crédito
Provisão para Garantias (Passivo)	1.600	
a Reversão de Provisões para Garantia (Resultado)		1.600

Exemplo prático

Uma empresa possui em 31/12/X0 cinco processos judiciais, sendo que as probabilidades de saídas de recursos e os valores estimamos estão apresentados a seguir:

Posição dos processos – 31/12/X0	Probabilidade	Valor estimado
Processo 1	Provável	100.000
Processo 2	Provável	70.000
Processo 3	Possível	250.000
Processo 4	Remota	150.000
Processo 5	Provável	30.000

O valor que a empresa deve apresentar na conta de Provisões é de R$ 200.000, sendo composto pelos três processos cuja probabilidade de perda é provável: Processo 1 (R$ 100.000), Processo 2 (R$ 70.000) e Processo 5 (R$ 30.000). O Processo 3 não é reconhecido, mas deve ser divulgado em nota explicativa. Em relação ao Processo 4, como a probabilidade de saída de recursos é apenas remota, não deve ser reconhecido e a divulgação também não é exigida.

Durante o ano de X1, a empresa reavaliou tanto a probabilidade de saída de recursos como os valores estimados dos cinco processos existentes. Além disso, também surgiu um novo processo (Processo 6), conforme evidenciado a seguir:

Posição dos processos – 31/12/X1	Probabilidade	Valor estimado
Processo 1	Provável	80.000
Processo 2	Possível	70.000
Processo 3	Provável	250.000
Processo 4	Remota	200.000
Processo 5	Possível	50.000
Processo 6	Provável	40.000

Em 31/12/X1, o valor da provisão será de R$ 370.000, composto pelos Processos 1 (R$ 80.000), 3 (R$ 250.000) e 6 (R$ 40.000). Como o saldo anterior era de R$ 200.000, isso significa que a empresa complementará a provisão em R$170.000, afetando resultado de X1.

Entretanto, é importante entender o impacto da alteração de cada um dos processos:

- Processo 1: continua sendo provável, porém, o valor anteriormente reconhecido era de R$ 100.000 e em 31/12/X1 passou para R$ 80.000; será necessário reconhecer uma reversão de R$ 20.000 (receita).

- Processo 2: a probabilidade de saída de recursos deixou de ser provável e passou a ser apenas possível. Portanto, a provisão anteriormente reconhecida (R$ 70.000) deve ser integralmente revertida (receita).

- Processo 3: a probabilidade que anteriormente era possível passou a ser provável e, portanto, a provisão deve ser reconhecida pelo valor estimado de R$ 250.000 (despesa).

- Processo 4: houve uma alteração no valor estimado de R$ 150.000 para R$ 200.000, porém, a probabilidade de saída de recursos continua sendo remota e, portanto, nenhum valor deve ser reconhecido (sem efeito).

- Processo 5: a probabilidade de saída de recursos deixou de ser provável e passou a ser apenas possível. Portanto, a provisão anteriormente reconhecida (R$ 30.000) deve ser revertida (receita) e apenas mantida a informação em nota explicativa.

- Processo 6: como a probabilidade é provável, deve ser reconhecida uma provisão pelo valor estimado de R$ 40.000 (despesa).

Verifica-se, portanto, que o efeito no resultado de X1 (despesa de R$ 170.000) é na verdade composto pela receita de reversão de provisão do Processo 1 (R$ 20.000), do Processo 2 (R$ 70.000) e do Processo 5 (R$ 30.000) e pela despesa de constituição de provisão do Processo 3 (R$ 250.000) e do Processo 6 (R$ 40.000).

Arrendamentos Mercantis, Aluguéis e Outros Direitos de Uso

13.1 Introdução

O CPC 06 (R2) trata de Arrendamentos e de outras operações que, independentemente do nome e forma jurídica, transferem o direito de uso de um ativo para uma entidade sob determinadas condições. Neste capítulo, trataremos de forma resumida de tais requisitos, bem como apresentaremos uma série de exemplos.

13.2 Objetivo e alcance

O objetivo do CPC 06 (R2) – Arrendamentos é estabelecer os princípios para reconhecimento, mensuração, apresentação e divulgação de arrendamentos, aluguéis, parcerias e outras formas contratuais de forma a garantir que arrendatários forneçam informações relevantes de modo que representem fielmente essas transações, evidenciando as obrigações deles decorrentes. Não trataremos das regras relativas aos arrendadores.

Não se deve confundir esse tipo específico de contrato com os demais contratos a executar, ou executórios, em que ambas as partes ainda não cumpriram suas obrigações e que por isso não são contabilizáveis, como contrato para receber mercadorias, para construção de um edifício etc. Esses contratos executórios só são contabilizados quando há uma regra específica, como é o caso dos arrendamentos.

13.3 Arrendamento mercantil (aluguel ou outro contrato) no arrendatário (locatário ou outro contratante)

Na data de início do arrendamento (data em que o arrendador, ou locador, ou cedente de um ativo outro qualquer, disponibiliza o ativo para uso pelo arrendatário – locatário, arrendatário, adquirente do direito etc.), o arrendatário deve reconhecer o **ativo de direito de uso** e o **passivo de arrendamento**.

Vamos daqui para a frente utilizar **arrendador**, **arrendatário** e **arrendamento**, mas deve-se sempre entender como o **cedente do direito de uso, o adquirente do direito de uso e o contrato do direito de uso**, respectivamente.

13.3.1 Reconhecimento e mensuração inicial

O **ativo de direito de uso** é o que representa o direito de usar o ativo durante o prazo do arrendamento, e o **passivo de arrendamento** representa a obrigação do arrendatário de pagar as prestações.

O **ativo de direito de uso** deve ser mensurado pela soma de:

a) O valor da mensuração inicial do passivo de arrendamento, conforme descrito no item 26 do CPC 06 (R2).

b) Quaisquer pagamentos de arrendamento efetuados até a data de início, menos quaisquer incentivos de arrendamento recebidos.

c) Quaisquer custos diretos iniciais incorridos pelo arrendatário.

d) A estimativa de custos a serem incorridos pelo arrendatário na desmontagem e remoção do ativo subjacente, restaurando o local em que está localizado ou restaurando o ativo subjacente à condição requerida pelos termos e condições do arrendamento (ver Capítulo 7 – Ativo Imobilizado e Propriedade para Investimento, Seção 7.2.2.6 – Obrigação por retirada de serviço de ativos de longo prazo), salvo se esses custos forem incorridos para produzir estoques. O arrendatário incorre na obrigação por esses custos seja na data de início ou como consequência de ter usado o ativo subjacente durante um período específico.

Ou seja, no Balanço Patrimonial a contabilização do item (a) terá como contrapartida o Passivo, que veremos a seguir. Os demais itens serão contabilizados de forma distinta, dependendo de cada transação.

O **passivo de arrendamento** deve ser mensurado inicialmente pelo valor presente dos pagamentos do arrendamento (exceto, é claro, aqueles já efetuados na data de início do arrendamento). O valor presente deve ser calculado a partir de fluxos de caixa futuros (que serão a seguir descritos) e uma taxa de desconto, que será, em princípio, a taxa de juros implícita no arrendamento. Mas se essa taxa não puder ser determinada imediatamente, deve ser utilizada a taxa incremental sobre empréstimo do arrendatário, ou seja, a taxa que o arrendatário teria de pagar ao pedir emprestado, por prazo semelhante e com garantia semelhante, os recursos necessários para obter o ativo com valor similar ao ativo de direito de uso em ambiente econômico similar.

O item 27 do CPC 06 (R2) determina que os pagamentos do arrendamento incluídos na mensuração do passivo de arrendamento compreendem o direito de usar o ativo subjacente durante o prazo do arrendamento:

a) Pagamentos fixos (incluindo pagamentos fixos na essência, conforme descrito no item B42), menos quaisquer incentivos de arrendamento a receber.

b) Pagamentos variáveis de arrendamento que dependem de índice ou de taxa, inicialmente mensurados utilizando o índice ou a taxa da data de início (conforme descrito no item 28 do CPC 06 (R2)).

c) Valores que se espera que sejam pagos pelo arrendatário de acordo com as garantias de valor residual.

d) O preço de exercício da opção de compra se o arrendatário estiver razoavelmente certo de exercer essa opção (considerando os fatores descritos nos itens B37 a B40 do CPC 06 (R2)).

e) Pagamentos de multas por rescisão do arrendamento, se o prazo do arrendamento refletir o arrendatário exercendo a opção de rescindir o arrendamento.

13.3.2 Mensuração subsequente

13.3.2.1 Mensuração subsequente do ativo de direito de uso

Uma vez realizado o registro inicial do ativo, a mensuração subsequente será feita com base no **método de custo**, que será descrito a seguir. (No caso de propriedade para investimento, ver a norma, já que esse item, por ser não comum, não está sendo tratado aqui.)

O método do custo faz com que o arrendatário apresente em cada Balanço o ativo de direito de uso ao custo inicial (conforme já visto na Seção 13.3.1) menos: (a) qualquer depreciação acumulada e perdas por *impairment*; e (b) corrigido por qualquer remensuração do passivo de arrendamento.

Se o arrendamento transferir a propriedade do ativo ao arrendatário no fim do prazo do arrendamento ou se o custo do ativo de direito de uso refletir que o arrendatário exercerá a opção de compra, então o arrendatário deve depreciar o ativo de direito de uso desde a data de início até o fim da vida útil do ativo subjacente. Em razão disso, a depreciação deve ser calculada considerando a vida útil do ativo subjacente. Caso nenhuma dessas condições ocorra, o arrendatário deve depreciar o ativo de direito de uso desde a data de início até o fim da vida útil do ativo de direito de uso ou o fim do prazo de arrendamento, o que ocorrer primeiro.

O tratamento contábil relativo às perdas por *impairment* está previsto no CPC 01 e também é discutido no Capítulo 7 – Ativo Imobilizado e Propriedade para Investimento, deste *Manual*.

13.3.2.2 Mensuração subsequente do passivo de arrendamento

O passivo de arrendamento tem sua mensuração subsequente definida pelo item 36 do CPC 06 (R2), segundo o qual o passivo deverá ir sendo (a) aumentado para refletir os juros sobre o passivo; (b) irá sendo diminuído para refletir os pagamentos do arrendamento; e (c) remensurado para refletir qualquer reavaliação ou modificações do arrendamento (correção monetária, variação cambial, por exemplo), ou para refletir pagamentos fixos na essência revisados (pagamentos inevitáveis). Note-se que o contido na letra (c) é denominado **remensuração** do contrato. O item (c), denominado remensuração, será aplicável em razão de alterações que possam vir a ocorrer no contrato ao longo do tempo decorrentes de mudanças no valor da opção, no valor residual etc.

Conforme destacado na seção anterior, diferentemente do que ocorre no caso de aquisição de outros ativos adquiridos com correção monetária, variação cambial e outros, o valor da remensuração do passivo deve ser reconhecido em contrapartida ao ativo de direito de uso (item 30 (b) do CPC 06 (R2)). Entretanto, se o valor contábil do direito de uso for reduzido a zero e houver redução adicional na mensuração do passivo, o ajuste adicional será levado ao resultado do exercício.

(Tratamento especial está sendo dado pelo IASB, pela CVM e pelo CFC de forma que os ajustes cambiais por causa da pandemia do coronavírus sejam considerados como revisão do passivo, mas jogados diretamente no resultado.)

13.4 Transação de venda e *leaseback*

O *leaseback* representa a venda de um ativo e o concomitante arrendamento ou aluguel do mesmo ativo pelo comprador ao vendedor (item 98).

O tratamento contábil dependerá, fundamentalmente, da possibilidade de reconhecimento da transferência do ativo como uma venda. Para tal, deve ser aplicada a IFRS 15/CPC 47 – Receita de Contrato com Cliente. Em especial, deve-se determinar quando a obrigação de desempenho é satisfeita para determinar se a transferência do ativo é contabilizada como venda desse ativo.

13.4.1 Transferência do ativo é uma venda

Se a transferência do ativo pelo vendedor-arrendatário satisfaz os requisitos do CPC 47 para ser contabilizado como venda do ativo, então:

a) O vendedor-arrendatário deve registrar a venda do ativo e o contrato de arrendamento.

b) O comprador-arrendador deve contabilizar a compra do ativo utilizando e as regras do arrendamento como arrendador (ao final deste capítulo).

Se o valor justo da contraprestação pela venda do ativo não equivale ao valor justo do ativo, ou se os pagamentos pelo arrendamento não são a taxas de mercado, a entidade deve fazer os seguintes ajustes para mensurar os rendimentos da venda ao valor justo:

a) Quaisquer termos abaixo do mercado devem ser contabilizados como antecipação de pagamentos do arrendamento.

b) Quaisquer condições acima do mercado devem ser contabilizadas como financiamento adicional fornecido pelo comprador-arrendador ao vendedor-arrendatário.

13.4.2 Transferência do ativo não é uma venda

De acordo com o item 103 do CPC 06 (R2), se a transferência do ativo pelo vendedor-arrendatário não satisfaz os requisitos do CPC 47 para ser contabilizada como venda do ativo, a operação é tratada como se fosse a de um empréstimo, em que o bem pode até estar sendo transferido para o nome do credor, mas por questão de garantia. Assim:

a) O vendedor-arrendatário deve continuar a reconhecer o ativo transferido e deve reconhecer como passivo financeiro os valores recebidos, conforme o CPC 48 – Instrumentos Financeiros.

b) O comprador-arrendador deve reconhecer o valor pago como um empréstimo também conforme o CPC 48.

13.5 Exemplos de transações envolvendo arrendamentos

13.5.1 Reconhecimento Inicial

Exemplo prático

Para ilustrar a contabilização inicial, vamos admitir que a empresa A tenha contratado no início do ano o arrendamento de uma máquina. As características do contrato são as seguintes:
- Valor da contraprestação anual, vencível no final de cada ano = $ 10.000
- Prazo do arrendamento = 5 anos
- Valor residual a ser pago no final do 5º ano para adquirir o ativo = $ 2.000
- Taxa de juros implícita no contrato = 12% ao ano

Com isso, temos o seguinte lançamento contábil no início do contrato:

	Débito	Crédito
Direito de Uso da Máquina (Ativo)	37.182,62	
Encargos Financeiros a Transcorrer (Passivo Circulante)	1.071,43	
Encargos Financeiros a Transcorrer (Passivo Não Circulante)	13.745,95	
a Financiamento por Arrendamento financeiro (Passivo Circulante)		10.000,00
a Financiamento por Arrendamento Financeiro (Passivo Não Circulante)		42.000,00

Os valores indicados representam o direito de uso e o passivo, calculados a valor presente, utilizando os dados do exemplo. Observa-se que a inclusão do valor residual no passivo indica que a empresa está razoavelmente certa de que irá exercer a opção de compra para adquirir o bem no final do contrato.

13.5.2 Mensuração subsequente (sem correção monetária das prestações)

Exemplo prático

Para fins da depreciação do ativo, inicialmente a empresa A precisa definir se há ou não certeza razoável de que irá ficar com o ativo subjacente no final do contrato.

No exemplo, devemos lembrar que a entidade registrou o valor residual no passivo, indicando claramente que há prévia intenção de aquisição do ativo no final do contrato. Porém, apenas para simplificação do período de depreciação, vamos considerar que a vida útil desse ativo é de 5 anos (coincidente ao período do contrato) e o valor residual é de $ 2.000,00 (coincidente ao valor residual do contrato). Com isso, o valor da despesa de depreciação anual seria de $ 7.036,52 (saldo contábil inicial de $ 37.182,62 menos o valor residual de $ 2.000,00, dividido por 5 anos). No final do 5º ano, seguindo a depreciação anual de $ 7.036,52, teremos um saldo contábil do ativo de $ 2.000,00.

Apresentamos a seguir todos os lançamentos contábeis da operação até o final do quinto ano.

Direito de uso			Passivo arrendamento CP				Passivo arrendamento LP		
(in) 37.182,62		(1b)	10.000,00	10.000,00	(in)	(1c)	10.000,00	42.000,00	(in)
		(2b)	10.000,00	10.000,00	(1c)	(2c)	10.000,00		
		(3b)	10.000,00	10.000,00	(2c)	(3c)	10.000,00		
		(4b)	10.000,00	10.000,00	(3c)	(4c)	12.000,00		
		(5b)	10.000,00	12.000,00	(4c)			0	
				2.000,00					
		(6)	2.000,00						
				0					

Depr. acumulada			Juros a apropriar CP				Juros a apropriar LP		
7.036,52	(1e)	(in)	1.071,43	1.071,43	(1a)	(in)	13.745,96	3.390,48	(1a)
7.036,52	(2e)	(1d)	1.071,43	1.071,43	(2a)			1.071,43	(1d)
7.036,52	(3e)	(2d)	1.071,43	1.071,43	(3a)			2.725,91	(2a)
7.036,52	(4e)	(3d)	1.071,43	1.071,43	(4a)			1.071,43	(2d)
7.036,52	(5e)	(4d)	1.285,73	1.285,73	(5a)			1.981,59	(3a)
35.182,62				0				1.071,43	(3d)
								1.147,96	(4a)
								1.285,73	(4d)
								0	

Caixa			Desp. depreciação			Desp. juros	
xxxxxx	10.000,00	(1b)	(1e)	7.036,52		(1a)	4.461,91
	10.000,00	(2b)	(2e)	7.036,52		(2a)	3.797,34
	10.000,00	(3b)	(3e)	7.036,52		(3a)	3.053,02
	10.000,00	(4b)	(4e)	7.036,52		(4a)	2.219,39
	10.000,00	(5b)	(5e)	7.036,52		(5a)	1.285,73
	2.000,00	(6)		35.182,62			14.817,39

13.5.3 Mensuração subsequente (com atualização monetária das prestações)

Exemplo prático

Agora, em exemplo complementar, assumindo as mesmas características do exemplo anterior com a hipótese de previsão de pagamento do valor residual de $ 2.000,00, porém adicionando que o contrato prevê atualização monetária das prestações anuais pelo IPCA, e ela seja de 5% no final do momento 1, e incida sobre o valor do passivo antes de quaisquer juros e amortização; assim teremos: no final do primeiro ano, o valor do passivo de $ 37.182,61 será acrescido de $ 1.859,13 pela atualização pelo IPCA, em contrapartida ao custo do ativo. Nesse momento ainda estarão iguais o ativo e o passivo: $ 39.041,75. Ou seja, a correção do passivo não afetará o valor do resultado, a não ser pelo que aumentará a depreciação. A prestação anual passará a $ 10.500,00. Os juros serão agora de 12% sobre $ 39.041,75, iguais a $ 4.685,01, e a amortização do principal será de $ 10.500,00 – $ 4.685,01 = $ 5.814,99. E assim por diante; e o saldo final, que antes era de $ 2.000,00 imediatamente antes do pagamento do valor residual, estará acrescido de todo o IPCA reconhecido durante o período. Conforme se percebe, o ajuste da correção do passivo (5% do saldo anterior) deve ser levado diretamente ao ativo. Por essa razão, os valores de depreciação do ativo vão aumentando, pois a depreciação está sendo calculada com base em um ativo corrigido. O valor residual também vai sendo atualizado.

Como se vê, ao final do ano 5, o custo contábil do ativo é de $ 2.552,56 ($ 43.827,24 menos $ 41.274,68), exatamente o valor do passivo, antes do exercício da opção de compra.

13.5.4 Leaseback

Exemplo prático

Este exemplo ilustra a aplicação dos requerimentos dos itens 99 a 102 da IFRS 16 (CPC 06 – R2)/CPC 06 (R2) para o vendedor-arrendatário e o comprador-arrendador.

Uma entidade (vendedor-arrendatário) vende um imóvel que possui o valor justo de $ 300.000 para outra entidade (comprador-arrendador), exatamente pelo valor de $ 300.000 (valor da transação). Nesse primeiro exemplo, vamos supor que, imediatamente antes da transação, o imóvel estava contabilizado também por $ 300.000 (claro que, na prática, dificilmente isso vai ocorrer, mas vamos fazer essa suposição inicial para fins didáticos e, nos dois exemplos posteriores, esses valores serão diferentes).

Concomitantemente, o vendedor-arrendatário realiza um contrato com o comprador-arrendador para obter o direito de utilizar o imóvel por 10 anos, com parcelas anuais de $ 40.000, pagas no final de cada ano. Os termos e as condições da transação permitem a conclusão de que a transferência do imóvel pelo vendedor-arrendatário satisfaz os requerimentos para determinar quando uma obrigação de desempenho é satisfeita, conforme a IFRS 15/CPC 47. Assim, o vendedor-arrendatário e o comprador-arrendador contabilizam a transação como uma venda e retroarrendamento mercantil. O exemplo ignora quaisquer custos diretos iniciais.

A taxa de juros implícita no arrendamento é 12% ao ano, determinada pelo vendedor-arrendatário. O valor presente das parcelas anuais (10 pagamentos de $ 40.000, descontados a 12% ao ano) totaliza $ 226.009. O comprador-arrendador classifica o arrendamento do imóvel como um arrendamento operacional.

A contabilização da transação no vendedor-arrendatário é extremamente simples. Como pode ser visto adiante, o imóvel é baixado contra o recebimento do dinheiro (lançamento 1). Não há qualquer resultado na transação. Já o direito de uso, calculado em $ 226.009, é reconhecido em contrapartida ao passivo do arrendamento, segregado em valor bruto menos os juros a apropriar (lançamento 2). Uma análise interessante que se pode fazer é que o vendedor-arrendatário está retendo 75,34% do valor do ativo, ou seja, o "antigo" imóvel, que valia $ 300.000, está "transformando-se" em direito de uso, no valor de 75,34% dos $ 300.000. Isso decorre da taxa de juros sendo utilizada e do prazo de aluguel contratado.

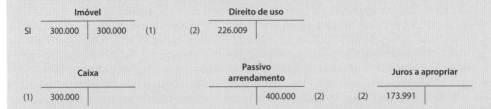

O Ativo será amortizado ao longo do tempo e, por sua vez, o Passivo será ajustado pela despesa de juros e pelos pagamentos. Ressalta-se que, nesse exemplo e nos próximos, para fins de simplificação, o Passivo não está sendo dividido em curto e longo prazos.

Exemplo prático

Neste exemplo, todos os dados do exemplo anterior se repetem, exceto pelo fato de que o imóvel estava contabilizado ao custo de $ 250.000.

Agora, a situação tão simplificada do exemplo anterior continua idêntica para o comprador-arrendador, porém já não fica tão simples para o vendedor-arrendatário, pois este está vendendo um ativo que vale $ 300.000, mas que custou $ 250.000. Então, vejamos como fica a contabilização dessa transação para o vendedor-arrendatário.

	Imóvel				Direito de uso			Passivo arrendamento	
SI	250.000	250.000	(1)	(2)	226.009	37.668	(3)	400.000	(2)
	=	=			188.341				

	Caixa			Ganho venda			Juros a apropriar
(1)	300.000	(3)	37.668	50.000	(1)	(2)	173.991
				12.332			

O registro (1) refere-se ao lançamento da Venda do Imóvel, como se fosse uma venda "isolada", ou seja, caso a empresa esteja simplesmente vendendo um ativo que custa $ 250.000 por $ 300.000, haverá um ganho na venda de $ 50.000. Da mesma forma, o registro (2) demonstra o lançamento do Direito de Uso e do Passivo de Arrendamento, como se fosse um arrendamento "isolado", isto é, como se a empresa estivesse realizando o arrendamento de um ativo qualquer.

Já para se entender o lançamento (3), é preciso entender melhor a transação como um "pacote" e não como duas transações isoladas.

Voltando à análise do exemplo anterior, lembre-se de que a empresa estava "retendo" 75,34% do valor do ativo ($ 226.009 dividido por $ 300.000). Nesse exemplo, essa análise continua válida. Porém, como o ativo não está contabilizado pelo seu valor justo, o direito de uso do ativo deve ser mensurado proporcionalmente ao valor contábil anterior do ativo referente ao direito de uso retido pelo vendedor-arrendatário [ver item 100(a) do CPC 06 (R2)]. Com isso, chega-se ao valor de $ 188.341, que nada mais é do que o valor contábil anterior vezes o percentual de retenção do ativo ($ 250.000 × 0,7534).

Isso significa que a diferença entre o valor presente das prestações ($ 226.009) e o valor do direito de uso ($ 188.341) refere-se a uma parte do ganho de $ 50.000, não realizado. Essa é a razão do lançamento a débito na conta de ganho e a crédito na conta do direito de uso do ativo.

De outra forma, pode-se calcular os $ 37.668 aplicando-se o percentual de retenção ao lucro nominal ($ 50.000). É como se estivesse dizendo que o lucro de $ 50.000 não existe nesse momento, pois apenas 24,66% do ativo foram vendidos, já que 75,34% dele permanecem no ativo da empresa.

É importante ressaltar que a mensuração do percentual de retenção (75,34%) foi feita comparando-se o direito de uso ($ 226.009) com o valor justo do bem ($ 300.000). E esse percentual é usado para mensurar o direito de uso retido pelo arrendatário, como sendo uma proporção do valor contábil do ativo – nesse caso, $ 250.000 × 75,34% = $ 188.341. Esse entendimento está baseado no item 100(a) do CPC 06 (R2) e também no exemplo 24 da IFRS 16, em que, com outros números, o IASB faz a conta exatamente dessa forma.

14

Empréstimos e Financiamentos, Debêntures e Outros Títulos de Dívida

14.1 Passivos financeiros gerais

Empréstimos, financiamentos, debêntures e outros títulos de dívida compõem o conceito geral de passivos financeiros, os quais são regulados pelos CPCs 39, 40 e 48, voltados ao tratamento contábil de instrumentos financeiros.

De acordo com o CPC 39, passivos financeiros são, geralmente, obrigações contratuais de entregar caixa ou outros ativos financeiros a uma entidade, bem como trocar ativos e (ou) passivos financeiros sob condições que são potencialmente onerosas para a entidade.

Apesar de a definição de passivos financeiros do CPC 39 ser pouco intuitiva quando da realização de uma primeira leitura, sua síntese pode ser obtida quando se leva em consideração a característica comunal das diversas modalidades de passivos financeiros (por exemplo, contratos de empréstimos e de financiamentos, debêntures etc.), qual seja: passivos financeiros possuem indexação a uma taxa de juros e a obrigatoriedade de realizar pagamentos periódicos ou numa data específica para os credores que possuem tais títulos.

Esse entendimento é importante à medida que o gênero passivo financeiro pode comportar um sem-número de modalidades contratuais sob a sua tipificação, o que torna impraticável a realização de uma pretensa listagem nomeando quais são os instrumentos jurídicos elegíveis a tal conceito. Ao se compreender quais são as características que delineiam a essência econômica dos passivos financeiros, basicamente resumidas na indexação a uma taxa de juros e na obrigação de pagar tais valores, é possível analisar, de forma ampla, contratos variados e identificar se esses possuem ou não instrumentos de dívidas em suas cláusulas.

Outrossim, a compreensão de que as modalidades de passivos financeiros guardam similaridades na forma como são tratadas contabilmente permite que se compreenda que o ponto alto do entendimento deste tópico reside no cômputo dos juros e na forma como devem ser reconhecidos contabilmente. Portanto, os registros de empréstimos e financiamentos apresentados neste capítulo podem ser igualmente estendidos para outros instrumentos de dívidas como, por exemplo, debêntures.

A emissão de debêntures é uma forma de a companhia conseguir recursos a longo prazo para financiar suas atividades. Uma das principais vantagens é menor custo na captação, além da maior flexibilidade, já que essa operação permite que a empresa emissora adapte os fluxos de pagamentos, incluindo prazos e taxas de juros, conforme suas necessidades.

Todas as informações sobre a emissão de debêntures estão presentes em um documento que se chama Escritura de Emissão. Esse documento inclui informações sobre direitos dos detentores, obrigações da companhia emissora, montante da emissão, datas de emissão e vencimento, remuneração recebida pelos debenturistas, prêmios, possibilidade de conversão em ações etc.

É importante mencionar que as companhias podem emitir títulos sem data de vencimento, que também são chamados debêntures perpétuas. Nesses casos, o vencimento ocorre apenas em situações de inadimplemento da obrigação de pagar juros, dissolução da companhia e outras condições previstas na Escritura de Emissão, conforme determina o § 4º do art. 55 da Lei nº 6.404/1976.

Esses títulos de dívida podem ser emitidos por sociedades anônimas abertas ou fechadas. Entretanto, apenas as companhias abertas podem fazer a emissão pública de debêntures. Já a emissão privada de debêntures, voltada para um grupo restrito de investidores, pode ser feita pelas fechadas.

Outra modalidade de financiamento para as sociedades anônimas com utilização do mercado de capitais é a emissão de notas promissórias (*commercial papers*), instrumentos de dívida emitidos por uma companhia no mercado nacional ou internacional para o financiamento de curto prazo. A principal diferença entre a debênture e o *commercial paper* é em relação ao prazo de vencimento, já que as debêntures são títulos de médio e longo prazo e o *commercial paper* é destinado ao financiamento do capital de giro (curto prazo). O prazo de vencimento do *commercial paper*, quando emitido por companhias fechadas, é de 30 a 180 dias e, se emitido por companhias abertas, pode variar de 30 a 360 dias.

O tratamento contábil das notas promissórias é bastante similar ao das debêntures. Os gastos efetuados na emissão das notas promissórias devem ser contabilizados como encargos financeiros, reduzindo o montante inicial captado, e apropriados ao resultado em função da fluência do prazo, com base no método do custo amortizado. O prêmio ou deságio na emissão também tem tratamento similar ao das debêntures. As despesas de juros associadas ao instrumento devem ser apropriadas *pro rata temporis*, **com fundamento na taxa efetiva de juros**, ao resultado em relação ao vencimento do título.

a) REGISTRO DOS EMPRÉSTIMOS E FINANCIAMENTOS

O passivo deve ser contabilizado quando do recebimento dos recursos pela empresa, o que, na maioria das vezes, coincide com a data do contrato. No caso dos contratos com liberação do total em diversas parcelas, o registro do passivo correspondente deve ser feito à medida do recebimento das parcelas, ou seja, não se deve reconhecer um passivo cuja contrapartida ainda não se tenha recebido. Pode-se, todavia, controlar contabilmente os empréstimos em contas que registrem os contratos assinados, mas ainda não liberados, ou em uma conta redutora do montante total de empréstimos e financiamentos contratados. Essa informação é útil para ser divulgada em notas explicativas.

Em relação ao montante a ser inicialmente registrado, o item 11 do CPC 08 (R1) determina que ele deve corresponder ao seu valor justo, líquido dos custos de transação diretamente atribuíveis à emissão do passivo financeiro.

b) ENCARGOS FINANCEIROS

I. Conceitos iniciais

Os encargos financeiros incluem não apenas as despesas de juros, mas todas as despesas (e receitas) incrementais que se originaram da operação de captação, como taxas e comissões, eventuais prêmios recebidos, despesas com intermediários financeiros, com consultores financeiros, com elaboração de projetos, auditores, advogados, escritórios especializados, gráfica, viagens etc. Assim, o CPC 08 (R1), item 3, define: "Encargos financeiros são a soma das despesas financeiras, dos custos de transação, prêmios, descontos, ágios, deságios e assemelhados, a qual representa a diferença entre os valores recebidos e os valores pagos (ou a pagar) a terceiros."

Em conformidade com o referido Pronunciamento, o montante a ser registrado no momento inicial da captação de recursos junto a terceiros deve corresponder aos valores líquidos recebidos pela entidade, **sendo a diferença para com os valores pagos ou a pagar tratada como encargo financeiro**. Esses encargos devem ser apropriados ao resultado em função da fluência do prazo, pelo custo amortizado, usando o método da taxa de juros efetivos, que é a taxa interna de retorno (TIR) da operação, totalmente fundamentada na figura dos juros compostos.

Cabe destacar que, para os passivos classificados e avaliados pelo valor justo, com contrapartida reconhecida diretamente no resultado, os encargos são amortizados na primeira avaliação ao valor justo e não ao longo da operação, de forma indireta, em função exatamente dessa avaliação ao valor justo. Ainda, em conformidade com o CPC 08 (R1), no caso dos instrumentos de dívida avaliados ao valor justo contra o Patrimônio Líquido, em cada data de avaliação ao valor justo, a diferença entre o custo amortizado e o valor justo deve ser registrada na conta de Ajuste de Avaliação Patrimonial, no Patrimônio Líquido.

Enquanto não captados os recursos a que se referem os custos de transação incorridos, estes devem ser apropriados e mantidos em conta específica do Ativo, como pagamento antecipado. Essa conta será reclassificada para conta também específica, no Passivo, assim que concluído o processo de captação. Já os encargos incorridos em operações de captação não concretizadas devem ser reconhecidos como perda, diretamente no resultado do período.

II. Tratamento dos encargos

Os encargos financeiros devem ser contabilizados como despesa financeira, período a período, conforme fluência do prazo do contrato, exceto no caso de encargos financeiros incorridos para financiamento de ativos denominados como qualificáveis, situação em que devem ser capitalizados. O CPC 20 (R1), em seu item 8, menciona:

> "A entidade deve capitalizar os custos de empréstimo que são diretamente atribuíveis à aquisição, construção ou produção de ativo qualificável como parte do custo do ativo. A entidade deve reconhecer os outros custos de empréstimos como despesa no período em que são incorridos."

E ativo qualificável é "um ativo que, necessariamente, demanda um período de tempo substancial para ficar pronto para seu uso ou venda pretendidos". Pode ser: estoques, planta para manufatura, usina de geração de energia, ativo intangível, propriedade para investimento e plantas portadoras, desde que demandem tempo razoável para serem produzidos ou construídos. Sendo um ativo qualificável, o item 10 do CPC 20 (R1) explica que os custos de empréstimos que são elegíveis à capitalização são aqueles que seriam evitados se os gastos com o ativo qualificável não tivessem sido feitos.

Ressalta-se que o valor a ser capitalizado corresponde aos encargos financeiros totais e não apenas às despesas financeiras, ou seja, além dos juros, também devem ser capitalizados todos os gastos incrementais originados da transação de captação de recursos diretamente atribuíveis ao financiamento do ativo. Nesse sentido, o CPC 20 (R1) determina que os custos de empréstimos incluem: (a) encargos financeiros calculados com base no método da taxa efetiva de juros como descrito no CPC 08 (R1) – Custos de Transação e Prêmios na Emissão de Títulos e Valores Mobiliários e no CPC 48 – Instrumentos Financeiros; (b) encargos financeiros relativos aos arrendamentos mercantis financeiros; e (c) variações cambiais decorrentes de empréstimos em moeda estrangeira.

A capitalização dos encargos financeiros no custo do ativo qualificável deverá ocorrer somente durante o período de construção. A partir do momento em que o ativo estiver pronto para uso ou venda, a capitalização dos encargos deve cessar. Quaisquer encargos financeiros incorridos após o término do período de construção do Ativo devem ser reconhecidos no resultado do exercício. Uma vez capitalizados, a alocação desses encargos para o resultado do período deve ser feita em consonância com os prazos de depreciação, amortização, exaustão ou baixa dos ativos.

III. Encargos financeiros prefixados ou pós-fixados

Os empréstimos e financiamentos podem ser contratados na modalidade de juros prefixados ou pós-fixados. Essa diferenciação é relevante, já que influencia na forma de apuração dos encargos financeiros e, consequentemente, nos montantes que serão desembolsados para a liquidação da dívida. Assim, a forma de contabilização dos encargos financeiros também será diferente dependendo da modalidade do empréstimo.

A principal diferença entre juros prefixados e juros pós-fixados é que, enquanto no primeiro caso as taxas de juros são previamente definidas e permanecem fixas durante todo o contrato, permitindo que o contratante conheça exatamente o valor que será pago, no segundo caso a taxa de juros é vinculada a índices de inflação ou outros indexadores, por exemplo, a taxa referencial do Sistema Especial de Liquidação e Custódia (Selic). Assim, no caso de empréstimos com taxas pós-fixadas, o contratante fica exposto às variações do cenário econômico, como as possíveis oscilações na taxa de inflação.

Em decorrência dessa diferenciação na forma de apuração dos juros do empréstimo, a contabilização dos encargos financeiros também é diferente. No caso de empréstimos contratados na modalidade pós-fixada, o valor dos encargos não é conhecido desde o início da operação (como Encargos Financeiros a Transcorrer), mas apenas no encerramento de cada mês ou período. Portanto, no encerramento de cada período a empresa deve apurar o valor do encargo financeiro incorrido no período e contabilizar como despesa financeira, tendo como contrapartida a conta de empréstimos e financiamentos.

Na modalidade prefixada, os encargos são preestabelecidos, sendo recebido pela empresa somente o líquido do empréstimo. Assim, a empresa pode registrar o valor total das parcelas que serão pagas no Passivo e reconhecer os encargos financeiros a transcorrer em uma conta redutora de empréstimos e financiamentos, chamada **Encargos Financeiros a Transcorrer**. Essa conta deverá ser apropriada posteriormente para despesa financeira à medida do tempo transcorrido. É lógico que a empresa também pode registrar o Passivo pelo valor original recebido, conforme regras já comentadas, e ir apropriando os encargos financeiros normalmente, o que não fará qualquer mudança no Passivo ou na despesa financeira. O Plano de Contas já apresenta a conta Encargos Financeiros a Transcorrer (conta devedora) como redução dos empréstimos e financiamentos, estando ela prevista tanto no Circulante como no Não Circulante. Para fins de publicação, o Balanço deve mostrar os empréstimos pelo valor líquido, ou seja, já deduzidos dos encargos a transcorrer.

Para ilustrar essa diferenciação na forma de contabilização, em um primeiro momento suponha que uma empresa tenha contratado, no dia 31/12/X0, um empréstimo junto a uma instituição financeira no montante de $ 50.000, que será pago em parcela única em 12 meses (data da liquidação da dívida 31/12/X1). A taxa de juros contratual é de 6% ao ano. Não há outros encargos.

Durante o ano de X1, seria apropriado como despesas de juros o valor total de $ 3.000. Considerando-se que a taxa efetiva de juros é de 0,004868 ao mês {[1,06 (1/12)]–1}, no mês de janeiro seriam registrados $ 243 (0,004868 × 50.000) como despesas. Em fevereiro, essas despesas seriam de $ 245 (0,004868 × 50.243); e assim sucessivamente até dezembro de X1.

Recomenda-se, desde que material e relevante, separar a conta de Despesa Financeira em subcontas, mostrando os juros separadamente das variações monetárias ou cambiais, principalmente para elaboração de nota explicativa própria.

IV. Composição dos encargos financeiros

Uma importante modificação decorrente da introdução do CPC 08 (R1) está relacionada com a composição dos encargos financeiros. Segundo o referido Pronunciamento Técnico, os encargos financeiros englobam não apenas as despesas de juros, mas também todas as despesas incrementais decorrentes da operação de captação, e devem ser apropriados ao resultado do período pelo método do custo amortizado, usando a taxa de juros efetivos.

Para melhor entendimento da matéria, veja-se o exemplo a seguir.

Exemplo prático

Suponha-se que, no final de 20X0, a empresa B faça uma captação de recursos no valor de $ 1.000.000 e incorra em despesas bancárias no valor de $ 5.000 e gastos com consultores no valor de $ 60.000. A taxa de juros contratual é de 10% ao ano, e a empresa liquidará o empréstimo com um único pagamento no final de dois anos, no valor de $ 1.210.000.

Com a aplicação do CPC 08 (R1), as despesas incorridas e diretamente relacionadas com a captação de recursos fazem parte dos encargos financeiros, visto que elas não teriam surgido se a operação de captação não fosse realizada. Isso implica dizer que a taxa de juros inicialmente contratada (10% ao ano) não reflete o efetivo custo dessa operação financeira.

Considerando-se que o montante disponibilizado para a entidade é de $ 935.000 ($ 1.000.000 – $ 65.000) e o valor a ser pago no futuro é de $ 1.210.000, o total de encargos financeiros a incorrer ao longo do período do empréstimo é de $ 275.000 ($ 210.000 de juros e $ 65.000 de despesas diversas).

Assim, a taxa efetiva de juros passará a ser 13,76% ao ano e não mais 10% ao ano, como inicialmente contratado. A taxa de 13,76% ao ano (TIR) é a que reflete o custo efetivo da operação de captação de recursos junto a terceiros[1] ao considerar todos os gastos inerentes à operação realizada.

Assim, os encargos financeiros totais (não apenas as despesas de juros) serão contabilizados no Passivo, numa conta retificadora **(Encargos Financeiros a Transcorrer)**, de tal maneira que o valor líquido inicial no exigível seja o valor líquido recebido pela empresa, como demonstrado a seguir.

Controle de captação (taxa efetiva = 13,76%)				
Ano	Saldo inicial	Efeitos na DRE	Pagamentos	Saldo final
1	935.000	(128.650)	–	1.063.650
2	1.063.650	(146.351)	(1.210.000)	–
Despesa Financeira Total =		**(275.000)**		
Despesas de Juros =		(210.000)		
Despesas com Gastos Diversos =		(65.000)		

As despesas financeiras totais, agora mais adequadamente apropriadas, podem ser desdobradas ano a ano da seguinte forma, bastando-se aplicar os 13,76% sobre o saldo inicial de $ 935.000, o que dá o total de $ 128.650, e 13,76% sobre o saldo intermediário, no final do primeiro ano, de $ 1.063.650 ($ 935.000 + $ 128.650).

Despesas desdobradas ano a ano			
Ano	Despesa com juros 10% a.a.	Despesas com amortização dos gastos diversos	Encargo financeiro total na DRE
1	(100.000)	(28.650)	(128.650)
2	(110.000)	(36.351)	(146.350)
Total	**(210.000)**	**(65.000)**	**(275.000)**

Os registros contábeis ao longo do período seriam os seguintes:

i) Final de 20X0 – Momento "0" (captação):	Débito	Crédito
Caixa – Bancos	935.000	
Custos a Amortizar (Redutora de Passivo)	65.000	
Empréstimos e Financiamentos		1.000.000

---

[1] A taxa interna de retorno (TIR) iguala o valor presente dos pagamentos futuros ao valor da captação líquida. A TIR é calculada da seguinte forma: $I = \sum_{t=1}^{n} \frac{FC^t}{(1+tir)^t}$, onde I: montante da captação líquida; FC: fluxos de pagamentos em cada período de tempo t; tir: taxa interna de retorno. Com o uso de uma calculadora financeira ou planilha eletrônica, tem-se: $ 1.870.000 em PV; $ (–) 2.420.000 em FV; 2 em n; pressionando-se i, obtém-se 13,76%.

ii) Final de 20X1 – Fim do período "1" (Apropriação dos Encargos Financeiros):	Débito	Crédito
Encargos Financeiros (Resultado)	128.650	
[Despesas Financeiras (Juros) $ 100.000]		
[Amortização de Custos $ 28.650]		
Juros a pagar de Empréstimos e Financiamentos		100.000
Custos a Amortizar (Redutor do Passivo)		28.650

iii) Final de 20X2 – Fim do período "2" (Apropriação dos Encargos Financeiros):	Débito	Crédito
Encargos Financeiros (Resultado)	146.351	
[Despesas Financeiras (Juros) $ 110.000]		
[Amortização de Custos $ 36.351]		
Juros a Pagar de Empréstimos e Financiamentos 110.000		110.000
Crédito – Custos a Amortizar (Redutor do Passivo) 36.351		36.351

iv) Final de 20X2 – Fim do período "2" (Pagamento do Empréstimo):	Débito	Crédito
Empréstimos e Financiamentos	1.000.000	
Juros a Pagar de Empréstimos e Financiamentos	210.000	
Caixa/Bancos		1.210.000

Como demonstrado, a taxa interna de retorno considera todos os fluxos de caixa, desde o valor líquido recebido pela entidade até os pagamentos feitos ou a serem efetuados para a liquidação da transação. Com isso, os encargos financeiros presentes na demonstração de resultados da entidade refletem o verdadeiro custo de captação de recursos financeiros. E tudo pelo regime de competência.

Quando a empresa tiver juros já transcorridos, mas pagáveis posteriormente à data do Balanço, tanto juros como outros encargos devem ser registrados. Para tanto, o Plano de Contas apresenta nesse mesmo subgrupo, dentro do Passivo Circulante, uma conta específica de **Juros a Pagar de Empréstimos e Financiamentos**. Usualmente, os juros transcorridos são pagos no curto prazo, mas, se houver situação em que seja liquidado no longo prazo, a empresa deve abrir conta similar no grupo do Passivo Não Circulante.

14.2 Tratamento para as pequenas e médias empresas

Os conceitos abordados neste capítulo relativos aos empréstimos e financiamentos, debêntures e outros títulos de dívida também são aplicáveis às entidades de pequeno e médio portes. Entretanto, conforme o item 25.2 do Pronunciamento Técnico PME – Contabilidade para Pequenas e Médias Empresas, tais empresas devem reconhecer todos os custos de empréstimos no resultado do período em que são incorridos. Tal tratamento é distinto do aplicável às demais sociedades, que devem capitalizar, como parte do custo do ativo, os custos de empréstimo que são diretamente atribuíveis a aquisição, construção ou produção de ativo qualificável (como Imobilizado ou Estoques de Longa Maturação). Para mais detalhamento, consulte o Pronunciamento Técnico PME – Contabilidade para Pequenas e Médias Empresas.

Patrimônio Líquido

15.1 Introdução

15.1.1 Conceituação

No Balanço Patrimonial, a diferença entre o valor dos ativos e o dos passivos representa o Patrimônio Líquido, que é o valor contábil pertencente aos acionistas ou sócios. O CPC 00 (R2) – Estrutura Conceitual para Relatório Financeiro destaca que, normalmente, numa base de continuidade operacional, somente por coincidência o valor pelo qual o Patrimônio Líquido é apresentado no Balanço Patrimonial será igual ao valor de mercado das ações da companhia, ou igual à soma que poderia ser obtida pela venda de seus ativos e liquidação de seus passivos isoladamente, ou da entidade como um todo.

Afinal, os ativos e passivos são avaliados parte ao valor original, outros ao custo amortizado, outros a valor justo e, quando permitido, ao custo reavaliado. Logo, a diferença produz um número que não representa o valor da empresa em nenhuma das hipóteses mencionadas. De acordo com a Lei nº 6.404/1976, com redação modificada pela Lei nº 11.941/2009, o Patrimônio Líquido é dividido em:

a) **Capital Social:** representa valores recebidos dos sócios e também aqueles gerados pela empresa que foram formalmente (juridicamente) incorporados ao Capital (lucros a que os sócios renunciaram ou reservas de capital incorporadas ao capital).

b) **Reservas de Capital:** representam valores recebidos que não transitaram e não transitarão pelo resultado como receitas, pois derivam de transações de capital com os sócios.

c) **Ajustes de Avaliação Patrimonial:** representam as contrapartidas de aumentos ou diminuições de valor atribuído a elementos do ativo e do passivo, em decorrência de sua avaliação a valor justo, enquanto não computadas no resultado do exercício em obediência ao regime de competência; algumas poderão não transitar pelo resultado, sendo transferidas diretamente para lucros ou prejuízos acumulados.

d) **Reservas de Lucros:** representam lucros obtidos e reconhecidos pela empresa, retidos com finalidade específica.

e) **Ações em Tesouraria:** representam as ações da companhia que são adquiridas pela própria sociedade (podem ser quotas, no caso das sociedades limitadas).

f) **Prejuízos Acumulados:** representam resultados negativos gerados pela empresa à espera de absorção futura; no caso de sociedades que não por ações, podem ser Lucros ou Prejuízos Acumulados, pois podem também abranger lucros à espera de destinação futura.

Cumpre salientar que a Lei determina que os lucros que não forem destinados para as reservas de lucro deverão ser distribuídos a título de dividendos. No caso das sociedades que não sejam por ações, podem existir lucros retidos ainda não destinados a reservas ou à distribuição aos sócios.

15.2 Capital Social

15.2.1 Conceito

O investimento efetuado na companhia pelos acionistas é representado pelo Capital Social. Este abrange não só as parcelas entregues pelos acionistas como também os valores obtidos pela sociedade e que, por decisões dos proprietários, foram incorporados ao Capital Social, representando uma espécie de investimento derivado da renúncia à sua distribuição na forma de dinheiro ou de outros bens.

Lucros não distribuídos, mesmo que ainda na forma de Reservas, representam uma espécie de investimento dos acionistas. Sua incorporação ao Capital Social é uma formalização em que os proprietários renunciam à sua distribuição; é como se os acionistas recebessem essas reservas e as reinvestissem na sociedade.

Ou pode também ser derivado o aumento de capital de incorporação de Reservas de Capital.

15.2.2 Capital Realizado

O valor que deve ser computado como Patrimônio Líquido no subgrupo de Capital Social é o do Capital Realizado, ou seja, o total efetivamente integralizado pelos acionistas. O art. 182 da Lei nº 6.404/1976 estabelece que "a conta do capital social discriminará o montante subscrito, e, por dedução, a parcela ainda não realizada". Dessa forma, a empresa deve ter a conta de Capital Subscrito e a conta devedora de Capital a Integralizar, sendo que o líquido entre ambas representa o Capital Realizado.

Cabe aqui um breve comentário acerca dos atos de subscrever e integralizar aumento de capital. A subscrição é o ato por meio do qual o interessado formaliza sua vontade de adquirir um valor mobiliário, por exemplo, subscrever ações, subscrever debêntures, subscrever cotas de fundos de investimento como Papéis Índice Brasil Bovespa (PIBB), lançado pela BNDESPAR, entre outros. O ato de subscrever o capital é irrevogável, estando o subscritor, porventura inadimplente com a obrigação, sujeito às sanções previstas em lei. Nos termos do art. 106 da Lei nº 6.404/1976, § 2º, aquele que não honrar a prestação que lhe compete ficará de pleno direito constituído em mora e obrigado a quitá-la com juros, correção monetária e multa fixada em Estatuto Social, não superior a 10% do valor da prestação.

E integralizar é cumprir com a obrigação assumida na subscrição, entregando dinheiro ou outros ativos, conforme estipulado.

15.3 Reservas de Capital

15.3.1 Conceito

As Reservas de Capital são constituídas de valores recebidos pela companhia e que não transitam pelo Resultado. Constam como tais reservas o excedente de capital ("ágio") na emissão de ações, a alienação de partes beneficiárias e de bônus de subscrição. Essas são transações de capital com os sócios.

15.3.2 Conteúdo e classificação das contas

a) O PLANO DE CONTAS

Em face da classificação das Reservas de Capital, como definido no § 1º do art. 182 da Lei nº 6.404/1976, com redação alterada pela Lei nº 11.638/2007, o Plano apresenta as seguintes contas nesse subgrupo:

RESERVAS DE CAPITAL
    Ágio na emissão de ações
    Reserva especial de ágio na incorporação
    Alienação de bônus de subscrição
    Gastos na emissão de ações (conta devedora)

b) EXCEDENTE NA EMISSÃO DE AÇÕES

I – Ações com Valor Nominal

Na conta Capital Social, as ações devem figurar somente por seu valor nominal ou, no caso de ação sem valor nominal, pelo montante deliberado pela assembleia como a que vai ao Capital. O excedente, ou seja, a diferença entre o preço de subscrição das ações pago pelos acionistas à Companhia e o valor das ações incorporado ao Capital, deve ser registrado em conta de Reserva de Capital.

Supondo que a Companhia tenha ações ao valor nominal de $ 1,00 e faça um aumento de Capital de 50.000.000 de ações ao preço de $ 1,30 cada uma, teríamos:

	Débito	Crédito
Bancos	65.000.000	
a Capital Social – 50.000.000 de ações a $ 1,00		50.000.000
a Reserva de Capital		
– Excedente na Emissão de Ações – 50.000.000 de ações a $ 0,30		15.000.000

c) RESERVA ESPECIAL DE ÁGIO NA INCORPORAÇÃO (INCORPORAÇÃO REVERSA)

A Reserva Especial de Ágio na Incorporação é uma inovação trazida pela CVM, em suas Instruções nº 319/1999 e nº 349/2001. Essa conta aparece no Patrimônio Líquido da incorporadora como contrapartida do montante do ágio por expectativa de rentabilidade futura, ou "*goodwill*" (líquido de seu benefício fiscal, quando existente) resultante da aquisição do controle da companhia aberta que incorporar sua controladora. Veja detalhes no Capítulo 23.

d) GASTOS NA EMISSÃO DE AÇÕES

Os Balanços Patrimoniais dos exercícios sociais encerrados a partir de 31/12/2008, conforme CPC 08 – Custos de Transação e Prêmios na Emissão de Títulos e Valores Mobiliários, devem apresentar os gastos com captação de recursos por emissão de ações ou outros valores mobiliários pertencentes ao Patrimônio Líquido (bônus de subscrição, por exemplo) em conta retificadora do grupo Capital Social ou, quando aplicável, na Reserva de Capital que registrar o prêmio recebido na emissão das novas ações. Em função disso, a alteração do Patrimônio Líquido pela emissão de novas ações é reconhecida pelo valor líquido efetivamente recebido.

Por exemplo, supondo-se que em determinada sociedade sejam emitidas 1.000.000 novas ações, com preço de $ 1,50 por ação, cujos gastos de emissão somaram $ 75.000. Os efeitos líquidos dessa contabilização serão os seguintes:

	Débito	Crédito
Caixa	1.425.000	
Gastos com Emissão de Ações (Retificadora do Capital Social)	75.000	
a Capital Social		1.500.000

Os saldos pertencentes à conta Gastos com Emissão de Ações poderão ser utilizados apenas para compensação com Reservas de Capital ou para redução do próprio Capital Social. Em casos de gastos infrutíferos, quando não há sucesso na captação de ações, tais gastos devem ser baixados como perdas do exercício.

Esse procedimento se baseia no fato de que não é encargo da empresa o que se gasta para obter mais recursos dos sócios. Essa é uma transação de capital com os sócios, não uma atividade operacional da entidade. E é uma transação de capital entre a empresa e os sócios que redunda num ingresso líquido de recursos, estes sim reconhecidos como aumento líquido de capital.

Transações de capital são aquelas entre a empresa e os sócios quando estes, na sua condição de proprietários (e não de clientes ou fornecedores da empresa, por exemplo). Assim, são registradas diretamente no Patrimônio Líquido as transações de aumento de capital, devolução de capital, distribuição de lucros, aquisição de ações próprias que a empresa faz junto aos sócios etc.

15.3.3 Destinação das Reservas de Capital

As Reservas de Capital somente podem ser utilizadas para:

- Absorver prejuízos, quando estes ultrapassarem as reservas de lucros. Convém observar que, no caso da existência de reservas de lucros, os prejuízos serão absorvidos primeiramente por essas contas.

- Resgate, reembolso ou compra de ações.
- Resgate de partes beneficiárias. O art. 200 da Lei nº 6.404/1976, em seu parágrafo único, determina que o produto da alienação de partes beneficiárias, registrado na reserva de capital específica, poderá ser utilizado para resgate desses títulos; o que, diga-se de passagem, é um lapso, porque, se destinado ao resgate, deveria figurar no Passivo.
- Incorporação ao capital.
- Pagamento de dividendo cumulativo a ações preferenciais, com prioridade no seu recebimento, quando essa vantagem lhes for assegurada pelo estatuto social (art. 17, § 6º, da Lei nº 6.404/1976, conforme nova redação dada pela Lei nº 10.303/2001).

15.4 Ajustes de Avaliação Patrimonial

15.4.1 Considerações gerais

A conta Ajustes de Avaliação Patrimonial foi introduzida na contabilidade brasileira pela Lei nº 11.638/2007 para receber as contrapartidas de aumentos ou diminuições de valor atribuído a elementos do Ativo e do Passivo, em decorrência de sua avaliação a valor justo, enquanto não computadas no resultado do exercício em obediência ao regime de competência.

São registradas nessa conta, por exemplo, as variações de preço de mercado dos instrumentos financeiros, quando mensurados pelo valor justo por meio de outros resultados abrangentes nos termos do Pronunciamento CPC 48, item 4.1.2A, e as diferenças no valor de ativos e passivos avaliados a preço de mercado nas reorganizações societárias, podendo o seu saldo ser credor ou devedor.

Cabe salientar que a conta Ajustes de Avaliação Patrimonial não corresponde a uma conta de reserva de lucros, uma vez que seus valores ainda não transitaram pelo resultado. Assim, ela não deverá ser considerada quando do cálculo do limite referente à proporção das reservas de lucros em relação ao capital. Como regra geral, os valores registrados nessa conta deverão ser transferidos para o resultado do exercício à medida que os ativos e passivos forem sendo realizados.

Todavia, há alguns registros derivados das normas internacionais de contabilidade que exigem o reconhecimento de valores que, por algum motivo, não irão jamais transitar pelo resultado do exercício, podendo ser transferidos, atendidos certos quesitos, diretamente para Lucros ou Prejuízos Acumulados. Como são normas posteriores à Lei nº 11.638/2007, não estão formalmente referidas na Lei, mas, em função da exigência dessa mesma Lei de que se abracem essas normas internacionais, é de se registrarem também nesse grupo de Ajustes de Avaliação Patrimonial os lançamentos contábeis derivados de ajuste a valor justo de valores que não transitarão obrigatoriamente pelo resultado. Por isso, muitas empresas usam diretamente o título de Outros Resultados Abrangentes, em vez do título legal.

15.4.2 Constituição e realização

a) ATUALIZAÇÃO DO VALOR DOS INSTRUMENTOS FINANCEIROS

Os instrumentos financeiros destinados à venda futura, quando mensurados pelo valor justo por meio de outros resultados abrangentes, deverão ter seus valores atualizados pelo seu valor justo. Isso significa que os valores desses ativos serão ajustados a preço de mercado ou outra forma de valor justo, conforme o caso, e as contrapartidas são feitas parte em conta de resultado e parte em outros resultados abrangentes, na conta de Ajustes de Avaliação Patrimonial. Em conta de resultado, será registrada a variação do ativo financeiro como se ele fosse mensurado ao custo amortizado (juros, por exemplo); e em outros resultados abrangentes será reconhecido o ganho ou a perda resultante do total da variação ao valor justo do ativo financeiro deduzido da parcela já reconhecida no resultado do exercício. Entretanto, os valores registrados em outros resultados abrangentes serão deslocados para o resultado quando os ativos forem transferidos para venda imediata, quando a nomenclatura oficial é **ativo financeiro mensurado ao valor justo por meio do resultado**, ou quando efetivamente forem negociados se esta alternativa ocorrer primeiro.

b) REORGANIZAÇÕES SOCIETÁRIAS

Assim como ocorre com os instrumentos financeiros, em casos de cisões, fusões e incorporações os ativos e passivos deverão ser avaliados a valor justo, sendo as contrapartidas registradas na conta Ajustes de Avaliação Patrimonial, não passando pelo resultado do período.

Exemplo prático

Admita-se que a companhia X tenha adquirido um instrumento financeiro para venda futura, ou seja, que seja mensurado ao valor justo por meio de outros resultados abrangentes, por $ 2.000, que após determinado período renda juros de $ 600 e passe a ter valor de mercado de $ 3.000. No momento inicial, a companhia X faz o seguinte registro contábil:

Aquisição do instrumento financeiro	Débito	Crédito
Instrumentos Financeiros	2.000	
a Caixa ou Bancos		2.000

Depois de decorrido certo período, a companhia X deverá promover o registro dos juros e da atualização a valor de mercado:

Registro do juro e atualização a valor de mercado	Débito	Crédito
Instrumentos Financeiros	1.000	
a Receita de Juros (DRE)		600
a Ajustes de Avaliação Patrimonial (PL)		400

Admitindo-se que a Cia. X venda o instrumento financeiro 30 dias após a compra por $ 3.000, os registros contábeis serão os seguintes:

Venda do instrumento financeiro	Débito	Crédito
Caixa ou Bancos	3.000	
a Instrumentos Financeiros		3.000
Ajustes de Avaliação Patrimonial (PL)	400	
a Ganho na Venda de Instrumentos Financeiros (conta dentre as Receitas Financeiras)		400

Faz-se importante frisar que a conta Ajustes de Avaliação Patrimonial deverá ter contas analíticas com títulos específicos para registro de cada item patrimonial passível de atualização, possibilitando, assim, controles próprios e identificação facilitada quando da sua realização.

Ainda sobre detalhamento em contas específicas, igualmente importante é a observação de que os ganhos ou as perdas decorrentes de avaliação de ativo ou passivo com base no valor justo não serão computados na determinação do lucro real (tributável) no momento de seu registro, desde que os respectivos valores das variações do Ativo ou do Passivo sejam evidenciados contabilmente em subcontas vinculadas a esse Ativo ou Passivo, nos moldes dos arts. 13 e 14 da Lei nº 12.973/2017. O efeito tributário de tais variações se dará no momento da realização do Ativo ou liquidação do Passivo.

15.5 Reservas de Lucros

15.5.1 Conceito

As sociedades por ações devem, em princípio, distribuir todos os lucros obtidos; só não podem ser distribuídos os determinados pela lei (reserva legal), os autorizados pela lei (reserva de contingências e reserva de lucros a realizar), os determinados pelo estatuto social (reserva estatutária), os derivados de incentivos fiscais que não podem ser distribuídos (reserva de incentivos fiscais) e aqueles que a assembleia dos acionistas concordar em não distribuir após justificativa fundamentada pela administração (reserva de lucros para expansão – para novos investimentos, por exemplo). No caso da retenção para expansão, há a obrigatoriedade da apresentação à assembleia, e aprovação desta, de orçamento que justifique essa retenção. A sociedade por ações não pode, em hipótese alguma, reter lucros sem total justificativa. No caso das sociedades limitadas e outras, a obrigatoriedade dessa distribuição não existe, já que se trata de assunto exclusivo da alçada dos sócios.

A adequada segregação e movimentação (formação e reversão) das reservas de lucros é importante, particularmente, para fins de cálculo do dividendo obrigatório. Além disso, é muito importante o conhecimento do valor dessas reservas, que são ou poderão vir a ser disponíveis para distribuição futura na forma de dividendos, para capitalização ou mesmo para outras destinações.

Quanto a limites, o art. 199 da Lei nº 6.404/1976, alterado pela Lei nº 11.638/2007, estabelece que o somatório das Reservas de Lucros, excetuando-se as Reservas para Contingências, de Incentivos Fiscais e de Lucros a Realizar, não poderá ser superior ao montante do Capital Social da sociedade. Caso o referido somatório ultrapasse o Capital Social, caberá à assembleia deliberar sobre a aplicação do excedente, que poderá ser utilizado para integralização ou aumento de capital, desde que com a devida fundamentação, ou distribuído como dividendos.

Tendo em vista seu conceito e as definições da própria Lei das Sociedades por Ações, podemos ter as seguintes Reservas de Lucros:

a) Reserva legal.
b) Reservas estatutárias.
c) Reservas para contingências.
d) Reserva de lucros a realizar.

e) Reserva de lucros para expansão.
f) Reservas de incentivos fiscais.
g) Reserva especial para dividendo obrigatório não distribuído.

Considerando-se a proposta deste *Manual prático*, serão comentados a seguir aqueles que julgamos serem os exemplos mais usuais.

15.5.2 Reserva legal

Essa reserva é tratada no art. 193 da Lei nº 6.404/1976 e deverá ser constituída com a destinação de 5% do lucro líquido do exercício. Será constituída obrigatoriamente pela companhia até que seu valor atinja 20% do capital social realizado; poderá, a critério da companhia, deixar de ser constituída quando o saldo dessa reserva, somado ao montante das Reservas de Capital, atingir 30% do capital social.

Sua utilização está restrita à compensação de prejuízos e ao aumento do capital social, que pode ser feita a qualquer momento a critério da companhia. A compensação de prejuízos ocorrerá obrigatoriamente quando ainda houver saldo de prejuízos, após terem sido absorvidos os saldos de Lucros Acumulados e das demais Reservas de Lucros (parágrafo único do art. 189 da Lei nº 6.404/1976).

15.5.3 Reservas estatutárias

As reservas estatutárias são constituídas por determinação do estatuto da companhia, como destinação de uma parcela dos lucros do exercício. A empresa deverá criar subcontas conforme a natureza a que se refere, e com intitulação que indique sua finalidade.

Para cada reserva estatutária, todavia, a empresa terá que, em seu estatuto:

a) Definir sua finalidade de modo preciso e completo.
b) Fixar os critérios para determinar a parcela anual do lucro líquido a ser utilizada.
c) Estabelecer seu limite máximo.

Essas Reservas não podem, todavia, restringir o pagamento do dividendo obrigatório, nos termos do art. 198 da Lei das Sociedades por Ações.

15.5.4 Reserva para contingências

a) OBJETIVO

O art. 195 da Lei nº 6.404/1976 estabelece a forma para constituição dessa reserva que tem como objetivo segregar uma parcela de lucros, inclusive com a finalidade de não distribuí-la como dividendo, correspondente a prováveis perdas extraordinárias futuras, que acarretarão diminuição dos lucros (ou até o surgimento de prejuízos) em exercícios futuros. Dessa forma, com sua constituição, está-se fortalecendo a posição da Sociedade para fazer frente à situação prevista.

No exercício em que ocorrer tal perda efetivamente – quando o lucro será, portanto, menor –, efetua-se a reversão da reserva para contingências anteriormente constituída para a conta de Lucros Acumulados, a qual integrará, no período em que a reversão foi realizada, a base de cálculo do dividendo obrigatório. Como se verifica, essa prática também pode visar equalizar a distribuição de dividendos intertemporalmente, quando se preveem significativas baixas (ou eventualmente prejuízos) no lucro líquido, oriundas de fatos extraordinários por ocorrer.

Exemplo prático

Reserva para contingências

Suponha-se que uma empresa esteja em uma das situações supracitadas e que seus lucros e dividendos sejam como segue:

	Lucro	Dividendo Obrigatório 25%	Dividendo Adicional	Total
1º ano	100,0	25,0	75,0	100,0
2º ano	100,0	25,0	75,0	100,0
3º ano	10,0	2,5	7,5	10,0
4º ano	100,0	25,0	75,0	100,0
5º ano	100,0	25,0	75,0	100,0
6º ano	10,0	2,5	7,5	10,0

Nesse caso, tendo perdas cíclicas aproximadamente a cada três anos por geada, seca, cheia ou outra perda extraordinária, a empresa poderia no 1º e 2º anos constituir reserva para contingências, como segue:

	Lucro	Reserva para contingências Formação	Reserva para contingências Reversão	Valor-base para dividendos	Dividendos Obrigatórios 25%	Dividendos Adicionais	Total
1º ano	100,0	30,0		70,0	17,5	52,5	70,0
2º ano	100,0	30,0		70,0	17,5	52,5	70,0
3º ano	10,0		60,0	70,0	17,5	52,5	70,0
4º ano	100,0	30,0		70,0	17,5	52,5	70,0
5º ano	100,0	30,0		70,0	17,5	52,5	70,0
6º ano	10,0		60,0	70,0	17,5	52,5	70,0

Verifica-se que, nesse caso de perdas cíclicas, constituindo a reserva para contingências, há a uniformização dos dividendos totais distribuídos ano a ano, pois nos anos de maior lucro forma-se a reserva e, no ano em que a perda ocorre, reverte-se a reserva.

15.5.5 Reservas de lucros a realizar

a) CONCEITO

Essa reserva é constituída por meio da destinação de uma parcela dos lucros do exercício, sendo, todavia, optativa sua constituição. O objetivo de constituí-la é não distribuir dividendos obrigatórios sobre a parcela de lucros ainda não realizada financeiramente (apesar de contábil e economicamente realizada) pela companhia, quando tais dividendos excederem a parcela financeiramente realizada do lucro líquido do exercício.

Como a Contabilidade considera, para a apuração do lucro, não somente os fatos financeiros, mas também os econômicos, é possível que nem todo o lucro apurado da companhia resulte em um aumento correspondente em seu ativo circulante.

15.5.5.1 Exemplo prático e cômputo dos dividendos

Com nova redação dada pela Lei nº 11.638/2007, o art. 202 da Lei das S.A. determina:

> "Os acionistas têm direito de receber como dividendo obrigatório, em cada exercício, a parcela dos lucros estabelecida no estatuto ou, se este for omisso, a importância determinada de acordo com as seguintes normas:
>
> I – metade do lucro líquido do exercício diminuído ou acrescido dos seguintes valores:
>
> a) importância destinada à constituição da reserva legal (art. 193); e
>
> b) importância destinada à formação da reserva para contingências (art. 195) e reversão da mesma reserva formada em exercícios anteriores;
>
> II – o pagamento do dividendo determinado nos termos do inciso I poderá ser limitado ao montante do lucro líquido do exercício que tiver sido realizado, desde que a diferença seja registrada como reserva de lucros a realizar (art. 197);
>
> III – os lucros registrados na reserva de lucros a realizar, quando realizados e se não tiverem sido absorvidos por prejuízos em exercícios subsequentes, deverão ser acrescidos ao primeiro dividendo declarado após a realização.
>
> § 1º O estatuto poderá estabelecer o dividendo como porcentagem do lucro ou do capital social, ou fixar outros critérios para determiná-lo, desde que sejam regulados com precisão e minúcia e não sujeitem os acionistas minoritários ao arbítrio dos órgãos de administração ou da maioria.
>
> § 2º Quando o estatuto for omisso e a assembleia-geral deliberar alterá-lo para introduzir norma sobre a matéria, o dividendo obrigatório não poderá ser inferior a 25% (vinte e cinco por cento) do lucro líquido ajustado nos termos do inciso I deste artigo.
>
> § 3º A assembleia-geral pode, desde que não haja oposição de qualquer acionista presente, deliberar a distribuição de dividendo inferior ao obrigatório, nos termos deste artigo, ou a retenção de todo o lucro líquido, nas seguintes sociedades:
>
> I – companhias abertas exclusivamente para a captação de recursos por debêntures não conversíveis em ações;
>
> II – companhias fechadas, exceto nas controladas por companhias abertas que não se enquadrem na condição prevista no inciso I.
>
> § 4º O dividendo previsto neste artigo não será obrigatório no exercício social em que os órgãos da administração informarem à assembleia-geral ordinária ser ele incompatível com a situação financeira da companhia. O conselho fiscal, se em funcionamento, deverá dar parecer sobre essa informação e, na companhia aberta, seus administradores encaminharão à Comissão de Valores Mobiliários, dentro de

5 (cinco) dias da realização da assembleia-geral, exposição justificativa da informação transmitida à assembleia.

§ 5º Os lucros que deixarem de ser distribuídos nos termos do § 4º serão registrados como reserva especial e, se não absorvidos por prejuízos em exercícios subsequentes, deverão ser pagos como dividendo assim que o permitir a situação financeira da companhia.

§ 6º Os lucros não destinados nos termos dos arts. 193 a 197 deverão ser distribuídos como dividendos."

Conforme essa redação, caso o estatuto da companhia seja omisso, isto é, nele não conste detalhadamente como os dividendos obrigatórios devem ser calculados, a Lei determina que seu valor seja 50% da base de cálculo (lucro ajustado), assim identificada:

- (+) lucro do exercício
- (−) parcela destinada à constituição da reserva legal, caso houver (inciso I, alínea *a*)
- (+/−) parcela destinada à reversão/constituição da reserva para contingências (inciso I, alínea *b*)
- (=) Base de Cálculo do Dividendo Obrigatório, sendo que essa base é que está sujeita aos 50% de dividendos obrigatórios.

Assim, perante a Lei, o dividendo obrigatório é de 50% do lucro ajustado (a base de cálculo apresentada), se o Estatuto Social da companhia não disciplinar a matéria. Normalmente, todas as companhias têm essa disciplina.

Conforme o inciso III, aos dividendos obrigatórios são diretamente somadas as parcelas referentes às realizações da Reserva de Lucros a Realizar. Portanto, a reversão da Reserva de Lucros a Realizar não constitui base de cálculo para os dividendos, mas simplesmente adições aos dividendos obrigatórios do exercício corrente previamente calculados.

Em caso de alteração do estatuto e sendo este omisso em relação ao cálculo de dividendos, o valor mínimo de dividendo a ser estabelecido será de 25% do lucro ajustado.

O dividendo obrigatório deve ser comparado com a parcela do resultado do exercício que já for considerada realizada financeiramente. Caso o dividendo obrigatório seja inferior à parcela realizada do resultado do exercício, deve ser pago sem restrições. Caso o dividendo seja superior à parcela realizada do resultado do exercício, essa diferença entre o dividendo e a parcela realizada do resultado deve ser adicionada à Reserva de Lucros a Realizar. Assim, só haverá parcela a ser destinada à Reserva de Lucros a Realizar se o dividendo obrigatório for superior à parcela realizada do resultado do exercício.

Observe-se, a seguir, um exemplo sobre esse assunto.

Exemplo prático

Considerem-se os seguintes dados da empresa WZX:
- lucro do período = $ 75.000
- lucro a realizar incluso no resultado do período de $ 65.000, conforme apresentado a seguir:

	Lucro a realizar do exercício
Receita de Equivalência Patrimonial	40.000
Ganhos com Variação Cambial (de Ativos de Longo Prazo) (*)	10.000
Lucro em Vendas a Prazo realizável daqui a dois anos (**)	15.000
Total de lucros a realizar	65.000

(*) Títulos a Receber (em moeda estrangeira) no início do período ($ 25.000) mais variação cambial (de $ 10.000) igual a saldo final de Títulos a Receber (em moeda estrangeira) de $ 35.000. Os títulos serão recebidos daqui a dois anos, a partir de dezembro.

(**) Venda, em maio, de um ativo por $ 90.000, a ser recebido em 30 parcelas mensais de $ 3.000, a partir desse mês.

    Custo do ativo vendido = $ 45.000

    Lucro na venda do ativo = $ 45.000 (50% do valor da venda)

No resultado desse exercício haverá o lançamento de um lucro de $ 45.000, decorrente dessa operação ($ 90.000 – $ 45.000). Supondo o Balanço em dezembro, os saldos de contas a receber de curto e longo prazo serão:

- Contas a receber de curto prazo = $ 36.000 ($ 3.000 de parcelas mensais × 12 meses); nesse saldo está incluso o valor de lucro de $ 18.000 (50% do contas a receber).
- Contas a receber de longo prazo = $ 30.000 ($ 90.000 da venda menos $ 36.000 do curto prazo menos 8 parcelas de $ 3.000 já recebidos de maio a dezembro); nesse saldo está incluso o valor de lucro de $ 15.000 (50% do contas a receber).

Portanto, o lucro a realizar daqui a dois anos, decorrente da venda a prazo, é de $ 15.000, e está incluso no saldo de contas a receber de longo prazo.

Sendo o percentual do resultado do exercício destinado à constituição da reserva legal de 5%, e considerando os dividendos obrigatórios como 25% do lucro, o cálculo desses dividendos e da reserva de lucros a realizar, conforme nova redação dos arts. 197 e 202 da Lei nº 6.404/1976, é:

1. resultado do exercício = $ 75.000;
2. menos parcela destinada à constituição da reserva legal = 5% × $ 75.000 = $ 3.750;
3. base de cálculo do dividendo mínimo obrigatório = $ 71.250;
4. 25% da base de cálculo = $ 17.812;
5. verificação da parcela realizada do resultado do exercício = resultado do exercício menos lucros a realizar ($ 75.000 menos $ 65.000) = $ 10.000;
6. verificação da parcela a ser destinada à constituição da Reserva de Lucros a Realizar = dividendo obrigatório ($ 17.812) menos parcela realizada do resultado do exercício ($ 10.000) = $ 7.812.

Como o valor a ser distribuído como dividendos, $ 17.812, é superior à parcela realizada do resultado do exercício, $ 10.000, a empresa pode optar em constituir a Reserva de Lucros a Realizar no montante dessa diferença, $ 7.812.

A proposta de destinação do lucro líquido ficaria assim definida:

    Reserva Legal = $ 3.750

    Reserva de Lucros a Realizar = $ 7.812

    Dividendos = $ 10.000

    Retenção de Lucros = $ 53.437 ($ 75.000 – $ 3.750 – $ 7.812 – $ 10.000)

Ressalta-se que a retenção de lucros deve ser resultado de um ato formal sobre a destinação do resultado do exercício, pois conforme o § 6º do art. 202 da Lei nº 6.404/1976, adicionado pela Lei nº 10.303/2001, todos os lucros devem ter uma destinação, ou para reservas ou para serem pagos como dividendos. A intenção da Lei é que não haja retenção indiscriminada de lucros, sem um propósito específico.

Os primeiros valores que se realizarem financeiramente, da receita de equivalência, dos ganhos com a variação cambial ou do lucro na venda a prazo servirão para realizar a Reserva de Lucros a Realizar.

15.6 Ações em tesouraria

15.6.1 Conceito

As ações da companhia que forem adquiridas pela própria sociedade são denominadas Ações em Tesouraria. E elas não podem ficar no Ativo da própria empresa (direito contra si mesma). A aquisição de ações de emissão própria e sua alienação são transações de capital da companhia com seus sócios, não devendo afetar o resultado.

Não é permitido às companhias (abertas ou fechadas) adquirir suas próprias ações a não ser quando houver:

a) Operações de resgate, reembolso ou amortizações de ações.

b) Aquisição para permanência em tesouraria ou cancelamento, desde que até o valor do saldo de lucros ou reservas (exceto a legal) e sem diminuição do capital social ou recebimento dessas ações por doação.

c) Aquisição para diminuição do capital (limitado às restrições legais).

Essas operações com as próprias ações estão previstas no art. 30 da Lei nº 6.404/1976. Em se tratando de companhia aberta, deverão ser obedecidas as normas expedidas pela CVM, particularmente as disposições sobre aquisição de ações de sua própria emissão, contidas nas Instrução CVM nº 567/2015.

Essa Instrução ressalta que as companhias abertas não poderão manter em tesouraria ações da própria empresa em quantidade superior a 10% de cada classe de ações em circulação no mercado, incluindo aquelas mantidas em tesouraria de controladas e coligadas, e também as ações de emissão da companhia aberta correspondentes à exposição econômica assumida em razão de contratos derivativos ou de liquidação diferida, celebrados pela própria companhia ou pelas sociedades mencionadas controladas e coligadas.

É conveniente lembrar que o conceito de ações em circulação previsto na Lei nº 6.404/1976, em seu art. 4º-A, § 2º, considera ações em circulação no mercado todas aquelas emitidas, exceto as de propriedade do acionista controlador, de membros de diretoria, de conselheiros de administração e as em tesouraria. O preço de aquisição das ações não poderá ser superior ao valor de mercado e, na hipótese de aquisição de ações que possuam prazo predeterminado para resgate, o preço de compra não poderá ser superior ao valor fixado para resgate.

As ações, enquanto mantidas em tesouraria, não terão direitos patrimoniais ou políticos, conforme art. 10 da Instrução CVM nº 567/2015. As ações que excederem o saldo de recursos disponíveis devem ser vendidas no prazo de seis meses, a contar da data da divulgação das demonstrações contábeis que serviram de base para apuração do excesso, nos moldes do art. 9º da Instrução CVM nº 567/2015.

15.6.2 Classificação contábil

Na operação de compra, resgate ou reembolso de ações, seu custo de aquisição é registrado em conta própria, mas, para fins de apresentação de Balanço, deve ser deduzido da conta de Capital ou de Reserva, cujo saldo tiver sido utilizado para tal operação, durante o período em que tais ações permanecem em tesouraria. Por exemplo:

CAPITAL SOCIAL – 1000.000 ações de valor nominal de $ 10,00 cada uma, subscritas e integralizadas	10.000.000,00
Menos: Ações em Tesouraria – 10.000 ações, ao custo	(300.000,00)
Capital líquido	9.700.000,00

A operação de compra de ações pela própria companhia é como se fosse uma devolução de Patrimônio Líquido, motivo pelo qual a conta que as registra (devedora) deve ser apresentada como conta redutora do patrimônio. O § 5º do art. 182 da Lei das Sociedades por Ações determina que "as ações em tesouraria deverão ser destacadas no Balanço como dedução da conta do patrimônio líquido que registrar a origem dos recursos aplicados na sua aquisição".

A forma de apresentação do Balanço Patrimonial poderá ser a seguinte, se for decidido que a aquisição seja feita à conta de uma Reserva Estatutária:

Patrimônio Líquido		
CAPITAL SOCIAL – 1000.000 ações de valor nominal de $ 10,00 cada uma, subscritas e integralizadas		10.000.000,00
Reservas de Capital		1.200.000,00
RESERVAS DE LUCROS Reserva Legal Reserva Estatutária Menos: 10.000 Ações em Tesouraria, ao custo	1.200.000,00 (300.000,00)	600.000,00 900.000,00
Patrimônio Líquido		12.700.000,00

Para fins de contabilização, durante o exercício, o plano de contas da companhia poderá ter a conta Ações em Tesouraria à parte de qualquer reserva, na forma prevista no Plano de Contas apresentado, sendo que na data do Balanço é feita sua apresentação como redução da conta que lhe deu origem. As ações adquiridas devem ser contabilizadas nessa conta por seu custo de aquisição, ou seja, pelo preço pago por elas, acrescido dos custos de transação incorridos no processo de aquisição das ações.

Se a empresa vender essas ações, quando não utilizadas para reduzir o total de ações da empresa, não poderá reconhecer no resultado qualquer ganho ou perda, já que novamente estará com uma transação de capital, e não derivada das atividades da empresa. Assim, esses resultados positivos ou negativos ficam registrados no Patrimônio Líquido, na reserva que lhes tiver dado abrigo, no caso da recompra, ou em conta à parte reduzindo o capital nas demais situações. Se a empresa emitir ações com direito a resgate e oferecer esse valor recebido como destinado ao resgate posterior, o valor recebido, como já dito, não é conta de Patrimônio Líquido, mas sim de Passivo. Logo, sua emissão e seu resgate não alteram o Patrimônio Líquido.

15.7 Prejuízos Acumulados

A partir da vigência da Lei nº 11.638/2007, foi extinta a possibilidade de manutenção e apresentação no Balanço de final de exercício social de saldos a título de Lucros Acumulados no Balanço Patrimonial, mas apenas para o caso das sociedades por ações, o que não significa que a referida conta deverá ser eliminada dos planos de contas dessas entidades.

A conta Lucros ou Prejuízos Acumulados que, na maioria dos casos, representa a interligação entre Balanço Patrimonial e Demonstração do Resultado do Exercício, continuará sendo utilizada pelas companhias para receber o resultado do período e, se positivo, destiná-lo de acordo com a lei e as políticas da empresa, servindo de contrapartida para as constituições e reversões de reservas de lucros, assim como para a distribuição de dividendos. Mas, no Balanço Patrimonial, só poderá aparecer quando tiver saldo negativo, e será denominada de Prejuízos Acumulados. Nas demais sociedades, poderá aparecer também com saldo positivo e terá seu nome completo de Lucros ou Prejuízos Acumulados ou simplesmente Lucros Acumulados, como pode ser observado na OCPC 02 – Esclarecimentos sobre as Demonstrações Contábeis de 2008, em seus itens 115 e 116.

15.8 Tratamento para as pequenas e médias empresas

Os conceitos abordados neste capítulo também são aplicáveis às entidades de pequeno e médio portes. Para mais detalhamento, consulte o Pronunciamento Técnico PME – Contabilidade para Pequenas e Médias Empresas.

Demonstração das Mutações do Patrimônio Líquido

16.1 Conceitos iniciais

O Patrimônio Líquido, que representa a diferença entre o valor dos ativos e o dos passivos, pode ser composto por Capital Social, Reservas de Capital, Reservas de Lucros, Outros Resultados Abrangentes, Ações ou Quotas em Tesouraria, Prejuízos Acumulados, dentre outras contas, conforme discutido no Capítulo 15 – Patrimônio Líquido. O objetivo deste capítulo é apresentar os principais conceitos e técnicas de elaboração da Demonstração das Mutações do Patrimônio Líquido (DMPL), cuja finalidade é justamente evidenciar a movimentação ocorrida em todas as contas que o compõem em determinado período.

Ao indicar a origem e o valor de cada acréscimo ou decréscimo em cada componente do Patrimônio Líquido, a DMPL é uma demonstração contábil de muita utilidade para que o usuário da informação contábil possa analisar quais foram as transações que afetaram o Patrimônio Líquido da empresa. Portanto, é uma demonstração contábil que complementa as informações apresentadas no Balanço Patrimonial e na Demonstração do Resultado do Exercício.

A Lei nº 6.404/1976 nunca colocou a DMPL como uma demonstração contábil obrigatória. A referida Lei determinava a elaboração da Demonstração dos Lucros ou Prejuízos Acumulados (DLPA), que tinha a finalidade justamente de demonstrar a movimentação da conta de Lucros ou Prejuízos Acumulados. Entretanto, a Lei nº 6.404/1976 permitia que as empresas incluíssem a DLPA na DMPL. Ou seja, as empresas poderiam divulgar a DMPL no lugar da DLPA, desde que as informações da última estivessem contidas na primeira. Em 1986, a DMPL tornou-se obrigatória para as empresas abertas, com a Instrução CVM nº 59/1986. Por fim, com a vigência do CPC 26 – Apresentação das Demonstrações Contábeis, a DMPL passou a ser obrigatória para praticamente todas as empresas, já que foi incluída no conjunto completo de demonstrações contábeis.

16.2 Conteúdo da DMPL

Existem diversas transações que afetam o valor do Patrimônio Líquido total, como, por exemplo, acréscimo pelo lucro ou redução pelo prejuízo líquido do exercício, distribuição de dividendos e/ou juros sobre o capital próprio (JCP), aumento de capital social com recebimento de ativos ou redução de passivos, acréscimos ou reduções por outros resultados abrangentes, aquisição de ações ou cotas de emissão da própria entidade (em tesouraria) etc. Também existem transações que não afetam o valor do Patrimônio Líquido total, mas afetam o valor de determinados componentes do Patrimônio Líquido, como, por exemplo, aumento de capital com a utilização de reservas.

O exemplo apresentado no Apêndice A do CPC 26 sugere que essas transações sejam classificadas em três grupos principais:

a) **Transações de capital com os sócios**: aumentos de capital com novos recursos, devolução de capital, distribuição de lucros, gastos com emissão de novas ações, venda ou compra de ações ou quotas em tesouraria etc.

b) **Resultado abrangente**: são as mutações que ocorrem no Patrimônio Líquido decorrentes de transações e outros eventos que não sejam derivados de transações com os sócios. Portanto, esse grupo pode ser dividido em: (a) Resultado Líquido do Exercício; (b) Outros Resultados Abrangentes (ganhos ou perdas atuariais dos planos de pensão na modalidade de benefício definido, ajuste acumulado de conversão, remensuração de instrumentos financeiros mensurados ao valor justo por meio de outros resultados abrangentes etc.); e (c) reclassificações de outros resultados abrangentes para o resultado do exercício.

c) **Mutações internas**: trata-se exclusivamente das demais mutações internas do Patrimônio Líquido, que não alteram o valor do Patrimônio Líquido nem o resultado do período, como a formação de reservas a partir de lucros ou prejuízos acumulados, aumentos de capital social a partir de reservas de lucros ou de capital etc.

É importante observar que a DMPL consolidada deve evidenciar a parcela do Patrimônio Líquido atribuível aos acionistas não controladores, de forma separada do Patrimônio Líquido dos controladores. Portanto, geralmente as empresas apresentam na DMPL uma coluna evidenciando o total do Patrimônio Líquido da controladora e, logo na coluna do lado, apresentam a participação dos acionistas não controladores, para na última coluna evidenciar o valor do Patrimônio Líquido total consolidado.

16.3 Estrutura de apresentação

A estrutura de apresentação da DMPL é bastante simples, pois basta apresentar nas colunas as contas do Patrimônio Líquido (com uma coluna final para apresentar o total, lembrando de separar o total dos controladores e dos não controladores) e nas linhas as operações que provocaram alterações nas contas do Patrimônio Líquido durante o período. A primeira linha registra o saldo inicial das contas, na sequência das linhas são apresentadas as movimentações ocorridas (considerando os agrupamentos mencionados anteriormente – transações de capital, resultado abrangente e mutações internas) e na última linha é evidenciado o saldo final.

A estrutura da DMPL pode ser apresentada de duas formas: (a) analítica, com uma coluna para cada conta específica do Patrimônio Líquido; ou (b) sintética, em que a empresa apresenta na estrutura da DMPL apenas o total dos principais grupos de contas e divulga a abertura dos agrupamentos em quadros específicos auxiliares e/ou notas explicativas. A escolha do formato de apresentação fica a critério da empresa. Porém, para tomar essa decisão, a empresa deve levar em consideração a materialidade e a relevância das contas. A divulgação de uma quantidade excessiva de colunas na DMPL, incluindo contas com valores imateriais, não contribui para maior transparência e relevância das demonstrações contábeis. Essa questão da materialidade também é válida para a composição das linhas da DMPL.

16.4 Outros assuntos

16.4.1 Resultado abrangente

O item 106A do CPC 26 determina que a empresa deve apresentar, para cada componente do Patrimônio Líquido, uma análise dos outros resultados abrangentes por item, podendo ser feita na própria DMPL ou em nota explicativa. Assim, na DMPL deve existir uma coluna específica para outros resultados abrangentes, sendo que essa coluna pode evidenciar a movimentação detalhada de cada um dos itens ou apresentar de forma agrupada, mas com a divulgação de cada um dos itens em nota explicativa. Ressalta-se, entretanto, que a divulgação da Demonstração do Resultado Abrangente (DRA), discutida no Capítulo 17, não pode ser feita única e exclusivamente dentro da DMPL.

16.4.2 Ajustes de exercícios anteriores

Os ajustes de exercícios anteriores, que representam mudanças de políticas contábeis e/ou retificação de erros, demandam a aplicação retrospectiva, conforme o CPC 23 – Políticas Contábeis, Mudanças de Estimativas e Retificação de Erro. Consequentemente, o CPC 23 determina que a empresa deve ajustar o saldo de abertura de cada componente do Patrimônio Líquido afetado. Para tanto, os valores da primeira linha da DMPL continuam sendo os apresentados originalmente, sem o efeito da mudança da política e/ou sem a retificação de erro. A seguir, apresentam-se os efeitos das mudanças de política contábil e os das retificações de erro e, por fim, os subtotais com os saldos devidamente ajustados de todas as contas.

> **Exemplo prático**
>
> Para exemplificar os conceitos apresentados, suponha que em 31/12/X0 a empresa XYZ tenha um Patrimônio Líquido consolidado de $ 855.000, sendo composto por: (i) Capital Social: $ 500.000; (ii) Reserva de Excedente de Capital: $ 100.000; (iii) Ações em Tesouraria: ($20.000); (iv) Reserva Legal: $ 60.000; (v) Reserva para Expansão: $ 55.000; (vi) Reserva de Incentivos Fiscais: $ 35.000; (vii) Outros Resultados Abrangentes: $75.000 (sendo $ 30.000 de remensuração de instrumentos financeiros, $ 70.000 de ganhos e perdas atuariais decorrentes de planos de benefício definido e $ 25.000 de ajuste acumulado de conversão); e (viii) Participação de Não Controladores: $ 50.000.
>
> Durante o exercício de X1, ocorreram as seguintes transações que afetaram as contas do Patrimônio Líquido:
>
> a) Aumento do capital social em $ 150.000, sendo $ 50.000 com reserva de capital, $ 20.000 com reserva de incentivos fiscais e $ 80.000 com integralização da controladora.

b) Aquisição de próprias ações (em tesouraria) no valor de $ 15.000.
c) Lucro líquido consolidado de $ 120.000, sendo $ 10.000 atribuíveis aos acionistas não controladores e $ 110.000 aos acionistas controladores.
d) Declaração de dividendos obrigatórios de $ 26.125 para a controladora e $ 2.500 para os não controladores, além de dividendos adicionais no montante de $ 43.875 a serem aprovados pela assembleia dos sócios.
e) Destinação de $ 5.500 para reserva legal e de $ 34.500 para a reserva para expansão.
f) Reconhecimento de outros resultados abrangentes no valor de $ 38.500, sendo $ 10.500 pela remensuração de instrumentos financeiros ($ 15.000 menos imposto de $ 4.500), $ 7.000 de ganhos atuariais com planos de benefício definido ($ 10.000 menos imposto de $ 3.000) e ajuste acumulado de conversão de $ 21.000 ($ 30.000 menos imposto de $ 9.000).

Com base nessas informações, a DMPL da empresa XYZ seria assim apresentada:

	Capital social	Reservas de capital e ações em tesouraria (1)	Reservas de lucros (2)	Lucros ou prejuízos acumul.	Outros resultados abrang. (3)	Divid. adicion.	PL controladora	Não controladores	PL consolidado
Saldo em 31/12/X0	500.000	80.000	150.000	0	75.000		805.000	50.000	855.000
Aumento de Capital	150.000	(50.000)	(20.000)				80.000		80.000
Ações em Tesouraria		(15.000)					(15.000)		(15.000)
Dividendos				(26.125)			(26.125)	(2.500)	(28.625)
Transações Capital Sócios							38.875	(2.500)	36.375
Lucro Líquido				110.000			110.000	10.000	120.000
Outros Resultados Abrang.					38.500		38.500		38.500
Resultado Abrangente Total							148.500	10.000	158.500
Constituição de Reservas			40.000	(40.000)			0		0
Dividendos Adicionais				(43.875)		43.875	0		0
Saldo em 31/12/X1	650.000	15.000	170.000	0	113.500	43.875	992.375	57.500	1.049.875

Observa-se que o Patrimônio Líquido consolidado da empresa XYZ aumentou de $ 855.000 para $ 1.049.875, sendo explicado por transações de capital com os sócios no montante total de $ 36.375 (aumento de capital, ações em tesouraria e distribuição de dividendos) e pelo resultado abrangente total de $ 158.500 (lucro líquido de $ 120.000 mais outros resultados abrangentes de $ 38.500). Ainda, do Patrimônio Líquido consolidado de $ 1.049.875, a parcela dos controladores é de $ 992.375 e dos não controladores é de $ 57.500.

Como a empresa XYZ optou pelo formato sintético para apresentação da DMPL, os seguintes quadros adicionais devem ser divulgados em nota explicativa:

Reservas de capital e ações em tesouraria (1)	Reserva de excedente de capital	Ações em tesouraria	Contas do grupo (1)
Saldo em 31/12/X0	100.000	(20.000)	80.000
Aumento de Capital	(50.000)		(50.000)
Aquisição de Ações em Tesouraria		(15.000)	(15.000)
Saldo em 31/12/X1	50.000	(35.000)	15.000

Reservas de lucros (2)	Reserva legal	Reserva para expansão	Reserva de incentivos fiscais	Contas do grupo (2)
Saldo em 31/12/X0	60.000	55.000	35.000	150.000
Aumento de Capital			(20.000)	(20.000)
Constituição de Reservas	5.500	34.500		40.000
Saldo em 31/12/X1	65.500	89.500	15.000	170.000

Outros resultados abrangentes (3)	Remensuração de instrumentos financeiros	Ganhos e perdas atuariais	Ajuste acumulado de conversão	Contas do grupo (3)
Saldo em 31/12/X0	30.000	70.000	(25.000)	75.000
Remensuração de Instrumentos Financeiros	15.000			15.000
Tributos sobre Ajustes de Instrumentos Financeiros	(4.500)			(4.500)
Ganhos Atuariais com Planos de Benefício Definido		10.000		10.000
Tributos sobre Ganhos Atuariais		(3.000)		(3.000)
Ajuste de Conversão			30.000	30.000
Tributos sobre Ajustes Conversão			(9.000)	(9.000)
Saldo em 31/12/X1	40.500	77.000	(4.000)	113.500

Demonstração do Resultado do Exercício, Demonstração do Resultado Abrangente e Despesas Operacionais

17.1 Introdução

Segundo o CPC 26 (R1) – Apresentação das Demonstrações Contábeis, todas as mutações do Patrimônio Líquido reconhecidas em cada exercício que não representem transações entre a empresa e seus sócios serão apresentadas em duas demonstrações: a Demonstração do Resultado do Exercício (DRE) e a Demonstração do Resultado Abrangente (DRA).

A DRE é a apresentação, em forma resumida, das receitas e despesas decorrentes das operações realizadas durante o exercício social, com o objetivo de demonstrar a composição do resultado líquido do período. Neste capítulo (Seções 17.4 e 17.5), discutiremos com mais detalhes os conceitos relacionados com as despesas apresentados na DRE. Já no Capítulo 18, são apresentados os critérios de reconhecimento, mensuração e divulgação das receitas.

As mutações do Patrimônio Líquido que não representam receitas e despesas realizadas são denominadas Outros Resultados Abrangentes (ORA) e incluem alterações que poderão afetar períodos futuros ou, em alguns casos, nem mesmo circularem pelo resultado.

O IASB nunca definiu o que é esse ORA e por isso não há uma posição conceitual básica a ser analisada; assim, cada um dos ORAs até hoje assim estabelecidos teve sua razão de ser, mas a decisão partiu de um arbítrio e não da obediência à sua definição. Se não houver determinação específica por parte do normatizador para o tratamento como ORA, será considerada como receita ou despesa. Também é necessário verificar se o resultado registrado como ORA será ou não reclassificado um dia para a DRE.

A DRA corresponde à soma do resultado líquido apresentado na DRE com os ORA, conforme determina o CPC 26 (R1). Logo, o Resultado Abrangente Total corresponde à total modificação no Patrimônio Líquido que não seja constituída pelas transações de capital entre a empresa e seus sócios (como aumento ou devolução de capital social, distribuição de lucros ou compra e venda de ações e quotas próprias dos sócios). A DRA deve ser feita no Brasil, à parte, lado a lado com a DRE.

17.2 Demonstração do Resultado do Exercício (DRE)

17.2.1 Critérios gerais de apresentação

O objetivo da DRE é fornecer aos usuários das demonstrações contábeis, como já indicado, as informações essenciais sobre a formação do resultado (lucro ou prejuízo) do exercício.

O CPC 47 – Receita de Contrato com Cliente determina que a divulgação do resultado se inicie pelas receitas líquidas; para conciliar o exigido pela Lei das S.A., que fala em receita bruta, e pela legislação fiscal, escrituram-se as receitas brutas e as diminuições destas receitas, mas a DRE é apresentada a partir das receitas líquidas, e a respectiva conciliação é evidenciada em notas explicativas.

Da receita líquida deduz-se a despesa representada pelo **custo** total correspondente a essas vendas e serviços (custo dos produtos ou mercadorias vendidos, dos serviços prestados) e chega-se ao resultado bruto.

Após esse resultado, são apresentadas as despesas necessárias ao desenvolvimento das atividades da empresa e outras receitas complementares ao negócio e segregadas por subtotais, conforme sua **função**, quais sejam:

a) Despesas com vendas.

b) Despesas gerais e administrativas.

c) Outras despesas e receitas operacionais.

d) Despesas financeiras deduzidas das receitas financeiras.

Assim, deduzindo-se estas despesas do lucro bruto obtém-se o que antigamente era denominado **lucro operacional**. Essa denominação é ainda mencionada na lei, mas não é mais reconhecida nas demonstrações fundamentadas nas normas internacionais e nos CPCs.

A Lei das S.A. determina que, após isso, apresentem-se as **outras receitas e despesas** (estas se resumem, principalmente, aos resultados derivados de operações descontinuadas), apurando-se então o **resultado antes dos tributos e participações** (imposto de renda e contribuição social sobre o lucro).

Deduzem-se, a seguir, o **imposto de renda e a contribuição social reconhecidos** (apropriados por regime de competência), chegando-se, assim, ao **lucro** (ou **prejuízo**) **líquido do exercício**. A Lei exige ainda a apresentação do montante do **lucro por ação**.

Note-se que o CPC 26 (R1) – Apresentação das Demonstrações Contábeis admite a possibilidade de a demonstração apresentar as contas não pela sua função (administrativas, vendas, custo dos produtos vendidos etc.), mas pela natureza (material consumido, mão de obra, contribuições sociais, energia elétrica, aluguéis etc.), mas nossa Lei determina o uso do critério **função**. Ainda, de acordo com o CPC 26 (R1), devem ser divulgados na Demonstração Consolidada do Resultado do Exercício, como alocação do resultado do exercício, os resultados líquidos atribuíveis:

a) À participação de sócios não controladores.
b) Aos detentores do capital próprio da empresa controladora.

O referido Pronunciamento Técnico aborda outros dois aspectos relativos à DRE, a saber:

1. A necessidade de divulgação, de forma separada, da natureza e montantes dos itens de receita e despesa quando estes são relevantes, conforme descrito no item 98:

    "As circunstâncias que dão origem à divulgação separada de itens de receitas e despesas incluem:
    a) reduções nos estoques ao seu valor realizável líquido ou no ativo imobilizado ao seu valor recuperável, bem como as reversões de tais reduções;
    b) reestruturações das atividades da entidade e reversões de quaisquer provisões para gastos de reestruturação;
    c) baixas de itens do ativo imobilizado;
    d) baixas de investimento;
    e) unidades operacionais descontinuadas;
    f) solução de litígios; e
    g) outras reversões de provisões."

2. A necessidade de subclassificação das despesas, como pode ser constatada no item 101:

    "As despesas devem ser subclassificadas a fim de destacar componentes do desempenho que possam diferir em termos de frequência, potencial de ganho ou de perda e previsibilidade. Essa análise deve ser proporcionada em uma das duas formas descritas a seguir, obedecidas as disposições legais."

As formas de análise citadas no item 101 do CPC 26 (R1) são o método da natureza da despesa, por exemplo: depreciações e amortizações, consumo de matéria-prima e outros materiais, despesas com transporte etc. O outro método é o da função, já utilizado por imposição da lei societária: custo dos produtos e serviços vendidos, despesas de vendas, administrativas etc. O método da função pode proporcionar informações mais relevantes, mas também pode acabar propiciando alocações arbitrárias.

Quando a entidade classifica as despesas por função, também deve divulgar, adicionalmente, informações acerca da natureza. De qualquer forma, a legislação brasileira induz diretamente à demonstração com as despesas por função.

Exemplo prático

Para fins ilustrativos, vamos apresentar a seguir um exemplo numérico genérico e hipotético de apresentação de uma DRE, a fim de ilustrar os conceitos apresentados anteriormente.

<table>
<tr><th colspan="4">Cia. Exemplo
DRE
Período: ano de X0</th></tr>
<tr><td></td><td>Receitas Líquida de Vendas</td><td></td><td>1.100.000</td></tr>
<tr><td>(–)</td><td>Custo das Mercadorias Vendidas</td><td></td><td>(570.000)</td></tr>
<tr><td>(=)</td><td>**Lucro Bruto**</td><td></td><td>**530.000**</td></tr>
<tr><td>(–)</td><td>*Despesas / (+) Outras Receitas Operacionais*</td><td></td><td></td></tr>
<tr><td></td><td>*Vendas*</td><td></td><td>*(18.800)*</td></tr>
<tr><td>(–)</td><td>Despesas PECLD</td><td>(12.000)</td><td></td></tr>
<tr><td>(–)</td><td>Despesas Comissões de Vendas</td><td>(4.000)</td><td></td></tr>
<tr><td>(–)</td><td>Despesas com Propaganda</td><td>(2.800)</td><td></td></tr>
<tr><td></td><td>*Administrativas*</td><td></td><td>*(136.000)*</td></tr>
<tr><td>(–)</td><td>Despesas Gerais</td><td>(50.000)</td><td></td></tr>
<tr><td>(–)</td><td>Despesa de Salários</td><td>(38.000)</td><td></td></tr>
<tr><td>(–)</td><td>Despesa de Seguros</td><td>(8.000)</td><td></td></tr>
<tr><td>(–)</td><td>Despesa de Depreciação</td><td>(40.000)</td><td></td></tr>
<tr><td></td><td>*Outras Receitas*</td><td></td><td>*7.300*</td></tr>
<tr><td>(+)</td><td>Resultado de Equivalência Patrimonial</td><td>2.300</td><td></td></tr>
<tr><td>(+)</td><td>Lucro na Venda das Instalações</td><td>5.000</td><td></td></tr>
<tr><td>(=)</td><td>**Lucro antes do resultado financeiro**</td><td></td><td>**382.500**</td></tr>
<tr><td>(+)</td><td>Receitas Financeiras</td><td></td><td>6.400</td></tr>
<tr><td>(–)</td><td>Despesas Financeiras</td><td></td><td>(11.300)</td></tr>
<tr><td>(=)</td><td>**Lucro antes do IR/CS**</td><td></td><td>**377.600**</td></tr>
<tr><td>(–)</td><td>IR/CS</td><td></td><td>(125.700)</td></tr>
<tr><td>(=)</td><td>**Lucro Líquido**</td><td></td><td>**251.900**</td></tr>
</table>

A apresentação dessa DRE está seguindo o modelo das despesas por função, mas com o detalhamento por natureza. Nesse formato, não seria necessária uma nota explicativa para detalhar a natureza das principais despesas (admitindo-se que, dentro do CMV, conste apenas o custo das mercadorias propriamente ditas). Na prática, é mais comum a divulgação mais sintética da DRE por função, já que é o modelo induzido pela nossa legislação. Nesse caso, seria obrigatória a divulgação da natureza das principais despesas, em nota explicativa. E, no caso da indústria manufatureira, é obrigatória a abertura do custo dos produtos vendidos também por natureza (variação de estoques, matérias-primas consumidas, pessoal, depreciação etc.).

Destaca-se que as nomenclaturas das contas devem se adaptar ao segmento em que a entidade atua. Este exemplo não deve ser visto como um modelo rígido de apresentação.

17.3 Demonstração do Resultado Abrangente (DRA) do exercício

17.3.1 Critérios gerais de apresentação

Além da elaboração da DRE, o CPC 26 (R1) instituiu a obrigatoriedade de elaboração da DRA. Como já dito, essa demonstração apresenta as receitas, despesas e outras mutações que afetam o Patrimônio Líquido, mas que não são reconhecidas (ou não foram reconhecidas ainda) na DRE. Tais receitas e despesas são identificadas como "outros resultados abrangentes" e, de acordo com o CPC 26 (R1), compreendem os seguintes itens:

> "a) variações na reserva de reavaliação quando permitidas legalmente (veja CPC 27 – Ativo Imobilizado e CPC 04 – Ativo Intangível);
>
> b) ganhos e perdas atuariais em planos de pensão com benefício definido reconhecidos conforme item 93A do CPC 33 – Benefícios a Empregados;
>
> c) ganhos e perdas derivados de conversão de demonstrações contábeis de operações no exterior (CPC 02 – Efeitos das Mudanças nas Taxas de Câmbio e Conversão de Demonstrações Contábeis);
>
> d) ajuste de avaliação patrimonial relativo aos ganhos e perdas na remensuração de ativos financeiros mensurados a valor justo por meio de outros resultados abrangentes (CPC 48 – Instrumentos Financeiros);
>
> e) ajuste de avaliação patrimonial relativo à efetiva parcela de ganhos ou perdas de instrumentos de *hedge* em *hedge* de fluxo de caixa (CPC 48)".

A DRA tem como valor inicial o resultado líquido do período apurado na DRE, seguido dos outros resultados abrangentes, conforme estrutura mínima prevista no CPC 26 (R1):

a) Resultado líquido do período.
b) Cada item dos outros resultados abrangentes classificados conforme sua natureza (exceto montantes relativos ao item *c*).
c) Parcela dos outros resultados abrangentes de empresas investidas reconhecida por meio do método de equivalência patrimonial.
d) Resultado abrangente do período.

No Brasil, a DRA deve ser divulgada como como um relatório à parte.

Na DRA consolidada, os resultados abrangentes totais são segregados em atribuíveis aos sócios controladores e aos não controladores. O referido Pronunciamento Técnico estabelece que os outros resultados abrangentes podem ser evidenciados líquidos de seus respectivos efeitos tributários ou antes de tais efeitos, sendo estes divulgados em montante único, que totalize os tributos dos componentes.

Quando ocorrer a realização dos itens registrados como outros resultados abrangentes (por exemplo, baixa de investimentos em companhias no exterior, baixa de ativos financeiros disponíveis para venda, ou quando operação anteriormente prevista e sujeita a *hedge* de fluxo de caixa afetar o resultado líquido do exercício etc.), configura-se a necessidade de divulgação dos **ajustes de reclassificação**, vista no item 93 do CPC 26 (R1), que pode ser feita em notas explicativas, mas, nesse caso, ela deverá apresentar os itens de outros resultados abrangentes após os respectivos ajustes de reclassificação.

Nas Seções 17.4 e 17.5, são debatidos os critérios contábeis e a forma de apresentação dos custos e despesas operacionais, que são contas que compõem a DRE em face da Lei das S.A. Já as receitas de vendas serão discutidas no Capítulo 18.

Exemplo prático

A seguir, um exemplo de DRA. Como, no Brasil, a DRA deve ser apresentada separadamente da DRE, ela é uma espécie de "continuidade" da DRE. Começa com o lucro ou prejuízo do exercício (apresentado na DRE):

Cia. Exemplo DRA Período: ano de X0	
Lucro Líquido	**251.900**
(+/–) Outros Resultados Abrangentes	
ORA que podem ser reclassificados para a DRE:	
Resultados com hedge de fluxo de caixa	*(4.900)*
Reconhecidos no PL	(12.000)
Transferidos para o Resultado	5.000
IR/CS	2.100
Ajuste Acumulado de Conversão em Investidas	*8.800*
Reconhecidos no PL	9.200
Transferidos para o Resultado	(400)
Equivalência Patrimonial sobre ORA de Investidas	*1.870*
Reconhecidos no PL	2.800
Transferidos para o Resultado	(930)
ORA que não serão reclassificados para a DRE:	
Resultados com Títulos Patrimoniais – VJ-ORA	*(5.600)*
Reconhecidos no PL	(8.000)
IR/CS	2.400
Ganhos (perdas) Atuariais	*3.500*
Reconhecidos no PL	5.000
IR/CS	(1.500)
Equivalência Patrimonial sobre ORA de investidas	*300*
Reconhecidos no PL	300
Lucro Líquido Abrangente	**255.870**

Outro ponto interessante é a forma de apresentação dos efeitos fiscais dos componentes do ORA. Tais efeitos podem ser apresentados componente a componente, conforme ilustrado neste exemplo, ou podem ser apresentados ao final da DRA, pelo agregado, de forma semelhante à DRE. Consideramos o formato escolhido como o mais adequado.

17.4 Custo das mercadorias e dos produtos vendidos e dos serviços prestados

Como já mencionado, o custo das mercadorias e dos produtos vendidos ou o custo dos serviços prestados a serem computados no exercício devem ser correspondentes às receitas de vendas das mercadorias, dos produtos e serviços reconhecidos no mesmo período.

No Capítulo 3 – Estoques (Seção 3.3), são abordadas com maior profundidade a avaliação de estoques e, consequentemente, a apuração do custo das mercadorias e dos produtos vendidos. No presente capítulo, apresentamos um sumário para melhor entendimento e algumas considerações complementares, mas voltadas aos produtos industrializados.

17.4.1 Apuração do custo dos produtos vendidos

A apuração do custo dos produtos vendidos está diretamente relacionada com a mensuração de custos registrados nos estoques da empresa, pois representa a baixa efetuada nas contas dos estoques por vendas realizadas no período. Daí decorre a fórmula simplificada de sua apuração; no caso das empresas industriais:

$$CPV = EIPAE + CP - EFPAE$$

onde:

CPV = Custo dos produtos vendidos

EIPAE = Estoques dos produtos acabados e em elaboração no início do período

CP = Custos de produção incorridos no período

EFPAE = Estoques dos produtos acabados e em elaboração no final do período

Em empresas comerciais, a fórmula superconhecida (CMV = EI + Compras – EF) é mais simples do que nas industriais e sua apuração é muito menos trabalhosa, pois as entradas são representadas pelas compras destinadas à revenda, assim como estoques inicial e final.

Nas empresas industriais, os estoques iniciais e finais, além de produtos acabados, também consideram os em elaboração. As entradas representam todo o custo incorrido no processo de produção e, dependendo da estrutura de produção, pode indicar a necessidade de sistemas de contabilidade de custos mais complexos, considerando-se a utilidade para fins gerenciais etc.

De forma sumariada, na indústria se tem:

a) Todas as matérias-primas e todos os materiais consumidos são baixados de seus estoques e adicionados à conta de Produção em Andamento. Na verdade, essa conta já contém, como regra, um saldo relativo ao estoque em andamento no encerramento do período anterior.

b) Todos os demais custos de produção (e só de produção, não podendo incluir as despesas gerais administrativas, as de vendas ou as financeiras) são também alocados a essa conta, como mão de obra, encargos sociais, energia e demais.

c) A seguir, é necessário todo um trabalho para alocação desses custos aos diferentes produtos:

1. Os custos diretos, como matérias-primas, mão de obra direta e seus encargos (às vezes, energia elétrica e outros) são apropriados **diretamente** aos diversos produtos

sendo fabricados. Normalmente, na contabilidade se tem apenas lançamentos sumariados, com os detalhes controlados à parte em registros que precisam ser mantidos como parte dos relativos à escrituração mercantil.

2. Os custos indiretos de fabricação (mão de obra de chefia, supervisão, administração da fábrica, outra mão de obra não identificável diretamente com um produto, energia não mensurável por produto, depreciação, limpeza, conservação etc.) são apropriados aos diversos departamentos por meio de rateio conforme indicadores que se considerarem os mais lógicos; na verdade, alguns são alocáveis diretamente, como depreciação dos imobilizados de cada um. Alguns desses departamentos são diretamente vinculados ao processo de fabricação (pintura, torneamento etc.), conhecidos como de Departamento de Produção, e outros são os Departamentos de Serviços (almoxarifado, refeitório etc.).

3. Os custos dos departamentos de prestação de serviços são agora alocados aos departamentos de produção por meio de critérios de rateio predeterminados que considerem da melhor forma possível o vínculo entre o serviço e o departamento de produção (número de funcionários de cada departamento de produção, como no caso do refeitório etc.). Com isso, todos os custos indiretos de fabricação passam a estar alocados a departamentos de produção.

4. Esses custos dos departamentos de produção são, finalmente, alocados aos produtos na proporção em que esses produtos consomem recursos de tais departamentos (homem-hora, por exemplo). Com isso, todos os custos indiretos de fabricação estão agora alocados aos produtos.

d) Com os custos diretos e indiretos alocados aos produtos, é necessário ver agora a parcela que está nos produtos ainda em elaboração. A soma dos produtos em elaboração inicial com os custos totais incorridos, diminuída dos produtos em elaboração final, nos dá o custo da produção acabada.

e) O custo dos produtos acabados inicial mais o custo da produção acabada durante o período, menos o custo dos produtos acabados no final nos dá o custo dos produtos vendidos.

Exemplo prático

Para melhor entendimento e visualização geral dos custos, é demonstrado a seguir, de forma resumida, o fluxo contábil dos componentes de custo.

Matérias-primas

Suponha que o estoque de matérias-primas seja de 1.000 unidades, ao preço médio de $ 2 cada, totalizando $ 2.000, e que no período tenham sido consumidas 900 unidades, $ 1.800.

Seria registrado pelas requisições para o consumo:

	Débito	Crédito

Produtos em Elaboração
    Matéria-prima Direta
    a Estoques (Matéria-prima)
	1.800	1.800

Mão de obra direta
Contabilização da folha de salários do pessoal alocado à produção pelo valor de $ 1.500.

	Débito	Crédito
Produtos em Elaboração – Mão de Obra Direta (por subconta) a Caixa ou Passivo	1.500	1.500

Custos indiretos
Pela contabilização de vários custos ligados à produção, indiretamente ligados ao produto, totalizando $ 750, que incluem, por exemplo: energia elétrica da produção, manutenção, seguro e aluguel do edifício da fábrica, salários e encargos da mão de obra indireta etc.

	Débito	Crédito
Produtos em Elaboração Custos Indiretos (por subconta) a Caixa ou Passivo etc.	750	750

Assim, os saldos da conta "Produtos em elaboração" seriam:

Produtos em elaboração	
1. Matéria-prima Direta	1.800
2. Mão de obra Direta	1.500
3. Custos Indiretos	750
Total	4.050

Suponhamos que os custos incorridos nesse período correspondam à produção de 810 unidades de produto final e que 700 foram terminadas e transferidas para Produtos Acabados e as 110 restantes permanecem em Produtos em Elaboração no fim do período. Digamos, ainda, que o custo total de $ 4.050 corresponda a:

	Custo	Quantidade	Custo unitário
Produtos Acabados	3.640	700	5,20
Produtos em Elaboração	410	110	3,73
Total	$ 4.050	810	

Assim, o registro contábil da transferência da conta Produtos em Elaboração para Produtos Acabados seria o seguinte:

	Débito	Crédito
Produtos Acabados a Produtos em Elaboração	3.640	3.640

Finalmente, os produtos acabados vendidos no período seriam baixados do estoque de Produtos Acabados e registrados como Custo dos Produtos Vendidos. Suponhamos que, do estoque de 700 unidades produzidas, tenham sido vendidas 450 ao preço de $ 10 cada uma, ou seja, $ 4.500.

Assim, teríamos a seguinte contabilização:

	Débito	Crédito
Clientes/Caixa	4.500	
a Vendas		4.500
Custo dos Produtos Vendidos	2.340	
a Produtos Acabados		2.340

O custo dos produtos vendidos representa a baixa dos estoques ao custo (450 un. × $ 5,20), totalizando o custo das vendas de $ 2.340 e remanescendo nos estoques o custo de $ 1.710:

Acabados (250 unidades a $ 5,20) =	$ 1.300
Produtos em elaboração (110 unidades a $ 3,73) =	$ 410
	$ 1.710

17.5 Despesas e outros resultados das operações continuadas

17.5.1 Conceitos gerais

As despesas das operações continuadas são as pagas ou incorridas para vender produtos e administrar a empresa e as despesas líquidas para financiar suas operações; os resultados líquidos das atividades acessórias da empresa são também considerados como tais.

Nessa conceituação, consta do Modelo do Plano de Contas:

DESPESAS DAS OPERAÇÕES CONTINUADAS
  A. DE VENDAS
  B. ADMINISTRATIVAS
  C. RESULTADO FINANCEIRO LÍQUIDO
  D. OUTRAS RECEITAS E DESPESAS DAS OPERAÇÕES CONTINUADAS

17.5.2 Exemplos de despesas

17.5.2.1 Despesas de vendas

Representam os gastos relacionados com os esforços da empresa para vender, tais como promoção, colocação e distribuição dos produtos, bem como os riscos assumidos por vendas a prazo. Constam dessa categoria despesas como marketing, distribuição, pessoal da área de vendas, pessoal administrativo interno de vendas, comissões sobre vendas, propaganda e publicidade, gastos estimados com garantia de produtos vendidos, perdas estimadas em créditos de liquidação duvidosa etc. Nos períodos em que forem registrados as receitas e os rendimentos, deverão estar registrados todos os custos, despesas, encargos e riscos correspondentes.

17.5.2.2 Despesas administrativas

Representam os gastos incorridos, pagos ou não, necessários para direção ou gestão da empresa, relacionados com várias atividades gerais que beneficiam todas as fases do negócio. Incluem itens como honorários da administração (Diretoria e Conselho), salários e encargos do pessoal administrativo, despesas legais e judiciais, material de escritório etc.

O padrão adequado é o registro de um saldo das atividades da empresa após o cômputo dessas despesas.

17.5.2.3 Resultados financeiros líquidos

Na filosofia contábil, é melhor classificar as despesas e as receitas financeiras após as anteriores. Mas as despesas devem ficar evidentemente separadas das receitas na demonstração do resultado ou nas notas explicativas. As despesas e receitas financeiras englobam os juros, as variações das dívidas ou recebíveis por mudança no câmbio ou num determinado índice de preços, as despesas bancárias, as apropriações das retificações de ativos e passivos trazidos a valor presente etc.

17.5.2.4 Outras receitas e despesas das operações continuadas

A partir do exercício de 2008, os normativos contábeis fazem referência apenas à segregação das atividades em continuadas e não continuadas. Assim, passaram a ser reconhecidos como outras receitas e despesas das operações continuadas os ganhos ou perdas que decorram de transações que não constituam as atividades ordinárias de uma entidade, mas que não se enquadrem entre as operações descontinuadas (CPC 31). Ou seja, o conceito de lucro das operações continuadas engloba os resultados das atividades principais e **acessórias**, e essas **outras receitas e despesas** são atividades **acessórias** do objeto da empresa.

Nesse mesmo sentido, a OCPC 02 – Esclarecimentos sobre as Demonstrações Contábeis de 2008 alerta, nos itens 136 e 137, sobre a exclusão da segregação dos resultados em operacionais e não operacionais. O pressuposto para essa não segregação é de que, de uma forma ou de outra, todas as atividades e transações realizadas pela empresa contribuem para o incremento de sua operação ou de seu negócio. Essa mudança da norma contábil, no entanto, não altera o critério usado para fins de apuração e compensação de prejuízos fiscais (art. 43 da Lei nº 12.973/2014). Exclusivamente para fins fiscais, somente farão parte dos resultados "não operacionais" os lucros ou prejuízos na venda ou baixa de bens do ativo imobilizado, investimento e intangível, ainda que reclassificados para o Ativo Circulante com intenção de venda. Para fins de apresentação, todavia, só ficam fora as despesas e receitas de operações **descontinuadas**, ou seja, aquelas relativas a determinada linha de produto, por exemplo, que não continuará a ser explorada, para facilitar a análise e a perspectiva futura do desempenho da entidade.

17.6 Tratamento para as pequenas e médias empresas

Os conceitos abordados neste capítulo também são aplicáveis às entidades de pequeno e médio portes. Para mais detalhamento, consulte o Pronunciamento Técnico PME – Contabilidade para Pequenas e Médias Empresas.

Receitas de Vendas

18.1 Receita de vendas de produtos e serviços

18.1.1 Conceitos fundamentais

O CPC 47 – Receita de Contrato com Cliente estabelece que as receitas devem refletir o valor da transferência de bens ou serviços aos clientes no montante que represente a contraprestação que a entidade espera receber em troca.

A Lei nº 6.404/1976, em seu art. 187, itens I e II, estabelece que as empresas deverão, na Demonstração do Resultado do Exercício, discriminar "a receita bruta das vendas e serviços, as deduções das vendas, os abatimentos e os impostos" e "a receita líquida das vendas e serviços". Assim, a contabilização das vendas deverá ser feita por seu valor bruto, e os impostos, as devoluções e os abatimentos serão registrados em contas devedoras específicas, classificadas como contas redutoras das vendas. Mas na demonstração do resultado só são apresentadas as receitas já líquidas.

18.2 Reconhecimento e mensuração de receitas de vendas

O modelo adotado pela norma contábil define cinco passos que devem ser percorridos para se identificar, reconhecer e mensurar receitas de operações mercantis que estejam dentro do escopo da norma.

18.2.1 Identificação de contrato com cliente

Em um contrato com cliente, de acordo com o CPC 47, as partes não podem ter o direito executável e unilateral de cancelá-lo enquanto não integralmente realizado e não houver necessidade de compensação da parte que não o cancelou. As partes devem aprovar o contrato, por escrito ou oralmente e, caso ainda não esteja assinado, poderá ser um contrato a depender da avaliação se as condições comerciais são juridicamente executáveis. A entidade vendedora deve identificar os direitos de cada parte em relação aos bens ou serviços a serem transferidos bem como as condições de pagamento. O contrato deve ter substância comercial, isto é, espera-se que o risco, os prazos ou os montantes dos fluxos de caixa futuros sofram mudanças com sua execução. Portanto, contratos de genuínas permutas de bens **semelhantes**, que não alteram as expectativas de fluxos de caixa futuro, não são considerados como contratos para o CPC 47 e, consequentemente, não geram receita de vendas.

18.2.2 Identificação das obrigações contratuais de *performance*

A obrigação da entidade vendedora pode resumir-se à entrega de um único produto ou serviço ou de mais de um produto e/ou serviço, com obrigações de *performance* distintas, por exemplo:

a) O cliente se beneficia do bem ou serviço isoladamente ou em conjunto com outros recursos disponíveis.

b) A promessa da entidade de transferir o bem ou serviço é identificável separadamente de outras promessas no contrato.

Tomem-se como exemplo os contratos de fornecimentos de bens e serviços em conexão com a telefonia celular. São frequentes as situações em que um cliente firma com a operadora um contrato pelo qual terá não só a prestação do serviço de telefonia (a linha de telefone habilitada), mas também a compra de um aparelho portátil pelo qual o cliente, "aparentemente", não paga nada. Pela ótica do cliente, essa transação ocorreu por meio de um único "pacote" com o compromisso de realização de pagamentos mensais. Pela ótica da entidade vendedora dos bens/serviços, há claramente diferentes obrigações. Nesse momento, a empresa de telefonia comprometeu-se e já entregou o celular. Mas resta a prestação dos serviços de telefonia, cujo desempenho ocorrerá ao longo do tempo. Nesse caso, como há obrigações de diferentes naturezas e padrões de cumprimento, evidentemente há impactos no reconhecimento e na mensuração de receitas.

Ou ainda, suponha-se a venda de um automóvel com direito a "revisão gratuita" (diferente de "garantia"). Assim, o preço desse único contrato refere-se à venda do bem (automóvel) e a prestação de um serviço (a revisão), transferidos ao cliente em momentos diferentes. Assim, existirão, obrigatoriamente, duas receitas, e não uma só no ato da entrega do veículo.

Diferentemente desses dois exemplos, suponha-se o caso em que uma entidade desenvolvedora de *softwares* firma um contrato com um cliente para transferir a esse cliente quatro produtos/serviços, a saber:

a) A licença de uso do aplicativo.

b) A realização da instalação/implementação do aplicativo dentro do ambiente de tecnologia do cliente.

c) O fornecimento de atualizações do aplicativo, quando e se houver.

d) O suporte técnico (*help desk*), por telefone ou *chat*, pelo período de dois anos após a instalação do aplicativo.

Sabe-se que: (i) o cliente pode se beneficiar do aplicativo, entregue antes dos demais itens, mesmo sem as atualizações e suporte técnico; e (ii) a implementação do aplicativo requer customizações para o cliente.

Mesmo sendo listados no contrato quatro produtos/serviços, não é possível dissociar a licença do serviço de instalação e implementação, pois há um serviço de integração em que a instalação modifica substancialmente o aplicativo (objeto da licença), não sendo esses dois elementos identificáveis separadamente. Consequentemente, serão três os produtos distintos para fins de reconhecimento e mensuração de receita:

a) Licença e instalação do aplicativo.
b) Fornecimento das atualizações.
c) Suporte técnico.

Outro caso que requer atenção diz respeito às garantias. A concessão de garantia sobre o produto/serviço entregue pode ser uma obrigação de *performance* que não se distingue do produto entregue, mas também poderá ser uma obrigação de *performance* distinta e que deve ser separada (garantia como um serviço adicional). Assim, se a garantia fizer parte do contrato de venda, a receita de venda é a do contrato como um todo e uma provisão é constituída. Mas se a garantia for vendida à parte (garantia estendida, por exemplo), implicará uma receita também à parte.

18.2.3 Determinação do preço da transação

O preço de uma transação mercantil é o montante de contraprestação que a entidade espera ter direito a receber em troca do bem ou serviço transferido para o cliente.

A contraprestação pode ser fixa, variável ou mista, com parte do preço fixa e parte variável. Também poderá conter um componente financeiro quando houver diferimento (ou antecipação) relevante da contraprestação em relação ao cumprimento da obrigação de desempenho. Nesse caso, o ajuste a valor presente se aplica; veja-se Capítulo 5, Seção 5.2.3.

18.2.3.1 *Contraprestação variável*

Receitas devem ser reconhecidas pelo montante da contraprestação a que se espera ter direito pela transferência de um bem ou serviço. Portanto, se a contraprestação prometida no contrato incluir um valor variável, a entidade deverá estimar da melhor maneira possível esse valor. Exemplos de variabilidade da contraprestação são descontos, "rebates", reembolsos, créditos, incentivos, bônus por desempenho, penalidades, contraprestação que dependem de um evento futuro incerto. Há também contraprestação variável se parte do preço estiver sujeita a algum evento futuro, como desempenho do bem vendido, por exemplo.

Pode haver contraprestação variável mesmo que não exista previsão formal e explícita no contrato. Também há contraprestação variável num contrato se: (a) o cliente tiver uma expectativa válida embasada nas práticas de mercado, políticas publicadas ou declarações específicas de que a entidade vendedora aceitará uma contraprestação menor do que a que foi definida em contrato ou (b) outros fatos e circunstâncias indicarem que a intenção da entidade vendedora ao entrar no contrato é a de oferecer uma redução no preço. A mensuração de contraprestação variável deve ser realizada por meio do método do valor esperado ou do método do valor mais provável.

> **Exemplo prático**
>
> **Valor esperado**
> Por exemplo, em uma situação em que o preço contratual de determinado produto é de $ 1.000, mas que, em decorrência de descontos concedidos em função da qualidade do produto (mensurado quando do recebimento do produto), passa a existir variabilidade na contraprestação paga pelo cliente que o adquire. Nesse caso, é necessário estimar as probabilidades associadas aos percentuais de descontos esperados. (Mas lembrar que o valor esperado se aplica quando de um conjunto substantivo de vendas de itens semelhantes.) Com base no histórico e no conhecimento sobre a qualidade da produção, estimou-se que existem as probabilidades de recebimento: 20% de que o valor seja de $ 800; 45% de que receberá $ 900; e 35% que receberá $ 999. A estimativa da contraprestação segundo o método do valor esperado é a seguinte:
>
> | Valor ($) | Probabilidade | Valor ponderado ($) |
> |---|---|---|
> | 800,00 | 20% | 160,00 |
> | 900,00 | 45% | 405,00 |
> | 999,00 | 35% | 349,65 |
> | Valor esperado | | 914,65 |

Esse seria o valor unitário a utilizado como base para a totalidade das vendas do período.

As devoluções também podem impor variabilidade sobre a contraprestação de vendas e poderão se utilizar do valor da abordagem do valor esperado. Estima-se que o volume de vendas que se espera não será devolvido e que deve ser reconhecido como receita, pois corresponde a uma contraprestação que se espera receber pelo cumprimento das obrigações de *performance*.

> **Exemplo prático**
>
> Tomemos, por exemplo,[1] uma empresa que comercializa camisetas pela internet e aceita devoluções de unidades por até 30 dias após a entrega do produto. A empresa celebrou 100 contratos, sendo que cada contrato inclui a venda de uma camiseta por $ 100 (total de 100 produtos × $ 100 = $ 10.000). O dinheiro é recebido quando o controle de um produto é transferido. O custo de cada produto para a entidade é de $ 60.
>
> Como o contrato permite a devolução em até 30 dias, a contraprestação recebida é variável. Para estimar a contraprestação variável à qual a entidade terá direito, utiliza-se o método do valor esperado (parágrafo 53(a) do CPC 47) porque esse é o método que a entidade espera que forneça a melhor previsão. Com base em dados históricos e experiência acumulada, a entidade estima que 97 produtos não serão devolvidos.
>
> Assumindo-se que os custos de recuperar os produtos não serão relevantes e que os produtos devolvidos possam ser revendidos com lucro, os registros contábeis quando da entrega (transferência) dos produtos correspondentes aos 100 contratos são como segue (vai-se aqui utilizar a conta "Receita Bruta" também para efeito de atender à legislação fiscal e ao CPC 47, que assim determina no seu item 112A):

---

[1] Este exemplo foi embasado no Exemplo 22 dos Exemplos Ilustrativos que acompanham a IFRS 15.

Caixa a Receita Bruta de Vendas	10.000,00	10.000,00
CMV a Estoques	6.000,00	6.000,00
Receita de Vendas – Devoluções Prováveis a Obrigação de Reembolso	300,00	300,00
Estoques a Recuperar a CMV – por Devoluções Prováveis	180,00	180,00

Esses lançamentos refletem, por ocasião da transferência de controle das 100 camisetas:

a) A receita de $ 10.000 ($ 100 × 100 pela venda total dos produtos).
b) Custo total referente à respetiva receita.
c) Registro da obrigação de reembolso de $ 300 ($ 100 de reembolso × 3 produtos que se espera que sejam devolvidos).
d) Valor recuperável de estoque de $ 180 ($ 60 × 3 produtos), por seu direito de recuperar produtos de clientes ao liquidar a obrigação de reembolso.

Não se pode esquecer que os registros feitos em "Receitas de Vendas – Devoluções Prováveis" e "CMV – por Devoluções Prováveis" são contas analíticas utilizadas no sentido de auxiliar a apuração do registro fiscal, pois a tributação será exigida, até que melhores dias cheguem, sobre a Receita Bruta.

Exemplo prático

Valor mais provável

Suponhamos, por exemplo, que uma entidade firme um contrato para construir um equipamento especializado (navio) por $ 11 milhões. Ao término da construção, haverá uma inspeção realizada por entidade especializada e independente e, se os parâmetros de qualidade estabelecidos no contrato forem atingidos ou superados, a entidade que construiu o navio terá direito a um pagamento adicional de 10% sobre o preço definido em contrato de $ 11 milhões. O preço da transação tem, portanto, uma parcela fixa de $ 11 milhões e uma parcela variável, que tem dois cenários possíveis: a empresa não receberá o adicional (ou seja, zero de contraprestação variável) se os parâmetros de qualidade não forem atingidos e $ 1,1 milhão se esses parâmetros forem atingidos ou superados. Nesse cenário, considera-se mais apropriado utilizar o método do valor mais provável. Levando em consideração seus controles de qualidade no processo produtivo, essa entidade estima que a probabilidade de atingir ou superar as metas de qualidade é de 75%, que é maior do que a probabilidade estimada de não se atingirem as metas (100% – 75% = 25%). Consequentemente, estima-se a contraprestação variável em $ 1,1 milhão e a contraprestação total em $ 12,1 milhões.

Se, por hipótese, no encerramento do primeiro exercício desde o início da construção do equipamento, for observado que a obra está 30% concluída, que a *performance* parcial será liquidada pelo cliente no prazo de 30 dias e que é aplicável o critério de reconhecimento de receitas ao longo da obra por se tratar de uma obrigação de *performance* que se cumpre ao longo do tempo (ver Seção 18.2.5.1), teremos os seguintes lançamentos para reconhecer a receita desse contrato:

	Débito	Crédito
Clientes	3.630.000,00	
a Receita de Vendas		3.630.000,00

Observe-se que por termos estimado uma receita total de $ 12.100.000,00, que inclui uma parcela variável de $ 1.100.000, e termos um avanço de 30% no cumprimento da obrigação ensejada nesse contrato, a receita a ser reconhecida corresponde a 30% de $ 12.100.000,00. Como já mencionado, discutiremos em maior profundidade as condições para se reconhecerem receitas com base no percentual de conclusão de uma construção.

É claro que, se não se confirmar essa previsão, um ajuste deverá ser efetuado quando se descobrir essa falha. E isso será sempre feito na linha de receita, aumentando-a ou diminuindo-a conforme o caso.

18.2.4 Alocação do valor do contrato nas obrigações de *performance*

Um contrato de venda pode conter a promessa de diversas obrigações de *performance*. Caso haja mais de uma obrigação de *performance*, é necessário alocar o valor total da transação a cada obrigação. Se um contrato de venda possuir apenas uma única obrigação de *performance*, esta quarta etapa não é necessária.

A alocação do valor total de um contrato com duas ou mais obrigações de *performance* é tal que para cada obrigação distinta devem-se tomar como base os preços de venda que cada bem ou serviço tem isoladamente.

Exemplo prático

Suponha-se que uma entidade assine contrato com um cliente para entregar os produtos A, B e C por um valor total de $ 300. Sabe-se que se um cliente comprasse esses produtos (A, B e C) isoladamente, pagaria um total de $ 340, dado que os preços isolados desses produtos são de $ 102, $ 170 e $ 68, respectivamente.

Assim, é possível calcular, com base nos preços isolados, as proporções de A, B e C em relação ao valor total. Essas proporções, demonstradas na tabela a seguir, de 30%, 50% e 20%, respectivamente, são o critério básico da norma para se alocar o valor total do contrato de $ 300 a cada obrigação.

Produto	Preço isolado ($)	Proporções dos preços isolados em relação ao total	Alocação do preço do contrato total nas obrigações individuais ($)
A	102,00	30%	90,00
B	170,00	50%	150,00
C	68,00	20%	60,00
TOTAL	340,00	100%	300,00

Há situações, contudo, em que o preço de um bem ou serviço isoladamente não é observável. Consequentemente, uma via é a de se utilizar uma abordagem de avaliação de mercado ajustada, estimando-se quanto um cliente estaria disposto a entregar como contraprestação. Também se admite a aplicação da abordagem de custo mais margem, na qual a entidade apura os custos previstos para satisfazer a obrigação de *performance* e sobre estes aplica uma margem. Ainda, poder-se-ia adotar uma abordagem residual, pela qual a estimativa de preço isolado seria obtida "por diferença", desde que os preços isolados dos demais bens ou serviços do contrato sejam observáveis. Entretanto, essa abordagem somente é aceitável se: (a) a entidade que vende o bem ou serviço cujo preço está sendo estimado pelo método residual o faz por preços dentro de uma ampla faixa de valores, ou seja, o preço de venda é amplamente variável; ou (b) a entidade ainda não definiu um preço para o bem ou serviço ou ainda não existiram vendas isoladas desse bem/serviço, o que faz com que o preço de venda seja incerto.

Para ilustrar essa questão de um desconto que se refere à parte dos bens ou serviços do contrato, mas não todos, vejamos o exemplo 34 que consta da norma do IASB, a IFRS 15.

Nesse exemplo, tem-se uma entidade que vende regularmente os produtos A, B e C, isoladamente, por $ 40, $ 55 e $ 45, respectivamente. Sabe-se que a entidade também vende regularmente um pacote com B e C, conjuntamente, por $ 60. O contrato que contempla a venda combinada de A, B e C tem valor total de $ 100.

O somatório dos preços para venda isolada de A, B e C totaliza $ 140, que é $ 40 superior ao valor cobrado pelo pacote, de $ 100. Esse desconto para a compra de A + B + C precisa ser analisado para se determinar se é adequado alocá-lo proporcionalmente aos três produtos ou se deve ser integralmente alocado a um ou dois produtos em particular. O que se pode observar nesse particular é que existem evidências significativas de que o desconto está concentrado em B e C, posto que o somatório dos preços isolados de B e C totaliza $ 100, mas quando vendidos B e C em um pacote, o preço praticado é de $ 60, ou seja, os $ 40 de desconto no pacote de A + B + C. Note-se que seria inadequado alocar qualquer desconto a A, já que o pacote de B e C já responde pela totalidade do desconto de $ 40. Evidentemente, na ausência de informações adicionais, a distribuição entre B e C deverá ser feita proporcionalmente, usando como base seus preços isolados.

Tal como ocorre nos descontos, é possível que o cumprimento das obrigações de *performance* não encontre na alocação proporcional a todos os componentes uma expressão fidedigna da realidade econômica do contrato. Se um contrato tem duas obrigações de desempenho distintas e um bônus (ou penalidade) associado ao prazo de entrega de apenas uma delas, não faria sentido alocar essa parte variável às duas obrigações. O CPC 47 prevê que a parte variável da contraprestação deve ser alocada integralmente a uma obrigação de *performance* (ou a um bem ou serviço distinto que faça parte de uma obrigação) se:

a) As condições da contraprestação variável se relacionarem especificamente aos esforços da entidade em satisfazer essa obrigação em particular (ou em transferir um bem ou serviço particular).

b) Essa alocação na íntegra para um componente do contrato é compatível com o objetivo de que o valor alocado à obrigação expresse a expectativa do que a entidade espera receber ou ter direito a receber.

18.2.5 Reconhecendo a receita

Uma receita deve ser reconhecida quando "merecida", ou seja, a entidade vendedora cumpre sua obrigação de *performance* pela entrega/transferência dos bens ou serviços prometidos ao cliente. O CPC 47 esclarece que os bens/serviços são transferidos quando (ou na medida em que) o cliente obtém controle sobre esses recursos.

Portanto, é necessário identificar se uma obrigação de *performance* é do tipo que se satisfaz **em um ponto no tempo** ou se é do tipo que se satisfaz **ao longo do tempo**.

18.2.5.1 Obrigações de performance *satisfeitas ao longo do tempo*

Uma entidade transfere o controle de um ativo ao longo do tempo e, portanto, reconhece receita também ao longo do tempo se um dos critérios abaixo for satisfeito:

a) O cliente recebe e consome o benefício do ativo transferido de maneira simultânea.

b) A *performance* da entidade vendedora cria ou melhora um ativo que o cliente controla à medida que o ativo é criado ou melhorado.

c) A *performance* da atividade da entidade vendedora nos termos do contrato não cria um ativo que tenha uso alternativo e a entidade tem direito executável a pagamento pela *performance* proporcional à sua execução.

Nas situações (a), (b) ou (c), a receita deve ser reconhecida ao longo do tempo, dentro do que se convencionou chamar de método do "Percentual de Conclusão" ou POC. Vejamos três exemplos.

Item (a): o cliente recebe e consome o benefício do ativo transferido de maneira simultânea

Nesse caso, o mais simples de todos, a empresa vai reconhecendo a receita à medida que executa a tarefa que lhe cabe.

Para avaliar se existe a transferência progressiva do benefício de um serviço para seu cliente ao longo da vigência do contrato (que é o caso do item (a) do parágrafo 35 da norma), deve-se avaliar o que aconteceria na situação hipotética de que o contrato seja interrompido e outro fornecedor seja contratado para dar continuidade ao que havia sido contratado anteriormente. Se o novo fornecedor iniciar sua *performance* a partir do ponto em que o fornecedor anterior já entregou, isso é indicativo de que o cliente recebe e consome o benefício do contrato na medida em que a entidade vendedora realiza a *performance* e, consequentemente, a receita deve ser reconhecida ao longo do tempo.

Item (b): a *performance* da entidade vendedora cria ou melhora um ativo que o cliente controla à medida que o ativo é criado ou melhorado

Admita-se uma empresa prestadora de serviços de construção civil industrial que realiza um projeto de expansão do tipo *brownfield*, ou seja, a obra de expansão em que ativos são criados e/ou melhorados ocorre dentro das dependências de fábrica já existente do cliente, sob sua supervisão e aprovação contínua. Nessas condições, é provável que o cliente controle o ativo criado ou melhorado na extensão e medida que está sendo criado ou melhorado, sob seu acompanhamento e validação praticamente contínua.

Exemplo prático

Consideremos o caso de uma empresa que tenha negociado um contrato para construção, em uma usina de açúcar e álcool, de uma caldeira para geração de energia elétrica por meio da queima de biomassa (o bagaço da cana), pelo valor de $ 1.000.000, reajustável, e cujo custo atual total estimado seja de $ 600.000, prevendo-se, assim, uma margem bruta de $ 400.000. O contrato prevê também o recebimento de 20% no ato de assinatura do contrato, 30% após um ano e os 50% restantes na entrega da obra, prevista para ocorrer em dois anos.

A contabilização inicial seria:

	Débito	Crédito
Na assinatura do contrato, pelo recebimento dos 20% no ato		
Disponível	200.000	
a Adiantamentos de Clientes		200.000

Até o encerramento do primeiro exercício, a empresa incorreu em custos de produção no total de $ 220.000, que serão apropriados ao resultado. A estimativa original de $ 600.000 foi reajustada para $ 660.000. Suponhamos ainda que atualização de preço sobre a parcela não recebida ($ 800.000) foi de $ 100.000. No final desse exercício, tem-se então:

$$\frac{\text{Previsão de custos atualizada}}{\text{Preço atualizado}} = \frac{\$\ 660.000}{\$\ 1.100.000} = 60\%$$

Por se enquadrar na categoria de um serviço/produto controlado pelo cliente à medida que está sendo construído, a empresa construtora adota a prática de reconhecimento de sua receita, com base na proporção dos custos incorridos até a data-base. Dessa forma, temos o seguinte cálculo para as receitas proporcionais ao período, de acordo com o regime de competência:

$$\frac{\text{Custo incorrido}}{\text{Custo previsto atualizado}} = \frac{\$\ 220.000}{\$\ 660.000} = 1/3$$

Receita apropriável = 1/3 da receita total atualizada = 1/3 de $ 1.100.000 = $ 366.667

A contabilização será, no que diz respeito à receita:

	Débito	Crédito
Contas a Receber – serviços executados a faturar	166.667	
Adiantamentos de Clientes	200.000	
a Receita		366.667

Na Demonstração do Resultado, teríamos:

Receita	$ 366.667
(–) Custo	($ 220.000)
Lucro bruto	$ 146.667

No segundo exercício, o recebimento dos $ 300.000 contratados será registrado da seguinte forma:

	Débito	Crédito
Disponível	300.000	
a Contas a Receber – serviços executados a faturar		166.667
a Adiantamentos de Clientes		133.333

Admitindo que no segundo exercício incorra-se em mais $ 390.000 de custos, e o preço seja alterado para $ 1.400.000, e os valores mais atualizados agora sejam:

Custos estimados que faltam para completar a obra = $ 300.000.
Nova estimativa de custo total = $ 220.000 + $ 390.000 + $ 300.000 (previstos) = $ 910.000.
Valor a receber, atualizado = $ 1.400.000 – $ 200.000 – $ 300.000 = $ 900.000.
Nova relação custo da obra/preço de venda = $ 910.000 ÷ $ 1.400.000 = 65%.
Até aqui, o custo incorrido acumulado é de $ 610.000 (220.000 + 390.000).

Dessa forma, a nova relação do custo incorrido sobre o custo total estimado (previsto) é como segue:

$ 610.000 ÷ $ 910.000 = 67,0330%

É exatamente com base nesse percentual que a receita será calculada e registrada. Vejamos:

Receita total até o 2º período = 67,0330% de $ 1.400.000 = $ 938.462
(–) Receita já apropriada no 1º período = ($ 366.667)
Receita a apropriar no 2º período = $ 571.795

Os lançamentos relativos ao 2º período serão os seguintes:

	Débito	Crédito
Adiantamentos de Clientes	133.333	
Contas a Receber – serviços executados a faturar	438.462	
a Receita		571.795

A Demonstração do Resultado do 2º período ficará:

Receita	$ 571.795
(–) Custo	($ 390.000)
Lucro bruto	$ 181.795

Esse lucro de $ 181.795 talvez devesse ser $ 210.000. Isso porque, no primeiro ano, deveria ter sido reconhecida receita de $ 338.461 se já se soubesse da nova relação (isto é, margem bruta de 65%); mas como na época havia a hipótese de que o custo era equivalente a 60% da receita, apropriaram-se $ 366.667, ou seja, $ 28.206 a mais. Assim, a cada nova previsão faz-se o novo cálculo e ajusta-se o passado no resultado do exercício em que se verifica a nova relação percentual. Não se deve tratar esses acertos como correção de erro, pois na época não houve erro, ocorrendo apenas fatos subsequentes que alteraram as estimativas (veja o Capítulo 22 sobre Políticas Contábeis, Mudança de Estimativa, Retificação de Erro e Evento Subsequente).

No 3º e último período, ter-se-á a apropriação do restante dos custos e da receita.

Os cálculos do exemplo foram efetuados com base no que é previsto pela legislação societária, e também fiscal, isto é, tomando-se os valores originais dos adiantamentos, custos incorridos e receitas registradas.

É importante observar que há situações, e não tão incomuns, em que o uso de um percentual geral de conclusão de uma construção tomando-se como base o orçamento, também global, de custos, não seja boa representação da realidade econômica. Por exemplo, um contrato de construção de uma pequena usina hidrelétrica (PHE) por $ 100 milhões, com o custo total estimado de $ 85 milhões. Só que $ 15 milhões desses $ 85 milhões dizem respeito à turbina hídrica que não é produzida pela construtora, que a subcontrata. Assim, a relação de $ 1 de receita para cada $ 0,85 de custo, ou de $ 1,1764 de receita para cada $ 1,00 de custo, se aplicada ao mês em que se instala a turbina, apropriaria um resultado anormal a essa etapa, sem que houvesse qualquer desempenho compatível para a construtora. Nesses casos, é mais adequado verificar quanto deveria ser a margem de lucro normal pela operação em que a construtora "compra" a turbina e a "revende" ao cliente. Digamos que uma margem de 10% sobre o custo representasse uma boa margem. Se a turbina custa $ 15 milhões, a receita de $ 16,5 milhões deveria ser apropriada quando da instalação da turbina. Relação de $ 1,1 de receita para $ 1,0 de custo. Dessa forma, a receita total a apropriar ao processo de construção do edifício propriamente dito seria R$ 100 milhões menos $ 16,5 milhões relativos à turbina = $ 83,5 milhões. E o custo total da construção propriamente dita seria $ 85 milhões menos o custo da turbina de $ 15 milhões = $ 70 milhões. Assim, a relação de preço/custo a apropriar à receita ao longo do tempo conforme o custo da construção seria de $ 83,5/$ 70,0 = $ 1,1929 de receita para cada $ 1,0 de custo (exceto na instalação da turbina).

Item (c): a *performance* da entidade vendedora não cria um ativo que tenha uso alternativo e essa entidade tem direito pela *performance* proporcional executada

A terceira e última possibilidade de reconhecimento de receita ao longo do tempo é a que se observa, por exemplo, em serviços de consultoria empresarial especializados com previsão de direito de recebimento de contraprestação pela *performance* proporcional.

Exemplo prático

Suponha-se que uma firma de consultoria que presta serviços profissionais é contratada para estudar a aplicabilidade de determinada tese tributária e emitir uma opinião formal sobre os riscos de perdas caso o cliente opte por perseguir essa tese. O contrato prevê o pagamento de determinado valor mediante a entrega do parecer, bem como o pagamento por horas incorridas caso, por decisão do cliente, o contrato seja interrompido antes da emissão da opinião. O preço do parecer contratado foi de $ 300.000. O contrato determina uma taxa de $ 1.000 por hora incorrida no estudo do tema e um orçamento de horas de 200 horas, estimado para ocorrer no prazo de 2 meses. Essas 200 horas são o "teto" que o cliente pagará caso venha a declinar da emissão do parecer.

O contrato prevê o pagamento de $ 50.000 no ato de sua assinatura e o restante quando no encerramento, com prazo de pagamento de 60 dias. O registro do adiantamento de clientes de $ 50.000 será:

	Débito	Crédito
Na assinatura do contrato Disponível a Adiantamentos de Clientes	50.000	50.000

Nessa situação, tendo sido refutadas as possibilidades (a) e (b) anteriormente discutidas para o reconhecimento de receita ao longo do tempo, observa-se que o trabalho de consultoria não terá uso alternativo para outros clientes. Como existe a previsão de pagamento proporcional às horas incorridas na hipótese de interrupção e sabendo-se que a taxa horária contratual compensa os custos incorridos mais uma margem de mercado, a conclusão é que o contrato estipula o direito de recebimento proporcional à *performance* como se requer na norma.

Existe um aspecto importante a destacar na determinação sobre se devemos ou não reconhecer receita de uma contraprestação variável. O CPC 47 determina que se deve incluir no preço de uma transação uma parcela variável da contraprestação somente quando for altamente provável que uma reversão significativa de receitas acumuladas já reconhecidas não ocorrerá. Em outras palavras, quando há uma contraprestação variável, para poder reconhecê-la como receita, deve ser altamente provável que esse reconhecimento não será revertido no futuro quando a variável que determina a variabilidade for conhecida e não mais houver incerteza.

No contrato em tela, temos uma contraprestação variável de $ 100.000, posto que o contrato poderá implicar uma contraprestação de $ 200.000 (parcela fixa), no cenário em que o parecer não seja emitido, ou de $ 300.000 se o parecer for emitido. No registro apresentado, assumiu-se que há um risco não desprezível de que o parecer não venha a ser emitido. Por essa razão, reconheceu-se no primeiro mês a receita correspondente ao desempenho proporcional de 47,5% aplicado apenas sobre a parcela fixa da contraprestação ($ 200.000).

Fosse altamente provável que essa reversão não ocorrerá, a receita no primeiro mês seria de $ 142.500, correspondente a um desempenho proporcional de 47,5% do preço total de $ 300.000, que passaria a incluir a contraprestação variável caso as circunstâncias permitissem assim proceder.

No segundo mês, o reconhecimento de receita dependerá de se o parecer foi de fato emitido (Cenário A) ou não (Cenário B) e pagou-se apenas pelas horas incorridas. Vejamos em cada caso como devem ser reconhecidas as receitas.

Cenário A

Caso o parecer seja emitido e entregue ao final do segundo mês e considerando-se que o pagamento restante dos honorários ocorrerá ao final do quarto mês da contratação, teremos a receita por $ 205.000.

O valor total de receitas acumuladas é de $ 300.000, dos quais $ 95.000 foram reconhecidas no mês 1, quando ocorreu a *performance* parcial do estudo, e $ 205.000 foram reconhecidas no mês 2, quando de fato ocorreu a emissão do parecer.

Cenário B

Admita-se que o cliente tivesse optado por não ter o parecer emitido ao final do segundo mês, e a empresa de consultoria tivesse apurado 120 horas adicionais, perfazendo um total de 215 horas consumidas. O contrato previa o pagamento proporcional de $ 1.000 por hora incorrida, limitado a um "teto" de 200 horas, portanto, o reconhecimento adicional de receita no mês 2 está limitado a 105 horas (200 horas menos as 95 já incorridas no mês 1) Dessa forma, o valor a receber será de $ 150.000 ($ 45.000 mais 105.000). As receitas acumuladas serão de $ 200.000, ($ 95.000 mais $ 105.000), quando ocorreu a *performance* adicional, ainda que limitada a um "teto", da qual a empresa de consultoria tem o direito contratual de recebimento proporcional.

18.2.5.2 Obrigações de performance *satisfeitas em um ponto no tempo*

Se a entidade vendedora não satisfaz suas obrigações de *performance* ao longo do tempo, o CPC 47 define, por exclusão, que as obrigações são satisfeitas em um ponto no tempo. Um dos aspectos críticos nesse particular é justamente determinar quando é o ponto em que a obrigação foi satisfeita.

O princípio geral é de que uma obrigação de *performance* se satisfaz quando o cliente obtém controle do ativo (bens/serviços) prometido. Um cliente deve ter o direito presente de determinar o uso de um ativo e obter substancialmente todos seus benefícios remanescentes para que uma entidade reconheça receita.

A capacidade de um cliente de determinar o uso de um ativo refere-se ao seu direito de usá-lo em suas atividades, de permitir que outra entidade o faça ou de restringir seu uso por outra entidade.

Outrossim, o cliente também deve ter a capacidade de obter substancialmente todos os benefícios remanescentes de um ativo para exercer seu controle. Em termos conceituais, os benefícios de um bem ou serviço são fluxos de caixa potenciais (seja um aumento nos fluxos de entrada de caixa ou uma redução nos fluxos de saída). Um cliente pode obter esses benefícios direta ou indiretamente de muitas formas, como, por exemplo, utilizando, consumindo, alienando, vendendo, trocando, empenhando ou mantendo um ativo.

O CPC 47 oferece alguns indicadores da transferência de controle que deverão ser observados na determinação do momento para o reconhecimento de receita de vendas, os quais incluem, entre outros, os seguintes (logo, listagem não exaustiva e, além disso, o fato de atender a um dos requisitos não significa automaticamente a transferência do controle), tais como: direito presente a pagamento pelo ativo, titularidade legal do ativo, posse física do ativo pelo cliente, riscos e benefícios significativos da propriedade do ativo, aceite do ativo. Um desses fatores pode indicar que a entidade tem o direito de direcionar o uso do ativo e, assim, obter o seu controle.

Retomemos um exemplo tratado anteriormente neste capítulo para ilustrarmos a aplicação dos critérios de reconhecimento em um ponto no tempo, o exemplo da telefonia celular.

Como comentado anteriormente neste capítulo, os contratos de fornecimento de bens e serviços em conexão com a telefonia celular frequentemente estabelecem que a operadora oferecerá ao cliente não só a prestação do serviço de telefonia, mas também o fornecimento de acesso à internet e a venda de um aparelho portátil. A forma como "pacotes" são oferecidos sugere que, por exemplo, o cliente não paga nada pelo aparelho. Mas a essência econômica dos contratos nos leva a concluir que a vendedora dos bens/serviços tem um conjunto de diferentes obrigações pelo qual receberá uma contraprestação.

18.3 Reconhecimento de receitas da atividade de incorporação imobiliária

A operação conhecida como incorporação imobiliária, que no Brasil é regulamentada pela Lei nº 4.591/1964, prevê a construção de uma ou mais edificações com unidades autônomas que podem ser comercializadas ainda na planta, ou seja, em construção. A incorporação de um imóvel a um terreno também acontece quando uma empresa realiza uma obra dentro do terreno que pertence a outra pessoa, que geralmente receberá, pela cessão do terreno, algumas unidades dentro da edificação que se incorporará ao terreno.

Nesse contexto, dado que unidades autônomas podem e geralmente são vendidas pela incorporadora antes mesmo de a obra se iniciar ou durante o transcurso da obra, faz-se necessário determinar se o reconhecimento de receitas será feito à medida que a obra progride (pelo método do POC, como vimos na Seção 18.2.5.1) ou se a receita de venda das unidades autônomas será reconhecida em um ponto no tempo (como discutido na Seção 18.2.5.2), pelo método conhecido como "chaves", ou seja, quando o comprador recebe as chaves do imóvel cuja construção foi concluída.

Na verdade, para o reconhecimento do POC, é preciso primeiro atentar para o seguinte: ele se aplica somente se o valor da receita estiver definido contratualmente, e a entidade possuir sólidos critérios de orçamento de custos. Se uma das duas condições não estiver presente, receita só nas chaves.

É mister observar que, como não poderia deixar de ser, por qualquer um dos métodos, seja POC, seja chaves, ao final da obra toda a receita terá sido reconhecida, independentemente do fluxo financeiro e dos critérios de reconhecimento da receita, já que 100% da obrigação de *performance* terá sido satisfeita.

Não há dúvida em afirmar que o reconhecimento progressivo de receitas, com base na evolução da obra, tende a produzir informação de caráter preditivo possivelmente muito relevante para investidores, pois o desempenho será evidenciado paulatinamente. Não obstante, outros usuários, como, por exemplo, credores, talvez entendam mais relevante que as receitas sejam reconhecidas somente nas "chaves", quando os riscos e os benefícios das unidades vendidas são integralmente transferidos aos compradores. Inclusive, por nada ser apurado de resultado durante a construção, nenhum lucro será distribuído, o que traz maior segurança para o credor.

Nesse contexto, observe-se que há diferentes visões possíveis para o melhor tratamento contábil da atividade de incorporação imobiliária no Brasil. Sem a pretensão de sermos exaustivos nem de elencarmos todas as visões neste debate, entendemos ser relevante mencionar a posição de dois organismos relevantes, a saber: a Comissão de Valores Mobiliários (CVM), que fiscaliza, normatiza, disciplina e desenvolve o mercado de valores mobiliários no Brasil (ou seja, cuida do mercado dos acionistas minoritários), e o Comitê de Interpretações IFRS, organismo de interpretação das normas do IASB, emissor das IFRS adotadas no Brasil e em mais de uma centena de países ao redor do mundo.

Por um lado, a CVM manifestou ser inegável que a adoção do método POC resulta em uma contabilidade mais sofisticada e informação de melhor qualidade. Segundo a autarquia, os procedimentos de apropriação sistemática e tempestiva de custos e despesas, controle e acompanhamento periódico de orçamentos (*vis-à-vis* com evolução física dos projetos) e a adoção de direcionadores de alocação de receita (em regra derivados da razão entre custos incorridos e custos orçados) permitem uma quebra de assimetria informacional por meio da avaliação periódica do desempenho dos projetos imobiliários, ou seja, do sucesso ou insucesso do projeto. Em relação ao método das "chaves", é entendimento da área técnica da CVM que esse método termina por promover assimetrias informacionais, ao invés de reduzi-las, posto que o sucesso ou insucesso de um projeto imobiliário só é revelado ao seu término (na verdade, se existir perspectiva de prejuízo na obra, terá que já ser provisionado).

Por outro, o Comitê de Interpretações do IASB (anteriormente denominado IFRIC) manifestou uma visão distinta, posição que tem sido geralmente acompanhada pelos auditores independentes. Esse comitê analisou as três situações previstas no parágrafo 35 da norma (IFRS 15 e CPC 47) e concluiu que o reconhecimento de receitas deve ser nas "chaves". Vejamos o raciocínio desse comitê para cada um dos itens do parágrafo 35 do CPC 47. Primeiro, o texto da norma diz o seguinte:

> "A entidade transfere o controle do bem ou serviço ao longo do tempo e, portanto, satisfaz à obrigação de *performance* e reconhece receitas ao longo do tempo, se um dos critérios a seguir for atendido:
>
> (a) o cliente recebe e consome simultaneamente os benefícios gerados pelo desempenho por parte da entidade à medida que a entidade efetiva o desempenho (ver itens B3 e B4);
>
> (b) o desempenho por parte da entidade cria ou melhora o ativo (por exemplo, produtos em elaboração) que o cliente controla à medida que o ativo é criado ou melhorado (ver item B5); ou
>
> (c) o desempenho por parte da entidade não cria um ativo com uso alternativo para a entidade (ver item 36) e a entidade possui direito executável (*enforcement*) ao pagamento pelo desempenho concluído até a data presente (ver item 37)."

No tocante ao critério do parágrafo 35 (a), o comitê entendeu que não é atendido porque a *performance* da incorporadora cria um ativo (imóvel) que não é consumido imediatamente.

No caso do parágrafo 35 (b), a avaliação recai na capacidade que o cliente tem de direcionar a utilização e obter substancialmente todos os benefícios remanescentes da unidade imobiliária parcialmente construída. Nesse contexto, o comitê observou que não há efetivo controle sobre o ativo, mesmo que ele possa revender ou penhorar seu *direito* contratual (por exemplo, não pode alterar o projeto estrutural da unidade imobiliária nem pode usá-la enquanto ainda parcialmente construída).

Finalmente, ao analisar o parágrafo 35 (c), o comitê observou que ele é atendido, porém apenas parcialmente, no que tange à não possibilidade de venda para outro por parte da incorporadora. Mas o comitê concluiu, na segunda parte, que a incorporadora não tem um direito executável ao pagamento pela *performance* proporcional concluída até a data, já que há precedentes legais relevantes (isto é, decisões judiciais em favor dos distratos com devolução, mesmo que parcial, dos valores colocados pelo adquirente).

Consequentemente, o Comitê de Interpretações do IASB concluiu que nenhum dos critérios do parágrafo 35 da IFRS 15 está sendo atendido, motivo pelo qual entende que o método adequado para o reconhecimento de receitas é na entrega das "chaves". Mas a CVM manteve sua posição, entendendo que a legislação brasileira é peculiar ao permitir a venda ou a penhora do bem durante a construção e que a lei dá caráter de irrevogabilidade ao contrato de construção, e que os distratos têm acontecido dentro de certos limites e dentro de um período de turbulência econômica.

Por isso, no Brasil, os pareceres dos auditores independentes aceitam a posição da CVM como consistente com as IFRS (parecer "limpo"), mas colocam ênfase dizendo que isso se deve à interpretação da CVM.

18.4 Custos contratuais incrementais ativáveis

O CPC 47 determina a ativação de certos custos incorridos no período da contratação. Primeiro, precisam ser incrementais, ou seja, aqueles nos quais uma entidade incorre para obter um contrato e que não incorreria se a negociação fosse relativa ao contrato. Por exemplo, pagamento a um escritório de consultoria por conta de uma análise de crédito e de análises jurídicas de contratos vinculados a um negócio em particular, que não existiriam se não houvesse esse esforço de venda, é ativado para baixa conforme o reconhecimento das receitas.

Os custos contratuais devem ser amortizados de forma sistemática e coerente com a transferência aos clientes dos bens e serviços a que esses custos contratuais ativados digam respeito, ou seja, conforme as alocações das receitas relativas a esses itens.

A norma oferece um expediente prático com o propósito de simplificação dos controles. Esse expediente determina que a entidade que reporta pode optar por reconhecer esses gastos diretamente como despesa quando incorridos se a amortização total do custo contratual for estimada em período de um ano ou menos. Sendo um expediente prático opcional, cabe à entidade que reporta a avaliação do custo-benefício informar esse ativo de mais rápida realização, levando em consideração, inclusive, a materialidade dos valores envolvidos.

19

Benefícios a Empregados e Pagamento Baseado em Ações

19.1 Introdução

O presente capítulo apresenta os procedimentos contábeis relativos à contabilização de benefícios a empregados, conforme o CPC 33 – Benefícios a Empregados, bem como os relativos aos pagamentos baseados em ações, disposto no CPC 10 (R1) – Pagamento Baseado em Ações.

19.2 Benefícios a empregados

Conforme o CPC 33, os benefícios a empregados incluem as seguintes categorias: (a) benefícios de curto prazo a empregados; (b) benefícios pós-emprego; (c) outros benefícios de longo prazo aos empregados; e (d) benefícios rescisórios.

Cada categoria identificada possui características próprias, que repercutem nos tratamentos contábeis a serem aplicados (Quadro 19.1).

Quadro 19.1

	Benefícios de curto prazo a empregados	Benefícios pós-emprego	Outros benefícios de longo prazo	Benefícios rescisórios
Definição	São benefícios (exceto benefícios rescisórios) que se espera que sejam integralmente liquidados em até 12 meses após o período a que se referem as demonstrações contábeis em que os empregados prestarem o respectivo serviço:	Os benefícios pós-emprego incluem benefícios de aposentadoria e pensão e outros pagáveis a partir do final do vínculo empregatício (ex.: assistência médica e seguro de vida na aposentadoria).	São benefícios de longo prazo a empregados, os quais se espera sejam integralmente liquidados após 12 meses do fim do período de prestação de serviço pelos empregados:	O fato gerador da obrigação é a rescisão do contrato de trabalho e não a prestação de serviço.

continua

continuação

	Benefícios de curto prazo a empregados	Benefícios pós-emprego	Outros benefícios de longo prazo	Benefícios rescisórios
Exemplos	a) ordenados e salários; b) ausências remuneradas permitidas (por exemplo, férias etc.); c) benefícios não monetários (por exemplo, assistência médica etc.).	Os planos classificam-se, dependendo da natureza econômica prevista em seus termos, como: plano de contribuição definida; ou plano de benefício definido.	a) licenças remuneradas de longo prazo; b) benefícios por invalidez etc.	Verbas indenizatórias

19.3 Reconhecimento, mensuração e divulgação

19.3.1 Plano de contribuição definida

Nesse tipo de plano, a importância está na ideia de que a alocação das despesas com a obrigação para os Benefícios a Empregados deve corresponder aos períodos de prestação do serviço, respeitando-se o regime de competência. A empresa e os empregados, normalmente, contribuem para um fundo de onde serão retirados recursos para pagamento de complementação de aposentadoria e outros benefícios. Mas com todos os custos apropriados durante o recebimento dos serviços.

Não são necessárias avaliações atuariais relativas a eventuais problemas com a capacidade de pagar os benefícios esperados. A empresa patrocinadora registra os encargos de cada mês por sua competência. Os empregados receberão esses valores acrescidos dos rendimentos obtidos de maneira proporcional ao desempenho dessas aplicações. Define-se a contribuição, mas não se define o valor do benefício futuro. Nesse caso, a contabilização é relativamente simples: a empresa vai registrando em despesa (contra caixa, normalmente) a parte da contribuição que lhe cabe mensalmente, por competência.

19.3.2 Plano de benefício definido

A contabilização de planos de benefício definido é mais complexa pela necessidade das premissas atuariais para mensurar a obrigação e despesa do plano e pela possibilidade de existirem perdas e ganhos atuariais. Nesse plano, há um valor de benefício garantido para o futuro, com a responsabilidade por eventuais problemas por parte da entidade patrocinadora. Obviamente, os cuidados com esse plano, cada vez mais em desuso, precisam ser maiores do que no plano de contribuição definida.

Poderá surgir a figura de ativos e passivos atuariais em função, normalmente, do desempenho obtido pelas aplicações dos recursos, que poderão gerar mais ou menos do que o esperado na base utilizada no cálculo atuarial.

Para contabilização, devem ser seguidos os passos pela empresa para cada um dos planos de benefício definido possuídos:

a) Estimativa do benefício obtido pelos empregados em virtude dos serviços prestados no período corrente e em períodos anteriores (técnicas e premissas atuariais).

b) Definição do valor presente do benefício estimado para o período corrente para determinar a obrigação de benefício definido gerada para o período corrente e o custo do serviço corrente.

c) Definição do valor presente do benefício total estimado para o período corrente e anteriores (total da obrigação).

d) Determinação do valor justo dos ativos do plano e o retorno sobre esses ativos.

e) Determinação dos juros líquidos sobre o valor líquido de passivo ou ativo de benefício definido.

f) Determinação do montante total dos ganhos e perdas atuariais.

g) Determinação do custo do serviço passado, na introdução, cancelamento, alteração ou encurtamento (redução do número de empregados cobertos) de um plano.

h) Determinação de ganho ou perda, quando um plano tiver sido liquidado.

O cálculo atuarial é necessário para estimar o montante das obrigações futuras de um fundo que devem ser cobertas por seus ativos e pelas contribuições atuais e futuras da patrocinadora. Paralelamente, segundo o CPC 33, o cálculo no fundo deve ser feito com base no conceito atuarial conhecido por crédito unitário projetado. Por meio desse método, no passivo do fundo (não no da patrocinadora), deve estar registrado o valor das obrigações futuras por todos os benefícios definidos, trazidos devidamente a seu valor presente.

O equilíbrio dá-se quando os ativos desse fundo, pelas contribuições da patrocinadora e, se for o caso, também dos empregados, mais os rendimentos líquidos sendo auferidos, forem acompanhando exatamente o valor desse passivo atuarial.

O **valor justo dos ativos do plano** é, em princípio, o valor de mercado obtido em uma negociação de um ativo (ou liquidação de um passivo), sem pressões ou características compulsórias, indicando condições ideais para que ocorra (CPC 46 – Valor Justo).

O **valor presente da obrigação atuarial** deve ser obtido por meio de taxa de desconto, na data do Balanço, baseada em rendimentos de mercado de títulos ou obrigações corporativas de alta qualidade e, em caso de não existir mercado ativo desses títulos, devem-se utilizar rendimentos de títulos do Tesouro Nacional, compatíveis com a moeda e o prazo de vencimento das obrigações. Os **ganhos (perdas) atuariais** podem surgir quando há diferença decorrente de premissas atuariais adotadas nas estimativas e o ocorrido efetivamente.

Quanto ao **custo de serviço passado**, ele pode ocorrer quando uma empresa cria um plano de benefícios para seus empregados e assume a responsabilidade pelas contribuições passadas, que não foram efetuadas, ou quando altera os benefícios de um plano já existente e, da mesma maneira, arca com o custo dessa modificação. No resultado, o valor da despesa é influenciado pelos seguintes valores: (a) custos do serviço corrente; (b) custos dos serviços passados; (c) efeito de qualquer liquidação no plano; e (d) custos dos juros líquidos.

Devem ser reconhecidas em outros resultados abrangentes as remensurações do valor líquido de passivo ou ativo de benefício definido provenientes de: (a) ganhos ou perdas atuariais; (b) retorno sobre os ativos do plano; (c) mudança no efeito do teto de ativo.

Remensurações do valor líquido de passivo (ativo) de benefício definido reconhecidas em outros resultados abrangentes não devem ser reclassificadas para o resultado em períodos subsequentes. Contudo, a entidade pode transferir esses montantes reconhecidos em outros resultados abrangentes dentro do Patrimônio Líquido.

Exemplo prático

Como exemplo, considere que a Cia. ABC mantenha um plano de complementação de aposentadoria para seus empregados, o qual é administrado pela Fundação P&R. Esse plano é do tipo Benefício Definido. A seguir, são apresentados dados e informações que deverão ser considerados em soluções com a abordagem dos temas em mais detalhes:

Início período X1	Dados
Valor Justo dos Ativos do Plano	$ 3.000
Valor Presente das Obrigações Atuariais	$ 3.100
No período	
Custo do Serviço Passado	$ 200
Perda Atuarial	$ 100
Retorno do Ativo	$ 350
Taxa de Desconto	10%

Final Período X1	
Valor Presente das obrigações atuariais	$ 4.330
Contribuições Pagas	$ 640

Pressupostos: o custo do serviço passado foi em virtude de alterações no plano no início do período atual; não houve pagamento de benefícios no período X1.

Definição do custo do serviço corrente

O custo do serviço corrente corresponde ao aumento do valor presente das obrigações atuariais que ocorreram em X1, em função da aquisição de direito pelo empregado com a prestação de serviço no período.

Variação do valor presente das obrigações atuariais em X1: $ 4.330 – $ 3.100 = $ 1.230

Dentro da variação do valor presente das obrigações atuariais estão contidos o custo de serviço corrente, o custo do serviço passado, a perda atuarial e os juros sobre as obrigações atuariais.

Juros sobre as obrigações atuariais: $ 3.100 × 0,10 = $ 310

Por diferença, podemos calcular:

Custo do serviço corrente = $ 1.230 – $ 200 – $ 100 – $ 310 = $ 620

Definição dos juros e valor justo dos ativos

Passivo atuarial no início de X1 = $ 3.100 – $ 3.000 = $ 100
Custo dos juros líquidos em X1 = $ 100 3 0,10 = $ 10[1]
Receita de juros sobre os ativos do plano em X1 = $ 3.000 × 0,10 = $ 300
Retorno do ativo que excedeu a receita de juros sobre os ativos do plano em X1 = $ 350 – $ 300 = $ 50
Valor justo dos ativos do plano no final de X1 = $ 3.000 + $ 350 + $ 640 = $ 3.990

Passivo atuarial

Valor Presente das Obrigações Atuariais	4.330
(–) Valor Justo dos Ativos	(3.990)
Passivo Atuarial	340

Como já existia um passivo atuarial no início de X1 igual a $ 100, verifica-se que a Cia. ABC terá que reconhecer em X1 um passivo atuarial de $ 240 (e as respectivas contrapartidas em despesas e outros resultados abrangentes), o que representa efetivamente a probabilidade de um sacrifício futuro:

	Débito	Crédito
Despesa operacional com provisão para benefícios a empregados – Custo do serviço corrente	620	
Despesa operacional com provisão para benefícios a empregados – Custo do serviço passado	200	
Despesa financeira com provisão para benefícios a empregados – Custo dos juros líquidos	10	
Outros Resultados Abrangentes (PL) – Perdas atuariais	100	
a Outros Resultados Abrangentes (PL) – Retornos excedentes sobre os ativos do plano		50
a Provisão para Benefícios a Empregados (Passivo Circulante ou Não Circulante)		240
a Caixa – Contribuições Pagas		640

Ressalte-se que o exemplo é simplificado por uma questão didática, mas deve-se ter em mente que a adoção de premissas atuariais distintas (taxas, tábuas biométricas ou métodos de cálculo) pode gerar diferenças tais que, em vez de se ter um passivo, obtém-se um ativo atuarial.

---

[1] Os juros líquidos também poderiam ser calculados a partir da diferença entre os juros sobre as obrigações atuariais e a receita de juros sobre ativos do plano ($ 310 – $ 300 = $ 10).

> Veja o mesmo exemplo, que, com a utilização de um conjunto de premissas atuariais diferentes, teve como consequência os seguintes valores:
>
> | | |
> |---|---|
> | Valor Presente das Obrigações Atuariais | 2.900 |
> | (–) Valor Justo dos Ativos do Plano | (3.000) |
> | (=) Ativo Atuarial | (100) |
>
> Ao contrário da situação anterior, a Cia. ABC poderia reconhecer um ativo atuarial (valor negativo) devido ao fato de o Fundo P&R ter um valor justo de seus ativos que é mais do que suficiente para fazer frente às obrigações previstas com os benefícios avaliados a seu valor presente. Porém, destaca-se que existe um limite para reconhecimento do ativo atuarial.
>
> Teto de ativo = Valor presente de benefícios econômicos futuros disponíveis na forma de restituição ou reduções de contribuições futuras (ex.: permissão de reembolso de superávit).

O CPC 33 não chega a definir explicitamente que o ativo deve estar claramente evidenciado, porém esse critério deve estar implícito no reconhecimento de ativos, pois a contabilização deve estar baseada em estimativas confiáveis sobre a probabilidade de receber o benefício econômico de redução de suas contribuições futuras.

19.4 Considerações iniciais sobre pagamento baseado em ações

Uma transação de pagamento baseado em ações pode ser definida como uma transação na qual a entidade: (a) recebe produtos ou serviços em troca dos seus instrumentos patrimoniais; ou (b) adquire produtos ou serviços e assume a obrigação de efetuar um pagamento baseado no preço dos seus instrumentos patrimoniais.

Um exemplo desse tipo de transação é a remuneração dos executivos da empresa por meio de ações e opções de ações (*stock options*). A ideia desse tipo remuneração é fazer com que os executivos atinjam determinadas metas e, assim, se tornem também investidores da entidade ou tenham a oportunidade de ganhar pela diferença entre os valores de mercado e de subscrição das ações.

Os critérios de reconhecimento, mensuração e divulgação dessas transações encontram-se no CPC 10 (R1) – Pagamento Baseado em Ações, que divide tais transações em três espécies:

a) Pagamentos baseados em ações liquidadas pela entrega de instrumentos patrimoniais (ações, por exemplo).

b) Pagamentos baseados em ações liquidadas em caixa.

c) E escolha pelo beneficiário se em caixa, em instrumentos patrimoniais ou parte de cada forma.

Sobre os procedimentos de reconhecimento, o item 7 do CPC 10 (R1) afirma que "a entidade deve reconhecer os produtos ou os serviços recebidos ou adquiridos em transação de pagamento baseado em ações quando ela obtiver os produtos ou à medida que receber os serviços".

Geralmente, os bens e serviços são contabilizados como despesas. Isso ocorre principalmente no tocante aos serviços, haja vista que são normalmente consumidos imediatamente. Já os produtos, como, por exemplo, os estoques ou maquinários adquiridos, devem ser capitalizados e levados ao resultado por meio da depreciação ou outra forma de baixa.

O item 7 do CPC 10 (R1) atesta que, concomitantemente ao reconhecimento dos produtos ou serviços, a entidade deve reconhecer o correspondente aumento do Patrimônio Líquido em conta especial ou deve reconhecer um passivo se a transação for liquidada em caixa (ou outros ativos).

19.4.1 Avaliação dos instrumentos outorgados nas transações de pagamentos baseados em ações

No caso dos acordos de pagamento baseado em ações, os instrumentos mais utilizados pelas empresas são as ações e as opções de ações. Enquanto as ações representam a menor parcela que divide o capital de uma empresa, as opções de ações são contratos que conferem aos seus detentores o direito, mas não a obrigação, de subscrever ações da entidade a um preço fixado ou determinável em um período de tempo específico.

O CPC 10 (R1) exige que esses instrumentos patrimoniais sejam mensurados pelo valor justo. **Na prática**, a mensuração do valor justo pode ser complexa, pois as opções que são concedidas a executivos (com prazos de aquisição longos, preços de exercícios específicos, períodos de *lock up* (sem poder vender etc.) praticamente não são negociadas em Bolsa, em razão de suas especificidades. Consequentemente, não possuem preço de mercado disponível. Logo, seus valores justos não são diretamente observáveis, fazendo-se necessária a utilização de modelos de precificação.

Dentre os modelos de precificação de opções geralmente aceitos pelos participantes do mercado, merecem destaque o modelo de Black-Scholes-Merton e o Modelo Binomial. O CPC 10 prevê que o modelo utilizado pela empresa seja consistente com as metodologias utilizadas na prática. Do mesmo modo, nota-se a preocupação da norma com a incorporação de fatores e premissas que seriam consideradas pelos participantes do mercado no estabelecimento do valor justo da opção. Sobre esses fatores, o referido Apêndice, no item B6, destaca que devem ser considerados nos modelos de precificação, no mínimo, os seguintes fatores: (a) o preço de exercício da opção; (b) a vida da opção; (c) o preço corrente da ação subjacente; (d) a volatilidade esperada no preço de ação; (e) os dividendos esperados sobre as ações (se apropriado); e (f) a taxa de juros livre de risco para o prazo de vida da opção.

19.4.2 Condições de aquisição de direitos (*vesting conditions*)

O CPC 10 (R1), no seu Apêndice A, define as condições de aquisição de direitos, conhecidas como "*vesting conditions*" como "as condições que determinam se a entidade recebe os serviços que habilitam a contraparte a receber caixa, outros ativos ou instrumentos patrimoniais da entidade, por força de pagamento baseado em ações". As condições de aquisição de direitos podem ser divididas em dois grandes grupos: condições de serviço ou metas de desempenho:

> "**Condição de serviço** exige que a contraparte complete um período específico de serviço durante o qual os serviços são prestados à entidade. Se a contraparte, independentemente da razão, deixar de prestar o serviço durante o período, ela não foi capaz de satisfazer a condição. A condição de serviço não requer que a meta de desempenho seja cumprida."

"**Meta de desempenho** exige que:

(a) a contraparte complete um período específico de serviço (ou seja, condição de serviço); o requisito de serviço pode ser explícito ou implícito; e

(b) a meta específica de desempenho a ser cumprida, enquanto a contraparte está prestando o serviço exigido em (a)."

Ressalta-se que as condições de aquisição também podem estar relacionadas com o mercado, como, por exemplo, o preço da ação da empresa atingir um valor específico (condição de mercado).

"**Condição de mercado** é a meta de desempenho da qual o preço de exercício, a aquisição de direito (*vesting*) ou a exercibilidade do instrumento patrimonial dependem, que esteja relacionada com o preço (ou valor) de mercado dos instrumentos patrimoniais da entidade (ou instrumentos patrimoniais de outra entidade do mesmo grupo), como, por exemplo:

(a) atingir um preço de ação especificado, ou atingir um montante especificado de valor intrínseco da opção de ação; ou

(b) alcançar a meta especificada que seja baseada no preço (ou valor) de mercado dos instrumentos patrimoniais da entidade (ou instrumentos patrimoniais de outra entidade do mesmo grupo) em relação a algum índice de preços de mercado de instrumentos patrimoniais de outras entidades."

As condições de mercado devem ser consideradas para determinação do valor justo das ações e opções na data de mensuração. Já as condições de aquisição de serviços (seja prazo ou meta de desempenho) irão afetar o número de instrumentos a serem concedidos.

19.5 Critérios de reconhecimento e mensuração das transações de pagamento baseado em ações

19.5.1 Transações com pagamento baseado em ações liquidadas pela entrega de instrumentos patrimoniais

Nas transações liquidadas pela entrega de instrumentos patrimoniais, normalmente ações, a entidade deve mensurar os produtos ou serviços recebidos e o reflexo no Patrimônio Líquido de forma direta, pelo valor justo dos produtos ou serviços recebidos.

Em alguns casos, como, por exemplo, o de serviço prestado por um empregado, essa aplicação pode não ser possível, pois muitas vezes esse valor não pode ser estimado de maneira confiável. O CPC 10 (R1) recomenda que a entidade mensure essa transação com base o valor justo dos instrumentos patrimoniais outorgados. Para precificação de opções, é comum utilizar-se o Modelo de Black-Scholes-Merton.

O valor justo dos instrumentos patrimoniais deve ser mensurado na respectiva data de outorga, que é a data na qual as partes firmam um acordo de pagamento baseado em ações. Isso ocorre porque é nessa data que a entidade confere à contraparte o direito ao recebimento do instrumento patrimonial.

19.5.2 Transações com pagamento baseado em ações liquidadas em caixa

Nesses tipos de transações, a entidade deve mensurar os produtos ou serviços adquiridos e o passivo incorrido pelo valor justo desse passivo. Até que o passivo seja liquidado, a entidade deve reavaliar, isto é, remensurar o valor justo desse passivo ao final de cada período de reporte e também na data de liquidação. Quaisquer mudanças decorrentes dessas reavaliações devem ser reconhecidas no resultado do período.

No caso de direitos concedidos a empregados, o reconhecimento dos serviços adquiridos e do respectivo passivo deve ocorrer à medida que os serviços forem prestados. Caso não existam condições de aquisição de direitos, ou seja, o empregado não precisa completar determinado tempo de serviço, os empregados tornam-se detentores desses direitos imediatamente, na data da outorga. Assim, toda a despesa será reconhecida no resultado do exercício, uma vez que não há qualquer condição para aquisição do direito.

Assim, nessa modalidade a empresa vai reconhecendo a despesa ao longo do tempo contra o passivo.

19.5.3 Transações com pagamento baseado em ações liquidadas em caixa ou mediante emissão de instrumentos patrimoniais conforme a escolha da entidade ou do fornecedor de serviços

A transação deve ser contabilizada como uma transação a ser liquidada em instrumentos patrimoniais quando não existir uma obrigação exigível. Em contrapartida, no momento em que essa obrigação exigível passa a existir, a entidade passa a contabilizar a transação como uma transação a ser liquidada em dinheiro. Em muitos casos, a contabilização dependerá de quem tem o poder de escolha: a contraparte ou a entidade.

Se a entidade tiver outorgado à contraparte o direito de escolher se a transação será liquidada em dinheiro ou pela emissão de instrumentos patrimoniais, a entidade terá outorgado um instrumento financeiro composto. Isso ocorre porque quem tem o direito de escolha é apenas a contraparte, e não a entidade. Nos casos em que a entidade pode escolher a forma de liquidação, ela deve determinar, em função de seus planos e expectativas, se tem uma obrigação presente a ser liquidada em dinheiro e assim contabilizar a transação.

19.6 Exemplos de transações de pagamentos baseados em ações

Os exemplos apresentados a seguir são adaptados do Guia de Implementação da IFRS 2 – *Share-based Payment*, correlacionada ao CPC 10 (R1).

Exemplo prático

Transações de pagamentos baseados em ações liquidadas pela entrega de títulos patrimoniais da entidade

Em 01 de janeiro de X0, a empresa XYZ concedeu 100 ações a cada um dos seus 1.000 funcionários, que deverão permanecer trabalhando nos próximos três anos. Caso tal condição seja atendida, receberão as ações da empresa ao final do ano de X2. Assim, temos que:

(i) Como a transação será liquidada pela entrega das ações, ela se enquadra como uma transação de pagamento baseado em ações liquidada pela entrega de ações da entidade.

(ii) Por ser difícil identificar a parcela dos serviços prestados pelos funcionários que se referem a esse tipo de remuneração, a transação deve ser mensurada pelo valor justo das ações que serão concedidas, que na data da outorga era de R$ 20 por ação.

Em razão da existência de uma condição de aquisição dos direitos de posse (permanência por um período de três anos), a XYZ deve estimar quantos funcionários deixarão a empresa nesse período. No reconhecimento inicial, a XYZ estima que 15% dos funcionários deixarão a empresa no período.

Assim, para se calcular a despesa de pagamento baseado em ações, deve-se: multiplicar o número de ações a serem concedidas ao final dos três anos, levando em conta o número estimado de empregados que deixarão a empresa, pelo valor justo delas. A despesa total deve ser apropriada ao longo de três anos.

A) Cenário I

As expectativas da XYZ se confirmaram. Portanto, teremos os seguintes valores de despesa:

Ano	Ações	Funcionários*	Valor justo	Parcela período	Período anterior	Despesa do período	Despesa acumulada
X0	100	850	20	1/3	0	566.666,67	566.666,67
X1	100	850	20	2/3	566.666,67	566.666,67	1.133.333,33
X2	100	850	20	3/3	1.133.333,33	566.666,67	1.700.000,00

* 1.000 funcionários × 85%.

Ao final de cada período, ela deve efetuar o seguinte lançamento contábil:

	Débito	Crédito
Despesa de Remuneração	566.667,67	
a Instrumentos Patrimoniais Outorgados – PL		566.667,67

Esse reconhecimento anual proporcional é tecnicamente mais correto, haja vista que os serviços são prestados pelos funcionários ao longo do período de aquisição dos direitos. Caso tais direitos de aquisição não existissem, a entidade reconheceria o valor total da despesa no início do período, creditando o Patrimônio Líquido, pois a partir desse momento os funcionários já seriam detentores desses direitos.

B) Cenário II

As expectativas da XYZ foram se alterando ao longo do período de aquisição da seguinte forma:

Período	Número de funcionários que deixaram a empresa	Estimativa do número de funcionários que irão deixar a empresa nos três anos
Início de X0	–	150 (1.000 × 15%)
Final de X0	60	180 (1.000 × 18%)
Final de X1	70	200 (1.000 × 20%)
Final de X2	60	60 + 70 + 60 = 190*

* Número efetivo funcionários que deixaram a empresa no período.

A forma de cálculo da despesa anual de pagamento baseado em ações é a mesma do cenário I.

A XYZ deve, igualmente, ajustar o valor da despesa anual de pagamento baseado em ações conforme os valores já reconhecidos em período anterior. Assim, temos os seguintes valores de despesa:

Ano	Ações	Funcionários*	Valor justo	Parcela período	Período anterior	Despesa do período	Despesa acumulada
X0	100	820 (1000 – 180)	20	1/3	0	546.666,67	546.666,67
X1	100	800 (1000 – 200)	20	2/3	546.666,67	520.000,00	1.0666.66,67
X2	100	810 (1000 – 190)	20	3/3	1.0666.66,67	553.333,33	1.620.000,00

* Calculado e revisado com base nas estimativas ao final de cada ano.

O número de funcionários que irão adquirir o direito de receber as ações é calculado com base na melhor estimativa ao final de cada ano. No final do ano de X0, a empresa espera que apenas 820 permaneçam nela e adquiram o direito. No final de X1, a estimativa é de 800 funcionários. No final de X2, a empresa estima que 810 funcionários que deixarão a empresa. Logo, "apenas" 810 adquirem o direito de receber as ações. Os registros contábeis seriam os mesmos do exemplo anterior, com alteração nos respectivos valores.

Exemplo prático

Transações de pagamentos baseados em ações liquidadas em dinheiro

Em 01 de janeiro de X5, a entidade ABC concedeu 1.000 direitos sobre a valorização de suas ações a cada um de seus 300 empregados, que devem permanecer na empresa nos próximos três anos, podendo exercer tais direitos ao final dos anos de X7, X8 e X9. As estimativas revisadas ao longo dos anos são:

Ano	Acontecimentos e estimativas
X5	15 empregados deixaram a ABC durante o ano de X5, sendo que a empresa estima que outros 30 o farão ao longo de X6 e X7.
X6	20 empregados deixaram a ABC durante X6 e a estimativa é de que outros 20 o farão em X7.
X7	25 empregados deixaram a empresa no ano de X7. Assim, ao longo dos três anos, um total de 60 empregados (15 + 20 + 25) deixaram a empresa. Portanto, apenas 240 funcionários adquiriram os direitos. Desse total, 40 exerceram seus direitos ao final de X7.
X8	160 empregados exerceram seus direitos sobre a valorização das ações da ABC ao final de X8.
X9	Os 40 empregados restantes exerceram seus direitos ao final de X9.

Percebe-se que as estimativas da empresa foram se alterando ao longo do tempo, sendo que ao final do ano de X7 apenas 240 funcionários se tornaram detentores dos direitos de posse. Note-se também que tais funcionários exerceram seus direitos ao final dos anos de X7, X8 e X9.

Para contabilizar essas transações, a entidade deverá determinar, ao final de cada ano, o valor justo dos direitos de valorização sobre suas ações até que o passivo seja integralmente liquidado, ou seja, ao longo dos anos X5 a X9. Ao final do ano X9, não deverá existir saldo remanescente no Passivo.

A ABC deverá estimar o valor intrínseco desses direitos nas respectivas datas de exercício, isto é, ao final dos anos de X7, X8 e X9 esse é valor que a entidade deverá pagar aos seus empregados.

Admitamos que os valores justos e intrínsecos dos direitos de valorização sobre as ações sejam:

Ano	Valor justo	Valor intrínseco
X5	10,00	
X6	11,00	
X7	12,00	11,50
X8	12,50	12,00
X9		13,00

Com base nesses valores, o valor da despesa nos anos de X5 e X6 seria:

Ano	Direito	Empregados	Valor justo	Parcela período	Passivo anterior	Despesa período	Passivo
X5	1.000	255*	10,00	1/3	–	850.000,00	850.000,00
X6	1.000	245**	11,00	2/3	850.000,00	946.666,67	1.796.666,67

* (300 – 15 – 30).
** (300 –15 – 20 – 20).

Os registros contábeis de tais despesas e os respectivos passivos seriam:

	Débito	Crédito
Despesa de Remuneração	850.000,00/946.666,67	
a Remuneração a Pagar – Passivo		850.000,00/946.666,67

Ao final do ano X7, a despesa de pagamento baseado em ações deverá levar em conta:

(i) o número efetivo de empregados que permaneceu na empresa durante os três anos e consequentemente adquiriu os direitos de aquisição, no caso 240; e

(ii) a parcela desses empregados que exerceu seus direitos ao final do ano 3, no caso 40. Nesse momento, a ABC deverá liquidar essa parcela do Passivo utilizando como base o valor intrínseco da ação, que nessa data é de $ 11,50.

Portanto, deve-se separar a parcela da despesa que é referente aos empregados que exerceram seus direitos ao final de X7 (40), haja vista que tais valores reduziram o Passivo. Assim, o valor da despesa de pagamento baseado em ações do ano de X7 será:

Ano	Direito	Empregados	Valor	Parcela período	Passivo anterior	Despesa período	Passivo
X7	1.000	200	12,00*	3/3	1.796.666,67	603.333,33	2.400000,00
X7	1.000	40	11,50**	–		460.000,00***	
		Total da despesa no ano de X7				1.063.333,33	

* Valor justo (considera o valor do direito daqueles que não exerceram).
** Valor intrínseco (considera o valor na data para aqueles que estão exercendo).
*** Saída de caixa para liquidação do direito.

O total da despesa para o ano de X7 é de $ 1.063.333,33. Entretanto, o Passivo da empresa é acrescido em apenas $ 603.333,33. Isso ocorre, pois a diferença de $ 460.000,00 foi paga pela ABC. O registro contábil dessa transação seria:

	Débito	Crédito
Despesa de Remuneração	1.063.333,33	
a Remuneração a Pagar – Passivo		603.333,33
a Caixa		460.000,00

Ao final de X7, o saldo do Passivo seria de $ 2.400.000,00, sendo que restam 200 empregados para exercer os direitos de valorização sobre as ações da ABC, e o valor justo dos direitos na data era de $ 20.

No ano de X8, um total de 160 funcionários exerceu os direitos. Nesse sentido, tais valores são baixados do Passivo utilizando-se como base o valor intrínseco da ação na data, que é de $ 12,00. Nessa data, o valor justo dos direitos era R$ 12,50, o que gera um ajuste no Passivo para o saldo remanescente. Os cálculos e o lançamento contábil seriam:

Ano	Direito	Empregados	Valor	Parcela período	Passivo anterior	Despesa período	Passivo
X8	1.000	40*	12,50*	–	2.400000,00	(1.900.000,00)	500.000,00
X8	1.000	160	12,00**			1.920.000,00***	
		Total da despesa no ano de X8				20.000,00	

* Valor justo.
** Valor intrínseco.
*** Saída de caixa para liquidação do direito.

	Débito	Crédito
Despesa de Remuneração	20.000,00	
Remuneração a Pagar – Passivo	1.900.000,00	
a Caixa		1.920.000,00

O valor do Passivo da ABC ao final de X8 é de $ 500.000,00 (40 funcionários × 1.000 direitos × R$ 12,50 de valor justo). Ao final do ano de X9, o valor do Passivo deve ser zero, haja vista que todos os funcionários terão exercido seus direitos. Portanto, ao final do ano de X9 teríamos:

Ano	Direito	Empregados	Valor justo	Parcela período	Passivo anterior	Despesa período	Passivo
X9	1.000	0*	–	–	500.000,00	(500.000,00)	0
X9	1.000	40	13,00**	–		520.000,00***	
			Total da despesa no ano de X9			20.0000,00	

* (40 – 40).
** Valor intrínseco.
*** Saída de caixa para liquidação do direito.

	Débito	Crédito
Despesa de Remuneração	$ 20.000,00	
Remuneração a Pagar – Passivo	500.000,00	
a Caixa		520.000,00

19.7 Problema conceitual

Como vimos, no caso de pagamento com base na entrega de ações, como não há qualquer dinheiro envolvido, conceitualmente não deveria existir despesa. Afinal, o custo efetivo está por conta dos acionistas anteriores que veem seu percentual se diluir com a entrada de novos sócios. Mas as normas internacionais deliberaram fazer essa contabilização tentando chamar a atenção para o plano de benefícios. E a contrapartida da despesa precisa ser uma conta de Patrimônio Líquido porque, na verdade, o Patrimônio Líquido da empresa não se altera.

19.8 Pagamento com ações em tesouraria

Muitas empresas que têm que entregar ações nesses planos agem de outra forma: adquirem ações próprias no mercado (ações em tesouraria) e depois as entregam aos beneficiários. O interessante é que eventuais diferenças entre caixa investido e caixa recebido quando da entrega das ações não são receita ou despesa por não dizerem respeito à atividade da empresa, e sim a uma negociação de capital com os sócios. Assim, essa diferença fica registrada diretamente no Patrimônio Líquido e não transita pelo resultado.

19.9 Divulgações

O CPC 10 (R1), nos itens 44-52, exige que as empresas divulguem informações que permitam aos usuários das demonstrações contábeis entender a natureza e a extensão dos acordos de pagamento baseados em ações. De modo resumido, essas exigências envolvem basicamente:

a) A natureza e a extensão de acordos de pagamentos baseados em ações firmados durante o período.

b) Como foi determinado o valor justo dos produtos e serviços recebidos ou o valor justo dos instrumentos de capital outorgados durante o período.

c) O efeito das transações de pagamentos baseados em ações sobre o resultado do período da entidade e sobre sua posição financeira e patrimonial.

20

Demonstração dos Fluxos de Caixa e Demonstração do Valor Adicionado

20.1 Introdução

Neste capítulo, serão discutidas duas demonstrações contábeis de extrema relevância ao usuário da informação contábil: a Demonstração dos Fluxos de Caixa (DFC) e a Demonstração do Valor Adicionado (DVA).

20.2 Demonstração dos Fluxos de Caixa (DFC)

20.2.1 Aspectos introdutórios

O objetivo primário da Demonstração dos Fluxos de Caixa (DFC) é prover informações relevantes sobre os pagamentos e recebimentos, em dinheiro, de uma empresa, ocorridos durante determinado período, e com isso auxiliar os usuários das demonstrações contábeis na análise da capacidade da entidade de gerar caixa e equivalentes de caixa, bem como suas necessidades para utilizar esses fluxos de caixa.

20.2.1.1 Disponibilidades – caixa e equivalentes de caixa

Para fins da DFC, o conceito de caixa é ampliado para contemplar também os investimentos qualificados como **equivalentes de caixa**. Isso ocorre porque faz parte da gestão básica de qualquer empresa a aplicação tempestiva das sobras de caixa em investimentos de curto prazo, para livrá-las das perdas em contas não remuneradas.

Assim, para o CPC 03 – Demonstração dos Fluxos de Caixa, "caixa compreende numerário em espécie e depósitos bancários disponíveis", e "equivalentes de caixa são aplicações financeiras de curto prazo, de alta liquidez, que são prontamente conversíveis em um montante conhecido de caixa e que estão sujeitas a um insignificante risco de mudança de valor".

20.2.1.2 Classificação das movimentações de caixa por atividade

O formato adotado para a DFC é o de classificação das movimentações de caixa por grupos de atividades, considerando-se a natureza da transação que lhes dá origem.

20.2.1.2.1 Atividades operacionais

Envolvem as atividades relacionadas com a produção e entrega de bens e serviços e as que não são definidas como atividades de investimento e financiamento. Normalmente, relacionam-se com as transações que aparecem na Demonstração de Resultados.

20.2.1.2.2 Atividades de investimento

Relacionam-se primeiramente com o aumento e a diminuição dos ativos de longo prazo (não circulantes) que a empresa utiliza para produzir bens e serviços. Incluem concessão e recebimento de empréstimos, aquisição e venda de instrumentos financeiros e patrimoniais de outras entidades e aquisição e alienação de imobilizados e de participações societárias classificadas como investimentos. Abrangem as aplicações financeiras, inclusive as de curto prazo (exceto as classificáveis como equivalentes de caixa), que remunerem recursos temporariamente ociosos ou destinados à especulação.

20.2.1.2.3 Atividades de financiamento

Relacionam-se com os empréstimos de credores e transações com os investidores da entidade. Incluem a obtenção de recursos dos proprietários e o pagamento a estes de retornos sobre seus investimentos ou do próprio reembolso do investimento; abrangem também a obtenção de empréstimos junto a credores e a amortização ou liquidação destes, bem como a obtenção e pagamento de recursos de/a credores via créditos de longo prazo.

20.2.1.3 Transações de investimento e financiamento sem efeito no caixa

Afetam ativos e passivos, mas não impactam o caixa, como, por exemplo, uma aquisição de imobilizado financiada; devem ser evidenciadas em Notas Explicativas. Isso pode ser feito tanto de forma narrativa como resumida em tabela específica.

20.2.2 Métodos de elaboração

Há dois métodos de elaboração da DFC: o método direto e o indireto. A diferença entre eles está na forma de apresentação do fluxo de caixa operacional.

O IASB recomenda a utilização do método direto, mas é facultada a elaboração do fluxo das operações pelo método indireto, ou **método da conciliação**. Mas é difícil ver na prática o método direto. Ainda mais porque quem faz pelo direto tem que, de qualquer forma, mostrar a conciliação entre o lucro líquido e o fluxo de caixa líquido das atividades operacionais, como se faz na utilização do método indireto.

20.2.2.1 Método direto

Explicita as entradas e saídas brutas de dinheiro dos principais componentes das atividades operacionais, como os recebimentos pelas vendas de produtos e serviços e os pagamentos a fornecedores e empregados. O saldo final das operações expressa o volume líquido de caixa provido ou consumido pelas operações durante um período.

20.2.2.2 Método indireto

Chega ao mesmo valor que o método direto, mas a partir da conciliação entre o lucro líquido e o caixa gerado pelas operações. Como parte do lucro líquido que está por regime de competência, para chegar ao regime de caixa é necessário:

a) Ajustar esse lucro líquido por registros contábeis no resultado que não tenham a ver com desembolso ou entrada de caixa, como depreciações, amortizações, receita/despesa de equivalência patrimonial (nestas últimas, o que interessa para o fluxo de caixa é o eventual recebimento de dividendos) e outros; na verdade, a saída de caixa relativa às depreciações e amortizações diz respeito à aquisição dos ativos sendo baixados, e na aquisição aparece no grupo de investimentos, e a equivalência patrimonial produz, como caixa, recebimentos de lucros e estes, sim, precisam ser reconhecidos.

b) Ajustar por decorrência de valores recebidos no passado, mas frutos de receitas contabilizadas em período anterior, bem como por decorrência de receitas contabilizadas no período a serem recebidas no futuro. O mesmo com as despesas pagas antes do período ou a serem pagas após ele; esses ajustes se fazem de forma simplificada pela diferença entre os saldos dos valores a receber inicial e final, e dos valores a pagar, para o caso das contas cuja contrapartida são no resultado.

c) Ajustar por decorrência de determinadas contas no resultado cujo efeito no caixa é bastante díspar, como no caso de lucros na venda de imobilizado; no fluxo de caixa interessa apenas o valor da venda; há ainda outros ajustes menos comuns.

20.2.3 Exemplos de elaboração da DFC

A seguir, apresentaremos dois exemplos, sendo o primeiro mais simplificado e o segundo mais complexo. Encorajamos o leitor a elaborar os razonetes das movimentações do período de X1, para melhor compreensão de todos os valores lançados na DFC.

Exemplo prático

A seguir, os Balanços Patrimoniais de 31/12/X0 e 31/12/X1 e a Demonstração do Resultado do Exercício (DRE) período de X1, necessários para a elaboração da DFC.

Balanço Patrimonial – Em R$						DRE – Em R$ – X1	
	31/12/X0	31/12/X1		31/12/X0	31/12/X1	Receita de Vendas	400.000
Ativo Circulante	117.000	129.500	Passivo Circulante	30.000	38.000	CMV	(320.000)
Caixa e Equivalentes	12.000	21.500	Fornecedores	30.000	38.000	**Lucro Bruto**	**80.000**
Clientes	40.000	46.000				Despesa de Salários	(30.000)
Estoques	65.000	62.000				LAIR	50.000
Ativo Não Circulante	100.000	130.000	Patrimônio Líquido	187.000	221.500	IR/CS	(15.000)
Terrenos	100.000	130.000	Capital	180.000	190.000	Lucro do Exercício	35.000
			Reserva de Lucros	7.000	31.500		
Total do Ativo	217.000	259.500	Total do Passivo + PL	217.000	259.500		

Com base nessas informações apresentadas, é possível elaborarmos a DFC.

DFC – Em R$ – X1 (método direto)	
Fluxo de Caixa Operacional (FCO)	
Recebimento de Clientes	394.000
Pagamento de Fornecedores	(309.000)
Pagamento de Salários	(30.000)
Pagamento de IR/CS	(15.000)
Total FCO (1)	**40.000**
Fluxo de Caixa de Investimentos (FCI)	
Aquisição de Terrenos	(30.000)
Total FCI (2)	**(30.000)**
Fluxo de Caixa de Financiamentos (FCF)	
Aumento de Capital	10.000
Pagamento de Dividendos	(10.500)
Total FCF (3)	**(500)**
Variação Líquida de Caixa (1 + 2 + 3)	**9.500**
(+) Saldo Inicial de Caixa e Eq.	12.000
(=) Saldo Final de Caixa e Eq.	21.500

DFC – Em R$ – X1 (método indireto)	
Fluxo de Caixa Operacional (FCO)	
Lucro Líquido	35.000
(–) Variação de Clientes	(6.000)
(+) Variação de Estoques	3.000
(+) Variação de Fornecedores	8.000
Total FCO (1)	**40.000**
Fluxo de Caixa de Investimentos (FCI)	
Aquisição de Terrenos	(30.000)
Total FCI (2)	**(30.000)**
Fluxo de Caixa de Financiamentos (FCF)	
Aumento de Capital	10.000
Pagamento de Dividendos	(10.500)
Total FCF (3)	**(500)**
Variação Líquida de Caixa (1 + 2 + 3)	**9.500**
(+) Saldo Inicial de Caixa e Eq.	12.000
(=) Saldo Final de Caixa e Eq.	21.500

Esse exemplo simples nos mostra a estrutura de apresentação da DFC.

Os fluxos das atividades operacionais, de investimento e de financiamento são segregados, sendo que a variação líquida de caixa representa a soma dos totais dessas três atividades. A variação líquida é igual à variação do saldo de caixa e equivalentes de caixa apresentada no Balanço Patrimonial; assim, a DFC cumpre seu objetivo de demonstrar as variações do saldo de caixa e equivalentes de caixa de um período para o outro.

Observe que apenas a forma de apresentação do FCO é diferente de um método para o outro. No método direto, os fluxos operacionais representam os recebimentos e pagamentos propriamente ditos relacionados com a operação. Já no método indireto o FCO é calculado partindo-se do lucro do exercício, mas chegando-se ao mesmo valor. A seguir, faz-se ajustes para que o valor do lucro seja "transformado" em caixa. Foram efetuados três ajustes, sendo que o primeiro (variação de clientes) ajusta a receita de vendas ($ 400.000) para o valor efetivamente recebido em dinheiro dos clientes ($ 394.000). Como o saldo de clientes aumentou de X0 para X1, isso indica que a entidade deixou de receber $ 6.000, e por essa razão o ajuste ao lucro é negativo. Já os outros dois ajustes (em estoques e fornecedores) estão correlacionados e transformam o CMV para o valor efetivamente pago aos fornecedores no período.

Exemplo prático

A seguir, os Balanços Patrimoniais de 31/12/X0 e 31/12/X1 e a DRE do período de X1, necessários para a elaboração da DFC.

Balanço Patrimonial – Em R$							DRE – Em R$ – X1	
	31/12/X0	31/12/X1		31/12/X0	31/12/X1		Receita de Vendas	500.000
Ativo Circulante	216.000	280.870	**Passivo Circulante**	54.000	57.000		CMV	(350.000)
Caixa e Equivalentes	1.300	32.270	Fornecedores	14.000	10.000		**Lucro Bruto**	**150.000**
Aplicações Financeiras	120.000	125.000	Empréstimos	20.000	18.000		Desp. PECLD	(320)
Clientes	42.000	50.000	Dividendos a Pagar	13.000	25.000		Desp. Salários	(15.000)
(–) PECLD	(300)	(400)	IR/CS a Pagar	7.000	4.000		Desp. Seguros	(3.400)
Estoques	50.000	70.000	**Passivo Não Circulante**	**50.000**	**55.000**		Desp. Depreciação	(6.000)
Seguros Antecipados	3.000	4.000	Empréstimos	50.000	55.000		Receita de Eq. Patr.	900
Ativo Não Circulante	448.000	505.130	**Patrimônio Líquido**	560.000	674.000		Receitas Financeiras	2.620
Investimentos (MEP)	28.000	28.630	Capital	500.000	540.000		Despesas Financeiras	(4.800)
Máquinas e Equip.	400.000	350.000	Reserva de Lucros	60.000	70.000		Lucro Venda Máq.	1.000
(–) Depr. Acumulada	(20.000)	(23.500)	Ações em Tesouraria	–	(1.000)		**LAIR**	**125.000**
Marcas e Patentes	40.000	150.000	Dividendo Ad. Proposto	–	65.000		IR/CS	(25.000)
Total do Ativo	664.000	786.000	**Total do Passivo + PL**	664.000	786.000		**Lucro do Exercício**	**100.000**

Nesse exemplo, algumas informações adicionais são necessárias:

1. Os juros das aplicações financeiras foram recebidos em X1.
2. A linha de Perdas Estimadas em Créditos de Liquidação Duvidosa (PECLD) foi complementada em $ 320.
3. Os seguros antecipados de 31/12/X0 foram totalmente apropriados para o resultado de X1.
4. Os juros dos empréstimos foram pagos em X1.
5. A entidade paga seus empréstimos no vencimento.
6. Não houve captação de empréstimos de curto prazo.

A partir das informações apresentadas, é possível elaborar as seguintes DFCs:

DFC – Em R$ – X1 (método direto)	
Fluxo de Caixa Operacional (FCO)	
Recebimento de Clientes	491.780
Pagamento de Fornecedores	(374.000)
Pagamento de Salários	(15.000)
Pagamento de Seguros	(4.400)
Recebimento de Dividendos	270
Recebimento de Juros	2.620
Pagamento de Juros	(4.800)
Pagamento de IR/CS	(28.000)
Total FCO (1)	**68.470**
Fluxo de Caixa de Investimentos (FCI)	
Aplicações Financeiras	(5.000)
Venda de Máquinas	48.500
Aquisição de Marcas e Patentes	(110.000)
Total FCI (2)	**(66.500)**
Fluxo de Caixa de Financiamentos (FCF)	
Pagamento de Empréstimos	(20.000)
Captação de Empréstimos	23.000
Aumento de Capital	40.000
Compra de Ações em Tesouraria	(1.000)
Pagamento de Dividendos	(13.000)
Total FCF (3)	**29.000**
Variação Líquida de Caixa (1 + 2 + 3)	**30.970**
(+) Saldo Inicial de Caixa e Eq.	**1.300**
(=) Saldo Final de Caixa e Eq.	**32.270**

DFC – Em R$ – X1 (método indireto)	
Fluxo de Caixa Operacional (FCO)	
Lucro Líquido	100.000
(+) Desp. Depreciação	6.000
(–) Lucro na Venda de Máquinas	(1.000)
(–) Receita de Equiv. Patrimonial	(900)
(+) Recebimento de Dividendos	270
Variação de Clientes	(7.900)
Variação de Estoques	(20.000)
Variação de Seguros Antecipados	(1.000)
Variação de Fornecedores	(4.000)
Variação de IR/CS a Pagar	(3.000)
Total FCO (1)	**68.470**
Fluxo de Caixa de Investimentos (FCI)	
Aplicações Financeiras	(5.000)
Venda de Máquinas	48.500
Aquisição de Marcas e Patentes	(110.000)
Total FCI (2)	**(66.500)**
Fluxo de Caixa de Financiamentos (FCF)	
Pagamento de Empréstimos	(20.000)
Captação de Empréstimos	23.000
Aumento de Capital	40.000
Compra de Ações em Tesouraria	(1.000)
Pagamento de Dividendos	(13.000)
Total FCF (3)	**29.000**
Variação Líquida de Caixa (1 + 2 + 3)	**30.970**
(+) Saldo Inicial de Caixa e Eq.	**1.300**
(=) Saldo Final de Caixa e Eq.	**32.270**

Nesse exemplo, mesmo com maior variedade de fluxos de caixa, é possível notar que o padrão de apresentação e as diferenças entre os métodos de apresentação se mantêm.

Destacamos nesse exemplo a presença de fluxos de caixa relacionados com os recebimentos de dividendos e de juros e pagamento de juros. De acordo com o CPC 03, tais fluxos podem ser classificados como operacional (como realizado na solução) ou, alternativamente, investimento (recebimento de dividendos e juros) e de financiamento (pagamento de juros). Apesar dessa flexibilização, o CPC encoraja as entidades a classificarem tais fluxos na atividade operacional.

20.2.4 Tratamento para as pequenas e médias empresas

Os conceitos aqui abordados também são aplicáveis às entidades de pequeno e médio portes. Para mais detalhamento, consultar o Pronunciamento Técnico PME – Contabilidade para Pequenas e Médias Empresas.

20.3 Demonstração do Valor Adicionado (DVA)

20.3.1 Aspectos introdutórios

20.3.1.1 Objetivo e benefícios das informações da DVA

A DVA visa demonstrar o valor da riqueza econômica gerada pelas atividades da empresa e sua distribuição entre os elementos que contribuíram para a sua criação.

Segundo o CPC 09 – Demonstração do Valor Adicionado, "valor adicionado representa a riqueza criada pela empresa, de forma geral medida pela diferença entre o valor das vendas e os insumos adquiridos de terceiros. Inclui também o valor adicionado recebido em transferência, ou seja, produzido por terceiros e transferido à entidade".

Tem forte vinculação com o cálculo econômico do valor adicionado bruto que, no agregado na nação, chega ao PIB.

O Valor Adicionado corresponde ao acréscimo de valor gerado por uma entidade, comparando os valores dos bens e serviços vendidos menos os valores dos bens e serviços adquiridos de terceiros. Ou seja, corresponde à riqueza criada. Assim, nas origens de valor adicionado vão aparecer as receitas de vendas de bens e serviços, diminuídas dos materiais, dos serviços, das matérias-primas, das utilidades (energia, gás, água etc.) e outros itens adquiridos de terceiros. Acrescentam-se também riquezas produzidas por terceiros e transferidas para a entidade, como receitas de juros, dividendos, aluguéis etc. Dessa soma, subtrai-se o valor contábil dos ativos consumidos via depreciação, amortização ou exaustão, para se ter a riqueza líquida excedente ao consumo dos ativos sujeitos a esses efeitos.

E, na distribuição desse diferencial, ou seja, desse valor adicionado, evidencia-se quanto vai para o trabalho (remuneração e encargos de todo o pessoal), quanto vai para o governo (tributos), quanto vai para os credores (juros, aluguéis) e quanto para os proprietários (lucro). É de uma riqueza de análise econômica e social extraordinária.

20.3.1.2 Elaboração e apresentação

A elaboração e a divulgação da DVA, para atender aos requisitos estabelecidos no CPC 09 e na legislação societária, deverá:

a) Ser feita com base no princípio contábil da competência.

b) Ser apresentada de forma comparativa (períodos atual e anterior).

c) Ser feita com base nas demonstrações consolidadas, e não pelo somatório das Demonstrações do Valor Adicionado individuais, no caso da DVA consolidada.

d) Incluir a participação dos acionistas não controladores no componente relativo à distribuição do valor adicionado, no caso da divulgação da DVA consolidada.

e) Ser consistente com a demonstração do resultado e conciliada em registros auxiliares.

f) Ser objeto de revisão ou auditoria se a entidade possuir auditores externos independentes.

20.3.2 Aspectos conceituais discutíveis

20.3.2.1 Depreciação, amortização, exaustão e impairment

A depreciação, bastante discutível, pode ser tratada, na DVA, de três formas, quais sejam: (a) considerada como distribuição do valor adicionado; (b) deduzida do valor das receitas, de modo semelhante aos insumos adquiridos de terceiros; e (c) nem considerada no cálculo do valor adicionado a distribuir, nem na distribuição do valor adicionado.

A forma conceitualmente mais correta, e adotada pelo CPC 09, é aquela em que se dá o mesmo tratamento dado aos insumos adquiridos de terceiros, sendo assim deduzida do valor das receitas. Afinal, a diferença existente entre depreciação e os demais insumos adquiridos de terceiros consiste basicamente no prazo de consumo. Enquanto os demais insumos são consumidos normalmente em curto espaço de tempo ou mesmo imediatamente, a depreciação representa o consumo do ativo em períodos mais longos.

20.3.2.2 Ativos construídos pela própria empresa para uso próprio

Para a elaboração da DVA, um ativo construído para uso próprio equivale a um ativo adquirido da própria empresa. Como a venda de um ativo caracteriza a obtenção de uma receita, assim devem ser tratados os gastos com a construção do ativo para uso próprio, ou seja, como receita, compondo o valor adicionado bruto. Os valores gastos nessa construção devem, no período respectivo de formação do ativo, ser reconhecidos como **Receitas relativas à construção de ativos próprios** (item 1.3 da DVA).

Para a construção desses ativos são utilizados diversos fatores de produção, por exemplo, materiais, mão de obra e juros, os quais devem ser tratados, na DVA, segundo suas respectivas naturezas. Os materiais adquiridos de terceiros terão o mesmo tratamento que os insumos adquiridos de terceiros, ou seja, farão parte dos componentes do valor adicionado bruto; já a mão de obra e os juros serão tratados como distribuição de riqueza.

> **Exemplo prático**
>
> Uma empresa constrói determinado armazém, e para isso consome R$ 10.000,00 de materiais e R$ 5.000,00 de mão de obra direta. O armazém é incorporado diretamente ao imobilizado da empresa, portanto sem qualquer reflexo no resultado. Mesmo não impactando o resultado da empresa no momento da construção, essa informação deverá ser reconhecida na DVA da seguinte forma:

Demonstração do Valor Adicionado (DVA) – Em R$	
1 – Receita	15.000,00
1.3) Receitas relativas à construção de ativos próprios	15.000,00
2 – Insumos Adquiridos de Terceiros	10.000,00
2.1) Custos dos materiais adquiridos	10.000,00
3 – Valor Adicionado Bruto (1 – 2)	5.000,00
5 – Valor Adicionado Líquido Produzido pela Entidade (3 – 4)	5.000,00
7 – Valor Adicionado Total a Distribuir (5 + 6)	5.000,00
8 – Distribuição do Valor Adicionado	5.000,00
8.1) Pessoal	5.000,00
8.1.1 – Remuneração direta	5.000,00

20.3.2.3 O efeito do ICMS e outros tributos recuperáveis

Na forma de contabilização brasileira dos tributos recuperáveis, como o ICMS, o tributo pago na compra é retirado do custo, por exemplo, da mercadoria adquirida, e fica no Ativo como tributo recuperável. Na venda, o ICMS total sobre a nota é diminuído da receita bruta, em contrapartida parte contra o tributo recuperável e parte como passivo. Com isso, o que aparece na demonstração do resultado, diminuindo a receita bruta (na verdade na nota explicativa, já que a demonstração precisa começar a partir da receita líquida), é o total do ICMS na nota fiscal, que representa o total acumulado desde o início, e não o de efetiva responsabilidade da empresa. Mas acontece que ela precisa, na DVA, mostrar o tributo que incidiu somente em suas próprias operações, sobre o valor adicionado que ela promoveu. Assim, na DVA é necessário fazer-se as devidas adaptações.

Na DVA o custo da mercadoria vendida será avaliado pelo custo bruto, incluindo o ICMS, e o valor do tributo na distribuição do DVA será a diferença entre o devido na venda e o recuperado na aquisição.

Exemplo prático

Imaginemos que uma empresa compre uma mercadoria para revenda no valor de R$ 100,00, com R$ 18,00 de ICMS recuperável. Revende a mesma mercadoria por R$ 150,00 com 12% de ICMS, fazendo com que o destaque de ICMS na nota fiscal seja no valor de R$ 18,00. Assim, não há ICMS a ser recolhido. Como essas informações estariam na DRE e na DVA:

DRE – Em R$	
Receita Bruta	150,00
(–) Deduções	
ICMS	(18,00)
(=) Receita Líquida	132,00
(–) Custo das Mercadorias Vendidas (sem ICMS na aquisição)	(82,00)
(=) Lucro Bruto	50,00

DVA – Em R$	
1 – Receita	**150,00**
Vendas de mercadorias, produtos e serviços	150,00
2 – Insumos Adquiridos de Terceiros	**100,00**
2.1) Custos das mercadorias (com ICMS na aquisição)	100,00
3 – Valor Adicionado Bruto (1 – 2)	**50,00**
5 – Valor Adicionado Líquido Produzido Pela Entidade (3 – 4)	**50,00**
7 – Valor Adicionado Total a Distribuir (5 + 6)	**50,00**
8 – Distribuição do Valor Adicionado	**50,00**
8.4) Remuneração de capitais próprios	50,00
8.4.3) Lucros retidos / prejuízo do exercício	50,00

Pela DVA, conseguimos verificar que a empresa não destinou nenhuma parte da riqueza gerada ao pagamento de tributos. Pela DRE, não conseguimos fazer tal afirmação.

Nesses exemplos, para fins didáticos, foram apresentadas apenas linhas que contêm valor na DVA, e na DRE o início foi pela Receita Bruta, embora em publicações o início dessa demonstração seja pela Receita Líquida.

20.3.3 Exemplo completo de DVA

Vejamos um exemplo prático mais completo, para melhor entendimento da elaboração da DVA.

Exemplo prático

Consideremos as demonstrações contábeis a seguir:

Balanço Patrimonial – Em R$						
	X0	X1		X0	X1
Ativo Circulante	**67.200**	**103.188**	**Passivo Circulante**	**100.200**	**91.938**
Caixa	3.000	8.658	ICMS a Pagar	12.800	25.020
Clientes	15.000	53.750	IPI a Pagar	14.000	16.168
(–) PECLD	–	(3.500)	IR/CS a Pagar	16.400	20.750
Estoques	49.200	44.280	Dividendos a Pagar	15.000	30.000
			Empréstimos	42.000	–
Ativo Não Circulante	**125.000**	**114.800**	**Patrimônio Líquido**	**92.000**	**126.050**
Investimentos (MEP)	35.000	36.800	Capital	80.000	80.000
Máquinas e Equipamentos	120.000	120.000	Reserva de Lucros	12.000	46.050
(–) Depr. Acumulada	(30.000)	(42.000)			
Ativo Total	**192.200**	**217.988**	**Passivo + PL**	**192.200**	**217.988**

DRE – Em R$	
Faturamento Bruto	**291.500**
(–) IPI Faturado	(26.500)
Receita Bruta de Vendas	**265.000**
(–) ICMS Faturado	(47.700)
Vendas Líquidas	**217.300**
(–) CPV	(103.320)
Lucro Bruto	**113.980**
Despesa com Pessoal	(12.200)
Despesa com PECLD	(3.500)
Despesa com Depreciação	(12.000)
Despesa com Utilidades e Serviços	(280)
Despesas de Aluguel	(2.000)
Receita Financeira	500
Despesa Financeira	(1.500)
Resultado da Equivalência Patrimonial	1.800
LAIR	**84.800**
IR/CS	(20.750)
Lucro/Prejuízo	**64.050**

Operações realizadas durante o período:

a) Compras à vista de matérias-primas no valor de R$ 120.000, sendo ICMS de 18% (R$ 21.600) e IPI de 10% (R$ 12.000), ou seja, compras líquidas de R$ 98.400; por simplificação, não vamos considerar os valores do PIS e da COFINS, que, se recuperáveis, têm o mesmo tratamento do ICMS e do IPI.

b) Venda de 70% dos produtos disponíveis pelo valor de R$ 265.000, mais IPI de 10% (R$ 26.500), com incidência de ICMS de 18% (R$ 47.700), ou seja, vendas líquidas de R$ 217.300.

c) Pagamento à vista de salários no valor de R$ 12.200, sendo R$ 1.982 referentes às contribuições devidas ao INSS e R$ 10.218 são salários, 13º salário, férias etc.

d) Despesas com Utilidades e Serviços correspondem ao consumo de energia elétrica no valor de R$ 280, isentos de tributos.

e) Distribuição de dividendos de R$ 30.000.

Demonstração do Valor Adicionado – DVA – Em R$	
1 – Receita	**288.000**
1.1) Vendas de mercadorias, produtos e serviços	291.500
1.2) Outras receitas	–
1.3) Receitas relativas à construção de ativos próprios	–
1.4) Perdas estimadas em créditos de liquidação duvidosa – Reversão/(Constituição)	(3.500)
2 – Insumos Adquiridos de Terceiros (inclui os valores dos impostos – ICMS, IPI, PIS e COFINS)	**138.880**
2.1) Custos da matéria-prima vendida	138.600
2.2) Materiais, energia, serviços de terceiros e outros	280
2.3) Perda/Recuperação de valores ativos	–
2.4) Outros (especificar)	–
3 – Valor Adicionado Bruto (1 – 2)	**149.120**
4 – Depreciação, Amortização e Exaustão	**12.000**
5 – Valor Adicionado Líquido Produzido pela Entidade (3 – 4)	**137.120**
6 – Valor Adicionado Recebido em Transferência	**2.300**
6.1) Resultado da equivalência patrimonial	1.800
6.2) Receitas financeiras	500
6.3) Outras	–
7 – VALOR ADICIONADO TOTAL A DISTRIBUIR (5 + 6)	**139.420**
8 – Distribuição do Valor Adicionado (*)	**139.420**
8.1) Pessoal	10.218
8.1.1 – Remuneração direta	10.218
8.1.2 – Benefícios	–
8.1.3 – FGTS	–
8.2) Impostos, taxas e contribuições	61.652
8.2.1 – Federais	36.632
8.2.2 – Estaduais	25.020
8.2.3 – Municipais	–
8.3) Remuneração de capitais de terceiros	3.500
8.3.1 – Juros	1.500
8.3.2 – Aluguéis	2.000
8.3.3 – Outras	–
8.4) Remuneração de capitais próprios	64.050
8.4.1 – Juros sobre o capital próprio	–
8.4.2 – Dividendos	30.000
8.4.3 – Lucros retidos/Prejuízo do exercício	34.050
8.4.4 – Participação dos não controladores nos lucros retidos (só p/ consolidação)	–

(*) O total do item 8 deve ser exatamente igual ao item 7.

Os valores apresentados na DVA são descritos a seguir:

1 – RECEITA

1.1) Vendas de mercadorias, produtos e serviços – corresponde, na DRE, ao faturamento bruto (R$ 291.5000), ou seja, o valor da venda considerando o IPI e ICMS.

1.4) Perdas estimadas em créditos de liquidação duvidosa – valor da despesa com perdas estimadas em créditos de liquidação duvidosa do período (R$ 3.500), conforme DRE.

2 – INSUMOS ADQUIRIDOS DE TERCEIROS

2.1) Custos da matéria-prima vendida – diferentemente da DRE, a DVA considera o custo da matéria-prima vendida por seu valor bruto, ou seja, o valor constante na DRE acrescido dos impostos incidentes sobre a compra. Assim, ao CPV de R$ 103.320, constante na DRE, são acrescidos o ICMS de R$ 22.680 (103.320/0,82 × 18%) e o IPI de R$ 12.600 (R$ 103.320/0,82 × 10%), totalizando R$ 138.600.

2.2) Materiais, energia, serviços de terceiros e outros – corresponde à despesa com utilidade e serviços de R$ 280, também extraída da DRE, referente ao consumo de energia elétrica; se estiverem sujeitos a ICMS e outros tributos recuperáveis, por exemplo, teria que ter sido adotado o mesmo procedimento acima.

3 – VALOR ADICIONADO BRUTO – diferença entre a receita, R$ 288.000, e os insumos adquiridos de terceiros, R$ 138.880.

4 – DEPRECIAÇÃO, AMORTIZAÇÃO E EXAUSTÃO – corresponde à despesa de depreciação do exercício de R$ 12.000, conforme consta na DRE. Salientamos que, caso houvesse depreciação no cômputo do CPV, essa deveria ser excluída do custo e acrescida à despesa de depreciação, para fins da apresentação na DVA.

5 – VALOR ADICIONADO LÍQUIDO PRODUZIDO PELA ENTIDADE – diferença entre o valor adicionado bruto, R$ 149.120, e a depreciação, R$ 12.000.

6 – VALOR ADICIONADO RECEBIDO EM TRANSFERÊNCIA

6.1) Resultado da equivalência patrimonial – R$ 1.800, valor extraído da DRE, corresponde à riqueza gerada por outra entidade e recebida em transferência.

6.2) Receitas financeiras – refere-se à receita financeira do período de R$ 500, conforme a DRE, também riqueza criada por terceiros.

7 – VALOR ADICIONADO TOTAL A DISTRIBUIR – refere-se à riqueza passível de distribuição, ou seja, a gerada pela empresa acrescida da riqueza recebida em transferência.

8 – DISTRIBUIÇÃO DO VALOR ADICIONADO – nada mais é que uma demonstração de como a empresa distribui a riqueza disponível, o somatório da riqueza gerada com a recebida de outras empresas.

8.1) Pessoal

8.1.1 Remuneração direta – corresponde ao valor da despesa com pessoal (R$ 12.200), constante na DRE, excluídos os encargos sociais (R$ 1.982), os quais são apresentados como parcela da riqueza destinada ao governo.

8.2) Impostos, taxas e contribuições

8.2.1 Federais – neste item foram incluídos os valores referentes ao imposto de renda de R$ 20.750, conforme consta na DRE, o valor do INSS de R$ 1.982 e o IPI líquido de R$ 13.900, que é a diferença entre o IPI incidente nas vendas, R$ 26.500, e o IPI incidente na aquisição dos produtos vendidos, R$ 12.600 (R$ 103.320/0,82 × 10%).

8.2.2 Estaduais – refere-se ao ICMS calculado pela diferença entre o ICMS incidente nas vendas, R$ 47.700, e o ICMS incidente no custo dos produtos vendidos, R$ 22.680 (R$ 103.320/0,82 × 18%). Relembramos que para a elaboração da DVA deve ser utilizado o regime de competência, assim os impostos incidentes sobre a venda devem ser confrontados com os impostos incidentes sobre os produtos vendidos e não sobre as compras.

8.3) Remuneração de capital de terceiros

8.3.1 Juros – refere-se à despesa financeira do exercício de R$ 1.500, extraído da DRE, e corresponde ao montante da riqueza criada entregue a terceiros pela remuneração de capital emprestado.

8.3.2 Aluguéis – corresponde à despesa com aluguel de R$ 2.000, também extraída da DRE, também riqueza criada transferida a terceiros.

8.4) Remuneração de capitais próprios

8.4.1 Dividendos – corresponde à remuneração dos proprietários distribuída.

8.4.2 Lucros retidos/Prejuízos do exercício – corresponde à parcela do lucro que não foi distribuído aos proprietários, R$ 64.050 (R$ 64.050 – R$ 30.000), sendo destinada a reservas.

20.3.4 Tratamento para as pequenas e médias empresas

O Pronunciamento Técnico PME - Contabilidade para Pequenas e Médias Empresas não contém disposições específicas sobre tal demonstração, e pela legislação brasileira ela não é exigida dessas entidades, só das companhias abertas.

Consolidação das Demonstrações Contábeis e Demonstrações Separadas

21.1 Demonstrações Contábeis Consolidadas

As questões relativas à consolidação são tratadas no CPC 36 (R3) – Demonstrações Consolidadas. Devem ser consolidadas aquelas entidades **controladas** pela empresa que reporta, que está apresentando suas demonstrações contábeis.

E os três aspectos relevantes para caracterizar o controle são:

a) **Poder sobre a investida:** provém de direitos que conferem ao investidor a capacidade para dirigir as atividades relevantes da investida (aquelas que afetam significativamente seu desempenho). Um investidor pode ter poder sobre uma investida mesmo que outra entidade tenha direitos que lhe garantam (a essa entidade) a capacidade de participar da gestão de atividades relevantes, como é o caso da influência significativa. Contudo, um investidor que tenha somente direitos de proteção (pode vetar nomes para a diretoria) sobre uma investida não tem poder sobre a investida e, portanto, não a controla.

b) **Exposição (ou direitos) a retornos variáveis em razão de seu envolvimento com a investida:** ocorre na medida em que os retornos do investidor provenientes do seu envolvimento com a investida variam em função do desempenho da investida e da participação da investidora no capital da investida.

c) **Capacidade para utilizar seu poder sobre a investida para afetar seus rendimentos sobre o investimento:** implica que o investidor tem poder sobre a investida e usa esse poder para influenciar o retorno sobre seu investimento por meio do seu envolvimento com a investida. Em suma, é a conexão entre os itens (a) e (b) acima.

Em síntese, a avaliação do controle depende do trinômio PODER-EXPOSIÇÃO-CONEXÃO. Discutiremos cada uma dessas dimensões separadamente nas próximas seções.

21.1.1 Poder

Quando a investida é gerida por poder de voto, a parte que possuir direta ou indiretamente mais da metade do poder de voto, presume-se, tem controle sobre essa investida. Entretanto, podem existir situações em que a investida não seja gerida por poder de voto, ou só pelo poder de voto, caso em que se torna necessário analisar a natureza dos "direitos" das partes, bem como quais são as "atividades relevantes" dessa investida e como são geridas pelas partes. Nos casos em que os direitos de voto não tenham efeito significativo sobre os retornos da investida, como quando, por exemplo, eles se refiram somente a tarefas administrativas, e as atividades relevantes são dirigidas por meio de acordos contratuais entre as partes, cada investidor precisa avaliar esses acordos contratuais a fim de determinar se possui direitos substantivos para lhe dar poder sobre a investida.

Para ter poder sobre a investida, o investidor deve ter direitos que lhe confiram a capacidade de decidir sobre as atividades relevantes quando essas decisões precisam ser tomadas. Esse poder advém somente de direitos substantivos, o que inclui os denominados direitos potenciais de voto (se substantivos). O normal é esses direitos de uso representados pelo seu efetivo uso. Mas, apesar de não ser uma situação tão frequente no Brasil, talvez considerar os direitos de voto **potencial** seja relevante na medida em que permite antecipar movimentos que alterariam a posição atual de controle e de influência significativa, o que já estaria refletido nas demonstrações contábeis, mesmo antes de se efetivar o exercício ou a conversão. Para o CPC, os direitos potenciais de voto devem ser considerados (a Lei brasileira não menciona isso, mas prevalece a norma contábil, já que a própria Lei obriga a CVM a seguir as normas internacionais).

Exemplo prático 1

Poder por meio de direitos de voto

Suponha que a Empresa Alfa tenha 100% das ações ordinárias da Empresa Beta. Portanto, a Empresa Beta é controlada direta da Empresa Alfa. Admita adicionalmente que a Empresa Beta seja detentora de 60% do capital votante da Companhia Gama.

Assim, como a Companhia Alfa tem poder sobre a Companhia Beta e, esta controla Gama, Gama é tanto controlada de Beta como também é considerada controlada de Alfa.

Exemplo prático 2

Poder com menos de 50% das ações (por acordo)

A Companhia Kappa tem seu capital formado exclusivamente por ações ordinárias e possui quatro acionistas, a saber: Alfa, Beta, Gama e Delta. Alfa detém 40% das ações enquanto cada um dos outros acionistas detém 20%. O conselho de administração é composto por cinco pessoas, das quais duas são indicadas por Alfa e cada um dos demais acionistas tem o direito de indicar um(a) conselheiro(a) e suas atribuições são aquelas definidas no art. 142 da Lei das Sociedade por Ações. Conforme expresso na Figura 21.1, está vigente pelos próximos cinco anos um acordo entre Alfa e Beta pelo qual Beta deve indicar para o conselho de administração uma pessoa indicada por Alfa.

Figura 21.1 Exemplo de poder com menos de 50% das ações (por acordo).

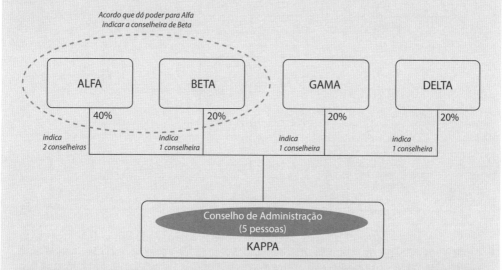

Nesse cenário, mesmo tendo menos de 50% do capital votante da Companhia Kappa, a Empresa Alfa detém o poder sobre suas atividades relevantes, pois tem a capacidade de eleger três dos cinco conselheiros de Kappa e dadas as atribuições do conselho de administração garantidas pela lei (inclusive a atribuição de eleger e destituir a diretoria) e que as decisões do conselho de administração são tomadas por meio de maioria simples, Alfa tem a preponderância nas decisões do conselho de administração.

Exemplo prático 3

Poder com menos de 50% das ações (controle "*de facto*")

Suponha-se que a companhia Delta tem seu capital representado apenas por ações ON (com direito a voto). Sabe-se que a Delta tem quatro grandes acionistas, Alfa, Beta, Gama e Sigma, que detêm 10%, 5%, 5% e 45% das ON, respectivamente, como se pode observar na Figura 21.2. Adicionalmente, sabe-se que a empresa Alfa é controladora direta de Beta, que por sua vez é controladora direta de Gama. Portanto, Alfa tem o controle de Beta (diretamente) e Gama (indiretamente), podendo comandar 20% dos votos nas decisões sobre as atividades relevantes de Delta.

Figura 21.2 Exemplo de poder com menos de 50% das ações (controle "*de facto*").

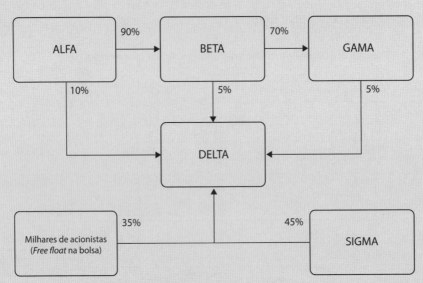

Sabe-se adicionalmente que nas assembleias apenas uma parcela ínfima (inferior a 1% do capital) dos milhares de acionistas do chamado "*free float*" de ações negociadas diariamente na bolsa de valores compareçem e exerçam seus direitos de voto. Sabe-se também que não há nenhum acordo entre os acionistas de Delta, quaisquer que sejam eles.

Nesse contexto, entra em cena o conceito de poder "*de facto*" contido na norma. Apesar de Delta não ter mais da metade dos direitos a voto de Sigma em termos absolutos, de fato, em função da dispersão de poder no mercado (o *free float*) de uma parcela significativa do capital (35%), Delta detém o poder, pois tem a maioria em termos relativos. Assumindo que 10% dos acionistas do *free float* compareçam a uma assembleia geral ordinária (AGO), percentual 10 vezes superior à média histórica, as votações teriam a seguinte composição:

Acionistas presentes na AGO	% do capital	% relativo nas votações da AGO
Alfa + Beta + Gama	20%	26,67% (= 20%/75%)
Delta	45%	60,00% (= 45%/75%)
Demais	10%	13,33% (= 10%/75%)
TOTAL	75%	100 %

Portanto, mesmo considerando uma participação dos acionistas pulverizados no mercado muito superior ao histórico, ainda assim, Delta teria 60% dos votos nas decisões sobre atividades relevantes que se tomam na assembleia geral e, portanto, terá maioria dos assentos no conselho de administração, que por sua vez elege a diretoria. Sendo assim, se conclui que Delta tem poder sobre a Companhia Sigma.

Exemplo prático 4

Poder com menos de 50% das ações (direitos potenciais de voto)

Suponha-se os mesmos dados do Exemplo 3, porém considere-se adicionalmente que a empresa Alfa tem uma opção de compra da totalidade das ações que Delta detém em Sigma. Portanto, caso essa opção vier a ser exercida, claramente a empresa Alfa terá poder. Mas, considerando a definição de poder da norma, teria a Alfa poder sobre a Sigma mesmo antes de exercer a opção? A resposta a essa questão depende da avaliação se esses direitos de voto potenciais são substantivos, ou seja, se podem ser exercidos quando as decisões sobre as atividades relevantes precisam ser tomadas. Vejamos quatro variações do cenário deste exemplo e suas repercussões na determinação se Alfa tem ou não poder sobre Sigma.

4.1 – Opção pode ser exercida a qualquer instante

Se uma opção de compra de ações de uma sociedade puder ser exercida pelo seu detentor a qualquer instante, e essa possibilidade pode se transformar em efetiva inclusive pelo interesse e pela capacidade de o detentor da opção exercer esse direito, existe um direito substantivo; as normas tratam essa relação como controladora e controlada desde já. Haverá a consolidação de suas demonstrações contábeis.

4.2 – Opção só pode ser exercida a partir de 01/01/20X1

Isso significa que, até essa data, não há direito substantivo, e não há então possibilidade de relação de controle. Não haverá a consolidação de suas demonstrações contábeis.

4.3 – Opção pode ser exercida, porém está "fora do dinheiro" (de *out of the money* ou OTM)

Se o valor a pagar para o exercício da opção não é irrisório e o exercício da opção não for claramente compensatório, não há direito substantivo e então não há também relação de controle. Não haverá a consolidação de suas demonstrações contábeis.

Exemplo prático 5

Poder com menos de 50% das ações (contrato de gestão)

A Companhia Ômega é, inicialmente, a única investidora da Empresa Lambda. Ômega então decide abrir o capital da Lambda em Oferta Pública de 65% do capital; assim, Ômega reteve 35% do patrimônio (e direitos de voto relacionados) de Lambda. Concluída a oferta, observou-se que nenhum acionista, além da Ômega, detém individualmente mais de 0,5% dos direitos de voto.

Antes da oferta pública, Ômega assinou um contrato de gestão com Lambda que lhe permite gerir e operar todas as suas atividades produtivas e comerciais. Lambda não tem empregados próprios e suas operações são gerenciadas por empregados de Ômega, de acordo com o contrato de gestão. Adicionalmente, Ômega também reformou o estatuto de Lambda, passando a ser requerida uma maioria qualificada (mais de 75% dos votos em assembleia) para eventualmente cancelar o contrato de gestão com Ômega.

De acordo com o CPC 36 (R3), dada a capacidade de Ômega de dirigir as atividades relevantes de Lambda por meio da combinação do acordo contratual e a participação com direito a voto de 35%, conclui-se que Ômega tem poder sobre Lambda e, portanto, assumindo-se que os dois outros elementos que definem controle estejam presentes (exposição e conexão, tratados nos próximos dois tópicos), Ômega deverá consolidar essa entidade, mesmo tendo "apenas" 35% do capital votante. É importante notar que essa conclusão também deriva do fato de que, mesmo que todos os acionistas não controladores, representantes de 65% do capital votante, se articulassem para votar a favor da revogação do contrato de gestão, não atingiriam a maioria qualificada de 75% necessária para se proceder a qualquer alteração nesse contrato, inclusive sua revogação.

21.1.2 Exposição ou não a retornos variáveis

O segundo elemento indispensável para se ter controle é que a entidade investidora esteja exposta (ou tenha direitos) a retornos variáveis da entidade investida (basicamente dividendos). Mas não estão limitados a eles. Podem ser: mudanças no valor do investimento do investidor nessa investida, participações residuais nos ativos e passivos da investida por ocasião da liquidação desta, benefícios fiscais e acesso a liquidez futura que um investidor tenha em decorrência de seu envolvimento com uma investida e outros.

Se não houver essa exposição a retornos variáveis, não se controla e não se consolida a investida.

Exemplo prático 6

Poder sem exposição a retornos variáveis

Suponhamos que a Companhia Alfa decida constituir, em 01/01/20X0, uma Entidade de Propósito Específico, a SPE Beta, na qual realiza um aporte de R$ 100 mil em troca de 100% de suas ações ordinárias.

A SPE Beta, por sua vez, emite, também em 01/01/20X1, ações preferenciais de remuneração definida e resgate obrigatório em 31/12/20X4. Essas ações são vendidas no mercado para investidores externos não relacionados com a Companhia Alfa pelo valor total de R$ 10 milhões.

Finalmente, ainda em 01/01/20X1, a SPE Beta adquire debêntures com garantia real, emitidas pela Companhia Alfa, com valor de face equivalente a R$ 10,1 milhões e remuneração/prazos idênticos aos das ações preferenciais emitidas pela SPE Beta. A Figura 21.3 sintetiza as relações e operações ocorridas em 01/01/20X0.

Figura 21.3 Exemplo de poder sem exposição a retornos variáveis.

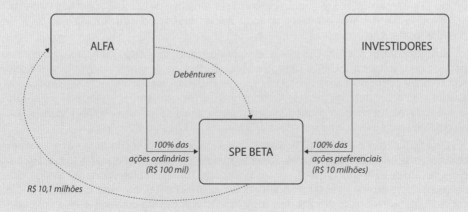

> Nesse contexto, apesar de a Companhia Alfa ter poder sobre a SPE Beta, com 100% das ações ordinárias de seu capital, a exposição de Alfa a retornos variáveis da SPE Beta depende exclusivamente de sua própria capacidade de honrar os pagamentos previstos nas debêntures, não havendo qualquer variabilidade adicional decorrente da *performance* da SPE Beta e que resulte da participação acionária detida por Alfa. Em outras palavras, as debêntures causam variabilidade potencial no resultado da SPE Beta, mas essa variabilidade não expõe a Investidora Alfa a retornos variáveis da participação na SPE Beta, posto que qualquer variabilidade em Beta será acompanhada, em Alfa, por variabilidade análoga no sentido inverso, neutralizando-a. Dessa forma, não seria possível consolidar a SPE Beta.

21.1.3 Conexão entre poder e os retornos variáveis

A última etapa na determinação de se uma entidade controla outra entidade, além das já vistas nas Seções 21.1.1 e 21.1.2, é a conexão entre poder (o primeiro elemento) e os retornos variáveis (o segundo elemento). Para controlar uma entidade, um investidor deve ter a capacidade de utilizar o poder que detém sobre a investida para afetar seus rendimentos sobre o investimento. O foco central deste elemento é afastar a conclusão de que há controle numa situação em que haja poder, mas esse poder seja delegado, ou seja, nas circunstâncias em que exista a chamada relação de agência.

Portanto, um investidor com direitos de tomada de decisão acerca das atividades relevantes de sua investida deve determinar se ele é um principal (detém primariamente o poder) ou um agente (o poder que detém lhe é delegado por um principal). Caso seja um agente, então ele não controla a investida quando exercer os direitos de decisão a ele delegados por um principal.

Direitos substantivos de destituição do investidor que detém o poder podem indicar que esse tomador de decisões é agente, ou seja, se determinada parte tem o direito de destituir a qualquer tempo o referido decisor, então este é na verdade um agente, sendo a parte com poderes de destituição o principal. Isso significa dizer que o agente, no exercício de sua autoridade – delegada por um principal – não controla a investida, mas, sim, o principal que delegou tal autoridade.

De forma geral, por razões negociais e de racionalidade econômica, é razoável acreditar que quanto maior é o interesse econômico agregado do gestor (isto é, sua exposição a retornos variáveis), mais provável será que os direitos de remoção dos demais interessados serão frágeis e vice-versa. Portanto, no julgamento para determinar se uma parte que toma decisões é agente ou principal, as variáveis a se considerar são os direitos de remoção do gestor (chamados em inglês de "*kick-out rights*") e a magnitude/variabilidade do retorno ao qual o gestor está exposto.

Exemplo prático 7

> Um veículo de investimento denominado Épsilon é criado para comprar uma carteira de ativos financeiros (recebíveis) e é financiado por instrumentos de dívida e patrimônio adquiridos por vários investidores dispersos (nenhum, exceto a Alfa – ver a seguir – tem individualmente mais que 0,1% dos instrumentos de dívida ou patrimônio). A tranche de ações é projetada para ser a primeira em absorver eventuais perdas incorridas pela carteira e receber retornos residuais do veículo de investimento, uma vez deduzidos os rendimentos de renda fixa dos investidores em instrumentos de dívida.

A empresa Alfa detém 35% das ações de Épsilon e é a gestora de seus ativos, gerenciando seu portfólio dentro das diretrizes gerais estabelecidas no estatuto de Épsilon. Como gestora, Alfa toma decisões sobre a seleção, aquisição e alienação dos ativos dentro dos parâmetros estatutários e faz a gestão em caso de inadimplência de qualquer ativo no portfólio. Alfa só pode ser substituída como a gestora do ativo por meio de aprovação em assembleia da Épsilon com maioria qualificada de 65% dos votos em assembleia ou por justa causa (por exemplo, fraude ou desatendimento do dever de diligência do gestor). Pelo trabalho que realiza como gestora, Alfa recebe taxa de administração fixa compatível com o que se paga no mercado e, adicionalmente, recebe taxa de administração variável (taxa de *performance*), condicionada ao desempenho por seus serviços na gestão dos ativos de Épsilon.

Para determinar se Alfa deve consolidar a Épsilon, sintetizam-se no Quadro 21.1 os elementos de análise das três dimensões do controle: poder, exposição a retornos variáveis e a conexão.

Quadro 21.1

Detém poder de decisão sobre atividades relevantes?	Está exposta a retornos variáveis?	Conexão: o poder pode ser usado para influenciar os retornos variáveis?
Como a gestora dos ativos, a Alfa toma decisões sobre as atividades relevantes da Épsilon, incluindo a seleção, aquisição e alienação dos ativos da carteira, bem como a gestão de ativos inadimplentes. O fato de que a atuação de Alfa esteja pautada por parâmetros estatutários não é, necessariamente, indicativo de que não Alfa não tem poder. Conclui-se haver considerável "margem de manobra" da gestora Alfa dentro dos parâmetros estatutários.	Além de estar exposta a 35% dos retornos de Épsilon, por conta da participação societária e, portanto, com direitos residuais sobre os lucros da investida, Alfa também recebe, na condição de gestora da carteira de ativos, uma taxa de administração variável embasada na *performance* de Épsilon.	Em função dos poderes que Alfa tem, do impacto potencial que esses poderes podem ter sobre retornos variáveis, aos quais a Alfa está substancialmente exposta (por dividendos e pela taxa de *performance*) e do fato que, em termos práticos, é altamente improvável que possa ser destituída da posição de gestora dos ativos (os demais investidores são atomizados e TODOS teriam que comparecer e votar de maneira homogênea pela destituição da Alfa), conclui-se que a investidora Alfa é principal (e não agente).
Conclusão: SIM	**Conclusão: SIM**	**Conclusão: SIM**
Épsilon deve ser consolidada por Alfa: SIM		

Exemplo prático 8

As circunstâncias são as mesmas do Exemplo 7, exceto pelo fato que a parcela do capital que não é de Alfa, correspondente a 65% das ações de Épsilon, é detida por dois investidores com 32,5% das ações cada e que são partes relacionadas entre si. Nesse contexto, a análise de controle ficaria como consta no Quadro 21.2.

Quadro 21.2

Detém poder de decisão sobre atividades relevantes?	Está exposta a retornos variáveis?	Conexão: o poder pode ser usado para influenciar os retornos variáveis?
Igual ao Exemplo 7	Igual ao Exemplo 7	Dada a concentração de ações com direito a votos na mão de apenas dois outros investidores, que são partes relacionadas, não é improvável que estes investidores possam se articular para destituir Alfa do papel de gestora. Portanto, Alfa é considerada um agente.
Conclusão: SIM	Conclusão: SIM	Conclusão: NÃO
Épsilon deve ser consolidada por Alfa: NÃO		

21.2 Exceção ao princípio de consolidação: as Entidades de Investimento

Uma das poucas exceções ao princípio que estabelece que as controladas devem ser consolidadas são as chamadas entidades de investimento. Caso uma controladora seja entidade de investimento, não deverá consolidar suas controladas, mas sim apresentá-las como um investimento e mensurá-las pelo seu valor justo. Entidades de investimento são aquelas que: (a) obtêm recursos de um ou mais investidores com o intuito de prestar a esses investidores serviços de gestão de investimento; (b) se comprometem com seus investidores no sentido de que seu propósito comercial seja investir recursos exclusivamente para retornos de valorização do capital, receitas de investimentos ou ambos; e (c) mensuram e avaliam o desempenho de substancialmente todos os seus investimentos com base no valor justo.

Como visto por meio da definição de uma entidade de investimento, trata-se de um tipo de entidade que possui três elementos essenciais que a diferenciam de outros tipos de entidades, a saber:

a) SERVIÇOS DE GESTÃO DE INVESTIMENTO

Uma das atividades essenciais de uma entidade de investimento é que ela obtém recursos de investidores a fim de prestar a esses investidores serviços de gestão de investimento. Essa prestação de serviços de gestão de investimento diferencia entidades de investimento de outras entidades.

b) PROPÓSITO COMERCIAL

Uma entidade de investimento obtém recursos de investidores e investe esses recursos para obter retornos exclusivamente da valorização do capital, da receita de investimentos ou de ambos.

Nesse contexto, é importante destacar que uma característica que diferencia entidade de investimento de outras entidades é que a entidade de investimento não planeja deter seus investimentos indefinidamente: ela os detém por prazo limitado e deve, portanto, ter uma estratégia de saída documentada para que possa se qualificar à exceção de consolidação em tela.

c) MENSURAÇÃO PELO VALOR JUSTO

Outra característica distintiva significativa de uma entidade de investimento é que seus investidores estão principalmente interessados no valor justo e tomam suas decisões de investimento com base no valor justo dos investimentos subjacentes da entidade de investimento.

Exemplo prático 9

A empresa Aceleradora Fintech (AF) é uma sociedade anônima cujo objetivo exclusivo é deter posições controladoras em empresas *startups* voltadas para oferecer soluções digitais para o mercado financeiro. Os investimentos-alvo são *startups* que já tenham um ou mais *"cases"* testados em escala restrita e que precisam de injeção de recursos para expandir sua visibilidade e capilaridade de tal sorte a permitir testar o modelo de negócio numa escala ampliada (nacional ou internacional). Os gestores da AF são profissionais de mercado especialistas em economia digital que são remunerados conforme a *performance* da AF, que é mensurada substancialmente pela ótica do crescimento do valor justo das suas investidas. A Figura 21.4 representa a estrutura societária da AF (seus investidores e suas investidas).

Figura 21.4 Exemplo de sociedade de investimentos sem obrigação de consolidar demonstrações.

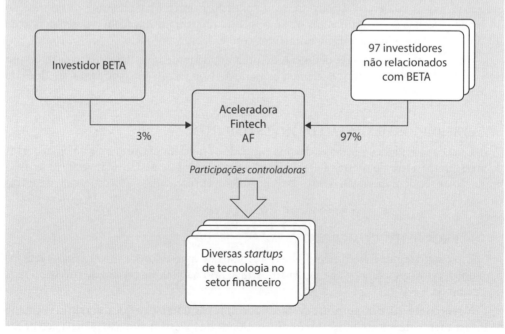

Dentro da governança da AF, está formalmente definido o foco dos investimentos que podem ser realizados, os indicadores de *performance* que devem ser acompanhados nesses investimentos (fundamentados no valor justo desses investimentos) e os "gatilhos" para a realização (venda) desses investimentos, que são basicamente o atingimento de determinado múltiplo de mercado ou o decurso de cinco anos na carteira de investidas da AF, o que ocorrer primeiro.

Como podemos observar, a AF tem as características típicas de uma entidade de investimento, a saber:

a) Mais de uma investida.
b) Mais de um investidor.
c) Investidores não relacionados.
d) Propósito de investimento é o de obter valorização, rendimentos ou ambos.
e) A gestão dos investimentos é feita por indicadores que se baseiam no valor justo.
f) Há uma estratégia definida de "saída" dos investimentos.

Consequentemente, conclui-se que a AF é uma entidade de investimentos e não deve consolidar suas controladas, mantendo-as no seu Balanço Patrimonial como investimentos e avaliando-as pelo seu valor justo.

21.3 Procedimentos de consolidação

21.3.1 Visão geral

O objetivo básico da consolidação é apresentar a posição financeira e os resultados das operações das diversas empresas do grupo como se fosse uma única entidade. Assim, tendo em mãos as demonstrações contábeis das empresas que serão consolidadas, a técnica básica é, primeiramente, somar os saldos das contas.

Dessa forma, por exemplo, o saldo consolidado do subgrupo Disponível será a soma do Disponível das empresas consolidadas. O mesmo deve ser feito para as demais contas do Balanço, como Clientes, Estoques, Imobilizado, Contas a Pagar, Fornecedores etc.; e para as contas de resultado também. É necessário, portanto, que as empresas tenham critérios contábeis uniformes; caso contrário, poderemos estar somando ativos, passivos, receitas e despesas apuradas com critérios de avaliação e classificação diferentes entre si.

Já os demais procedimentos de consolidação visam promover os ajustes para que os saldos consolidados representem adequadamente a posição financeira e patrimonial do grupo, considerando apenas as transações realizadas junto a terceiros. Por esse motivo, os efeitos das transações realizadas entre as empresas do grupo (saldos patrimoniais, receitas e despesas) devem ser eliminados no processo de consolidação.

Em função da exigência de eliminar as operações realizadas entre as empresas do mesmo grupo econômico para fins de consolidação, se torna necessário, durante o ano, manter adequado controle dessas transações e dos saldos entre as empresas do mesmo grupo econômico (intragrupo). Por meio desse controle será possível apurar os valores das vendas, despesas, juros, comissões e outras receitas, bem como valores a receber e a pagar de empresas do mesmo grupo econômico que se está consolidando numa única demonstração contábil.

A consolidação das demonstrações contábeis normalmente é feita por meio de papéis de trabalho, que por sua vez normalmente são desenvolvidos em planilhas eletrônicas. Os papéis de trabalho são montados para: Consolidação do Balanço, Consolidação do Resultado do Exercício, Consolidação do Resultado Abrangente Total e Consolidação das Mutações do Patrimônio Líquido. São elaborados também os lançamentos de eliminações na consolidação.

A Demonstração dos Fluxos de Caixa (DFC) e a Demonstração do Valor Adicionado (DVA) consolidadas são elaboradas mais facilmente partindo-se diretamente dos saldos consolidados apurados no Balanço e nos resultados consolidados.

21.3.2 Eliminações

Exemplo prático 10

Eliminações sem lucros não realizados de transações intercompanhias

Suponha que a controladora Alfa, que tem suas próprias atividades, tenha constituído, em 01/12/20X0, uma controlada Beta (da qual Alfa detém 100% do capital), e que a controladora Alfa tenha integralizado em dinheiro todo o capital da controlada Beta, que é de $ 200.000, e que esta não tenha ainda começado suas operações. A primeira eliminação é a desse investimento, pois é como se fosse transferido dinheiro de um bolso para outro da mesma entidade.

Na verdade, trata-se de registros que não são formalmente contábeis porque não constam nos livros Diário e Razão. E sim num papel de trabalho que pode ser uma planilha, por exemplo. Nesse quadro, são feitos esses lançamentos contábeis:

Lançamento nº 1	Débito	Crédito
Capital (Empresa Beta)	200.000	
a Investimentos (Empresa Alfa)		200.000

O Balanço consolidado seria, nesse caso, a soma dos dois Balanços com essas eliminações tão somente. E passaria a ser, nesse caso e nesse momento, exatamente igual ao que era o individual de Alfa antes de integralizar o capital em Beta. Tudo muito simples e sugerimos que o leitor elabore esse quadro.

Admita-se agora que, em 10/12/20X0, a controladora Alfa tenha vendido mercadorias, a prazo (vencimento em 10/01/20X1), por $ 25.000 (que é também o preço de custo de compra dessas mercadorias), para sua controlada Beta e esta, antes do encerramento do exercício, as tenha vendido a prazo para terceiros pelo mesmo valor com que as comprou. Essa transação entre as empresas gerou, entre outras coisas, saldos patrimoniais (Clientes em Alfa e Fornecedores em Beta).

Assim, a segunda eliminação é:

Lançamento nº 2	Débito	Crédito
Fornecedores (Empresa Beta)	25.000	
a Clientes (Empresa Alfa)		25.000

A consolidação da posição patrimonial fica assim:

CONTAS	Controladora Alfa	Controlada Beta	Eliminação de consolidação Débito	Eliminação de consolidação Crédito	Saldos consolidados
ATIVO					
Disponível	75.000	200.000	–	–	275.000
Clientes – Terceiros	150.000	25.000	–	–	175.000
Clientes – Controlada Beta	25.000	–	–	(2) 25.000	–
Estoques	200.000	–	–	–	200.000
Investimento na Controlada Beta	200.000	–	–	(1) 200.000	–
Ativo Imobilizado	350.000	–	–	–	350.000
Total Ativo	**1.000.000**	**225.000**	**–**	**225.000**	**1.000.000**
PASSIVO + PL					
Fornecedores – Terceiros	450.000	–	–	–	450.000
Fornecedores – Controladora Alfa	–	25.000	25.000 (2)	–	–
Capital	500.000	200.000	200.000 (1)	–	500.000
Lucros Retidos (Reservas)	50.000	–	–	–	50.000
Total Passivo + PL	**1.000.000**	**225.000**	**225.000**	**–**	**1.000.000**

Além desses lançamentos, referentes somente ao Balanço, temos ainda de eliminar, na Demonstração Consolidada dos Resultados do Exercício, as vendas realizadas intragrupo, pois logicamente a controladora Alfa, ao efetuar a venda de $ 25.000 à controlada Beta, registrou tal operação como sua receita (vendas) e, em contrapartida, como custo das mercadorias vendidas (a venda foi feita sem lucro). Do ponto de vista do grupo essa venda não foi realizada junto a terceiros, de forma que a receita e a despesa (custo da mercadoria vendida) devem ser eliminadas. O lançamento é o seguinte:

Lançamento nº 3	Débito	Crédito
Receita com Vendas (Cia. Alfa)	25.000	
a CMV (Cia. Alfa)		25.000

A consolidação da Demonstração dos Resultados do Exercício fica como segue:

CONTAS	Controladora Alfa	Controlada Beta	Eliminação de Consolidação Débito	Eliminação de Consolidação Crédito	Saldos consolidados
Receita com Vendas	1.300.000	25.000	(3) 25.000	–	1.300.000
(–) Custo das Mercadorias Vendidas	(700.000)	(25.000)	–	(3) 25.000	(700.000)
(=) **Lucro Bruto**	600.000	–			600.000
(–) Despesas	(400.000)	–	–	–	(400.000)
(=) **Lucro líquido**	**200.000**	**–**	**25.000**	**25.000**	**200.000**

Exemplo prático 11

Eliminações com lucros integralmente não realizados nos estoques da controladora

Suponhamos que a controlada Delta (subsidiária integral de Gama) vendeu à sua controladora, por $ 100.000, mercadorias que lhe custaram $ 80.000. Adicionalmente, sabe-se que a controladora Gama mantém em estoques a totalidade das mercadorias compradas de Delta. A primeira eliminação é como segue:

	Débito	Crédito
Receita com Vendas (Cia. Delta)	100.000	
a CMV (Cia. Delta)		80.000
a Estoques (Cia. Gama)		20.000

Observe-se que esse lançamento tem como propósito eliminar a venda feita entre empresas que fazem parte da entidade (única) consolidada e, também, eliminar a margem de lucro que a controlada isoladamente obteve na venda para a controladora, mas que está integralmente dentro dos estoques da controladora.

Uma visão parcial da consolidação do resultado (só até o lucro bruto e restrito à transação entre as partes) será como segue, supondo que a única transação ocorrida tanto numa como na outra sociedade tenha sido essa:

CONTAS	Controladora Gama	Controlada Delta	Eliminações de consolidação Débito	Eliminações de consolidação Crédito	Saldos consolidados
Receita com Vendas	–	100.000	100.000 (1)	–	–
(–) Custo das Mercadorias Vendidas	–	80.000	–	80.000 (1)	–
(=) Lucro bruto	**–**	**20.000**	**100.000**	**80.000**	**–**

Como vemos, os saldos consolidados das contas de resultado são nulos, já que, no caso, não houve qualquer venda a terceiros e, portanto, nenhum lucro pertinente a essa transação poderá ser reconhecido no resultado consolidado.

No Balanço haverá a diminuição de lucros acumulados (ou reserva de lucros, se for o caso), contra a redução do custo dos estoques. Afinal, estes custaram R$ 20.000 a menos do que hoje aparece na contabilidade da adquirente.

Exemplo prático 12

Eliminações com lucros parcialmente não realizados nos estoques da controladora

Em continuidade ao exemplo anterior, mas admitindo-se que a controladora Gama tenha vendido para terceiros a metade do lote de mercadorias, ao preço de $ 80.000; então o lucro no estoque seria calculado como segue:

a) **Cálculo da margem de lucro**	
Preço de venda por Delta	100.000
Menos: Custo das mercadorias vendidas em Delta	(80.000)
Lucro bruto	20.000
Margem de lucro (lucro bruto ÷ preço de venda) × 100	20,0%
b) **Cálculo do lucro no estoque**	
Estoques adquiridos da controlada Delta	100.000
Menos: Vendidos a terceiros	(50.000)
Saldo em estoque na controladora Gama	50.000
Menos: Lucro não realizado contido no estoque de A (calculado pela margem de 20,00% acima)	(10.000)
Estoque remanescente sem o lucro de Delta	40.000

Como verificamos, para apurar, na data da consolidação, o valor do lucro nos estoques a eliminar, pode-se fazer tal cálculo com base na margem de lucro bruto da empresa que vendeu a mercadoria, aplicada sobre o saldo existente desses produtos na data da consolidação. Nesse caso, a eliminação de consolidação passa a ser:

	Débito	Crédito
Receita com Vendas (a prazo)	100.000	
a Custo das Mercadorias Vendidas		90.000
a Estoques		10.000

As vendas da controlada para a controladora são totalmente eliminadas, bem como o custo de $ 80.000. E, do custo da mercadoria vendida da controladora, são excluídos $ 10.000, porque, perante o consolidado, o custo das mercadorias não é de $ 50.000 (50% de $ 100.000), mas sim de $ 40.000; assim, o CMV é ajustado por $ 90.000. E o estoque remanescente é ajustado pelos $ 10.000 porque, no consolidado, ele é $ 40.000, e não $ 50.000.

Um fator importante a considerar, agora, nesse exemplo, prende-se ao fato de que a consolidação é adotada posteriormente à adoção do método da equivalência patrimonial na contabilização dos investimentos em controladas. Isso significa que o investimento da controladora Gama já foi ajustado ao valor da equivalência patrimonial na controlada Delta, de forma que os lucros não realizados não foram reconhecidos nas demonstrações individuais de Gama.

A controlada é uma subsidiária integral da Cia. Gama, que integralizou $ 125.000 de capital social no início do período. Adicionalmente, vamos admitir que a única movimentação de resultado da controlada tenha sido essa venda para sua controladora, mas não considerando os tributos sobre o lucro para fins de simplificação, de forma que o Lucro Líquido da controlada Delta teria sido de $ 20.000. Então, sendo essa a única mutação de Patrimônio Líquido na controlada, a receita de equivalência patrimonial a ser registrada pela controladora Gama teria sido de $ 10.000,00 [(lucro do período de $ 20.000 – lucros não realizados auferidos pela controlada de $ 10.000) × percentual de participação de 100%].

Dessa forma, o saldo final do Investimento em Controlada, no Ativo de Gama, seria de $ 135.000 [saldo inicial de $ 125.000 + a equivalência patrimonial de $ 10.000], deixando de incluir o lucro não realizado na transação entre as partes.

Vemos, portanto, que, nesse sistema, primeiro ajustamos a demonstração do resultado, já que, com base no valor do lucro consolidado, fazemos também um acerto no Balanço Consolidado. Esses fatos são mais bem compreendidos analisando-se a consolidação do Balanço e da demonstração de resultados mostrada a seguir (lembrando que foram desconsiderados os tributos sobre o lucro). Os lançamentos de consolidação são apresentados a seguir.

	Débito	Crédito
1. BP: Eliminação dos saldos intragrupo:		
Contas a Pagar (Passivo da Controladora Gama)	100.000	
a Contas a Receber (Ativo da Controlada Delta)		100.000
2. BP: Eliminação do investimento (100%) e do lucro não realizado contido nos estoques:[1]		
Capital Social (PL da Controlada Delta)	125.000	
Lucros Retidos (PL da Controlada Delta)	20.000	
a Investimentos (Ativo da Controladora Gama)		135.000
a Estoques de Mercadorias (Ativo da Controladora Gama)		10.000
3. DRE: Eliminação das vendas intragrupo:[2]		
Receita com Vendas	100.000	
a Custo das Mercadorias Vendidas		90.000
4. DRE: Eliminação da Receita de Equivalência Patrimonial:[3]		
Receita de Equivalência Patrimonial (da Controladora Gama)	10.000	

NOTAS

1. Lembre-se de que, quando da aplicação da equivalência patrimonial, da parte da controladora no lucro da controlada foram expurgados 100% dos lucros não realizados ($ 10.000), os quais estão contidos no saldo do estoque da controladora, já que esta vendeu (para terceiros) somente metade do lote comprado de sua controlada. Assim, quando da eliminação do investimento, é preciso lembrar que seu saldo contábil (no Balanço individual da controladora) está menor que a parte da controladora no Patrimônio Líquido da controlada, exatamente pelo valor dos lucros não realizados que foram expurgados da receita de equivalência patrimonial e que estão contidos nos estoques. Então, nada melhor do que eliminar o investimento juntamente com os lucros não realizados contidos nos estoques.

2. Como estamos utilizando papéis de trabalho separados para o resultado do período (DRE) e para o Balanço (BP), e considerando que a equivalência patrimonial (no resultado individual da controladora) já ajustou a parte da controladora no lucro consolidado, resta somente ajustar as linhas corretas das receitas e despesas: a reversão da venda da controlada para a controladora e o expurgo do lucro não realizado contido no custo das vendas da controladora.

3. Esse lançamento não tem contrapartida, pois, na medida em que as receitas e despesas da controladora são somadas às receitas e despesas da controlada, o lucro consolidado, nesse ponto, passa a ser a soma dos lucros das empresas do grupo, de forma que a receita de equivalência patrimonial representa uma duplicidade. Isso ocorrerá sempre que for utilizado um papel de trabalho para o resultado do período e outro para o Balanço.

A consolidação dos Balanços das empresas com as eliminações é indicada no papel de trabalho seguinte:

Controladora Gama e sua Controlada Delta
CONSOLIDAÇÃO DE BALANÇOS
Em 31 de dezembro de X2

CONTAS	Controladora Gama	Controlada Delta	Eliminação de consolidação Débito	Eliminação de consolidação Crédito	Saldos consolidados
ATIVO					
Disponível	55.000	125.000	–	–	180.000
Clientes – Terceiros	80.000	–	–	–	80.000
Clientes – Controladora Gama	–	100.000	–	(1) 100.000	–
Estoques	50.000	–	–	(2) 10.000	40.000
Investimento na Controlada Delta	135.000	–	–	(2) 135.000	–
Ativo Imobilizado	350.000	–	–	–	350.000
Total Ativo	**670.000**	**225.000**	**–**	**245.000**	**650.000**
PASSIVO + PL					
Contas a Pagar – Terceiros	50.000	80.000	–	–	130.000
Contas a Pagar – Controlada Delta	100.000	–	(1) 100.000	–	–
Capital	300.000	125.000	(2) 125.000		300.000
Lucros Retidos (Reservas)	220.000	20.000	(2) 20.000		220.000
Total Passivo + PL	**670.000**	**225.000**	**305.000**	**–**	**650.000**

Suponha-se agora que, para uma visão mais ampla, tenham existido muitas transações de ambas as empresas com terceiros e que tenham chegado às seguintes demonstrações do resultado que são consolidadas:

CONTAS	Controladora Gama	Controlada Delta	Eliminação de consolidação Débito	Eliminação de consolidação Crédito	Saldos consolidados
Receita com Vendas	1.300.000	560.000	(3) 100.000	–	1.760.000
(–) Custo das Mercadorias Vendidas	(700.000)	(380.000)	–	(3) 90.000	(990.000)
(=) Lucro Bruto	600.000	180.000			770.000
Receita de Equivalência Patrimonial	10.000		(4) 10.000		–
Despesas	(390.000)	(160.000)	–	–	(550.000)
(=) Lucro Líquido do Período	**220.000**	**20.000**			**220.000**

21.3.3 Participação dos acionistas não controladores

Anteriormente, vimos exemplos em que a eliminação dos investimentos era feita diretamente contra o capital ou patrimônio da controlada, o que ocorria em função de a controladora ter em seu poder a totalidade das ações da controlada (100%). Todavia, o que ocorre na prática, na maioria das vezes, é que a controladora não possui, direta ou indiretamente, os 100% do capital social, mas um percentual menor.

O restante dessas ações ou quotas da controlada pertence a outras pessoas jurídicas ou físicas, denominadas sócios não controladores. Na consolidação do Balanço, o valor pertinente à participação dos sócios não controladores deve integrar o Patrimônio Líquido consolidado, uma vez que tais sócios possuem direitos residuais sobre os ativos líquidos da controlada. Todavia, o Patrimônio Líquido consolidado deve apresentar a participação dos não controladores separadamente da parte que pertence aos proprietários da empresa controladora, como determina o item 22 do CPC 36 (R2).

Na demonstração do resultado consolidada, analogamente, deve ser destacada a parcela do resultado de controladas atribuída aos acionistas não controladores.

Exemplo prático 13

Reconhecendo a participação dos acionistas não controladores no Balanço Patrimonial

Os dados deste exemplo são os mesmos do Exemplo 10, exceto pelo fato de que a controladora Alfa integralizou $ 180.000 do capital de Beta e outra entidade investidora não controladora (Gama) aportou os $ 20.000 restantes, perfazendo-se um capital total de $ 200.000, sendo que 90% das ações pertencem à controladora Alfa e 10% à investidora Gama.

Nesse cenário, a primeira eliminação do consolidado (Alfa + Beta) é a do investimento de Alfa em Beta, observando-se que o PL de Beta é maior que o investimento de Alfa pois há outros sócios nessa empresa, parcela essa que será justamente a que, no consolidado, restará reconhecida como a participação não controladora:

Lançamento nº 1	Débito	Crédito
Capital (Empresa Beta)	200.000	
a Investimentos (Empresa Alfa)		180.000
a Participação Não Controladora (PL Consolidado)		20.000

Exemplo prático 14

Reconhecendo a participação dos acionistas não controladores no resultado

Admitam-se os mesmos dados do Exemplo 10, considerando-se que a participação da controladora Alfa, como visto no Exemplo 13, é de 90% e, adicionalmente, consideremos que além das transações entre Alfa e Beta, a controlada Beta também realizou vendas de outras mercadorias adquiridas de terceiros e que foram vendidas para terceiros. Nessas operações, Beta teve receitas adicionais de $ 100.000 e incorreu em um CMV de $ 90.000. Portanto, Beta teve no período um lucro de $ 10.000, que foi reconhecido pela controladora Alfa como uma receita de equivalência patrimonial de $ 9.000, correspondente ao lucro da controlada multiplicado pelo percentual de participação.

Consequentemente, a consolidação da Demonstração dos Resultados do Exercício fica como segue:

CONTAS	Controladora Alfa	Controlada Beta	Eliminação de consolidação Débito	Eliminação de consolidação Crédito	Saldos consolidados
Receita com Vendas	1.300.000	125.000	25.000	–	1.400.000
(–) Custo das Mercadorias Vendidas	(700.000)	(115.000)	–	25.000	(790.000)
(=) Lucro Bruto	600.000	–			610.000
(–) Despesas	(400.000)	–	–	–	(400.000)
(+) Equivalência Patrimonial	9.000	–	9.000	–	–
(=) Lucro Líquido	209.000	10.000	25.000	25.000	210.000
Lucro atribuível à controladora					209.000
Lucro atribuível ao investidor não controlador					1.000

Observe-se que tal como na eliminação de Balanço Patrimonial, onde o PL da investida é maior que o investimento da controladora pela presença de outros sócios e essa diferença deve ser destacada no PL consolidado, como vimos no Exemplo 13, na figura da participação de não controladores, o mesmo ocorre na consolidação do resultado. O resultado total resultante da combinação entre Alfa e Beta produz um resultado líquido total de $ 210.000. Entretanto, sabe-se que nem todo o lucro de $10.000 da controlada Beta que faz parte desse resultado consolidado pertence à controladora Alfa, dado que 10% dos direitos acionários estão nas mãos da investidora Gama. Portanto, $ 1.000 (10% de $ 10.000) é a parcela do lucro líquido consolidado total que deve ser atribuída aos não controladores, e o restante do lucro é atribuível a Alfa, valor que corresponde ao resultado individual da controladora Alfa, pois o efeito de deter 90% do resultado já havia sido refletido na equivalência patrimonial.

Finalmente, essa participação dos sócios não controladores, que participam no Patrimônio Líquido das controladas, fica dentro do Patrimônio Líquido consolidado como um todo. Este tem que separar a parte que é dos sócios da controladora e a outra que é a dos demais sócios nas controladas. O conceito de Entidade atualmente adotado pelo IASB, e no Brasil, é o de que o consolidado é como se fosse um ente à parte, e todos os sócios de todas as entidades consolidadas são participantes do Patrimônio Líquido consolidado. Só que se separa esse Patrimônio Líquido consolidado nessas duas partes.

21.4 Demonstrações contábeis separadas

As demonstrações financeiras separadas (e as "nossas" individuais aqui no Brasil) não substituem as consolidadas, mas são aquelas que, no âmbito das normas internacionais, discutem a hipótese da entidade que decide apresentar outras informações adicionalmente às demonstrações financeiras consolidadas (ou mesmo às individuais). A razão original para o IASB conceder essa opção de apresentação adicional foi entender que, para alguns investidores, os balanços consolidados podem não produzir informações que necessariamente reflitam da melhor maneira como a administração gerencia sua carteira de investimentos em outras empresas. E que seria melhor apresentar um Balanço onde as controladas são avaliadas a valor justo ou, então, até ao custo, e não por equivalência patrimonial. E também por entender que uma investidora, mesmo que investindo apenas em coligadas, pode também achar que não tem a melhor representação utilizando a equivalência patrimonial, e que seria melhor, por exemplo, avaliar tais investimentos a valor justo. As demonstrações contábeis separadas são tratadas no Pronunciamento Técnico CPC 35 (R2) – Demonstrações Separadas. No referido Pronunciamento (item 4), elas são definidas da seguinte forma:

> "[...] são aquelas apresentadas por uma entidade, na qual a entidade pode eleger, sujeitos aos requisitos deste Pronunciamento, os investimentos em controlada, em empreendimento controlado em conjunto e em coligada para contabilizar ao custo, de acordo com o Pronunciamento Técnico CPC 48 – Instrumentos Financeiros, ou usando o método da equivalência patrimonial, conforme descrito no Pronunciamento Técnico CPC 18 – Investimento em Coligada, em Controlada e em Empreendimento Controlado em Conjunto".

Fica, então, evidente que a existência de demonstrações contábeis separadas é restrita às situações em que existem participações em controladas, coligadas ou *joint ventures*. Demonstrações contábeis em que a entidade não possui investimentos em controlada, em coligada ou em empreendimento controlado em conjunto não são consideradas demonstrações separadas, e precisam ser adicionadas às demonstrações consolidadas ou individuais, conforme o caso, não as substituindo.

Pode ser interessante a demonstração separada para uma *holding* que se interesse por mostrar o conjunto de investimentos societários como se ela fosse um tipo de fundo de investimentos, com tais investimentos avaliados ao valor justo.

Políticas Contábeis, Mudança de Estimativa, Retificação de Erro e Evento Subsequente

22.1 Introdução

O presente capítulo apresenta os procedimentos contábeis relativos a quatro temas: (a) alteração de políticas; (b) mudança de estimativas; (c) retificação de erro; e (d) eventos subsequentes.

22.2 Alteração de políticas contábeis

De acordo com o CPC 23, as políticas contábeis devem ser aplicadas de forma consistente de modo a permitir a comparabilidade entre exercícios, mas elas podem – e eventualmente devem – ser alteradas.

Uma mudança de política contábil pode resultar de duas situações:

a) exigida por norma, pronunciamento, interpretação ou orientação; ou
b) mudança voluntária que resulte em informação mais confiável e mais relevante.

Exemplo para a 1ª hipótese é o caso do CPC 06 (R2), que trouxe alterações significativas no tocante à contabilidade dos arrendatários. Já a 2ª hipótese envolve uma alteração voluntária de política. Aqui, o julgamento sobre a necessidade de mudança parte do entendimento da administração. Esse seria o caso, por exemplo, de uma entidade que avalia seus estoques com base no critério Primeiro que Entra, Primeiro que Sai (PEPS) e decide alterar a base de avaliação para a média ponderada móvel.

No que tange ao tratamento contábil sobre as alterações de políticas contábeis, o CPC prevê o seguinte:

a) No caso da alteração da política contábil, como o citado exemplo do CPC 06 (R2), a entidade deverá seguir as disposições transitórias previstas na nova normatização. Se inexistirem disposições transitórias, as demonstrações passadas devem ser reapresentadas.

b) Para alteração voluntária de política contábil, a mudança deve ser aplicada retrospectivamente.

> **Exemplo prático**
>
> Em outubro e novembro de X0, a Cia. Beta efetuou duas compras de mercadorias: (i) 1.000 unidades a um custo unitário de R$ 100,00 e (ii) 1.000 unidades a um custo unitário de R$ 110,00. Em dezembro, a empresa vendeu 1.000 unidades a um preço unitário de R$ 150,00. Nesse exercício, enquanto avaliava seus estoques pela média ponderada móvel, obteve um custo de mercadorias vendidas (CMV) de R$ 105.000,00 (1.000 unidades vendidas a um custo médio de R$ 105,00), sendo que o saldo final do estoque final também era R$ 105.000,00.
>
> No ano de X1, ao alterar o seu método de avaliação de estoques para o PEPS, a empresa teve que efetuar o ajuste retrospectivo dos valores dados de X0 e reapresentá-los. Com essa alteração de política contábil, o custo das mercadorias vendidas (CVM) de X0 passou a ser de R$ 100.000,00 (1.000 unidades a R$ 100,00) e o saldo final do estoque ficou em R$ 110.000,00 (1.000 unidades a R$ 110,00).
>
> Isso obviamente obrigará à reapresentação também do resultado do ano anterior, das mutações do Patrimônio Líquido mas não o fluxo de caixa.
>
> Note-se, portanto, que o procedimento contábil previsto pelo CPC 23 é justamente o de alterar a política contábil de forma retrospectiva, isto é, ajustando-se as demonstrações contábeis de X0.

Ressalte-se uma exceção à regra do ajuste geral das alterações de política contábil que decorre da existência de limitações à aplicação retrospectiva. Nesses casos, o CPC 23 determina:

a) **Quando for impraticável determinar o período específico dos efeitos da mudança**: a entidade deverá aplicar a nova política contábil aos saldos de abertura dos ativos e passivos do exercício mais antigo apresentado para o qual a aplicação retrospectiva é praticável.

b) **Quando for impraticável determinar o efeito cumulativo da mudança nos saldos de abertura do período corrente pela aplicação da nova política contábil a todos os períodos anteriores**: a entidade deverá ajustar as informações comparativas para aplicar a nova política contábil prospectivamente a partir do período mais antigo que for praticável.

22.3 Alteração de estimativas contábeis

As estimativas contábeis são parte inerente do processo de elaboração das demonstrações contábeis. Muitos ativos e passivos não são mensurados com absoluta precisão, mas sim com utilização de estimativas confiáveis, como, por exemplo: perdas estimadas para créditos de liquidação duvidosa; provisões para obrigações decorrentes de garantias etc.

As alterações de estimativas são passíveis de acontecer em decorrência da própria situação de incerteza em que foi realizada a estimativa anterior. Perdas estimadas com créditos de liquidação duvidosa, com estoques, com processos judiciais e tantas outras são revisadas e alteradas de forma recorrente. Por essa razão, é fundamental que as estimativas sejam revisadas no mínimo anualmente por conta do encerramento do exercício.

Note-se que as alterações de estimativas contábeis não se confundem com os erros, pois decorrem de nova informação ou inovações. Uma estimativa envolve julgamento baseado na última informação disponível e confiável, que pode necessitar de revisão em virtude de alterações nas circunstâncias em que tal estimativa se baseou.

De acordo com o CPC 23, **o tratamento contábil das alterações de estimativas contábeis será sempre prospectivo**, incluindo-o nos resultados do:

a) período da mudança, se a mudança afetar apenas esse período; ou
b) período da mudança e futuros períodos, se a mudança afetar todos eles.

Exemplo prático

A Cia. XYZ adquiriu um novo maquinário no valor de R$ 400.000 em 01/01/X1, estimando a sua vida útil em 10 anos e seu valor residual em R$ 40.000. Portanto, o valor depreciável desse imobilizado foi estimado em R$ 360.000 (400.000 – 40.000), com despesa de depreciação anual linear de R$ 36.000 (360.000/10).

Em 01/01/X5, passados quatro anos de utilização do equipamento, a empresa procedeu a uma revisão da vida útil do ativo imobilizado e de seu valor residual e concluiu que (i) a vida útil remanescente do equipamento era de sete anos e (ii) seu valor residual era de R$ 46.000.

Nessa data, o valor líquido do imobilizado era de R$ 256.000, decorrentes de uma depreciação acumulada de R$ 144.000 (36.000 × 4 anos). Neste caso, o novo valor depreciável seria de R$ 210.000 e, considerando uma vida útil de sete anos, teríamos uma despesa de depreciação anual dali para a frente de R$ 30.000.

22.4 Retificação de erros contábeis

O CPC 23 determina que os erros significativos, materiais, de períodos anteriores sejam corrigidos nas informações apresentadas para fins comparativos.

O referido Pronunciamento Técnico prevê, portanto, que os erros materiais de períodos anteriores sejam corrigidos retrospectivamente no primeiro conjunto de demonstrações após a descoberta do erro, com a previsão de duas situações:

> "(a) por reapresentação dos valores comparativos para o período anterior apresentado em que tenha ocorrido o erro; ou
>
> (b) se o erro ocorreu antes do período anterior mais antigo apresentado, da reapresentação dos saldos de abertura dos ativos, dos passivos e do patrimônio líquido para o período anterior mais antigo apresentado".

Exemplo prático

Suponha-se que a empresa descubra, no processo de revisão das demonstrações contábeis do exercício de 20X2, que no ano anterior errou no cálculo da despesa de depreciação, pois não considerou uma nova máquina adquirida no início de 20X1. A diferença identificada foi de R$ 20.000. Considerando as seguintes peças contábeis elaboradas antes da identificação do erro contábil:

Balanço Patrimonial	31-12-20X1	31-12-20X2
Ativo		
Caixa	10.000	15.000
Estoques	20.000	125.000
Máquinas e Equipamentos	500.000	500.000
Depreciação Acumulada	(30.000)	(80.000)
	500.000	560.000
Passivo + PL		
Fornecedores	5.000	51.000
Imposto de Renda a Pagar	16.000	12.000
Capital	455.000	455.000
Lucros Acumulados	24.000	42.000
	500.000	560.000
Demonstração do Resultado	**20X1**	**20X2**
Vendas Líquidas	150.000	400.000
(–) CMV	(80.000)	(320.000)
(=) Lucro Bruto	70.000	80.000
(–) Despesa de Depreciação	(30.000)	(50.000)
(=) LAIR	40.000	30.000
(–) Imposto de Renda (40%)	(16.000)	(12.000)
(=) Lucro líquido	24.000	18.000

Em 20X2, no momento da identificação do erro, a empresa deve efetuar a correção com o seguinte registro contábil, líquido dos tributos (40%, neste exemplo):

	Débito	Crédito
Lucros ou Prejuízos Acumulados (Ajuste de Exercícios Anteriores)	12.000	
Crédito Fiscal	8.000	
a Depreciação acumulada		20.000

Assuma-se que em 20X2 tenham sido pagos os R$ 16.000 que estavam como Imposto de Renda a pagar em 31-12-20X1 antes do descobrimento do erro. Assim, surge o crédito fiscal pela dedutibilidade da depreciação agora registrada. Assim, as demonstrações contábeis publicadas deverão ser apresentadas como segue:

Balanço Patrimonial	31-12-20X1	31-12-20X2
Ativo		
Caixa	10.000	15.000
Estoques	20.000	125.000
Crédito Fiscal	**8.000**	
Máquinas e Equipamentos	500.000	500.000
Depreciação Acumulada	**(50.000)**	**(100.000)**
	488.000	540.000
Passivo + PL		
Fornecedores	5.000	51.000
Imposto de Renda a pagar	**16.000**	**4.000**
Capital	455.000	455.000
Lucros Acumulados	12.000	30.000
	488.000	540.000
Demonstração do Resultado	**20X1**	**20X2**
Vendas Líquidas	150.000	400.000
(–) CMV	(80.000)	(320.000)
(=) Lucro Bruto	70.000	80.000
(–) Despesa de Depreciação	**(50.000)**	(50.000)
(=) LAIR	20.000	30.000
(–) Imposto de Renda (40%)	**(8.000)**	(12.000)
(=) Lucro líquido	12.000	18.000

Destaca-se o reconhecimento do crédito fiscal decorrente do pagamento a maior de Imposto de Renda do ano de 20X1. Dado que esse crédito poderá ser compensado com o imposto apurado no exercício seguinte no momento de seu pagamento, já aparece em 20X2 deduzindo o passivo. Veja-se a seguir como ficaria a DMPL da empresa.

Mutação do Patrimônio Líquido no exercício de 20X2

	Capital	Lucros Acumulados	Total
Saldo inicial, conforme publicação original	455.000	24.000	479.000
(–) Ajustes de Exercícios Anteriores			
(Nota Explicativa x)		(12.000)	(12.000)
Saldo inicial ajustado, conforme esta publicação	455.000	12.000	467.000
(+) Lucro do Período		18.000	18.000
Saldo Final	455.000	30.000	485.000

22.5 Evento subsequente

Subsequente, conforme disposto no Pronunciamento Técnico CPC 24 – Evento Subsequente, é aquele evento, favorável ou desfavorável, que ocorre entre a data final do período a que se referem as demonstrações contábeis e a data na qual é autorizada a emissão dessas demonstrações. Tais eventos podem ser agrupados em dois blocos, isto é, são de dois tipos:

a) Os que evidenciam condições que já existiam na data do Balanço.

b) Os que evidenciam condições que surgiram subsequentemente à data do Balanço.

Os que evidenciam condições que já existiam na data do Balanço obrigam a entidade a reconhecer os efeitos no Balanço, mesmo que a definição, por exemplo, dos valores, ocorra após essa data, desde que reflita condição que já estava presente na data do Balanço. É o caso, por exemplo, de em janeiro a empresa descobrir que um cliente abriu falência em dezembro. A condição falimentar já existia e, mesmo que o fato seja conhecido depois, obriga a empresa a reconhecer os efeitos dessa falência no Balanço.

Os da segunda categoria, que dizem respeito a fatos ocorridos após a data do Balanço, não permitem a retroação dos efeitos ao Balanço, mas podem exigir notas explicativas sobre a matéria, inclusive com quantificação, caso sejam materiais. Por exemplo, uma enorme deterioração do estoque aconteceu durante uma tempestade ocorrida 15 dias após a data do Balanço. A única exceção admitida é o caso de um evento subsequente que leve à descontinuidade da entidade.

Combinação de Negócios, Fusão, Incorporação e Cisão

23.1 Introdução

O tratamento contábil das combinações de negócios, que são operações por meio das quais se obtém o controle de um ou mais negócios, é dado pelo CPC 15 (R1) – Combinação de Negócios. Observe-se que adquirir um negócio não necessariamente significa adquirir uma empresa (isto é, uma entidade jurídica). Portanto, NEGÓCIO e CONTROLE são conceitos-chave para a contabilização de uma combinação de negócios.

A expressão **combinação de negócio** não era comumente empregada no Brasil para representar a obtenção de controle. Alguns as confundiam com fusão, aquisição ou incorporação, que são formas jurídicas de reestruturação, e não de aquisição de controle. Aquisição de controle por essas formas pode existir, sim, mas não é recorrente. É muito comum grupos de sociedades efetuarem reorganizações societárias utilizando-se dessas formas jurídicas, sem que, de fato, qualquer negócio novo esteja sendo adquirido ou vendido. Há, pois, que se distinguir entre uma operação de aquisição de controle e outra que pode, muitas vezes na sequência, ou não, provocar incorporação, fusão etc.

O controle mencionado é o total e não o compartilhado. Assim, se um acordo entre dois ou mais acionistas resultar em uma participação conjunta com poder de controle conjunto e esse acordo estabelecer que as decisões sejam tomadas somente pelo consenso das partes, temos um caso de formação de negócio em conjunto, o qual também está fora do escopo do CPC 15 (R1).

Mister atentar que se aplica obrigatoriamente essa norma quando uma operação ou evento constituir uma combinação de negócios, desde que essa combinação não seja entre entidades sob controle comum e desde que o conjunto de ativos líquidos sobre o qual se está obtendo o controle se constitua em um negócio.

Para operações entre entidades sob controle comum não há ainda regra definitiva nas normas internacionais. No Brasil, há que se seguir o que está disposto no CPC 18 (R2) – Investimento em Coligada, em Controlada e em Empreendimento Controlado em Conjunto, e na ICPC 09 (R1) – Demonstrações Contábeis Individuais, Demonstrações Separadas, Demonstrações Consolidadas e Aplicação do Método de Equivalência Patrimonial. E, no que couber, deve também ser aplicado o CPC 15 (R1) aqui discutido. Esse assunto está sendo atualmente discutido pelo IASB e é possível que brevemente se tenha novidades a esse respeito.

O adquirente em uma combinação de negócios será a entidade que obtiver o controle sobre os negócios combinados ou adquiridos, ou seja, será a entidade que tiver o poder para dirigir as atividades relevantes e desfrutar de seus benefícios.

Em linhas gerais, o tratamento contábil exigido pelo CPC 15 (R1) é a aplicação do método de aquisição, o qual envolve resumidamente os seguintes procedimentos: (a) identificar o adquirente; (b) determinar a data de aquisição; (c) reconhecer e mensurar os ativos identificáveis adquiridos, os passivos assumidos e as participações societárias de sócios não controladores na adquirida; e (d) reconhecer e mensurar o ágio por rentabilidade futura (*goodwill*) ou, alternativamente, o ganho por compra vantajosa.

Para o reconhecimento dos ativos líquidos do negócio adquirido, o CPC 15 (R1) estabelece três critérios gerais, sujeitos a exceções: (a) atender à definição de ativo e passivo conforme definidos na Estrutura Conceitual (CPC 00); (b) ser identificável nos termos da norma, no caso dos ativos adquiridos; e (c) fazer parte da transação de troca. Já, o critério geral de mensuração exigido pelo CPC 15 é o valor justo, determinado conforme orientações do CPC 46 – Mensuração do Valor Justo.

Assim, é importante identificar corretamente se a transação constitui efetivamente uma combinação de negócios nos termos do CPC 15 (R1). E, para tal, além da obtenção do controle por entidade independente dos proprietários (melhor dizer ex-proprietários) do negócio adquirido, uma combinação de negócios será assim caracterizada somente se os ativos líquidos adquiridos constituírem um *negócio* nos termos da norma.

23.2 O que é um negócio?

A norma dispõe que a determinação de dado conjunto de atividades e ativos como sendo um negócio deve ser baseada na capacidade de esse conjunto ser conduzido e gerenciado como tal por um participante do mercado (CPC15 (R1), item B11). Ao se avaliar se o conjunto é um negócio, não é relevante se o vendedor operou o conjunto como um negócio ou se o adquirente pretende operar o conjunto como um negócio.

Um negócio consiste em insumos e processos aplicados a esses insumos, que possuem a capacidade de contribuir para gerar produção. Insumo é qualquer recurso econômico que gere produção, quando um ou mais processos são aplicados a ele. Processo é qualquer sistema, padrão, protocolo, convenção ou regra que, quando aplicado a um insumo, gera ou tenha a capacidade de gerar produção. E produção é o resultado de insumos e processos aplicados a esses insumos, que forneça produtos ou serviços a clientes, gere receitas de investimentos (tais como dividendos ou juros) ou gere outras receitas de atividades normais. A produção não é necessária para que um conjunto integrado de atividades e ativos se qualifique como um negócio. Um negócio tampouco precisa incluir todos os insumos ou processos que o vendedor utilizava ao operar esse negócio. Para ser considerado um negócio, um conjunto integrado de atividades e ativos deve incluir, no mínimo, um insumo e um processo substantivo que, juntos, contribuem significativamente para a capacidade de gerar produção.

Ou seja, a aquisição, por exemplo, de ativos de uma entidade não significa necessariamente a aquisição de um negócio. Se esses ativos e mais os insumos que vierem a ser utilizados (que podem ser apenas intelectuais, não necessariamente físicos) não constituírem algo que tem mais significado do que esses ativos individualmente considerados, não existirá aquisição de negócio.

A norma oferece um teste opcional de concentração para identificar se um negócio foi adquirido. O teste de concentração indica que a transação não é um negócio, se substancialmente todo o valor justo dos ativos brutos adquiridos estiver concentrado em um único ativo identificável ou grupo de ativos identificáveis similares. Nesse contexto, vejamos algumas aplicações práticas da identificação da existência de um negócio em transações de aquisição, com e sem a utilização do expediente prático do teste de concentração.

Exemplo prático 1

Aquisição de múltiplos ativos similares que não é uma combinação de negócios

Uma empresa que atua no ramo de transporte em veículos automotores adquiriu um conjunto de 10 *vans* que se encontravam todas locadas para motoristas autônomos, com contratos de locação vigentes. As *vans* têm diferentes marcas e configurações, podendo transportar cada uma entre 10 e 14 passageiros. Todos os veículos têm de dois a três anos de uso e os locatários têm perfis socioeconômicos (e riscos) similares e operam no mercado de transporte de estudantes universitários da região metropolitana de uma grande cidade. Isso permite concluir que os riscos associados à operação no mercado de transporte onde atuam as vans adquiridas não são significativamente diferentes. Não houve, nesse caso, transferência de empregados, outros ativos, processos ou outras atividades.

O valor da transação foi de $ 1,5 milhão e cada van individualmente tem valor de mercado de $ 150 mil. Portanto, o valor pago na aquisição é igual ao valor justo agregado das 10 *vans*.

Ao se aplicar o teste de concentração, o que se observa é que cada *van* é considerada um único ativo identificável, e o conjunto de *vans* adquiridas é um grupo de ativos identificáveis similares, porque são ativos similares em sua natureza e nos riscos associados à gestão e geração de benefícios. Assim, é possível se concluir que **a transação não é uma combinação de negócios**.

Exemplo prático 2

Aquisição de *shopping centers* que é uma combinação de negócios

Suponha-se que uma entidade adquira um *shopping center* (terreno e edifício), cujos espaços comerciais estão substancialmente locados a lojistas. Nesse caso, além dos bens físicos, há os contratos das lojas que têm valor comercial. Está-se adquirindo não só o terreno e o edifício. Ainda mais se também já existirem contratos de gestão das operações do *shopping* (não só dos contratos, mas segurança, limpeza, manutenção etc.). Assim, está-se a adquirir um negócio, aquisição submetida à norma citada.

23.3 Passo a passo do reconhecimento e mensuração de uma combinação de negócios

As pré-condições para que se aplique o pronunciamento CPC 15 são que determinada operação ou outro evento resulte na obtenção do controle (total, não conjunto) de um ou mais negócios (o que nem sempre é evidente, como vimos na Seção 23.2) e a combinação não envolva entidades que antes e depois da transação sejam controladas pela mesma parte ou partes (pessoas físicas ou jurídicas).

Superadas essas pré-condições, estamos dentro do escopo do CPC 15 e o tratamento contábil desse evento ou transação se pauta pelo chamado método de aquisição, que envolve quatro passos:

1. Identificar o adquirente.
2. Determinar a data de aquisição.
3. Reconhecer e mensurar os ativos identificáveis adquiridos, os passivos assumidos e as participações societárias de não controladores na adquirida.
4. Reconhecer e mensurar o ágio por rentabilidade futura (*goodwill*) ou o ganho proveniente de compra vantajosa ("deságio", na linguagem anterior).

23.3.1 Identificação do adquirente

De acordo com os itens 6 e 7 do CPC 15 (R1), uma das partes (entidades envolvidas na combinação) sempre deve ser identificada como o adquirente, que é a parte que obteve o controle da adquirida.

Nessas transações, o controle é obtido fundamentalmente por meio da transferência de ativos ou assunção de passivos. Também são bastante comuns as situações em que a combinação de negócios é efetivada fundamentalmente pela troca de ações.

Exemplo prático 3

Fusão de duas empresas numa nova com emissão de ações da nova entidade

Suponhamos que duas empresas independentes, X e Y (isto é, dois negócios independentes), decidem combinar seus negócios por meio de uma nova entidade Z, que antes da combinação tinha um capital simbólico de $ 1 representado por caixa nesse mesmo montante. Ou seja, a nova entidade Z adquiriu a totalidade das ações de X e Y mediante a emissão de ações de sua própria emissão entregues aos acionistas de X e Y em troca de suas participações nessas entidades. Para estabelecer as relações de troca entre as ações de Z pelas ações de X e Y, foi feita uma avaliação econômica por fluxos de caixa descontado por empresa especializada e independente escolhida em comum acordo entre os acionistas de X e Y, por meio da qual se apuraram os seguintes valores econômicos do Patrimônio Líquido (*equity value*) de X e Y.

Entidade	Valor econômico isolado	% do valor combinado
X	28.500.000	75%
Y	9.500.000	25%
TOTAL COMBINADO	38.000.000	100%

Uma observação descuidada e focada na forma, e não na essência, talvez levasse à conclusão de que Z é adquirente de X e de Y. Entretanto, ao se analisar a distribuição dos direitos de voto por meio das ações emitidas por Z em troca das participações, o que se conclui é que a Empresa X é adquirente da Empresa Y. Usou da forma mencionada para concretizar o negócio, mas, na realidade, o que houve foi essa aquisição de Y por X. O negócio adquirido é o que deve ter seus ativos e passivos avaliados ao valor justo e ter apurado ágio ou ganho por compra vantajosa com base na contraprestação entregue pelo seu controle. Portanto, a determinação de qual empresa é adquirente e qual é adquirida é crítica em função dos passos para o tratamento contábil de uma combinação de negócios que discutiremos nos próximos tópicos.

> **Exemplo prático 4**
>
> **Fusão de duas empresas numa nova com pagamento em dinheiro e emissão de ações da nova entidade**
>
> Utilizaremos as mesmas informações do Exemplo 3. Entretanto, diferentemente desse exemplo anterior, a aquisição da totalidade das ações de X se deu em dinheiro. A empresa Z, que nada tem a ver com os sócios controladores de X e Y, recebeu $ 28.500.000 de aporte de um fundo de investimentos e, com esse dinheiro, Z adquiriu a totalidade das ações de X. Já no caso de Y, a empresa Z obteve a totalidade de suas ações por meio da emissão de ações de sua própria emissão, representantes de 25% do capital de Z, entregues aos acionistas de Y por suas ações. A situação é bem diferente do exemplo anterior, pois o pagamento em dinheiro por Z pela participação em X faz com que o controle do negócio X tenha sido transferido dos Acionistas de X para a Empresa Z. Consequentemente, temos uma combinação de negócios onde Z é adquirente e X é adquirida.
>
> Dessa forma, estamos diante de duas combinações de negócio, onde Z é adquirente de dois negócios, X e Y, e, como negócios adquiridos, estarão sujeitos ao método de aquisição que discutir-se-á a seguir.

23.3.2 Determinação da data de aquisição

A data da aquisição é a de quando o adquirente obtém efetivamente o controle da adquirida (Apêndice A do CPC 15 (R1)). Normalmente, essa data é aquela em que o adquirente transfere o montante dado em troca do controle da adquirida (contraprestação), a qual é normalmente chamada de "data de fechamento" (ou *closing*), por caracterizar-se pelo cumprimento do acordado entre as partes para efetivar a combinação de negócios (CPC 15 (R1), item 09). Entretanto, o controle pode ocorrer em data anterior ou posterior a essa data.

> **Exemplo prático 5**
>
> **Exposição a retornos variáveis em data anterior à transferência do controle**
>
> Suponhamos que a entidade A firmou em 1º de janeiro de X0 um contrato de compra e venda pelo qual adquire a totalidade das ações da entidade B, comprometendo-se a pagar $ 1.000.000 por essas ações.
>
> Em função da necessidade de aprovação da operação pelo Conselho Administrativo de Defesa Econômica (CADE), A ficou impedida de ter qualquer ingerência na gestão de B, inclusive de ter acesso a informações não públicas até que a aprovação do CADE fosse proferida. O contrato de compra e venda definiu que:
>
> a) em até 30 dias após a divulgação da decisão do CADE seria realizado o fechamento da operação, data em que seriam transferidas as ações e a partir da qual A passaria a ter poder sobre B; e
>
> b) desde 01/01/X0, A (adquirente) passou a estar exposta aos retornos variáveis de B, sendo proibidas distribuições de dividendos aos acionistas vendedores entre 01/01/X0 e a data de fechamento.

> Nessa situação, observa-se que, apesar de A estar exposta a retornos variáveis do investimento feito em B, ainda não detém poder sobre as atividades relevantes por restrições do direito concorrencial. Portanto, não é possível dizer que em 1º/01/X0 a entidade A passou a controlar a entidade B.
>
> Suponhamos que, em 01/04/X0, o CADE profere sua decisão, favorável, com relação ao ato de concentração de A e B e que, consoante disposição contratual, em 30/04/X0, A recebe as ações de B e passa a ter poder para decidir sobre as atividades dessa investida. Passa A, nessa data, isto é, 30 de abril, a deter o controle (Poder + Exposição a Retornos Variáveis) de B e, portanto, essa é a data de aquisição.

23.3.3 Reconhecimento e mensuração dos ativos líquidos adquiridos e da participação de não controladores

Tendo como base a data da aquisição, o adquirente deve reconhecer separadamente do ágio por rentabilidade futura (*goodwill*), os ativos identificáveis adquiridos, os passivos assumidos e quaisquer participações de não controladores na adquirida.

Os ativos identificáveis adquiridos e os passivos assumidos devem atender às definições de ativo e de passivo dispostas na Estrutura Conceitual para Relatório Financeiro. Mas isso passa agora a abranger os ativos e passivos mesmo não contabilizados. Um passivo contingente, não contabilizado pelas regras normais do CPC (menos do que 50% de probabilidade de desembolso), se tiver influenciado o valor do pagamento, deverá agora ser reconhecido, do ponto de vista da adquirida, como um passivo a ser escriturado nela, adquirente. A norma não permite o mesmo tratamento para o ativo contingente, mesmo que tenha influenciado o valor da transação. Nesse caso, haverá influência sobre o valor do *goodwill*, já que este nasce por diferença de valores.

Esse fato de não importar se os ativos e passivos estavam ou não reconhecidos, mas se são, na sua essência ativos e passivos, implica também o reconhecimento de ativos intangíveis identificáveis (marcas, patentes, direitos de exploração etc.), os quais podem não ter sido reconhecidos como ativos pela adquirida por não terem passado pelo teste do reconhecimento.

Tendo como base a data da aquisição, o adquirente deve mensurar os ativos identificáveis adquiridos e os passivos assumidos pelos respectivos valores justos da data da aquisição (CPC 46 – Mensuração do Valor Justo, o qual define valor justo como: "O preço que seria recebido pela venda de um ativo ou que seria pago pela transferência de um passivo em uma transação não forçada entre participantes do mercado na data de mensuração").

De forma geral, as orientações para determinação do valor justo são aquelas constantes no CPC 46 (*vide* Capítulo 9 – Mensuração ao Valor Justo e Mudança nas Taxas de Câmbio).

Portanto, a regra geral é que um ativo identificável adquirido ou um passivo assumido será reconhecido pelo seu valor justo na data de aquisição como parte da aplicação do método de aquisição somente se atender às definições de ativos e passivos, mesmo que não atendendo à regra do reconhecimento, se for identificável e se fizer parte da transação de troca entre as partes para obtenção do controle da adquirida.

Exemplo prático 6

Aquisição inclui ativos e passivos não reconhecidos na adquirida

Suponha-se que a empresa A adquira 80% das ações da empresa B por $ 2.000.000. Na aquisição da entidade controlada, o processo de aquisição considerou a existência de diversos ativos, além dos já contabilizados na adquirida, que não estavam nela registrados por causa das normas contábeis vigentes:

a) Relacionamento com clientes: a adquirida Y possui um histórico de relacionamento com seus clientes que pode ser observado pela recorrência de suas receitas. Nos últimos três anos, mais de 80% das receitas são dos mesmos clientes, uma carteira de mais de 1.000 clientes. Usando-se modelos de precificação relacionamento com clientes, nos quais foram estimados os fluxos de caixa líquidos que esses relacionamentos podem gerar, considerando-se uma taxa de decaimento (*attrition rate* em inglês) desses relacionamentos, estimou-se que o valor justo do relacionamento com os clientes que foi adquirido no contexto da combinação é de $ 55.000.

b) A adquirente será solidária em discussão judicial de impostos que é um passivo contingente considerado uma obrigação presente cuja probabilidade de perda é de aproximadamente 40%. O valor justo dessa contingência, considerado inclusive para fins de avaliação econômica pela adquirente, foi de $ 5.000.

Admitindo-se que os valores justos dos ativos escriturados, imobilizado e fornecedores, sejam os a seguir:

Ativos (passivos) adquiridos	Valor justo
Caixa e Equivalentes	200.000
Relacionamento com Clientes	55.000
Imobilizado	1.200.000
Fornecedores	(100.000)
Contingências	(5.000)
Total de Ativos Líquidos Adquiridos	**1.350.000**

Não obstante a apuração dos ativos líquidos adquiridos demonstrada seja adequada, ainda não considera os efeitos tributários que uma transação dessa natureza pode gerar, em consonância com o pronunciamento CPC 32, que trata dos tributos sobre o lucro. Como determina essa norma, na combinação de negócios, a entidade deve reconhecer qualquer passivo ou ativo fiscal diferido por conta da diferença entre base contábil e base fiscal, e isso afeta o total do ágio derivado da expectativa de rentabilidade futura ou ganho na compra vantajosa reconhecidos. Afinal, se realizados esses valores por esse montante, haverá tributação. Dado que o método de aquisição poderá alterar o valor de ativos previamente reconhecidos, bem como "dar vida" a ativos (e passivos) que sequer estavam reconhecidos, é bastante comum que IR e CSLL diferidos, geralmente de natureza passiva (pois há comumente mais-valias no ativo decorrentes do método de aquisição), surjam como resultado de uma combinação de negócios, que deverão ser computados no cálculo dos ativos líquidos adquiridos e afetarão o cálculo do ágio (ou ganho por compra vantajosa). Vejamos este mesmo exemplo considerando os efeitos tributários diferidos.

Exemplo prático 7

Aquisição com mais-valias de ativos reconhecidos e ativos/passivos não reconhecidos na adquirida que geram diferenças temporárias entre a base contábil e a base fiscal – tributos diferidos

Consideremos os mesmos fatos e circunstâncias do exemplo anterior, porém, neste exemplo, suponhamos que todos os efeitos da aplicação do método de aquisição em termos de valorização de ativos e passivos gerem diferenças (temporárias) entre a (nova) base contábil e a base fiscal desses ativos e passivos. É o caso da nova avaliação do valor do Imobilizado no momento da aquisição (que passou de $ 800.000, valor contábil, para $ 1.200.000), bem como a inclusão de ativos (relacionamento com clientes, no valor de $ 55.000) e passivos (contingências, no valor de $ 5.000) que não estavam originalmente na contabilidade da adquirida e passaram a existir por ocasião da contabilização da combinação de negócios, gerando a diferença com a base fiscal. A tabela a seguir demonstra essas diferenças e seu efeito tributário, assumindo-se apenas para fins deste cálculo uma alíquota de 30% (IR mais CSLL, ambos tributos sobre o lucro nos termos da norma contábil).

Conta	Base contábil na aquisição	Base fiscal	Diferença
Caixa e Equivalentes	200.000	200.000	–
Relacionamento com Clientes	55.000	–	55.000
Imobilizado	1.200.000	800.000	400.000
Fornecedores	(100.000)	(100.000)	–
Contingências	(5.000)	–	(5.000)
Total	1.350.000	900.000	450.000

Em termos totais, há um incremento de $ 450.000 nos ativos líquidos como resultado de remensurações e inclusões na base contábil de ativos e passivos (não acompanhadas pela base fiscal), gerando uma diferença temporária tributável. Tem-se, consequentemente, IR e CSLL diferidos passivos de $ 135.000 ($ 450.000 × 30%). Esse montante deve fazer parte da apuração dos ativos líquidos adquiridos, como demonstrado a seguir.

Ativos (passivos) adquiridos	Valor justo
Caixa e Equivalentes	200.000
Relacionamento com Clientes	55.000
Imobilizado	1.200.000
Fornecedores	(100.000)
Contingências	(5.000)
IR / CSLL Diferidos (Passivo)	(135.000)
Total de Ativos Líquidos Adquiridos	1.215.000

Nas combinações de negócio, a adquirente deve mensurar e reconhecer, na data da aquisição, no seu Balanço consolidado, a participação de não controladores na adquirida. Essa participação reflete direitos de propriedade de outros investidores que lhes garantem uma fração proporcional dos ativos líquidos da entidade adquirida.

São dois os critérios previstos no CPC 15 (item 19), para mensurar a participação de não controladores em cada combinação de negócios: pelo valor justo dessa participação ou, alternativamente, a critério do adquirente, pela parte que lhes cabe no valor justo dos ativos identificáveis líquidos da adquirida (percentual de participação dos não controladores multiplicado pelo valor dos ativos identificáveis adquiridos deduzidos dos passivos assumidos; na realidade, com base na parte proporcional do patrimônio líquido contábil da investida). Mas esse assunto, como dito, diz respeito ao Balanço consolidado.

Dando continuidade ao exemplo anterior, os próximos dois exemplos contemplarão a mensuração da participação de não controladores pelo método da participação proporcional nos ativos líquidos (também conhecido como método do ágio parcial – *partial goodwill method*) e pelo método do valor justo da participação de não controladores (ou método do ágio completo – *full goodwill method*).

Exemplo prático 8

Aquisição com participação de não controladores

Como a empresa X adquiriu 80% do negócio Y por $ 2.000.000 em 30/04/X0, a aquisição traz consigo uma participação de 20% de acionistas não controladores ("minoritários" na adquirida). Nessa data, X obtém o controle do negócio e passa a ter outros sócios na empresa adquirida. O Balanço de Y, com patrimônio líquido de $ 900.000 é o seguinte:

Balanço Patrimonial de Y em 30 de abril de X0

Ativos		Passivos e PL	
Caixa e Equivalentes	200.000	Fornecedores	100.000
Imobilizado	800.000	Patrimônio Líquido	900.000
Total	**1.000.000**	**Total**	**1.000.000**

Dessa forma, em 30/04/X0, a companhia terá que reconhecer, no seu Balanço consolidado desse momento, a participação dos não controladores em suas demonstrações consolidadas. A forma mais simples é avaliar essa participação por 20% do valor do Patrimônio Líquido contábil da investida, nesse caso $ 180.000 ($ 900.000 × 20%). Assim, no Balanço consolidado de X a mais-valia e o *goodwill* (que será visto mais à frente) aparecerão pelo valor de 80% do que calculamos antes, ou seja, só a parte paga por X. Na outra hipótese, pode-se calcular a participação minoritária como 20% do valor total da empresa; como 80% valem $ 2.000.000, 20% valerão $ 400.000. Só que, nesse caso, no Balanço consolidado terá que aparecer no Ativo a mais-valia total (dos 100%) e também o valor total do *goodwill*, e não somente a parte paga pela X.

23.3.4 Reconhecimento e mensuração do *goodwill* ou ganho por compra vantajosa

O ágio por rentabilidade futura (*goodwill*) é definido no Apêndice A do CPC 15 (R1) como "um ativo que representa benefícios econômicos futuros resultantes dos ativos adquiridos em combinação de negócios, os quais não são individualmente identificados e separadamente reconhecidos".

Pelo disposto no item 32 do CPC 15 (R1) e considerando como base as mensurações realizadas na data da aquisição em conformidade com as exigências do referido pronunciamento, o adquirente deve reconhecer o ágio por rentabilidade futura (*goodwill*), determinado pela diferença positiva entre:

a) O valor justo da contraprestação transferida em troca do controle da adquirida somado ao valor das participações de não controladores na adquirida e, se houver, ao valor justo de alguma participação preexistente do adquirente na adquirida.

b) O valor justo líquido dos ativos identificáveis adquiridos dos passivos assumidos.

Caso a diferença seja negativa (o valor dos ativos líquidos supera o montante da soma do valor da contraprestação transferida com o valor de alguma participação preexistente e com o valor da participação dos não controladores), então, na data da aquisição o adquirente deverá reconhecer um ganho por compra vantajosa no resultado do período (CPC 15 (R1), item 34). Esses casos deveriam ser raros, por isso há algo interessante: a norma exige que os cálculos sejam refeitos!

De acordo com o item 37 do CPC 15, a contraprestação transferida em troca do controle da adquirida deve ser mensurada pelo seu valor justo na data da combinação, determinado pela soma dos seguintes valores:

a) Ativos transferidos pelo adquirente, tais como dinheiro ou outros ativos (inclusive provenientes de acordos de contraprestação contingente) ou negócios (uma controlada, por exemplo).

b) Passivos incorridos pelo adquirente junto aos ex-proprietários da adquirida (inclusive provenientes de acordos de contraprestação contingente).

c) Instrumentos patrimoniais emitidos pelo adquirente, tais como: ações ordinárias, ações preferenciais, quotas de capital, opções, bônus de subscrição e participações em entidades de mútuo.

Exemplo prático 9

Aquisição com pagamento integral em dinheiro

Os fatos e as circunstâncias são os mesmos do Exemplo 8, no qual a empresa X adquiriu 80% das ações da empresa Y em 30 de abril de X0, data em que o controle foi transferido para X e o preço da transação de $ 2.000.000 foi pago à vista para os vendedores de Y.

A combinação de negócios com X considerou os seguintes ativos líquidos, já líquidos dos impostos.

Ativos (passivos) adquiridos	Valor justo
Caixa e Equivalentes	200.000
Relacionamento com Clientes	55.000
Imobilizado	1.200.000
Fornecedores	(100.000)
Contingências	(5.000)
IR / CSLL Diferidos (Passivo)	(135.000)
Total de ativos líquidos adquiridos	**1.215.000**

Consequentemente, em 30/04/X0, a adquirente X registrará como ágio a diferença positiva entre o valor pago (contraprestação) e o total de ativos líquidos adquiridos ao seu valor justo, como demonstrado a seguir.

Contraprestação	2.000.000
Ativos Líquidos Adquiridos	(1.215.000)
Ágio (*Goodwill*)	**785.000**

Exemplo prático 10

Aquisição com contraprestação em dinheiro à vista de $ 1.000.000 e contraprestação contingente de $ 1.000.000 em dois anos

Os fatos e as circunstâncias são os mesmos do Exemplo 9, exceto que neste exemplo, há pagamento de $ 1.000.000 em dinheiro à vista na data da aquisição, e a adquirente X se compromete a pagar o montante adicional de até $ 1.000.000, se as receitas da adquirida Y superarem $ 3.000.000 ao final do segundo ano após a aquisição.

A empresa X, compradora do negócio Y, considerou que são incertas as expectativas de acréscimo de receitas. O negócio X tem atualmente receitas da ordem de $ 3.000.000.

Neste exemplo, estamos diante de uma combinação de negócios em que parte da contraprestação da adquirente pelo negócio adquirido é contingente e, consequentemente, será necessário avaliar o valor justo dessa contraprestação de sorte a poder-se obter a contraprestação total paga e a pagar pela aquisição, que é determinante na apuração do ágio (ou ganho por compra vantajosa) da transação.

Os métodos de avaliação da contraprestação contingente variam de análises de fluxo de caixa descontado a simulações mais complexas de Monte Carlo. Os termos do acordo de aquisição e da estrutura de pagamento influenciarão o tipo de modelo de avaliação que o adquirente utilizará.

A administração de X (a adquirente) realizou simulações matemáticas que lhe permitiram construir cenários do faturamento da empresa Y no segundo ano após a aquisição e atribuir probabilidades para esses cenários. Assim, a empresa X optou pela estimativa do valor justo da contraprestação variável utilizando-se do conceito presente em várias normas (CPC 47, por exemplo) do valor esperado, demonstrado a seguir.

Cenários de faturamento no Ano 2 após aquisição	Probabilidade	Contraprestação contingente	Valor esperado (ponderado)
Receitas < $ 3.000.000	10%	–	–
$ 3.000.000 < Receitas < $ 6.000.000	50%	500.000	250.000
$ 6.000.000 < Receitas < $ 7.000.000	30%	700.000	210.000
$ 7.000.000 < Receitas	10%	1.000.000	100.000
TOTAL	**100%**	**1.000.000**	**560.000**

Portanto, com base nas probabilidades dos diferentes cenários, o valor esperado da contraprestação contingente a se pagar ao final do segundo ano após a data da aquisição é de $ 560.000. Assumindo-se uma taxa de desconto de 10% a.a. para descontar fluxos de caixa desta natureza ao seu valor presente, obtemos o valor justo de $ 462.810, como resultado do desconto a valor presente por dois anos do valor esperado acima demonstrado de $ 560.000. Essa contraprestação contingente será reconhecida na data de aquisição como um passivo da adquirente X, em contrapartida do ágio (ou ganho por compra vantajosa) como se demonstra a seguir.

Como já havíamos explicitado no Exemplo 6, os ativos adquiridos e passivos assumidos nesta combinação de negócios são como segue.

Ativos (passivos) adquiridos	Valor justo
Caixa e Equivalentes	200.000
Relacionamento com Clientes	55.000
Imobilizado	1.200.000
Fornecedores	(100.000)
Contingências	(5.000)
IR / CSLL Diferidos (Passivo)	(135.000)
Total de ativos líquidos adquiridos	**1.215.000**

Consequentemente, em 30/04/X0, a adquirente X registrará como ágio a diferença positiva entre o valor pago (contraprestação em dinheiro mais valor justo da contraprestação contingente) e o total de ativos líquidos adquiridos ao seu valor justo, como demonstrado a seguir.

Contraprestação à vista	1.000.000
Valor justo da contraprestação contingente	462.810
Ativos líquidos adquiridos	(1.215.000)
Ágio	**247.810**

Exemplo prático 11

Aquisição com contraprestação em dinheiro à vista de $ 2.000.000 dos quais $ 200.000 ficarão retidos em conta de garantia (*escrow account*)

Os fatos e as circunstâncias são os apresentados anteriormente, exceto que do pagamento à vista na data de aquisição no montante total de $ 2.000.000, 90% foram pagos aos vendedores de Y, e 10% foram retidos numa conta em garantia por eventuais novos processos trabalhistas que venham a ser movidos contra a empresa Y e que se refiram a relações de trabalho anteriores à data de aquisição. Na medida em que haja condenações nesses processos, as perdas incorridas por Y serão reembolsadas à adquirente X por meio da conta de garantia (*escrow account*), até o limite de $ 200.000. Valores remanescentes na conta garantia não utilizados para reembolsar condenações transitadas em julgado até o término do quinto ano após a data de aquisição serão liberados para os vendedores. Os valores depositados nessa conta estão sujeitos a rendimentos financeiros a uma taxa de juros compatível com o risco inerente desse ativo.

A retenção de parte do valor pago pela adquirente em uma conta garantia (*escrow account*) é, neste exemplo, um mecanismo de contraprestação contingente. O valor total efetivamente pago somente será conhecido após cinco anos da data da aquisição e depende de eventos futuros que não estão totalmente sob o controle das entidades envolvidas. Diferentemente do exemplo anterior, no qual a contraprestação contingente somente é desembolsada na ocorrência de um evento futuro (o atingimento de uma meta de vendas), neste exemplo, há um adiantamento do valor máximo possível da contraprestação contingente, no valor de $ 200.000, mas sua natureza continua sendo contingente e seu reconhecimento e mensuração dependem da estimativa do valor justo que essa contraprestação tem na data da aquisição.

A valores presentes, a adquirente X estima que a adquirida Y enfrentará novos processos trabalhistas cujas condenações ocorrerão nos anos 3, 4 e 5 posteriores à aquisição e totalizarão $ 50.000. Assim, teremos:

Contraprestação	1.800.000
Valor justo da contraprestação contingente	150.000
Contraprestação total	*1.950.000*
Ativos líquidos adquiridos	(1.215.000)
Ágio	**735.000**

Exemplo prático 12

Aquisição com participação preexistente

Suponhamos que a Cia. Amálgama tenha iniciado negociações em julho de X0 com os acionistas da Empresa Átomo, para compra à vista de 40% de suas ações, o que irá lhe conferir o controle, uma vez que, antes dessa aquisição, já possuía 30% de participação nessa companhia.

A participação preexistente nos coloca diante de uma combinação de negócios em estágios e isso requer que a participação preexistente seja remensurada por seu valor justo (no resultado) e que o valor justo preexistente seja considerado como parte do custo de aquisição da participação controladora total.

Exemplo prático 13

Aquisição com troca de ações

Quando há troca de ações, ou seja, uma das empresas emite ações próprias para quitar a aquisição de ações de outra, é necessária a atenção redobrada na determinação de qual foi a entidade adquirente. O fato de que Y passe a ser uma subsidiária integral de X não é, por si só, evidência definitiva de que X seja a adquirente.

Em combinações de negócio onde há troca de instrumentos patrimoniais (ações, por exemplo), a adquirente geralmente será a que emitiu ações próprias para liquidar a transação. Também se devem considerar os direitos de voto relativos que remanescem após a combinação de negócios para avaliar qual "grupo" de proprietários ficará com a maior porção de direitos de voto após a combinação. Ou ainda, pode-se observar quem fica com maiores poderes para nomear a maioria dos membros nos organismos de governança e gestão.

No caso em tela, suponhamos que foram feitas avaliações econômicas das empresas X e Y e, com base nessas avaliações, determinou-se a relação de troca entre as ações de X e Y, conforme demonstrado a seguir:

	Empresa X	Empresa Y
Avaliação Econômica (*equity value*) antes da aquisição	$ 8.000.000	$ 2.000.000
Número de ações (antes da combinação)	500.000	100.000
Valor por ação	$ 16,00	$ 20,00
Relação de troca (Ações de X para cada ação de Y)	1,25	
Número de ações novas emitidas por X	125.000	

Portanto, como se pode observar, X emitirá 125.000 novas ações, que entregará aos acionistas-vendedores de Y em troca da totalidade das ações de Y, que passa, na data da aquisição, a ser uma subsidiária integral de X. Os acionistas originais de X serão diluídos pela entrada dos antigos proprietários de Y, que passam a ter 20% de X (125.000 ações de um total de 625.000). Portanto, o grupo de acionistas que antes controlava X continua majoritariamente tendo poder de decisão sobre X, o que, juntamente com o fato de que X foi a emissora de novas ações na combinação de negócios, indica que X é a adquirente. Além disso, é possível observar que X é 4 vezes maior em termos de valor econômico que Y, o que também reforça a conclusão de que X é adquirente e Y, consequentemente, é a adquirida.

Tal como no Exemplo 10, a combinação de negócios com X ensejou a aquisição dos seguintes ativos líquidos, já considerado o efeito de IR e CSLL diferidos.

Ativos (passivos) adquiridos	Valor justo
Caixa e Equivalentes	200.000
Relacionamento com Clientes	55.000
Imobilizado	1.200.000
Fornecedores	(100.000)
Contingências	(5.000)
IR / CSLL Diferidos (Passivo)	(135.000)
Total de ativos líquidos adquiridos	**1.215.000**

Consequentemente, em 30/04/ X0, a adquirente X registrará como ágio a diferença positiva entre o valor pago (contraprestação transferida) e o total de ativos líquidos adquiridos ao seu valor justo. Conforme determina o parágrafo 37 do CPC 15, a contraprestação transferida numa combinação de negócios deve ser a soma dos valores justos na data de aquisição de ativos transferidos (por exemplo, Caixa), de passivos adquiridos pela adquirente junto aos antigos proprietários da adquirida e de instrumentos de patrimônio emitidos pela adquirente.

Neste exemplo, não houve desembolso de Caixa, nem tampouco o compromisso de transferir qualquer outro ativo, apenas a emissão de ações de X para "pagar" pela aquisição de Y. Portanto, a contraprestação transferida para se apurar o ágio (ou ganho por compra vantajosa) corresponde ao valor justo dos instrumentos patrimoniais emitidos, ou seja, o valor justo das 125.000 ações emitidas por X. Com base nas avaliações econômicas realizadas, é possível se concluir que o valor justo total das novas ações de X emitidas por ocasião da combinação de negócios é de $ 2.000.000 e, consequentemente, a apuração do ágio será como segue.

Contraprestação	2.000.000
Ativos Líquidos Adquiridos	(1.215.000)
Ágio	**785.000**

Exemplo prático 14

Aquisição de controle sem transferência de contraprestação

A Companhia Alfa tem seu capital representado por 100.000 ações ordinárias, das quais 40.000 são detidas pela Companhia Beta (isto é, 40% das ações), 20.000 ações são detidas pela Companhia Gama e as restantes 40.000 ações são detidas por uma pessoa física não relacionada com Beta ou Gama. As decisões relevantes são tomadas em assembleias gerais e por meio do conselho de administração. Não existem acordos de acionistas em operação, motivo pelo qual nenhum dos acionistas controla a Cia. Alfa.

Suponhamos que, numa assembleia geral, a Cia. Alfa decide recomprar as 40.000 ações de sua própria emissão que eram detidas pelo investidor pessoa física e reduzir o capital correspondente a essa recompra. Como consequência, o capital de Alfa passou a ser de 60.000 ações e a Companhia Beta, como detentora de 40.000 ações, passou a ter uma participação de 66,7% do capital votante de Alfa, ou seja, passou a ser sua controladora. Portanto, a transação de recompra de ações e redução de capital fez com que a Cia. Beta adquirisse o controle de Alfa sem ter transferido contraprestação por esse controle que obteve, situação que não exclui a aplicação do CPC 15 e do método de aquisição.

O Balanço Patrimonial de Alfa imediatamente antes da recompra de ações e redução de capital é como demonstrado a seguir:

Balanço Patrimonial de Alfa antes da recompra de ações

Ativos		Passivos e PL	
Caixa e Equivalentes	800.000	Fornecedores	100.000
Imobilizado	800.000	Patrimônio Líquido	1.500.000
Total	**1.600.000**	**Total**	**1.600.000**

Suponhamos que, imediatamente após a redução de capital, ou seja, quando Beta obtém o controle de Alfa, a posição patrimonial de Alfa a valores contábeis e pelo método de aquisição (isto é, valor justo) seja como a seguir:

Conta	Valor contábil (=Base Fiscal)	Valor justo	Diferença
Caixa e Equivalentes	200.000	200.000	–
Relacionamento com Clientes	–	55.000	55.000
Imobilizado	800.000	1.200.000	400.000
Fornecedores	(100.000)	(100.000)	–
Contingências	–	(5.000)	(5.000)
Total	**900.000**	**1.350.000**	**450.000**

Sabendo-se que a alíquota de IR e CSLL é de 30%, os ativos líquidos que Beta passou a controlar podem ser demonstrados como segue:

Ativos (passivos) adquiridos	Valor justo
Caixa e Equivalentes	200.000
Relacionamento com Clientes	55.000
Imobilizado	1.200.000
Fornecedores	(100.000)
Contingências	(5.000)
IR / CSLL Diferidos (Passivo)	(135.000)
Total de ativos líquidos controlados	**1.215.000**

Consequentemente, o reconhecimento da combinação de negócios no consolidado de Beta, entidade que agora detém o controle de Alfa, pode ser demonstrado da seguinte forma:

	Débito	Crédito
Total de ativos líquidos controlados a valor justo	1.215.000	
Ágio (*goodwill*)	125.000	
Investimento preexistente em Alfa pelo MEP[1]		600.000
Ganho na posição preexistente em Alfa[2]		560.000
Participação do acionista não controlador[3]		180.000

Notas:

(1) O investimento que Beta detinha em Alfa, até então uma coligada, era mensurado pelo Método de Equivalência Patrimonial e, portanto, estava registrado pelo valor equivalente ao PL de Alfa antes da recompra de ações (R$ 1.500.000) multiplicado pelo percentual que Beta detinha em Alfa antes da recompra de ações (40%).

(2) Supondo que a avaliação do valor justo (*equity value*) de Alfa antes da recompra de ações fosse de R$ 2.900.000, a participação preexistente de 40% que Beta detinha em Alfa a valor justo seria de R$ 1.160.000, o que implica um ganho pela remensuração da participação preexistente numa aquisição feita em etapas.

(3) A participação do não controlador de Alfa, a Cia. Gama, no PL após a recompra de ações corresponde ao percentual desse acionista (20%) sobre o PL de Alfa após Beta assumir o controle (R$ 900.000).

Notas Explicativas

24.1 Aspectos introdutórios

As notas explicativas fazem parte do conjunto de demonstrações contábeis e devem, no sentido de melhor evidenciar as operações da entidade, auxiliar na compreensão das informações divulgadas. Tais notas podem ser apresentadas na forma descritiva ou como quadros que visam complementar informações sobre Balanço, DRE, DFC, DMPL etc.

A obrigatoriedade de divulgação detalhada de notas explicativas vem desde a edição da Lei das Sociedades por Ações em 1976, mas a partir de 2010, após a adoção das regras internacionais de contabilidade no Brasil, tornou-se ainda mais premente a necessidade de se estabelecerem critérios objetivos de divulgação, pois a quase maioria dos Pronunciamentos Técnicos trata especificamente do assunto. Na verdade, o que levou o Comitê de Pronunciamentos Contábeis a editar a Orientação Técnica OCPC 07 – Evidenciação na Divulgação dos Relatórios Contábil-Financeiros de Propósito Geral foi a constatação de que uma grande quantidade de notas divulgadas pelas empresas mais confundiam do que explicavam.

Importante destacar e elogiar a vanguarda em termos mundiais que o Comitê de Pronunciamentos Contábeis (CPC) acabou assumindo com a edição dessa Orientação, pois deu um basta em relação à discussão de como entender tanto a legislação societária quanto os Pronunciamentos do CPC.

24.2 Principais pontos a serem abordados – OCPC 07

Essa Orientação do CPC é formada de duas partes: na primeira, relembra pontos já descritos nos Pronunciamentos Técnicos, mas esparsos ao longo deles, de tal forma que nem sempre se tem a ideia dos fundamentos básicos para a elaboração das notas explicativas, preocupando-se muitas vezes o preparador das demonstrações em muito mais olhar o que cada norma pede. O fundamental é, antes de se fazer ou cumprir um *check-list*, estudar-se bem, e fortemente, o que realmente fundamenta a figura da nota explicativa. Vejamos os principais desses fundamentos.

24.2.1 Materialidade ou relevância

Em primeiro lugar, a OCPC 07 relembra o conceito do que seja materialidade e relevância. E esse conceito vale tanto para as demonstrações contábeis quanto para as notas explicativas, sendo cruciais nestas. E o próprio CPC 00 (R2), que reza a estrutura conceitual básica da contabilidade, define que uma informação "é material se sua omissão, distorção ou obscuridade puder influenciar, razoavelmente, as decisões que os principais usuários de relatórios financeiros [...]".

Uma informação é material (relevante) se ela for capaz de influenciar as decisões tomadas pelos usuários das informações contábeis, principalmente para os credores e investidores no caso das demonstrações divulgadas por força da legislação e das próprias normas. Na realidade, o conceito é válido para qualquer usuário; por exemplo, para os gestores da empresa, informação material é aquela que os influencia em suas decisões. E é interessante considerar que cada gestor pode precisar de um tipo de informação, e o que é imaterial para um pode não ser para outro. Assim, os relatórios gerenciais precisam estar modelados para cada usuário interno à empresa.

Talvez devêssemos definir a partir do que não é material; velha frase: "imaterial é aquilo que, com o qual ou sem o qual, o mundo gira tal e qual".

Mas como aqui estamos tratando, neste livro, das informações a serem divulgadas nos balanços e demais demonstrações para usuários externos à empresa, tanto a Lei das S.A. quanto os Pronunciamentos Técnicos se dirigem, basicamente, aos usuários na forma de investidores e de credores. Lembrar que há outros usuários externos, dentre eles, e com muita relevância, o Fisco; mas as normas discutidas nesta obra se destinam primordialmente aos credores e investidores.

Esse conceito de materialidade ou de relevância é um dos mais importantes para se elaborar as demonstrações e adicionar a elas as notas explicativas (bem como para o relatório da administração e outros). E ele diz respeito a dois aspectos:

a) O primeiro é o numérico (quantitativo): valores proporcionalmente grandes são, por definição, relevantes. Mas isso não quer dizer que os valores proporcionalmente pequenos não o sejam.

b) O segundo aspecto: às vezes, uma informação que contém um valor pequeno pode trazer grandes implicações na visão, na análise e na decisão do usuário.

Feliz ou infelizmente, não há regras definidas e objetivas para a quantificação do valor mínimo abaixo do qual se diz que a informação, se não significar algo de relevante, é imaterial. Conservadoramente, é comum encontrar-se a utilização, para fins de divulgação, de que 2,5% do lucro líquido é material, 5% do Patrimônio Líquido também, mas não tomemos isso como balizamento. Para cada situação há que se exercer o devido julgamento. E lembrar também que esses percentuais são diferentes para várias finalidades. Por exemplo, o auditor utiliza, como ponto de partida, e por dever de ofício, um percentual mais rigoroso, mas para fins de divulgação das demonstrações pode concordar com outro tomado pela administração da entidade, já que se destinam a finalidades distintas.

Para as demonstrações em si, cada linha do Ativo, do Passivo, do Patrimônio Líquido, das receitas, das despesas, das entradas e saídas de caixa deve sempre estar precedida da pergunta: "É material, é relevante?" Talvez o pior exemplo que tenhamos hoje no Brasil seja o da Demonstração dos Fluxos de Caixa; examine apenas algumas delas para ver como parece que esse fundamento básico parece ter sido esquecido. É enorme (às vezes, mais de 50%) a quantidade de linhas sem qualquer significado em termos de sua natureza e principalmente de seu valor e utilidade nessa demonstração. Por outro lado, é comum ter-se a sensação de que na demonstração do resultado foi-se sintético demais e talvez informações relevantes não estejam evidenciadas.

24.2.2 Informação sabidamente irrelevante e informação relevante

Pode-se dar informação sabidamente irrelevante se também for dada a relevante?

A OCPC 07 lembra e mostra onde nas normas está dito que todas as informações relevantes devem ser dadas e **somente** as relevantes devem ser dadas. Tanto que ela, a norma, exige que a administração da entidade faça, no início das notas, essa declaração, o que pode ser visto nas demonstrações principalmente das companhias abertas (por força da vigilância da CVM).

Repetimos, o que pode haver são certas divergências; nem sempre o que a administração considera material ou imaterial é exatamente o que o usuário assim entende. Mas esse é um processo de aprendizado e de vigilância que não tem fim. E, por tudo que se pesquisou (e não foi pouco) até aqui, prevalece a ideia de que não há como fugir do julgamento; por isso, percentuais dados por normas não são encontrados na prática.

24.2.3 Atendimento de pedidos de normas contábeis

Há que se atender a todo e qualquer pedido especificamente existente nos Pronunciamentos Técnicos, nas Interpretações, nas Orientações e na própria Lei das S.A.? Não, o CPC determina que todos os requisitos de todas as normas precisam ser cumpridos quando se tratar de informação material. Por isso, mesmo que o verbo ao final da norma seja "deverá ser evidenciado", ou "evidenciar no mínimo" etc., deve-se ler adicionalmente "se material".

O CPC 26 (R1), em seu item 31, é mais enfático e afirma expressamente que "a entidade não precisa fornecer uma divulgação específica, requerida por um Pronunciamento Técnico, Interpretação ou Orientação do CPC, se a informação não for material". A OCPC 07 vai mais além, determinando que não seja dada informação irrelevante.

24.2.4 Sequência das notas explicativas

Há uma sequência obrigatória para a apresentação das notas explicativas?

As notas de apresentação da empresa e a que contém as declarações sobre qual a base de elaboração das demonstrações e a declaração mencionada de informações materiais precisam ser as primeiras. As demais podem ser determinadas pela ordem dos itens a que se referem nas demonstrações (Caixa e Equivalente de Caixa, Clientes, Estoques etc.), por ordem de relevância ou outra, desde que de forma sistemática (não aleatória). A própria nota que contém o resumo das práticas contábeis adotadas normalmente aparece no começo. Mas é possível, e provavelmente desejável, que na verdade sejam essas práticas dadas nas notas a que se referem; por exemplo, as práticas utilizadas para o imobilizado serem apresentadas na nota sobre Imobilizado, e não no início, no resumo geral. Costuma ser de muito maior utilidade esse formato.

É preciso existir referência cruzada entre as linhas ou grupos de linhas das demonstrações e as notas explicativas. Ou seja, um número ou uma letra deve indicar, na demonstração do resultado, na linha de receita líquida, onde está a nota a esse respeito.

24.2.5 Obrigatoriedade de menção de todas as práticas contábeis

Há obrigação de menção de todas as práticas contábeis possíveis?

Isso é vedado! Só devem ser mencionadas as práticas que se referirem a informações materiais, relevantes. Mesmo que a empresa aplique determinada prática para o ativo intangível Marcas, não vai mencioná-la nas notas se o item não for relevante. Aliás, se imaterial, não deve sequer ser mencionada especificamente no Balanço, e sim ficar com outro grupo. Por isso, a figura de "ativos intangíveis" e não de seus componentes. E se os ativos intangíveis forem irrelevantes, fica-se com "outros ativos não circulantes", juntando-se com outros imateriais.

24.2.6 Principais diretrizes da Lei das Sociedades por Ações

A OCPC 07 lembra que essa Lei, vigente há mais de 40 anos, já dizia que devem ser apresentadas "informações [...] aplicadas para negócios e eventos **significativos**". Ou "os **principais** critérios de avaliação dos elementos patrimoniais" (negritos adicionados). Nessa Lei, não se utilizaram as palavras material ou relevante, mas sim seus sinônimos. E faz tempo.

24.2.7 Outros pontos

A OCPC 07 adiciona a necessidade de informações sobre todos os temas que possam representar riscos para a entidade (riscos operacionais, riscos financeiros, riscos de eventos da natureza, riscos legais etc.). Mas, é claro, aqueles cujos efeitos possam efetivamente ser materiais para o patrimônio da entidade.

Nota específica e detalhada deve ser dada quando da mudança de prática contábil. E também para o caso de quando possível uma opção de mensuração, como nos dos estoques, propriedades para investimento etc.

Jamais se devem fazer repetições de textos contidos nas normas contábeis. Também não deve haver repetições de políticas e informações dentro das próprias demonstrações e notas.

Recomendamos fortemente a leitura da OCPC 07, que contém outras diretrizes.

24.3 Exemplos de notas explicativas

A seguir, apresentamos alguns exemplos que devem ser tomados apenas como tal. Isso significa que em alguns deles também poderão ser encontradas informações que não necessariamente atendam, em sua totalidade, o que está expressamente colocado na OCPC 07. Apesar de grande melhoria ocorrida desde a emissão dessa Orientação, de forma geral há muito ainda a se aprimorar para aplicação efetiva dos fundamentos e do objetivo das notas explicativas.

> **Exemplo prático**
>
> **Caixa e Equivalentes de Caixa**
>
> Empresa: Sanepar
>
> Para informações adicionais, acesse o QR Code. É necessário ter um leitor de QR Code instalado no *smartphone* ou *tablet* e posicionar a câmera sobre o código. Também é possível acessar os vídeos por meio da URL que aparece abaixo do código.
>
>
>
> uqr.to/14si0
>
> Fonte: https://api.mziq.com/mzfilemanager/v2/d/5c749c91-d3a7-4903-b609-7ead65f1d1e8/a79e6615-590f-8248-72e9234035dc0e50?origin=1. Acesso em: 7 jan. 2022.

Prática contábil

Incluem o Caixa, os Depósitos Bancários e as Aplicações Financeiras que são demonstradas ao custo, acrescidos dos rendimentos auferidos de acordo com as taxas pactuadas com as Instituições Financeiras, calculadas *pro rata die* e apropriadas mensalmente. Uma aplicação financeira se qualifica como equivalente de caixa quando possui características de conversibilidade imediata com o próprio emissor em um montante conhecido de caixa e não está sujeita a risco de mudança significativa de valor.

Apresenta a seguinte composição:

Descrição	2020	2019
Depósitos Bancários Livres	2.972	4.516
Depósitos Bancários Vinculados	2.155	12.362
	5.127	16.878
Aplicações Financeiras	869.196	257.181
Totais de Caixa e Equivalentes de Caixa	874.323	274.059

As aplicações financeiras aproximam-se do valor justo e possuem características de curto prazo, de alta liquidez e com baixo risco de mudança de valor. São constituídas por fundo de renda fixa, aplicados em Fundo de Investimento exclusivo (CNPJ 03.737.212/0001-44 – Fundo de Investimento Exclusivo Caixa SANEPAR I Renda Fixa), cuja carteira é composta em sua maioria de títulos públicos federais e Certificado de Depósito Bancário, com remuneração média de 100,70% do CDI (100,31% em 2019). O aumento do saldo das Aplicações Financeiras deve-se a novas captações (10ª emissão de debêntures R$ 350.000 e CCB R$ 200.000).

Exemplo prático

Estoques

Empresa: M. Dias Branco

Para informações adicionais, acesse o QR Code. É necessário ter um leitor de QR Code instalado no *smartphone* ou *tablet* e posicionar a câmera sobre o código. Também é possível acessar os vídeos por meio da URL que aparece abaixo do código.

uqr.to/14si1

Fonte: https://api.mziq.com/mzfilemanager/v2/d/fcf0301a-c792-45d6-a615-fc81722 c9abe/c5e70c3d-8c52-1ce9-ab3c-4fa201c1f8bb?origin=1. Acesso em: 7 jan. 2022.

Os estoques são ativos mantidos para venda no curso normal dos negócios, em processo de produção para venda ou na forma de materiais ou suprimentos a serem consumidos ou transformados no processo de produção ou na prestação de serviços.

O custo dos estoques baseia-se no custo médio ponderado, e os estoques incluem todos os gastos relativos a transporte, armazenagem, impostos não recuperáveis e outros custos incorridos no seu traslado até as suas localizações e condições existentes. No caso de produtos industrializados, em processo e acabados, além dos custos dos materiais diretos e mão de obra, os estoques incluem os gastos gerais de fabricação, com base na capacidade normal de produção.

Os saldos dos estoques estão apresentados da seguinte forma:

Descrição	Controladora 2020	Controladora 2019	Consolidado 2020	Consolidado 2019
Produtos Acabados	301.043	213.134	301.043	213.134
Produtos em Elaboração	36.554	25.231	36.554	25.231
Matérias-primas	494.788	308.026	494.788	308.026
Materiais de Embalagens e Almoxarifado	223.522	154.154	223.522	154.154
Materiais Auxiliares e de Manutenção	69.644	31.910	69.668	31.934
Importações em Andamento[1]	90.467	61.172	90.467	61.172
Adiantamentos a Fornecedores	43	5.417	43	5.417
Total	1.216.061	799.044	1.216.085	799.068

(1) Referem-se à importação de trigo e óleo.

A Companhia tem como política de avaliação da obsolescência de estoques o controle de data de validade dos itens e a análise daqueles sem movimentação há mais de 180 dias. Em 31 de dezembro de 2020, a Companhia mantinha perdas estimadas para redução do valor recuperável de estoque no montante de R$ 11.577 (R$ 8.533 em 31 de dezembro de 2019).

A movimentação das perdas estimadas para redução do valor recuperável de estoque é apresentada a seguir:

Detalhamento da movimentação	Controladora e consolidado
Saldo em 31 de dezembro de 2018	4.885
Provisão/(Reversão) de perdas estimadas	3.902
Baixas	(254)
Saldo em 31 de dezembro de 2019	8.533
Provisão/(Reversão) de perdas estimadas	8.545
Baixas	(5.501)
Saldo em 31 de dezembro de 2020	11.577

Exemplo prático

Imobilizado e Intangível

Empresa: Fleury

Para informações adicionais, acesse o QR Code. É necessário ter um leitor de QR Code instalado no *smartphone* ou *tablet* e posicionar a câmera sobre o código. Também é possível acessar os vídeos por meio da URL que aparece abaixo do código.

uqr.to/14si3

Fonte: https://ri.fleury.com.br/fleury/web/conteudo_pt.asp?idioma=0&conta=28&tipo=28881. Acesso em: 7 jan. 2022.

a) Política

São registrados pelo seu custo de aquisição menos depreciação ou amortização acumulada. A depreciação e a amortização são reconhecidas com base na vida útil estimada de cada ativo/componente pelo método linear. O Grupo Fleury revisa, no mínimo anualmente, o valor contábil de seus ativos tangíveis e intangíveis para determinar se há alguma indicação de que tais ativos sofreram alguma perda por redução ao valor recuperável.

b) Composição do saldo imobilizado

Controladora	Tx. anual dep. %	31/12/2020 Custo	Depreciação acumulada	Saldo líquido	31/12/2019 Saldo líquido
Máquinas e Equipamentos	10	711.059	(371.181)	339.878	366.915
Benfeitorias Imóveis Terceiros	20	345.363	(217.231)	128.132	168.745
Instalações	10	283.063	(221.771)	61.292	82.125
Imobilizado em Andamento (a)	–	43.854	–	43.854	23.236
Equipamentos Informática	20	96.788	(70.319)	26.469	27.517
Imóveis	2	28.026	(6.449)	21.577	22.044
Terrenos	–	13.637	–	13.637	13.637
Móveis e Utensílios	10	47.595	(38.749)	8.846	11.707
Total		1.569.385	(925.700)	643.685	715.926

Consolidado	Tx. anual dep. %	31/12/2020 Custo	Depreciação acumulada	Saldo líquido	31/12/2019 Saldo líquido
Máquinas e Equipamentos	10	796.577	(425.590)	370.987	384,447
Benfeitorias Imóveis Terceiros	20	360.910	(223.703)	137.207	175,735
Instalações	10	287.981	(223.987)	63.994	85,071
Imobilizado em Andamento (a)	–	59.966	–	59.966	25.223
Equipamentos Informática	20	103.947	(74.021)	29.926	30,386
Imóveis	2	28.026	(6.449)	21.577	22,044
Terrenos	–	13.637	–	13.637	13,637
Móveis e Utensílios	10	52.863	(41.463)	11.400	13,964
Veículos	20	431	(356)	75	180
Total		1.704.338	(995.569)	708.769	750,687

c) Movimentação do imobilizado

Controladora (2019-2020)	Saldo em 31/12/2019	Adições	Baixas líquidas	Depreciação	Reclass./ Transf.	Saldo em 31/12/2020
Máq. e Equipamentos	366.915	25.503	(1.705)	(58.641)	7.806	339.878
Benf. Imóveis Terceiros	168.745	2.720	(775)	(52.757)	10.199	128.132
Instalações	82.125	1.536	(452)	(23.652)	1.735	61.292
Imobilizado Andamento	23.236	43.173	0	0	(22.555)	43.854
Equip. Informática	27.517	5.411	(108)	(8.461)	2.110	26.469
Imóveis	22.044	0	0	(467)	0	21.577
Terrenos	13.637	0	0	0	0	13.637
Móveis e Utensílios	11.707	192	(630)	(2.691)	268	8.846
Total	715.926	78.535	(3.670)	(146.669)	(437)	643.685

Consolidado (2019-2020)	Saldo em 31/12/2019	Aquisição Diagmax	(+/−) valia Diagmax	Adições	Baixas líquidas	Depreciação	Reclass./ Transf.	Saldo em 31/12/2020
Máq. e Equipamentos	384.447	13.913	(1.415)	28.265	(2.695)	(65.314)	13.786	370.987
Benf. Imóveis Terceiros	175.735	3.862	(302)	3.682	(1.140)	(56.016)	11.386	137.207
Instalações	85.071	4	(41)	1.742	(453)	(24.080)	1.751	63.994
Imobilizado Andamento	25.223	20	–	62.589	–		(27.866)	59.966
Equip. Informática	30.386	118	(1)	6.334	(115)	(9.324)	2.528	29.926
Imóveis	22.044	–	–	–	–	(467)	–	21.577
Terrenos	13.637	–	–	–	–	–	–	13.637
Móveis e Utensílios	13.964	(81)	7	296	(195)	(3.114)	523	11.400
Veículos	180	–	(17)	–	–	(99)	11	75
Total	750.687	17.836	(1.769)	102.908	(4.598)	(158.414)	2.119	708.769

Controladora (2018-2019)	Saldo em 31/12/2018	Adições	Baixas líquidas	Depreciação	Reclass./ Transf.	Saldo em 31/12/2019
Máq. e Equipamentos	334.502	49.132	(242)	(52.843)	36.366	366.915
Benf. Imóveis Terceiros	174.654	9.709	(97)	(50.979)	35.458	168.745
Instalações	97.833	5.162	(86)	(24.379)	3.595	82.125
Equip. Informática	26.678	7.769	(258)	(8.710)	2.038	27.517
Imobilizado Andamento	67.561	48.770	0	0	(93.095)	23.236
Imóveis	27.318	0	0	(467)	(4.807)	22.044
Terrenos	16.123	0	0	0	(2.486)	13.637
Móveis e Utensílios	12.863	728	(66)	(2.742)	924	11.707
Total	757.532	121.270	(749)	(140.120)	(22.007)	715.926

Consolidado (2018-2019)	Saldo em 31/12/2018	Aquisição controlada	(+/–) valia	Adições	Baixas líquidas	Depreciação	Reclass./ Transf.	Saldo em 31/12/2019
Máq. e Equipamentos	353.207	888	157	49.973	(313)	(58.346)	38.881	384.447
Benf. Imóveis Terceiros	176.898	3.865	(1.134)	10.547	(97)	(52.079)	37.735	175.735
Instalações	99.875	195	100	5.464	(86)	(24.722)	4.245	85.071
Equip. Informática	27.609	464	11	9.071	(263)	(9.191)	2.685	30.386
Imobilizado Andamento	68.084	–	–	60.358	–	–	(103.219)	25.223
Imóveis	27.318	–	–	–	–	(467)	(4.807)	22.044
Móveis e Utensílios	13.567	1.286	318	754	(67)	(2.283)	389	13.964
Terrenos	16.123	–	–	–	–	–	(2.486)	13.637
Veículos	–	148	40	–	–	(8)	–	180
Total	782.681	6.846	(508)	136.167	(826)	(147.096)	(26.577)	750.687

d) Composição do saldo intangível

Controladora		31/12/2020			31/12/2019
	Taxa anual amor. %	Custo	Amortização acumulada	Saldo líquido	Saldo líquido
Ágio rentabilidade futura	–	1.342.222	(44.413)	1.297.809	1.297.809
Licenças e *Softwares*	20	419.825	(273.931)	145.894	161.790
Intangível em Andamento	–	72.453	–	72.453	36.886
Contratos de Clientes	10	154.387	(142.808)	11.579	27.017
Produtos Des. Internamente	–	4.716	–	4.716	4.522
Marcas e Patentes	7	13.226	(9.391)	3.835	4.563
Total		2.006.829	(470.543)	1.536.286	1.532.587

Consolidado		31/12/2020			31/12/2019
	Taxa anual amor. %	Custo	Amortização acumulada	Saldo líquido	Saldo líquido
Ágio Rentabilidade Futura	–	1.808.115	(44.413)	1.763.702	1.669.765
Licenças e *Softwares*	20	430.094	(277.266)	152.828	167.384
Intangível em Andamento	–	80.785	–	80.785	37.992
Marcas e Patentes	7	26.711	(11.615)	15.096	12.007
Contratos de Clientes	10	158.873	(145.792)	13.081	29.138
Produtos Des. Internamente	–	4.716	–	4.716	4.522
Contrato de não Competição	–	1.325	(925)	400	–
Total		2.510.619	(480.011)	2.030.608	1.920.808

e) Movimentação do intangível

Controladora (2019-2020)	Saldo em 31/12/2019	Adições	Baixas líquidas	Amortização	Reclass./ Transf. (e)	Saldo em 31/12/2020
Ágio Rentabilidade Futura	1.297.809	–	–	–	–	1.297.809
Licenças e *Softwares*	161.790	20.237	(28)	(55.459)	19.355	145.895
Intangível Andamento (a)	36.886	54.635	–	–	(19.068)	72.453
Contratos de Clientes	27.017	–	–	(15.529)	90	11.578
Produtos des. Internamente	4.522	–	–	–	194	4.716
Marcas e Patentes	4.563	–	–	(728)	–	3.835
Total	1.532.587	74.872	(28)	(71.716)	571	1.536.286

Consolidado (2019-2020)	Saldo em 31/12/2019	Aquisições (b)	Mais-valia (c)	Baixas	Adições (d)	Amortizações	Reclass./ Transf. (e)	Saldo em 31/12/2020
Ágio Rentabilidade Futura	1.669.765	86.713	0	0	6.828	0	396	1.763.702
Licenças e *Softwares*	167.384	151	0	(28)	20.659	(56.861)	21.523	152.828
Intangível Andamento (a)	37.992	0	0	0	64.251	0	(21.458)	80.785
Contratos de Clientes	29.138	0	(242)	0	0	(15.923)	108	13.081
Marcas e Patentes	12.007	345	(40)	0	0	(952)	3.736	15.096
Contrato de não Competição	–	0	0	0	0	0	400	400
Produtos des. Internamente	4.522	0	0	0	0	0	194	4.716
Total	1.920.808	87.209	(282)	(28)	91.738	(73.736)	4.899	2.030.608

(a) Refere-se basicamente a *softwares* em desenvolvimento, relacionados com escala médica, atendimento móvel digital, APIs corporativas e novos aplicativos.

(b) A aquisição do ágio refere-se a combinação de negócios da Diagmax conforme NE 3.ii.

(c) Saldos de aquisição (balanço de abertura) e mais-valia decorrente da aquisição da Diagmax.

(d) Saldo de Balanço de abertura decorrente da aquisição da Diagmax, oriundo da aquisição de sua controlada CEDIRE.

(e) Montante representado por movimentação entre os grupos Imobilizado e Intangível.

Controladora (2018-2019)	Saldo em 31/12/2018	Adições	Baixas líquidas	Amortização	Reclass./ Transf.	Saldo em 31/12/2019
Ágio Rentabilidade Futura	1.297.809	–	–	–	–	1.297.809
Licenças e *Softwares*	140.535	24.329	(20)	(43.874)	40.820	161.790
Intangível Andamento	20.666	43.426	–	–	(27.206)	36.886
Contratos de Clientes	42.456	–	–	(15.439)	–	27.017
Marcas e Patentes	5.429	–	–	(866)	–	4.563
Produtos des. Internamente	3.978	–	–	–	544	4.522
Total	1.510.873	67.755	(20)	(60.179)	14.158	1.532.587

Consolidado (2018-2019)	Saldo em 31/12/2018	Aquisições	Mais--valia	Adições	Baixas líquidas	Amortizações	Reclass./ Transf.	Saldo em 31/12/2019
Ágio Rentabilidade Futura	1.409.631	255.170	–	–	–	–	4.964	1.669.765
Licenças e *Softwares*	140.953	71	–	25.949	(20)	(44.126)	44.557	167.384
Intangível Andamento	21.120	–	–	45.740	–	–	(28.868)	37.992
Contratos de Clientes	42.457	–	2.536	–	–	(15.951)	96	29.138
Marcas e Patentes	11.086	180	1.876	–	–	(1.040)	(95)	12.007
Produtos des. Internamente	3.978	–	–	–	–	–	544	4.522
Total	1.629.225	255.421	4.412	71.689	(20)	(61.117)	21.198	1.920.808

f) Teste para verificação de *impairment*

O ágio resultante de combinações de negócios é um ativo intangível com vida útil indefinida e, portanto, não é amortizado, mas testado anualmente a perda por redução ao valor recuperável.

O ágio apurado em uma combinação de negócios é alocado às Unidades Gerador es de Caixa (UGC), definidas de acordo com as práticas contábeis da Companhia. Segue a alocação do ágio por UGC:

	2020	2021
Medicina diagnóstica	1.548.792	1.454.855
Medicina integrada	214.910	214.910
Total	1.763.702	1.669.765

Em 31 de dezembro de 2020, a Companhia avaliou a recuperação do montante do ágio com base no seu valor em uso, utilizando o modelo de fluxo de caixa descontado para as Unidades Geradoras de Caixa (UGC). O processo de estimativa do valor em uso envolve a utilização de premissas, julgamentos e estimativas sobre os fluxos de caixa futuros e representa a melhor estimativa da Companhia, tendo sido as referidas projeções aprovadas pela Administração. O teste de recuperação da UGC não identificou a necessidade de reconhecimento de perda.

As seguintes premissas foram utilizadas:

- A projeção do fluxo de caixa para o primeiro exercício baseia-se no orçamento aprovado pela Administração. A Administração determinou a margem bruta orçada com base em suas expectativas para o desenvolvimento do mercado e acredita que qualquer tipo de mudança nas premissas-chave que seja razoavelmente possível, nas quais o valor recuperável se baseia, não levaria o valor contábil total a exceder o valor recuperável total da UGC.
- Receitas: projetadas de 2021 a 2025 considerando crescimento histórico do volume de serviços prestados e às projeções de inflação baseadas em projeções macroeconômicas de bancos, sem considerar a inauguração de novas unidades.
- Despesas: projetadas no mesmo período das receitas, de acordo com a dinâmica dos negócios e a busca por sinergias.

- CAPEX: considerado o investimento médio histórico em manutenção de ativos.
- A projeção de fluxo de caixa contemplou o período de cinco anos acrescido do valor residual calculado pela perpetuação do saldo de caixa no quinto ano, descontado ao valor presente pelo Custo Médio Ponderado de Capitais (*Weighted Average Cost of Capital* – WACC) de 11,0% em 2020 (13,5% em 2019).
- Taxa de crescimento na perpetuidade: 2% a.a. em 31 de dezembro de 2020 (2 % a.a. em 31 de dezembro de 2019).

24.4 Empréstimos e financiamentos

Exemplo prático

Empréstimos e Financiamentos

Empresa: Embraer

Para informações adicionais, acesse o QR Code. É necessário ter um leitor de QR Code instalado no *smartphone* ou *tablet* e posicionar a câmera sobre o código. Também é possível acessar os vídeos por meio da URL que aparece abaixo do código.

uqr.to/14si5

Fonte: https://ri.embraer.com.br/listresultados.aspx?idCanal=dwxMd7dcHTw/kwbNAc2ESQ== . Acesso em: 7 jan. 2022.

Controladora

	Moeda	Taxa contratual de juros (% a.a.)	Taxa efetiva de juros (% a.a.)	Vencimento	31/12/2020	31/12/2019
Outras moedas:						
Capital de giro	US$	7,136% a.a.	7,136% a.a.	2028	2.531.502	–
Financiamento à Exportação	US$	Libor 6 M+5,0% a.a.	Libor 6 M+5,7%a.a.	2022	315.890	–
					2.847.392	–
Moeda nacional:						
Projetos	R$	3,5% a.a. TJLP – 1,00% a.a.	3,5% a.a. TJLP – 1,00% a.a.	2023	127.346	173.686
					127.346	173.686
Total					2.974.738	173.686
Circulante					57.119	51.314
Não Circulante					2.917.619	122.372

Consolidado

	Moeda	Taxa contratual de juros (% a.a.)	Taxa efetiva de juros (% a.a.)	Vencimento	31/12/2020		31/12/2019
Outras moedas:							
Bônus garantidos	US$	5,05% a 6,95% a.a.	5,05% a 7,42% a.a.	2028	17.092.090	(i)	–
Capital de giro	US$	3,07% a 4,50% a.a.	3,11% a 4,50% a.a.	2030	1.170.171		6
		Libor 1M+1,5516% a.a.	Libor 1M+1,5516% a.a.	2021	499.132	(iii)	–
		Libor 3M+4,50% a.a.	Libor 3M+4,50% a.a.	2022	488.990	(ii)	–
		0,00%	0,00%	2021	73.254		–
		Libor 6M+2,8756% a.a.	Libor 6M+2,8756% a.a.	2027	523.780		–
	Euro	0,00%	0,00%	2027	115.841		–
Financiamento à Exportação	US$	Libor 3M e 6M+1,76% a 5,13% a.a.	Libor 3M e 6M+1,76% a 6,33% a.a.	2024	2.453.223	(ii)	–
Aquisição de imobilizado	US$	SIFMA	SIFMA	2037	264.721		193.037
		Libor 1M+2,44% a.a.	Libor 1M+2,44% a.a.				
					22.681.202		193.043
Moeda nacional:							
Capital de giro	R$	CDI+0.42% a.a.	CDI+0,42% a.a.	2023	3.067		–
		7,96% a 17,32% a.a.	7,96% a 17,32% a.a.	2024	12.613		
		IPCA+0,89% a 2,9792% a.a.	IPCA + 0,89% a 2,9792% a.a.	2023	3.966		–
Projetos	R$	3,5% a.a.	3,5% a.a.	2023	127.347		173.686
		IPCA+5,92% a.a.	IPCA + 5,92% a.a.	2027	3.007		–
Notas garantidas	R$	IPCA+10,00% a.a.	IPCA + 10,00% a.a.	2022	11.026		–
Financiamento à Exportação	R$	CDI+3,60% a.a.	CDI + 3,6% a.a.	2022	272.412		–
					433.438		173.686
Total					23.114.640		366.729
Circulante					1.951.241		59.972
Não circulante					21.163.399		306.757

(i) Emissão de *Bonds*:

Entre os meses de agosto e setembro de 2013, a Embraer S.A., por meio de sua subsidiária Embraer Overseas Limited, efetuou uma oferta de permuta para os títulos com vencimento em 2017 (liquidado em janeiro de 2017) e 2020 para novas notas com vencimento em 2023. Para os títulos de 2017, a oferta de permuta resultou em US$ 146.399 mil do valor principal total das notas vigentes e US$ 337.168 mil do valor principal total das notas de 2020, representando aproximadamente 54,95% de notas permutadas. O total da oferta de permuta, considerando os efeitos do preço de permuta nas negociações e emissão total das notas novas, fechou em aproximadamente US$ 540.518 mil em valor principal a uma taxa de 5,696% a.a. e com vencimento final para 16 de setembro de 2023.

Em setembro de 2020, US$ 82.289 mil foram recomprados pela Companhia, permanecendo o saldo em aberto de US$ 458.229 mil e as demais condições inalteradas. O principal recomprado foi extinto e desreconhecido como empréstimos e financiamentos em 31 de dezembro de 2020. A operação é garantida integralmente e incondicionalmente pela Controladora. Em 15 de junho de 2012, a Embraer S.A. captou recursos por meio de oferta de bônus garantidos (guaranteed notes) com vencimento em 15 de junho de 2022, no montante de US$ 500.000 mil a uma taxa de 5,15% a.a. Em setembro de 2020, US$ 167.711 mil foram recomprados pela Companhia, permanecendo o saldo em aberto de US$ 332.289 mil e as demais condições inalteradas. O principal recomprado foi extinto e desreconhecido como empréstimos e financiamentos em 31 de dezembro de 2020. Em junho de 2015, a Embraer Netherlands Finance B.V., empresa da Embraer S.A., emitiu US$ 1.000.000 mil em bônus garantidos com taxa de juros nominal de 5,05% a.a. com vencimento em 15 de junho de 2025. Esta operação é garantida integral e incondicionalmente pela Controladora. Por tratar-se de uma subsidiária integral da Embraer S.A., cujo objetivo é a realização de operações financeiras, a captação efetuada pela Embraer Netherlands Finance B.V. é apresentada no Balanço da Controladora como operações com terceiros. Em fevereiro de 2017, a Embraer Netherlands Finance B.V., empresa da Embraer S.A., emitiu US$ 750.000 mil com taxa de juros nominal de 5,40% a.a. com vencimento em 1 de fevereiro de 2027. Essa operação é garantida integralmente e incondicionalmente pela Controladora. Por se tratar de uma subsidiária integral da Embraer S.A., cujo objetivo é a realização de operações financeiras, a captação efetuada pela Embraer Netherlands Finance B.V. é apresentada no Balanço da Controladora como operações com terceiros. Em 01 de janeiro de 2020, como parte do processo de segregação dos ativos e passivos relacionados com o negócio de Aviação Comercial (Nota 5), o *indenture* de emissão sob o qual os Bonds de vencimento em 2020, 2022, 2023, 2025 e 2027 foram emitidas, foi alterado por meio de uma escritura suplementar para transferir estas notas para Yaborã. Em 10 de março de 2020, a Companhia recebeu os consentimentos exigidos dos detentores das notas com vencimento em 2022, 2023, 2025 e 2027 para alterar o indenture de acordo com a qual os *Bonds* foram emitidos para refletir que a Embraer irá garantir as notas enquanto permanecer como único acionista da Yaborã. Em setembro de 2020, a Embraer Netherlands Finance B.V., empresa da Embraer S.A., emitiu US$ 750.000 com taxa de juros nominal de 6,95% a.a. com vencimento em 17 de janeiro de 2028. Esta operação é garantida integralmente e incondicionalmente pela Embraer S.A. e pela Yaborã. Por se tratar de uma subsidiária integral, cujo objetivo é a realização de operações financeiras, a captação efetuada pela Embraer Netherlands Finance B.V. é apresentada no Balanço da Controladora como operações com terceiros.

(ii) Em junho de 2020, a Companhia finalizou os termos de contratos de financiamento ao capital de giro para exportações no valor de US$ 615 milhões e com prazo de até quatro anos. O valor de US$ 300 milhões foi financiado pelo Banco Nacional do Desenvolvimento Econômico e Social (BNDES) mediante o contrato assinado em 26 de junho de 2020, e US$ 315 milhões foi financiado por bancos privados e públicos (Banco do Brasil, Bradesco, Morgan Stanley, Natixis e Santander).

(iii) Em agosto de 2020, Embraer Aircraft Holding, Inc. e Embraer S.A., como garantidora, celebraram contrato de garantia de capital de giro com o Export-Import Bank of the United States ("U.S. Exim Bank") no total de US$ 97,2 milhões, indexado a LIBOR de um mês + 1,4% a.a. e prazo de vencimento de um ano.

Em 31 de dezembro de 2020 e 2019, a movimentação dos financiamentos apresentava-se conforme segue:

	Controladora		Consolidado	
	31/12/2020	31/12/2019	31/12/2020	31/12/2019
Saldo inicial	173.686	11.846.948	366.729	14.134.065
Adição de principal	3.017.190	1.388.924	10.947.961	1.534.135
Adição de juros	46.618	718.642	1.055.301	750.990
Baixa de principal	(44.494)	(2.307.094)	(5.588.521)	(2.514.539)
Baixa de juros	(8.840)	(709.252)	(905.689)	(758.079)
Variação cambial	(209.422)	(232.202)	3.895.801	526.723
Passivos mantidos para venda	–	(10.532.280)	13.306.566	(13.306.566)
Combinação de negócios	–	–	36.492	–
Saldo final	2.974.738	173.686	23.114.640	366.729

Em 31 de dezembro de 2020, os cronogramas de vencimento dos financiamentos de longo prazo são:

	Controladora	Consolidado
2022	353.994	3.517.020
2023	32.123	2.303.159
2024	–	1.634.112
2025	–	5.212.259
Após 2025	2.531.502	8.496.849
	2.917.619	21.163.399

Encargos e garantias

Em 31 de dezembro de 2020, os financiamentos em dólares (97,6% do total) eram sujeitos a taxas de juros fixos e encargos flutuantes, sendo a taxa média ponderada de 5,03% a.a. (5,27% a.a. em 31 de dezembro de 2019 considerando a parcela dos empréstimos e financiamentos em dólares registrados e apresentados como passivos mantidos para venda – Nota 5).

Em 31 de dezembro de 2020, os financiamentos em reais (1,90% do total) eram sujeitos a taxa de juros de longo prazo (TJLP), CDI, IPCA e taxa pré-fixada, sendo a taxa média ponderada de 2,51% a.a. (1,52% a.a. em 31 de dezembro de 2019).

Em 31 de dezembro de 2020, os financiamentos em Euros (0,5% do total) possuíam taxa de juros zero.

Em garantia de parte dos financiamentos da Companhia, foram oferecidos imóveis, benfeitorias, máquinas, equipamentos e garantias bancárias no montante total de R$ 2.613.030 (R$ 661.213 em 31 de dezembro de 2019). Para os financiamentos das controladas, foram constituídas garantias nas modalidades de fiança e aval da Controladora, que totalizavam em 31 de dezembro de 2020 o montante de R$ 22.345.779 (R$ 327.916 em 31 de dezembro de 2019).

24.4.1 Cláusulas restritivas

Os contratos de financiamentos de longo prazo estão sujeitos a cláusulas restritivas, alinhados com as práticas usuais de mercado que estabelecem controle sobre a liquidez e sobre o grau de alavancagem obtido da relação endividamento líquido/*Earnings Before Interest, Taxes, Depreciation and Amortization* (EBITDA) de certas subsidiárias. Incluem, também, restrições normais sobre a criação de novos gravames sobre bens do ativo, mudanças significativas no controle acionário da Companhia, venda significativa de bens do ativo e pagamento de dividendos excedentes ao mínimo obrigatório por lei em casos de inadimplência nos financiamentos e nas transações com empresas controladas.

Em 31 de dezembro de 2020, a Controladora e as controladas estavam totalmente adimplentes com as cláusulas restritivas, conforme disposições contratuais.

Exemplo prático

Capital e dividendos

Empresa: Petrobras

Para informações adicionais, acesse o QR Code. É necessário ter um leitor de QR Code instalado no *smartphone* ou *tablet* e posicionar a câmera sobre o código. Também é possível acessar os vídeos por meio da URL que aparece abaixo do código.

uqr.to/14si6

Fonte: https://api.mziq.com/mzfilemanager/v2/d/25fdf098-34f5-4608-b7fa-17d60b2de47d/0dbce9f0-05f2-99a0-7c2c-953064b09679?origin=1. Acesso em: 7 jan. 2022.

Capital social realizado

Em 31 de dezembro de 2020 e 2019, o capital subscrito e integralizado no valor de R$ 205.432 está representado por 13.044.496.930 ações, sendo R$ 117.208 referentes a 7.442.454.142 ações ordinárias e R$ 88.224 referentes a 5.602.042.788 ações preferenciais, todas nominativas, escriturais e sem valor nominal. As ações preferenciais têm prioridade no caso de reembolso do capital, não asseguram direito de voto e não são conversíveis em ações ordinárias.

Prática contábil

Os gastos incrementais diretamente atribuíveis à emissão de ações são apresentados como dedução do Patrimônio Líquido, como transações de capital, líquido de efeitos tributários.

Dividendos

Os acionistas terão direito, em cada exercício, aos dividendos, que não poderão ser inferiores a 25% do lucro líquido ajustado, na forma da Lei das Sociedades por Ações, rateados pelas ações em que se dividir o capital da companhia.

As ações preferenciais têm prioridade no recebimento dos dividendos, no mínimo, de 5% (cinco por cento) calculado sobre a parte do capital representada por essa espécie de ações, ou de 3% (três por cento) do valor do Patrimônio Líquido da ação, prevalecendo sempre o maior, participando, em igualdade com as ações ordinárias, nos aumentos do capital social decorrentes de incorporação de reservas e lucros. Essa prioridade no recebimento dos dividendos não garante, por si só, o pagamento de dividendos nos exercícios sociais em que a companhia não auferir lucro.

O pagamento de dividendos poderá ser realizado apenas aos detentores de ações preferenciais, caso os dividendos prioritários absorvam todo o lucro líquido ajustado do exercício ou alcancem valor igual ou superior ao dividendo mínimo obrigatório de 25%.

A Política de Remuneração aos Acionistas define que caso o endividamento bruto consolidado seja: (a) inferior a US$ 60 bilhões, a companhia poderá distribuir aos seus acionistas 60% da diferença entre o fluxo de caixa operacional e aquisição de imobilizados e intangíveis, exceto os pagamentos na participação das rodadas de licitação para exploração e produção de petróleo e gás natural; (b) superior a US$ 60 bilhões, a companhia poderá distribuir aos seus acionistas os dividendos mínimos obrigatórios previstos na lei e no seu estatuto social.

Adicionalmente, em 27 de outubro de 2020, a companhia aprovou a revisão da Política de Remuneração aos Acionistas com o objetivo de possibilitar que a Administração proponha o pagamento de dividendos compatíveis com a geração de caixa da companhia, mesmo em exercícios em que não for apurado lucro líquido.

Prática contábil

A remuneração aos acionistas dá-se sob a forma de dividendos e/ou juros sobre o capital próprio (JCP) com base nos limites definidos em lei e no estatuto social da companhia.

O JCP é imputado ao dividendo do exercício, na forma prevista no estatuto social, contabilizado no resultado, conforme requerido pela legislação fiscal, e revertido contra lucros acumulados no Patrimônio Líquido de maneira similar ao dividendo, resultando em um crédito tributário de imposto de renda e contribuição social reconhecido no resultado do exercício.

A parcela dos dividendos prevista no estatuto ou que represente o dividendo mínimo obrigatório é reconhecida como passivo nas demonstrações financeiras. Qualquer excesso deve ser mantido no Patrimônio Líquido, na conta Dividendo Adicional Proposto, até a deliberação definitiva a ser tomada pelos acionistas na AGO.

Dividendos propostos

A proposta de dividendos registrada nas demonstrações financeiras da companhia, sujeita à aprovação na AGO, é assim demonstrada:

	2020	2019
Lucro Líquido do Exercício (Controladora) atribuível aos acionistas da Petrobras	7.108	40.137
Apropriação:		
Reserva Legal	(356)	(2.007)
Reserva de Incentivos Fiscais	–	(738)
Outras Reversões/Adições:	(14)	10
Lucro líquido ajustado (*)	6.738	37.402
Dividendos Mínimos Obrigatórios:		
Dividendos Relativos ao Exercício de 2019	–	10.682
Dividendos Relativos ao Exercício de 2020 (prioridade dos preferencialistas)	4.411	–
Dividendos Adicionais às Ações Ordinárias:		
Dividendos Adicionais Da Parcela Remanescente do Lucro Líquido	1.300	-
Dividendos Adicionais da Reserva de Retenção de Lucros (**)	4.561	-
Total dos dividendos propostos	10.272	10.682
Ações preferenciais (PN) –R$ 0,787446 por ação em 2020 (R$ 0,9255 por ação em 2019)	4.411	5.185
Ações ordinárias (ON) –R$ 0,787446 por ação em 2020 (R$ 0,7387 por ação em 2019)	5.861	5.497

(*) Além das destinações do lucro líquido do exercício informadas, após a constituição dos dividendos mínimos obrigatórios, houve constituição de reserva estatutária no valor de R$ 1.027 em 2020 (R$ 1.027 em 2019). Em 2019, houve constituição de reserva de retenção de lucros de R$ 25.693.

(**) Saldo da reserva de retenção de lucros de R$ 95.333 em 2019.

A proposta de remuneração aos acionistas a ser encaminhada pela Administração à aprovação da AGO de 2021, no montante de R$ 10.272, contempla o dividendo obrigatório equivalente a prioridade dos acionistas preferencialistas no valor de R$ 4.411, cujo critério que prevaleceu foi de 5% sobre a parte do capital representada por essa espécie de ações, e os dividendos adicionais de R$ 5.861 aos acionistas ordinários, oriundos da parcela remanescente do lucro líquido do exercício e da reserva de retenção de lucros, considerando que o pagamento é compatível com a geração de caixa no exercício e a sustentabilidade financeira da companhia é preservada.

Estes dividendos adicionais propostos no valor de R$ 5.861 estão destacados numa conta do Patrimônio Líquido em 31 de dezembro de 2020 até que a proposta seja aprovada na AGO de 2021, quando serão reconhecidos como passivo.

Em 2019, a proposta de remuneração encaminhada pela Administração e aprovada pela AGO de 2020, foi de R$ 10.682 (R$ 0,9255 por ação preferencial e R$ 0,7387 por ação ordinária), contemplando o dividendo mínimo obrigatório no percentual de 25% do lucro líquido ajustado e imposto de renda na fonte (IRRF) de 15% sobre o total dos dividendos antecipados na forma de juros sobre capital próprio (JCP).

25

Informações por Segmento e Transações com Partes Relacionadas

25.1 Introdução

Neste capítulo, são apresentados dois temas que possuem, essencialmente, impactos em divulgações: Informações por Segmento e Transações com Partes Relacionadas.

25.1.1 Informações por segmento

O CPC 22 – Informações por Segmento (IFRS 8) traz diretrizes para caracterização, agregação e divulgação de informações por segmento operacional, possibilitando aos usuários avaliar operações de risco e retorno das atividades operacionais, *mix* de produtos e serviços, presença em mercados ou áreas geográficas específicas etc.

O princípio básico a nortear essa orientação é de que as informações apresentadas por segmentos, em conjunto com as demonstrações contábeis, possibilitem aos usuários a avaliação correta da natureza das atividades do negócio e seus respectivos efeitos financeiros, conhecendo de fato o ambiente econômico em que a empresa está inserida.

As diretrizes do CPC 22 são obrigatórias para companhias que possuam ações ou outros instrumentos (sejam patrimoniais ou de dívida) negociados na bolsa de valores, essencialmente companhias abertas. As demais empresas também podem seguir essas diretrizes.

25.1.2 Transações com partes relacionadas

As operações com partes relacionadas podem ser realizadas em condições que não seriam realizadas com partes independentes e isso pode ter efeito nas demonstrações contábeis da entidade. Esse efeito pode acontecer não apenas por meio das transações em si, mas pelo simples relacionamento que a entidade pode ter com essas partes relacionadas.

A divulgação de informações sobre os relacionamentos que a entidade mantém com partes relacionadas, bem como sobre as transações (e saldos existentes), é fundamental para que os usuários das informações contábeis possam avaliar de forma adequada o desempenho da empresa que reporta a informação. Nesse contexto, o CPC 05 (R1) tem o objetivo de orientar a divulgação de informações necessárias para alertar os usuários sobre a possibilidade de que suas demonstrações estejam afetadas por relacionamentos e transações com partes relacionadas.

25.2 Informações por segmento

25.2.1 Características

A seguir, apresentamos aspectos relativos à divulgação de informações sobre segmentos operacionais nas demonstrações contábeis anuais.

25.2.1.1 Conceito

O CPC 22 descreve um segmento operacional como um componente da entidade:

a) Que desenvolve atividades de negócio das quais pode obter receitas e incorrer em despesas (incluindo transações com componentes da mesma entidade).

b) Cujos resultados operacionais são regularmente revistos pelo principal gestor das operações da entidade para a tomada de decisões sobre recursos a serem alocados ao segmento e para a avaliação do seu desempenho.

c) Para o qual haja informação financeira individualizada disponível.

Segmentos operacionais também podem se referir a atividades que ainda irão gerar receitas.

25.2.1.2 Critérios de agregação

É possível a junção de alguns segmentos operacionais em um segmento único. Para que isso ocorra, é necessário observar algumas características comuns entre os segmentos, a saber:

a) Características econômicas semelhantes.

b) Similaridade no que tange à natureza dos produtos e serviços ou nos processos de produção.

c) Fruição da mesma categoria/tipo de clientes para os produtos e serviços.

d) Emprego dos mesmos métodos para distribuição dos produtos ou prestação dos serviços.

e) Semelhança em relação à natureza do ambiente regulatório.

f) Negociação de uma parcela significativa dos produtos ou serviços entre segmentos operacionais da entidade, cuja análise pelo gestor da informação não se dê individualmente.

g) Informação não considerada relevante individualmente para os usuários das demonstrações contábeis, conforme julgarem os gestores da empresa.

h) Informações que não ultrapassam os parâmetros mínimos quantitativos estabelecidos para individualização de um segmento.

O item *h* estabelece que, quando um segmento exceder 10% da receita acumulada entre todos os segmentos, incluindo as vendas entre os próprios segmentos, deve ser divulgado separadamente. O mesmo ocorre quando o lucro ou prejuízo apurado for superior a 10% do lucro acumulado entre os segmentos que apresentaram lucros ou 10% do prejuízo acumulado entre os segmentos que apresentaram prejuízo. Essa regra vale também para os ativos, ou seja, devem ser divulgados separadamente os segmentos cujo ativo supere 10% dos ativos acumulados de todos os segmentos.

Outra determinação é que, se o total de receitas externas reconhecido pelos segmentos operacionais for menor que 75% das receitas da entidade, devem ser estabelecidos novos segmentos. Esses critérios devem ser observados até que os segmentos divulgáveis somem pelo menos 75% das receitas. Os remanescentes devem ser agregados em "outros segmentos".

25.2.2 Divulgação

Segundo o CPC 22, para cada segmento operacional identificado devem ser apresentadas informações por resultado (incluindo receitas e despesas), ativos e passivos; salienta-se que não deve ser evidenciada apenas a discriminação desses itens, mas também as respectivas formas de mensuração e avaliação. Também é requerida a conciliação, para todos os períodos, dos valores relevantes entre os segmentos e os valores acumulados apresentados pela empresa. Em relação ao valor do ativo especificamente, também são requeridos os valores de investimentos em coligadas e *joint ventures*, e os valores de acréscimos no Ativo não Circulante.

Além disso, há outras informações requeridas, como produtos e serviços, áreas geográficas e clientes principais, critérios utilizados para identificar os segmentos operacionais e os produtos/serviços dos quais a receita se origina, a divulgação em separado das receitas de juros, para cada segmento, dentre outras informações.

25.2.3 Tratamento para as pequenas e médias empresas

O Pronunciamento Técnico PME não contém disposições específicas sobre este tema, apenas menciona que, caso a entidade realize tal divulgação, deverá também descrever as bases de elaboração e apresentação da informação.

25.2.4 Exemplo real

A seguir, apresentamos extratos de notas explicativas das Demonstrações Financeiras de 2020 da Embraer S.A.,[1] uma companhia aberta do mercado brasileiro que possui notas explicativas bem detalhadas com relação às informações dos seus segmentos. Convidamos o leitor a baixar as demonstrações financeiras aqui referenciadas e consultar o conjunto completo de informações apresentadas pela companhia. Adicionalmente, indicamos *links* para DFs de outros dois exemplos bem ilustrativos sobre esse tema.[2]

---

[1] Disponível em: https://ri.embraer.com.br/list.aspx?IdCanal=raizxNueT5FGW442/D1BFg==. Acesso em: 13 jul. 2021.

[2] Indicamos a consulta às DFs de 2020 da BR Malls Participações S.A. (Disponível em: https://ri.brmalls.com.br/download_arquivos.asp?id_arquivo=2AA09D0F-0624-4ED4-984D-FC2E9F5CD478) e do Banco do Brasil S.A. Disponível em: https://api.mziq.com/mzfilemanager/v2/d/5760dff3-15e1-4962-9e81-322a0b3d0bbd/f38a0fe9-a35c-891b-6224-ac873871b39a?origin=1. Acesso em: 24 ago. 2021.

Exemplo prático

A Embraer apresenta diversos quadros, detalhando, para cada segmento, o resultado consolidado, as receitas por região e os seus ativos (por segmento e por região).

- Resultado consolidado por segmento acumulado em 31 de dezembro de 2020:

	Aviação comercial	Defesa e segurança	Aviação executiva	Serviços & suporte	Outros	Total segmentado	Não segmentado*	Total
Receita líquida	5.807.049	3.453.348	5.602.925	4.719.432	59.010	19.641.764	–	19.641.764
Custo dos produtos e serviços vendidos	(5.681.470)	(2.911.026)	(4.651.740)	(3.881.630)	(108.950)	(17.234.816)	–	(17.234.816)
Lucro bruto	**125.579**	**542.322**	**951.185**	**837.802**	**(49.940)**	**2.406.948**	–	**2.406.948**
Margem bruta	2,2%	15,7%	17,0%	17,8%	–84,6%	12,3%	–	12,3%
Receitas (despesas) operacionais	(1.530.228)	(373.203)	(488.373)	(1.206.405)	(117.065)	(3.715.274)	(372.747)	(4.088.021)
Resultado operacional	**(1.404.649)**	**169.119**	**462.812**	**(368.603)**	**(167.005)**	**(1.308.326)**	**(372.747)**	**(1.681.073)**
Receitas (despesas) financeiras, líquidas	–	–	–	–	–	–	(1.220.501)	(1.220.501)
Variações monetárias e cambiais, líquidas	–	–	–	–	–	–	(410.603)	(410.603)
Prejuízo antes do imposto	–	–	–	–	–	–	–	**(3.312.177)**
Imposto de renda e contribuição social	–	–	–	–	–	–	(284.056)	(284.056)
Prejuízo líquido do exercício								**(3.596.233)**

*Gastos não segmentados no total de R$ 372.747 referem-se aos gastos incorridos pela Companhia como parte dos planos de demissão voluntária para grupos específicos de empregados no Brasil e redução na forma de trabalho (Notas 1.1.2 e 33).

- Receitas líquidas consolidadas por região acumuladas em 31 de dezembro de 2020:

	Aviação comercial	Defesa e segurança	Aviação executiva	Serviços & suporte	Outros	Total
América do Norte	4.514.195	574.602	5.514.169	2.612.160	5.777	13.220.903
Europa	1.084.395	567.460	88.756	1.042.065	–	2.782.676
Ásia-Pacífico	24.962	457.694	–	389.898	–	872.554
América Latina (exceto Brasil)	1.913	264.336	–	135.533	–	401.782
Brasil	14.962	1.547.532	–	372.117	53.233	1.987.844
Outros	166.622	41.724	–	167.659	–	376.005
	5.807.049	**3.453.348**	**5.602.925**	**4.719.432**	**59.010**	**19.641.764**

- Ativos consolidados por segmentos em 31 de dezembro de 2020:

	Aviação comercial	Defesa e segurança	Aviação executiva	Serviços & suporte	Outros	Total segmentado	Não segmentado	Total
Contas a Receber	12.360	262.436	–	758.829	23.191	1.056.816	–	1.056.816
Ativo Imobilizado	4.270.033	1.125.715	1.674.182	3.094.610	–	10.164.540	–	10.164.540
Ativo Intangível	5.537.141	43.694	3.900.284	–	805.356	10.286.475	499.731	10.786.206
Total	9.819.534	1.431.845	5.574.466	3.853.439	828.547	21.507.831	499.731	22.007.562

- Ativos consolidados por região em 31 de dezembro de 2020:

	América do Norte	Europa	Ásia-Pacífico	Brasil	Total
Contas a Receber	280.240	319.451	25.730	431.395	1.056.816
Ativo Imobilizado	1.806.121	2.814.102	221.490	5.322.827	10.164.540
Ativo Intangível	430.154	141.869	56	10.214.127	10.786.206
Total	2.516.515	3.275.422	247.276	15.968.349	22.007.562

É interessante notar que as informações são bem detalhadas, e ao mesmo tempo possuem consistência com os números agregados, apresentados nas demonstrações financeiras. Com isso, fica fácil entender como cada segmento contribui com os resultados da companhia.

25.3 Transações com partes relacionadas

25.3.1 Partes relacionadas

É normal que as empresas realizem operações com partes relacionadas, tais como transferência de recursos, serviços ou obrigações. Identificar quais são as partes relacionadas da entidade que reporta as informações é fundamental. No caso de pessoa física, o CPC 05 (R1) orienta que parte relacionada é uma pessoa, ou membro próximo de sua família, que tenha o controle pleno ou compartilhado da, ou influência significativa sobre, a entidade que reporta a informação. Ou ainda, se a pessoa, ou membro próximo de sua família, for membro do pessoal-chave da administração da entidade que reporta a informação ou da controladora da entidade que reporta a informação.

No caso de pessoa jurídica, o CPC 05 (R1) determina que ela será considerada parte relacionada da entidade que reporta se qualquer das condições a seguir for observada:

a) A entidade e a entidade que reporta a informação são membros do mesmo grupo econômico (a controladora e cada controlada são relacionadas entre si, assim como são as entidades que estão sob controle comum).

b) A entidade é coligada ou controlada em conjunto (*joint venture*) de outra entidade (ou coligada ou controlada em conjunto de entidade membro do grupo econômico do qual a outra entidade é membro).
c) Ambas as entidades estão sob o controle conjunto (*joint ventures*) de uma terceira entidade.
d) Uma entidade está sob o controle conjunto (*joint venture*) de uma terceira entidade e a outra entidade for coligada dessa terceira entidade.
e) A entidade é um plano de benefício pós-emprego cujos beneficiários são os empregados de ambas as entidades, a que reporta a informação e a que está relacionada com a que reporta a informação. Se a entidade que reporta a informação for ela própria um plano de benefícios pós-emprego, os empregados que contribuem para ela serão considerados partes relacionadas com a entidade que reporta a informação.
f) A entidade é controlada, de modo pleno ou sob controle conjunto, por uma pessoa identificada como parte relacionada da entidade que reporta a informação.
g) Se a pessoa que exerce influência significativa sobre a entidade ou que seja membro do pessoal-chave da administração da entidade (ou de controladora da entidade) também seja parte relacionada da entidade que reporta a informação.
h) A entidade, ou outro membro do grupo do qual ela faz parte, fornece serviços de pessoal-chave da administração da entidade que reporta ou à controladora da entidade que reporta.

Adicionalmente, o CPC 05 (R1) define que não são classificadas como partes relacionadas:

a) Duas entidades, por simplesmente possuírem administrador ou outro membro do pessoal-chave da administração em comum, ou porque um membro do pessoal-chave da administração da entidade exerce influência significativa sobre a outra entidade.
b) Dois empreendedores em conjunto, apenas por compartilharem o controle conjunto.
c) Entidades que proporcionam financiamentos para a empresa, sindicatos e entidades prestadoras de serviços. Também não são partes relacionadas departamentos e agências de Estado que não controlam, de modo pleno ou em conjunto, ou exercem influência significativa sobre a entidade que reporta a informação, simplesmente em virtude dos seus negócios normais com a entidade.
d) Cliente, fornecedor, franqueador, concessionário, distribuidor ou agente geral com quem a entidade mantém volume significativo de negócios, meramente em razão da resultante dependência econômica.

25.3.2 Divulgações

Devem-se divulgar todos os relacionamentos, transações e saldos com partes relacionadas, desde que tenha existido transação entre elas, mesmo sem qualquer característica de favorecimento de preço, prazo, taxa etc. A entidade deve, portanto, divulgar o nome da sua controladora direta e, se for diferente, o nome da controladora final.

E as divulgações devem incluir no mínimo o seguinte:

a) Montante das transações.
b) Montantes dos saldos existentes, bem como seus prazos, condições (explicitando a natureza da contraprestação a ser paga e se estão ou não cobertos por seguro) e quaisquer garantias dadas ou recebidas.
c) Perdas estimadas com créditos de liquidação duvidosa (PECLD) relacionadas com o montante dos saldos existentes.
d) Valor da despesa reconhecida no período acerca de dívidas consideradas incobráveis ou de liquidação duvidosa de partes relacionadas.

Tais divulgações devem ser feitas separadamente para cada uma das seguintes categorias: (a) controladora; (b) entidades com controle conjunto ou influência significativa sobre a entidade; (c) controladas; (d) coligadas; (e) empreendimentos controlados em conjunto (*joint ventures*) em que a entidade seja investidor conjunto; (f) pessoal-chave da administração da entidade ou de sua controladora; e (g) outras partes relacionadas.

Em qualquer tipo de transação com partes relacionadas, devem ser divulgadas as condições da operação. Ainda, transações atípicas que tenham sido realizadas após o encerramento do exercício também devem ser divulgadas.

Como o pessoal-chave da administração também é considerado parte relacionada, a empresa deve divulgar informações sobre a remuneração do pessoal-chave da administração tanto pelo valor total quanto separando entre: (a) benefícios de curto prazo a empregados e administradores; (b) benefícios pós-emprego; (c) outros benefícios de longo prazo; (d) benefícios e rescisão de contrato de trabalho; e (e) remuneração baseada em ações.

25.3.3 Entidades relacionadas com o Estado

Se a entidade que reporta a informação for controlada ou sofrer influência significativa do Estado (agências do governo ou organizações similares), o CPC 05 (R2) determina que ela está isenta das divulgações mencionadas na seção anterior. Porém, a entidade que utilizar essa isenção ainda assim deve divulgar: (a) o nome do ente estatal e a natureza de seu relacionamento; (b) natureza e montante de cada transação individualmente significativa; (c) para as outras transações que no conjunto são significativas, apesar de individualmente não serem, uma indicação qualitativa e quantitativa de sua extensão.

25.3.4 Exemplo real

Para ilustrar os conceitos discutidos até aqui, nesta seção apresentamos alguns extratos da nota explicativa de partes relacionadas do Grupo Fleury[3] e da Petrobras.[4] Esses são apenas exemplos ilustrativos e não devem ser considerados como modelo de divulgação

---

[3] Disponível em: https://ri.fleury.com.br/fleury/web/conteudo_pt.asp?idioma=0&conta=28&tipo=28881. Acesso em: 21 nov. 2021.

[4] Disponível em: https://api.mziq.com/mzfilemanager/v2/d/25fdf098-34f5-4608-b7fa-17d60b2de47d/0dbce9f0-05f2-99a0-7c2c-953064b09679?origin=1. Acesso em: 21 nov. 2021.

para outros casos, já que cada empresa deve exercer seu julgamento na preparação da nota explicativa em questão.

Exemplo prático

Nos saldos patrimoniais e contas de resultado, o Grupo Fleury divulga a tabela a seguir na nota explicativa 23. Logo na sequência, também divulga uma breve descrição sobre a natureza e as condições das principais transações, conforme exigido pelo CPC 05 (R2).

Resultado	31/12/2020 Receita	31/12/2020 Despesa	31/12/2019 Receita	31/12/2019 Despesa
Empresas associadas à Bradseg (a)	–	(181.419)	–	(179.314)
Banco Bradesco S.A. (b)	2.812	–	2.812	–
Banco Bradesco S.A. (c)	12.068	(14.327)	–	–
Transinc Fundo Inv. Imobiliário (d)	–	(13.448)	–	(11.172)
Harmonikos 32 Part. e Empreend. Ltda. (d)	–	(5.420)	–	(4.048)
Amicabilis Particip. e Empreend. Ltda. (d)	–	(5.045)	–	(4.392)
OdontoPrev S/A (e)	461	(3.064)	432	–
CM Médicos Associados Ltda. (f)	–	(1.902)	–	(1.686)
Fund. Inst. de Moléstias do Aparelho (g)	–	–	–	(5)
Subtotal	**15.341**	**(224.625)**	**3.244**	**(200.617)**
Total Líquido		**(209.284)**		**(197.373)**

Saldo Patrimonial	31/12/2020 Ativo	31/12/2020 Passivo	31/12/2019 Ativo	31/12/2019 Passivo
Empresas associadas à Bradseg (a)	–	(15.242)	–	(17.739)
Bradesco (b)	–	(8.440)	–	(11.252)
Banco Bradesco (c)	612.909	(402.754)	485.507	–
Transinc Fundo Inv. Imobiliário (d)	37.271	(38.641)	46.538	(46.884)
Amicabilis Part. e Empreend. Ltda. (d)	16.042	(16.713)	19.852	(20.012)
Harmonikos 32 Part. e Empreend. Ltda. (d)	14.783	(15.451)	18.304	(18.452)
OdontoPrev S/A (e)	56	–	31	–
Subtotal	**683.253**	**(488.801)**	**570.232**	**(103.087)**
Total Líquido	**194.452**		**467.145**	

Na elaboração dessa nota explicativa, é importante a empresa levar em consideração a materialidade dos valores, para que os quadros sejam claros e concisos, evidenciando as informações que de fato são relevantes para os usuários das informações contábeis.

Sobre a exigência do CPC 05 (R2) de que as empresas divulguem a remuneração do pessoal-chave da administração, vale observar a tabela apresentada pela Petrobras (nota 39) e evidenciada a seguir, que é bastante completa.

	Jan./Dez./2020			Jan./Dez./2019		
	Diretoria executiva	Conselho de administração	Total	Diretoria executiva	Conselho de administração	Total
Salários e benefícios	14,0	0,7	14,7	11,9	0,7	12,6
Encargos sociais	4,8	0,1	4,9	3,8	0,1	3,9
Previdência complementar	1,1	–	1,1	1,0	–	1,0
Remuneração variável	13,0	–	13,0	10,8	–	10,8
Benefícios motivados pela cessação do exercício do cargo	0,6	–	0,6	1,6	0,1	1,7
Remuneração total	**33,5**	**0,8**	**34,3**	**29,1**	**0,9**	**30,0**
Remuneração total – pagamento realizado	**24,6**	**0,8**	**25,4**	**22,4**	**0,9**	**23,3**
Número de membros – média no período (*)	9,00	10,00	19,00	7,67	9,75	17,42
Número de membros remunerados – média no período (**)	9,00	4,42	13,42	7,67	5,00	12,67

(*) Corresponde à média do período do número de membros apurados mensalmente.
(**) Corresponde à média do período do número de membros remunerados apurados mensalmente.

Sugerimos a leitura completa das notas explicativas 23 e 39 das Demonstrações Financeiras de 2020 do Grupo Fleury e da Petrobras, respectivamente. Além disso, para um melhor entendimento dessa divulgação, também sugerimos a leitura das Demonstrações Financeiras da Magazine Luiza[5] e da EDP – Energias do Brasil.[6]

---

[5] Disponível em: https://ri.magazineluiza.com.br/ListResultados/Central-de-Resultados?=0WX0bwP76pYcZvx+vXUnvg==. Acesso em: 21 nov. 2021.

[6] Disponível em: https://api.mziq.com/mzfilemanager/v2/d/fdc31e8d-cd08-47c5-8b5c-3f120d561d2b/d6957e73-846c-95ba-f46e-79ebe10f721a?origin=1. Acesso em: 21 nov. 2021.

26

Concessões

26.1 Noções preliminares sobre concessões

A construção, a operação e a manutenção de alguns ativos públicos de infraestrutura, por exemplo, rodovias, pontes, túneis, portos, aeroportos, distribuição de energia, penitenciárias e hospitais são muitas vezes conduzidas por entidades privadas que operam e mantêm uma infraestrutura pública para prestar "serviços".

Contratos, nos quais o governo ou outro órgão do setor público (o concedente) contrata uma entidade privada (a concessionária, também chamada de entidade operadora) para desenvolver, aperfeiçoar, operar ou manter seus ativos de infraestrutura, são denominados contratos de concessão de serviços, ou apenas concessões.

26.2 Reconhecimento e mensuração

A concessionária deverá aplicar a ICPC 01 (R1) para reconhecer sua receita de prestação de serviço de acordo com o CPC 47, aplicando um modelo de quatro passos:

1. Determinar se o acordo entre operadora e poder concedente está no escopo da ICPC 01 (R1).
2. Determinar o modelo de contabilização a ser aplicado – ou seja, o operador assume o risco de demanda ou possuirá direito incondicional de receber caixa seja do concedente ou em seu nome.
3. Determinar o reconhecimento de receita na fase de construção.
4. Determinar o reconhecimento de receita na fase de operação.

Assim, a interpretação traz algumas premissas-chave que requerem julgamento e estimativas pelo preparador das demonstrações contábeis em relação ao reconhecimento das transações:

a) A interpretação deve ser aplicada pela concessionária quando a entidade governamental controla ou regula os serviços a serem providos na infraestrutura pública e o preço (tarifa) a ser cobrado; e, também, controla quaisquer valores residuais significativos da infraestrutura.

b) A concessionária atua como provedora de serviços, seja de construção ou melhoria de infraestrutura pública, seja de operação e manutenção da mesma infraestrutura. A concessionária irá reconhecer seus serviços prestados e os custos relacionados com esses serviços de acordo com o CPC 47. Assim, se o contrato estabelecer mais de uma obrigação de *performance* com o cliente, a operadora deve alocar a contraprestação total a que espera ter direito ao longo do período de concessão.

c) Na etapa de construção e melhoria, o cliente no contrato é geralmente o poder concedente, enquanto que na etapa de operação e manutenção o cliente pode ser tanto o poder concedente quanto o público em geral – tal avaliação irá impactar o ativo a ser reconhecido nessa fase.

d) Em um contrato de concessão, a operadora não reconhece a infraestrutura construída ou a ser operada como o seu ativo; pois não controla a infraestrutura e apenas detém o direito de uso.

e) A operadora reconhece um ativo que reflita a natureza da contraprestação a ser recebida – Ativo Financeiro, Ativo Intangível ou ambos – pelos serviços a serem prestados – construção, operação e/ou serviços de melhoria. Não obstante, independentemente da natureza da contraprestação a ser recebida, a operadora deverá reconhecer um ativo de contrato durante a etapa de construção ou serviços de melhoria. Assim, o fator preponderante do reconhecimento do ativo na fase de operação é quem assume o risco de demanda, não quem irá pagar a operadora.

Se a concessionária não tiver sua tarifa controlada pelo Estado, ou se estiver submetida a uma tarifa máxima, mas puder fixá-la abaixo disso, e normalmente a tarifa cobrada estiver significativamente abaixo da máxima permitida, a entidade estará correndo riscos próprios de volume e preços, e será considerada como estando controlando seus ativos. Dessa forma, não aplicará a norma de concessão, mas sim as de Ativo Imobilizado. Por isso, vemos alguns tipos de geradoras de energia elétrica com ativo imobilizado e não com ativo intangível ou financeiro.

Se estiver submetida ao controle do poder concedente, não terá imobilizado, como já dito. E se correr o risco da demanda, tudo o que gastar para explorar o ativo, como construí-lo, por exemplo, será considerado direito de exploração, e aparecerá como Ativo Intangível.

Se tiver algum direito incondicional de receber o total contratado (exploração de um presídio, por exemplo), tudo o que gastar se constituirá num ativo financeiro. Isso ocorre também com as transmissoras de energia elétrica, já que o governo garante o total recebimento do que tiver sido contratado. Pode surgir também Ativo Financeiro quando a concessionária tiver direito a recuperar parte do valor investido como indenização ao entregar os bens ao final do contrato. Nesse caso, o valor total gasto será dividido em parte como intangível e parte como financeiro.

E uma novidade: essas concessionárias que na verdade são prestadoras de serviços precisam separar a construção da operação. E o que construírem será considerado um serviço à parte. E esse serviço de construção precisa ter uma margem de lucro reconhecida. Assim, elas aparecem com receitas de construção durante essa fase.

26.3 Casos de aplicação da norma

Veja a seguir exemplos e discussões práticas auxiliarão a compreensão da aplicação da ICPC 01 (R1).

> **Exemplo prático**
>
> **Aplicação da ICPC 01 (R1)**
>
> **Direitos da concessionária sobre a infraestrutura**
>
> Uma entidade celebra contrato de concessão para construção e operação de uma planta de energia hidrelétrica. No caso, a entidade é responsável por adquirir o terreno onde será construída a usina e outros bens usados na construção. A entidade estará sob controle tarifário do poder concedente. Ao final da concessão, a usina e o terreno serão transferidos ao poder público. Assim, o terreno e os outros bens usados na construção não devem ser reconhecidos como Ativo na entidade. Terreno e os outros bens usados na construção da usina não eram ativos existentes da entidade privada, pois foram adquiridos para construção de acordo com os termos do contrato de concessão.
>
> **Risco de demanda e reconhecimento do ativo de operação**
>
> A entidade entra em um acordo de concessão com o poder concedente para construir e operar uma infraestrutura pública e, em troca, terá direito de cobrar pedágio do público em geral. Os valores a serem cobrados no pedágio serão pagos diretamente pelo usuário e o poder concedente é quem regula o preço do pedágio. Nessas circunstâncias, o operador deve reconhecer um ativo intangível. Por mais que a operadora possua a garantia do retorno, por meio da cobrança do pedágio estabelecida no contrato de concessão, isso não dá origem a um ativo financeiro e não representa um direito incondicional de receber caixa. Essa classificação será a mesma se o concedente, e não o usuário, se comprometer com o respectivo pagamento do pedágio.
>
> Um ativo financeiro poderá ser reconhecido caso a operadora possua um direito incondicional de receber um pagamento do poder concedente em troca do valor justo da concessão no final do contrato. Também, um ativo financeiro poderá ser reconhecido caso o poder concedente garanta um valor mínimo total a que a operadora tem direito; nessas circunstâncias, a operadora irá reconhecer um ativo financeiro que representa o direito incondicional de receber uma quantia monetária fixa, mesmo que se espere que os pagamentos pelo uso da infraestrutura sejam feitos pelos usuários.
>
> **Risco de demanda e quem faz o pagamento pelo uso da infraestrutura**
>
> A entidade foi contratada para construir e operar uma penitenciária. No acordo de concessão, está estabelecido que a entidade receberá mensalmente do poder concedente um valor calculado com base na taxa de ocupação do presídio. Nessas circunstâncias, o operador também deve reconhecer um ativo intangível, pois os pagamentos serão feitos pelo poder concedente e não pelo usuário. Nesse caso, a empresa operadora assumiu o risco de demanda e seus fluxos de caixa dependerão do uso da penitenciária.
>
> Caso o contrato de concessão estabeleça um valor mínimo garantido pelo poder concedente, por exemplo, maior valor entre a ocupação e a uma quantia mínima estabelecida, a operadora deve reconhecer um ativo financeiro. O que exceder a esse valor mínimo garantido será reconhecido como ativo intangível.

Aplicação prática – a tabela a seguir resume os tipos de ativo que a operadora irá reconhecer em decorrência da operação da infraestrutura pública

Estrutura simplificada de pagamento	Risco de demanda	Ativo financeiro	Ativo intangível
O concedente paga ao operador um valor específico ou predeterminado	Concedente	X	
O concedente paga ao operador um valor contingente ao desempenho ou disponibilidade	Concedente	X	
Os usuários pagam ao operador com base no uso	Operadora		X
O concedente paga ao operador com base no uso	Operadora		X
Os usuários pagam para a operadora, mas o preço cobrado varia de acordo com o regulador para garantir um retorno substancialmente fixo	Operadora		X
Os usuários pagam à operadora e a concessão continua até que a operadora obtenha seu retorno sobre os investimentos	Operadora		X
Os usuários pagam para a operadora com base no uso da infraestrutura pública, mas o concedente garante que os pagamentos não ficarão abaixo de um mínimo especificado (garantia de prejuízo)	Ambos	Ao mínimo garantido	Ao excedente do mínimo garantido pelo concedente
A operadora não fornece serviços de construção ou atualização e não tem obrigação de pagar ao concedente ou a terceiros	Não aplicável	Contrato executório (sem ativo ou passivo)	

Pagamentos fixos e variáveis pela concessionária ao concedente

Uma das questões mais complexas que tratamos no *Manual* reside na aquisição de direito de concessão com pagamento parcelado. A combinação de pagamentos fixos e variáveis por uma concessionária em troca dos direitos de operação ainda é um problema existente na ICPC 01 (R1) e na aplicação da norma CPC 04 (R1) para aquisição de ativos intangíveis.

Aos pagamentos fixos, a concessionária deve incluir o valor justo desse elemento no custo do ativo intangível e reconhecer um passivo financeiro correspondente no início do contrato, quando não liquidado à vista; esse tratamento é similar aos contratos de arrendamento no escopo do CPC 06 (R2).

Porém, os pagamentos variáveis refletem um contrato executório, e de tal maneira são tratados como despesas quando incorridos. Suponha que o poder público contrate uma entidade para a construção e operação de 1.500 equipamentos de detecção rápida de certas doenças. Os equipamentos serão produzidos em um ano e disponibilizados em pontos específicos para o uso do público em geral por um período de cinco anos. No final do período de concessão, a entidade entregará os equipamentos, sem qualquer tipo de contraprestação adicional, ao poder concedente. A seguir, apresentamos algumas informações relevantes à contabilização pela entidade sobre o esse contrato com o poder concedente e outras transações:

- Os usuários pagarão um valor de $ 130 cada vez que utilizarem o equipamento, e o poder concedente garante um valor mínimo de $ 75.000 por ano à entidade para cada equipamento (ou seja, $ 112.500.000, que é equivalente a $75.000 × 1.500).
- A entidade também constrói o equipamento similar, normalmente, para a iniciativa privada e estima que o valor unitário é de $ 380.000.

Informação	Por equipamento	Para todos os equipamentos
Quantidade de equipamentos	1	1.500
Taxa de desconto	9%	9%
Período de construção	1	1
Período de operação	5	5
Preço individual de uso	130	195.000
Preço garantido por ano	75.000	112.500.000
Preço de venda à vista independente dos serviços	380.000	570.000.000

Informações adicionais

Destaca-se que a empresa concessionária irá aplicar os critérios do CPC 47 para determinar se o serviço de construção e operação do equipamento, e seus reparos, são *performances* distintas no contrato e, assim, reconhecer a receita quando satisfizer as cinco etapas a seguir, seja em um momento específico no tempo, seja ao longo do tempo:

1. Etapa 1: Identificar o(s) contrato(s) com um cliente – acordo entre duas ou mais partes que cria direitos e obrigações exequíveis. Os requisitos do CPC 47 aplicam-se a todo contrato celebrado com um cliente e que atenda critérios específicos. A identificação de cliente na ICPC 01 (R1) não teve alterações com a aprovação do CPC 47. Nesse exemplo, a entidade identifica que seus clientes são o poder concedente, na etapa de construção, e o público em geral, na etapa de operação do ativo.

2. Etapa 2: Identificar as obrigações de *performance* – contrato inclui promessas de transferência de produtos ou serviços a um cliente que, se forem distintos, devem ser contabilizados separadamente. Deve-se verificar a distinção dos bens ou serviços e a identificação de obrigações de *performance*, isoladamente ou em conjunto com outros recursos, que estejam prontamente disponíveis ao cliente, e se a promessa da entidade de transferir o bem ou serviço ao cliente é separadamente identificável de outras promessas contidas no contrato. Nesse exemplo, a entidade identifica que há duas obrigações de *performance*: (1) produzir o ativo; (2) operar o ativo. Quaisquer manutenções e reparos a serem realizadas pela empresa em seus equipamentos não foram identificadas como obrigação de *performance* separada, assim a empresa contabilizará as manutenções de acordo com o CPC 25 – Provisões, passivos contingentes e ativos contingentes.

3. Etapa 3: Determinar o preço da transação, por obrigação de *performance* – o preço da transação é o valor da contraprestação contratual ao qual a entidade espera ter direito no atendimento de sua obrigação de *performance* e pode ser um valor fixo, variável ou, inclusive, em forma de contraprestação não monetária. Caso haja componente financeiro significativo na transação, o preço é ajustado para refletir os efeitos do valor do dinheiro no tempo – no caso do CPC 47, inclusive, sem exceção para períodos abaixo de um ano. Se a contraprestação for variável, a entidade estima o valor ao qual terá direito, considerando-o somente na medida em que for altamente provável que uma reversão significativa não ocorrerá. No exemplo ora estudado, a entidade identifica que há preço individual a ser praticado pelos equipamentos ($ 380.000) e a taxa de desconto para trazer a valor presente os fluxos de caixa a serem recebidos (9%, que se refere à taxa de juros estimada para empréstimo ao poder concedente).

4. Às etapas 4 (alocar o preço de transação às obrigações de *performance* no contrato) e 5 (reconhecer a receita quando – ou à medida que – a entidade satisfizer uma obrigação de *performance*) do CPC 47, a empresa alocou o preço de transação às obrigações de *performance* no contrato e reconheceu a receita à medida que satisfez sua obrigação de *performance*. Para fins de simplificação, a empresa atende sua obrigação de *performance* em relação à construção do ativo quando o entregou pronto a uso (no final do ano 1) e em relação à operação do ativo ao longo do uso pelo público em geral.

Etapa de construção dos equipamentos

A empresa recebe, pela produção das 1.500 unidades, o direito a uma quantia fixa e determinável de $ 75.000 ($ 112.500.000 para a produção total) nos anos de operação do equipamento e prestação de serviço ao público. Ou seja, caso a utilização do equipamento em um ano gere um fluxo financeiro inferior ao previsto, a entidade tem direito de receber uma compensação do poder concedente. A entidade também tem o direito de manter quaisquer saldos acima desse mínimo garantido. Assim, no período de operação, a entidade reconhecerá um ativo financeiro para os valores mínimos garantidos e um ativo intangível para o excedente.

O reconhecimento da receita do serviço de construção ($ 570 milhões para as 1.500 unidades) terá como contrapartida a um ativo de contrato, que será reclassificado para ativo financeiro e ativo intangível quando a construção for concluída. O ativo financeiro será reconhecido pelo valor presente dos fluxos de caixa futuros (ou seja, valor de prestações de $ 112,5 milhões por ano, com uma taxa de desconto de 9% ao ano – consideramos o recebimento ao final do ano seguinte) que equivalem a $ 437.586 mil ao final do ano 1 (a entidade receberá principal e juros sobre o valor em aberto). Assim, o ativo intangível será reconhecido pela diferença, no montante de $132.414 mil. A produção dos equipamentos completa-se em um único ano, assim não apresentamos os ativos de contrato e realizamos a bifurcação de maneira direta. Nos casos de acordos mais complexos, a entidade reconhecerá a receita de construção aplicando o CPC 47, no período do contrato, em contrapartida a, geralmente, um ativo de contrato; e, quando os serviços forem concluídos, contabilizará o ativo financeiro, de acordo com o CPC 48, e o ativo intangível, de acordo com o CPC 04 (R1).

Etapa de operação dos equipamentos

As receitas relativas aos serviços prestados e entregues serão reconhecidas de acordo com o CPC 47, ou seja, no caso do serviço de produção a empresa reconhecerá no primeiro ano um total de $ 570 milhões e nos anos 2 a 6 reconhecerá sua receita de acordo com o uso do ativo pelo público em geral para o excedente do mínimo garantido.

Suponha que a demanda real pelos equipamentos durante os cinco anos de operação seja:

Ano	Ano 2	Ano 3	Ano 4	Ano 5	Ano 6
Números utilizados	350	600	850	950	830

Assim, com base na ICPC 01 (R1), a empresa deve reconhecer os recebimentos de caixa da seguinte forma:

Ano	Ano 2	Ano 3	Ano 4	Ano 5	Ano 6	Total
Números utilizados	350	600	850	950	830	3.580
Receita: uso × preço individual	68.250	117.000	165.750	185.250	161.850	698.100
Valor mínimo garantido	112.500	112.500	112.500	112.500	112.500	562.500
Valor recebido	112.500	117.000	165.750	185.250	161.850	742.350
Valor a ser alocado em contrapartida ao ativo financeiro	112.500	112.500	112.500	112.500	112.500	562.500
Valor a ser alocado em contrapartida a receita da operação	0	4.500	53.250	72.750	49.350	179.850

Desconsiderando os custos de construção e operação dos equipamentos, a seguir apresentamos resumo dos valores que constarão do Balanço Patrimonial e da demonstração dos resultados em cada período.

Alínea	Ano 1	Ano 2	Ano 3	Ano 4	Ano 5	Ano 6
Receita	570.000	0	4.500	53.250	72.750	49.350
Receita financeira	0	39.383	32.802	25.629	17.811	9.289
Amortização Intangível	0	(26.483)	(26.483)	(26.483)	(26.483)	(26.483)
Ativo financeiro	437.586	364.468	284.771	197.900	103.211	0
Ativo intangível	132.414	105.931	79.449	52.966	26.483	0
Caixa	0	112.500	117.000	165.750	185.250	161.850

Relatório da Administração

27.1 Introdução

O Relatório da Administração (RA) é um dos documentos de elaboração e divulgação obrigatória pelas sociedades por ações no Brasil, conforme o art. 133 da Lei nº 6.404/1976.

27.2 Regulamentações e Estudos sobre o Relatório da Administração no Brasil e no Mundo

27.2.1 Lei nº 6.404/1976

A Lei nº 6.404/1976, em seu art. 133, item I, determina que:

> "Os Administradores devem comunicar [...] que se acham à disposição dos acionistas:
>
> • o relatório da administração sobre os negócios sociais e os principais fatos administrativos do exercício findo."

Além da obrigatoriedade básica descrita, temos na citada lei mais as seguintes exigências:

a) Art. 55, § 2º (aquisição de debêntures de emissão própria).
b) Art. 118, § 5º (política de reinvestimento de lucros e distribuição de dividendos, constantes de acordo de acionistas).
c) Art. 243 (modificações ocorridas no exercício nos investimentos em coligadas e controladas).

27.2.2 Deliberações e Instruções da Comissão de Valores Mobiliários (CVM)

A CVM emitiu a Deliberação nº 676/2011, que aprovou o pronunciamento CPC 26 (R1), e que versa, entre outros quesitos, sobre o conteúdo mínimo do Relatório da

Administração publicado pelas companhias abertas. Segundo essa deliberação, o RA deve contemplar informações:

a) Dos principais fatores e influências que determinam o desempenho, incluindo alterações no ambiente em que a entidade opera, a resposta a essas alterações e o seu efeito e a política de investimento da entidade para manter e melhorar o desempenho, incluindo a sua política de dividendos.

b) Das fontes de financiamento e a respectiva relação pretendida entre passivos e o Patrimônio Líquido.

c) Dos recursos da entidade não reconhecidos nas demonstrações contábeis de acordo com os Pronunciamentos Técnicos, Interpretações e Orientações do CPC.

A Instrução nº 480/2009 da CVM, com as alterações introduzidas pelas Instruções CVM nºs 488/2010, 509/2011, 511/2011 e 520/2012, estabelece níveis de exigência diferentes para as empresas conforme o tipo de títulos que negociam no mercado. A instrução separa em duas categorias, A e B, cuja diferença principal está em que as empresas incluídas no grupo B não podem ter seus títulos negociados em mercados regulamentados. Exigências maiores são estabelecidas para quem mais acessa o mercado. Para as empresas da categoria B, a divulgação de alguns itens é facultativa, conforme demonstra o Anexo 24 da Instrução. Foi instituído o Formulário de Referência, que reúne todas as informações sobre o emissor.

27.2.2.1 Divulgação voluntária do LAJIDA – EBITDA

A Instrução CVM nº 527/2012 estabelece disposições sobre a divulgação voluntária do LAJIDA (EBITDA) e LAJIR (EBIT) determinando que não poderão ser considerados quaisquer montantes que não estejam nas demonstrações divulgadas, em especial na Demonstração do Resultado do Exercício.

O cálculo não pode excluir itens não recorrentes, não operacionais ou de operações descontinuadas:

Resultado líquido do período	Resultado líquido do período
(+) Tributos sobre o lucro	(+) Tributos sobre o lucro
(+) Despesas financeiras líquidas das receitas financeiras	(+) Despesas financeiras líquidas das receitas financeiras
(+) Depreciações, amortização e exaustões	–
= LAJIDA (EBITDA)	= LAJIR (EBIT)

A companhia pode optar por divulgar tais medidas excluindo os resultados líquidos vinculados às operações descontinuadas (CPC 31 – Ativo não Circulante Mantido para Venda e Operação Descontinuada) e ajustadas por outros itens, de maneira que contribua para a informação sobre o potencial de geração bruta de caixa. Outros ajustes somente podem ser usados se constarem das demonstrações contábeis publicadas e, caso a companhia opte por realizá-los, deve divulgar:

a) A descrição de sua natureza.

b) Forma de cálculo.

c) Justificativa para o ajuste.

Nesse caso, as medidas serão divulgadas como "ajustadas". Vejamos um exemplo.

Exemplo prático

Durante o ano de 20X0, a Cia. ABC apresentou a seguinte Demonstração do Resultado do Exercício:

Demonstração do Resultado do Exercício da Cia. ABC de 20X0

	Em R$
Receitas	300.000
Custos	(120.000)
Lucro Bruto	**180.000**
Despesas Operacionais (inclui depreciação de R$ 10.000)	(50.000)
Outras Despesas Operacionais (perda por *impairment*)	(30.000)
Lucro antes do Resultado Financeiro e Tributos sobre o Lucro	**100.000**
Resultado Financeiro Líquido	(30.000)
Lucro antes dos Tributos sobre o Lucro	**70.000**
Tributos sobre o Lucro	(21.000)
Lucro Líquido	**59.000**

A Cia. ABC pretende excluir a perda por *impairment* do EBITDA ajustado do ano de 20X0, por entender que se trata de ajuste não recorrente. Assim, as referidas divulgações seriam:

Cálculo do EBITDA Ajustado da Cia. ABC do exercício de 20X0

	Em R$
Lucro líquido do período	59.000
(+) Tributos sobre o lucro	21.000
(+) Despesas financeiras líquidas das receitas financeiras	30.000
(+) Depreciações, amortização e exaustões	10.000
= LAJIDA (EBITDA)	**110.000**
(+) Perda por *Impairment*	30.000
= LAJIDA Ajustado (EBITDA Ajustado)*	140.000

(*) A administração optou por adicionar a perda por *impairment* no cálculo do EBITDA ajustado de 20X0 por entender que se trata de evento não recorrente oriundo da pandemia do Covid-19.

27.2.2.2 Divulgação de serviços que não de auditoria prestados pelos auditores independentes

A Instrução CVM nº 381/2003 estabelece que as entidades deverão divulgar no RA informações relativas a seu relacionamento (e de suas partes relacionadas) com o Auditor Independente:

a) Data de contratação, prazo de duração, se superior a um ano, e a indicação da natureza do serviço.

b) Total dos honorários contratados e seu percentual em relação aos honorários dos serviços de auditoria.

c) Política ou procedimentos adotados para evitar a existência de conflito de interesse, perda de independência ou objetividade de seus auditores independentes.

d) Resumo das razões pelas quais, em seu entendimento, a prestação de outros serviços não afeta a independência e a objetividade necessárias ao desempenho dos serviços de auditoria externa.

27.2.2.3 Exemplos de informações a serem divulgadas no relatório da administração

A seguir, apresentaremos alguns exemplos de informações que podem ser divulgadas no RA:

a) Descrição dos negócios, produtos e serviços.
b) Comentários sobre a conjuntura econômica geral.
c) Recursos humanos.
d) Investimentos.
e) Pesquisa e desenvolvimento.
f) Novos produtos e serviços.
g) Proteção ao meio ambiente.
h) Reformulações administrativas.
i) Investimentos em controladas e coligadas.
j) Direitos dos acionistas e dados de mercado.
k) Perspectivas e planos para o exercício em curso e os futuros.
l) Empresas investidoras.
m) Fontes de obtenção de recursos.
n) Itens fora do Balanço.
o) Análise de riscos.

27.2.3 Estudo da Organização das Nações Unidas (ONU)

A Conferência das Nações Unidas para o Comércio e Desenvolvimento (Unctad) publicou em 2006 um Guia de Boas Práticas de Governança Corporativa (GPCGD), como resultado de um trabalho que envolveu *experts* da área e das normas emitidas pelo *International Standards of Accounting and Reporting* (ISAR) durante o período de 2001 a 2005. Esse guia é dividido em cinco sessões:

a) Divulgação financeira.
b) Divulgação não financeira.
c) Assembleias.

d) Calendário e meios de divulgação.
e) Boas práticas para cumprimento.

27.2.4 Projeto do IASB

Em 2005, o *International Accounting Standards Board* (IASB) apresentou um *discussion paper* com a IOSCO (organização internacional das CVM) para obter um guia sobre o assunto. Entre outros tópicos, foi sugerido que o RA passasse a integrar o conjunto de demonstrações contábeis, por supor que a qualidade dos relatórios melhoraria.

O IASB mantém esse assunto na pauta de discussão. Segundo esse material, o RA deve evidenciar, além do que aconteceu, seus motivos e quais as implicações para o futuro.

27.3 Considerações finais

O presente capítulo apresentou regulamentações e estudos sobre o Relatório da Administração no Brasil e no Mundo. Percebe-se que não existe, todavia, um documento único que discipline tal tema.

Ressaltamos, por fim, as recomendações trazidas pela Orientação Técnica OCPC 07 – Evidenciação na Divulgação dos Relatórios Contábil-Financeiros de Propósito Geral, em especial aquela relativa à determinação de que apenas informações relevantes sejam divulgadas nos Balanços das empresas. Esse mesmo princípio deve nortear a elaboração e a divulgação do RA.

28

Contabilidade em Economia Inflacionária

28.1 Introdução

Em economias com alta taxa de inflação, a moeda nacional sofre variações significativas em seu poder aquisitivo e o registro das transações pelo valor histórico perde sua representatividade.

Em períodos com inflação, os itens de natureza monetária, como disponível, realizáveis e exigíveis, são normalmente demonstrados em termos de moeda com poder aquisitivo atual. Mas os itens de natureza não monetária, por exemplo, imobilizado, estoques e capital integralizado pelos acionistas, podem estar representados por valores formados em diversos exercícios por moedas com vários níveis de poder aquisitivo. Esses efeitos são refletidos, igualmente, na apuração do resultado de cada ano, por exemplo, nas depreciações e amortizações de certos ativos, ou na baixa de ativos adquiridos há certo tempo, como no caso dos estoques etc. Distorção geral.

Evidentemente, o efeito líquido das variações resultantes das mudanças no poder aquisitivo da moeda altera-se de empresa para empresa, dependendo dos investimentos em ativos de curta ou longa vida e da relação entre os ativos e passivos monetários.

A norma internacional IAS 29 – *Financial Reporting in Hyperinflationary Economies*, foi traduzida pelo CPC 42. A ICPC 23 – Aplicação da Abordagem de Atualização Monetária Prevista no CPC 42 está alinhada à Interpretação IFRIC 07, do IASB.

28.2 Resumo da evolução histórica da correção monetária no Brasil

Em países com altas taxas de inflação, as empresas enfrentam grave problema contábil: como reconhecer os efeitos inflacionários sobre seus ativos apresentados na Contabilidade a custos históricos?

No Brasil, com a finalidade de atenuar os efeitos da inflação nas demonstrações contábeis, após várias legislações fiscais de efeitos muito parciais, foi instituída a correção monetária pelo art. 185 da Lei nº 6.404/1976. Os efeitos dessa correção monetária eram refletidos em uma única linha na Demonstração dos Resultados do Exercício e no Balanço Patrimonial, por meio da atualização das contas do Ativo então chamado Permanente (corresponderia hoje a Imobilizado, Intangível e Investimentos) e do Patrimônio Líquido. As contas do resultado só eram afetadas pelo novo valor da depreciação/amortização, ainda que parcialmente, e pela conta de Correção Monetária de Balanço, sozinha, dificílima de ser entendida.

Em função disso, por meio da Instrução CVM nº 64/1987, as companhias abertas passaram a ser obrigadas a divulgar demonstrações contábeis complementares, elaboradas em moeda de poder aquisitivo constante, ou seja, demonstrações pela Correção Monetária Integral.

Infelizmente, a Lei nº 9.249/1995 passou a proibir, para efeitos societários e fiscais, o reconhecimento da inflação nas demonstrações contábeis. A consequência dessa proibição tem provocado tributação sobre o Patrimônio Líquido (em outras palavras, tributação sobre o capital) e distorções significativas nas demonstrações contábeis das empresas. Podemos concluir, portanto, que tudo o que se avançou com a Lei nº 6.404/1976 foi jogado fora pela Lei nº 9.249/1995.

28.3 Sistema da correção integral com base nos dados nominais obtidos pela legislação societária

Além da escolha do índice para atualização dos valores, outro ponto de fundamental importância é a classificação das contas patrimoniais em dois grupos: contas monetárias e contas não monetárias. O CPC 02 (R2) define que "A característica essencial de item monetário é o direito a receber (ou a obrigação de entregar) um número fixo ou determinável de unidades de moeda". Os itens monetários são compostos pelas contas de Disponibilidades e de Direitos e Obrigações a serem Liquidados com Disponibilidades.

O mesmo CPC 02 (R2) também define que "a característica essencial de item não monetário é a ausência do direito a receber (ou da obrigação de entregar) um número fixo ou determinável de unidades de moeda". Os itens não monetários são todos os demais, ou seja, representam bens (estoques, imobilizado etc.), despesas antecipadas, adiantamentos a serem liquidados em bens (a fornecedores, de clientes etc.) ou a serem recebidos em bens.

28.4 Modelo do IASB

Em linhas gerais, o modelo do CPC 42 segue os princípios do modelo de correção integral, adotado de forma obrigatória, no Brasil, até 1995 para as companhias abertas.

Em resumo, os itens monetários já estão na moeda da data do Balanço e não precisam de ajuste. Já os não monetários precisam ser corrigidos desde suas datas de formação até a data do Balanço. Isso inclui o capital social.

Mas o IASB exige que o modelo seja aplicado apenas quando de hiperinflação. Essa caracterização de hiperinflação é feita segundo o item 3 do CPC 42. Um dos critérios para detectar hiperinflação é ela atingir 100% acumulados em três anos. Isso significa, aproximadamente, inaceitáveis 26% a.a. No Brasil, demonstrações financeiras publicadas de 1996 em diante mostraram que, com índices de inflação bem menores, os reflexos pelo não reconhecimento da inflação podem ser relevantes. Os exemplos apresentados a seguir também demonstram esse impacto.

Diante disso, os autores deste *Manual* entendem que esse critério de aplicação do modelo de correção monetária é incorreto. Em teoria, o modelo de correção monetária deveria ser adotado sempre que a sua não adoção implicasse perda da qualidade informativa das demonstrações contábeis.

28.5 Tratamento para as pequenas e médias empresas

Esse tópico de correção de Balanço não é abordado pelo Pronunciamento Técnico PME – Contabilidade para Pequenas e Médias Empresas.

28.6 Exemplos

Optamos, ao invés de fazer explanações teóricas, por apresentar exemplos simplificados, mas que ilustram com clareza os conceitos do modelo da correção integral (também utilizado pelo CPC 42 com pequenas diferenças a mostrar depois).

Exemplo prático

Admita-se uma empresa que possui um terreno onde opera um estacionamento. As demonstrações financeiras (Balanços, DRE e DFC) são apresentadas a seguir:

BALANÇOS PATRIMONIAIS	31/12/X0	31/12/X1	DRE	X1	DFC	X1
Caixa	10.000	60.000	Receitas Serviços	200.000	**At. Operacionais**	
Terrenos	200.000	200.000	(–) Custos Serviços	(140.000)	Lucro Líquido	20.000
Total	**210.000**	**260.000**	**(=) Lucro Bruto**	**60.000**	(+) Desp. Financeira	30.000
Empréstimos	160.000	190.000	Desp. Salários	(10.000)		**50.000**
Capital	50.000	50.000	Desp. Juros	(30.000)	(+) SI Caixa	10.000
Reservas de Lucros	–	20.000	**(=) Lucro Líquido**	**20.000**	**(=) SF Caixa**	**60.000**
Total	**210.000**	**260.000**				

Além disso, as seguintes informações são fornecidas:

- A inflação acumulada desde a formação do capital social até 31/12/X0 é de 100%.
- A inflação acumulada desde a aquisição do terreno até 31/12/X0 é de 30%.
- A inflação de X1 foi de 10%.
- As receitas, os custos e as despesas foram distribuídos uniformemente ao longo do ano.
- Não houve novas captações e nem pagamentos dos empréstimos, apenas a despesa financeira do período, contratada pela inflação + 7,9545%.

A partir desses dados, é possível produzir as mesmas demonstrações, porém agora considerando a lógica do modelo da CMI e do CPC 42, qual seja, a adoção de uma mesma base de valor, isto é, todos os valores das demonstrações contábeis são apresentados em moeda de mesma data, pois, com a inflação, as moedas dos períodos não são comparáveis. Vejam-se as diferenças, algumas enormes, a começar do lucro líquido: ao invés de $ 20.000, após efeito da inflação aparece por $ 35.000. Que mistério é esse? Às vezes, a correção aumenta o lucro?

BALANÇOS PATRIMONIAIS	31/12/X0 em moeda de 31/12/X1	31/12/X1 em moeda de 31/12/X1	DRE	X1 em moeda de 31/12/X1	DFC	X1 em moeda de 31/12/X1
Caixa	11.000	60.000	Receitas Serviços	209.762	At. Operacionais	
Terrenos	286.000	286.000	(–) Custos Serviços	(146.833)	Lucro Líquido	35.000
Total	**297.000**	**346.000**	**(=) Lucro Bruto**	**62.929**	(+) Desp. Financeira	14.000
Empréstimos	176.000	190.000	Desp. Salários	(10.488)		**49.000**
Capital	110.000	110.000	Desp. Juros	(14.000)	(+) SI Caixa	**11.000**
Reservas de Lucros	11.000	46.000	Perdas no Caixa	(3.441)	(=) SF Caixa	**60.000**
Total	**297.000**	**346.000**	**(=) Lucro Líquido**	**35.000**		

A seguir, detalharemos cada um desses valores.

Balanços Patrimoniais

Em primeiro lugar, vamos utilizar o conceito de itens monetários e não monetários, descrito na Seção 28.3. No nosso caso, caixa e empréstimos são itens monetários, já terrenos, capital e reservas de lucros são itens não monetários.

Os itens monetários já devem (ou deveriam) estar apresentados em moeda corrente. Logo, os saldos de caixa e empréstimos são apresentados no Balanço de 31/12/X1 pelos mesmos valores do Balanço sem qualquer atualização. Já os mesmos saldos de 31/12/X0 precisam ser atualizados pela inflação de 10%, para que possam ser apresentados em moeda comparável ao Balanço de 31/12/X1. Assim, temos: $ 11.000 e $ 176.000, respectivamente.

Já os itens não monetários precisam ser atualizados desde a data de sua formação ou aquisição. Terrenos estavam apresentados nominalmente pelo valor de $ 200.000, porém, considerando que, desde a data de sua aquisição até 31/12/X0, a inflação foi de 30%, e em X1 mais 10%, isso faz com que o valor dos terrenos apresentado em moeda de 31/12/X1 seja de $ 286.000 ($ 200.000 × 1,30 × 1,10). O mesmo valor se repete no Balanço de 31/12/X1, já que não houve movimentação nessa conta em X1. O mesmo racional aplica-se ao capital social, sendo apresentado por $ 110.000 ($ 50.000 × 2,00 × 1,10) e repetido no Balanço de 31/12/X1 por não haver movimentação de capital social durante X1. Finalmente, a reserva de lucros, que possuía saldo zero no Balanço de 31/12/X0 sem correção, foi apresentada por um valor de $ 11.000. Isso se deve ao fato de que, no Balanço, Ativo é igual a Passivo + PL. Logo, se o total do Ativo é de $ 297.000, o Passivo é de $ 176.000 e o capital atualizado é de $ 110.000, então a reserva de lucros precisa ser apresentada pela diferença ($ 297.000 (–) 176.000 (–) 110.000). Mas, mais do que calcular esse valor a partir da equação fundamental da contabilidade, é preciso entender o que ele significa: $ 11.000 seria o lucro corrigido, apresentado em moeda de 31/12/X1, que a empresa teria apresentado em suas DREs passadas, caso o modelo da correção integral estivesse sendo sempre adotado. Finalmente, o mesmo procedimento aplica-se ao Balanço de 31/12/X1 para a obtenção do saldo da reserva de lucros.

Demonstração do Resultado

Para a DRE, inicialmente temos que atualizar os valores das receitas, custos e despesas desde a data do seu reconhecimento até 31/12/X1, que é a moeda de apresentação. Isso implica atualizar todas as operações ocorridas ao longo do ano pela inflação efetiva, desde a data da operação até a data de fechamento. Com a tecnologia hoje disponível, essa é uma tarefa bastante tranquila.

Por simplificação, estamos assumindo que as receitas, os custos e as despesas ocorreram de maneira uniforme ao longo do ano; assim, a atualização monetária será calculada pela inflação média do período $((1,10)^{1/2} - 1)$, resultando em aproximadamente 4,8809%. Logo, as receitas atualizadas totalizam $ 209.762 ($ 200.000 × 1,048809), os custos, $ 146.833 ($ 140.000 × 1,048809) e as despesas de salários, $ 10.488 ($ 10.000 × 1,048809).

Já as despesas de juros representam o custo financeiro do empréstimo, porém em termos reais. Nesse caso, é fácil perceber pelo Balanço que esse valor é de $ 14.000, já que o Balanço demonstra os saldos dos empréstimos em moeda de mesma data. O saldo inicial era $ 176.000, e o saldo final apresenta $ 190.000, portanto, o empréstimo aumentou $ 14.000 por conta da efetiva despesa financeira (despesa financeira real). Outra forma de visualizar esse valor é observar que o custo do empréstimo foi contratado pela taxa de inflação mais juros reais de 7,9545%. Assim, se a inflação do período foi de 10%, então, da despesa financeira nominal de $ 30.000, devem-se descontar $ 16.000, que representam os 10% sobre o saldo inicial da dívida. Assim, o valor de $ 14.000 representa 7,9545% do saldo atualizado da dívida ($ 176.000). Também é possível pensar que o passivo monetário, por estar exposto aos efeitos da inflação, gera um "ganho". Nesse caso, temos um ganho de $ 16.000 (10% sobre o saldo inicial da dívida); logo, a despesa original de $ 30.000 é reduzida pelo ganho de $ 16.000, gerando uma despesa em termos reais de $ 14.000. Na dúvida, coloque-se na posição do credor. Para ele, qual o ganho real por ter emprestado esse dinheiro para a empresa?

Finalmente, a conta "Perdas no Caixa" representa o valor monetário (em moeda de 31/12/X1) que a empresa está perdendo por deixar recursos financeiros "parados" no caixa, ou seja, expostos aos efeitos da inflação e sem nenhum mecanismo de proteção. Esse valor pode ser calculado da seguinte forma:

Perdas no caixa	Valor nominal	Valor em moeda de 31/12/X1
Saldo Inicial	10.000	11.000
(+) Receitas	200.000	209.762
(–) Custos	(140.000)	(146.833)
(–) Salários	(10.000)	(10.488)
(=) Saldo que deveria existir	60.000	63.441
Saldo existente	60.000	60.000
Perdas no Caixa		(3.441)

Esse valor representa a perda monetária (em moeda de 31/12/X1) que a empresa teve por deixar o seu saldo inicial exposto a uma inflação de 10% e mais a perda por deixar os recursos monetários líquidos recebidos ao longo do ano expostos a uma inflação média de 4,8809%.

Com isso, percebemos que o lucro líquido, que era de $ 20.000 na DRE nominal, aumentou em $ 15.000 no modelo corrigido, passando para $ 35.000, ou seja, um aumento de incríveis 75%! E veja-se a consistência entre BP e DRE: a conta de Reserva de Lucros, que era de $11.000, passou para $ 46.000, ou seja, uma variação líquida de $ 35.000, que é exatamente o lucro do período (lembrando que não houve distribuição de dividendos no exemplo).

Veja-se que agora é fácil entender por que o patrimônio e o lucro reais são maiores do que os nominais: o Imobilizado está totalmente defasado na mensuração do patrimônio, e os juros foram jogados para o resultado pelos valores nominais. Na verdade, quem paga um juro nominal grande está fazendo duas coisas: pagando o juro real, e o excedente é, na verdade, uma amortização da dívida. Se a dívida permanecer, por exemplo, pelo mesmo valor nominal, isso significa que a dívida no final do ano é menor do que no início; vai exigir menos esforço para liquidá-la.

Exemplo prático

Nesse segundo exemplo, a empresa compra e vende mercadorias e não possui instalações físicas. As demonstrações financeiras (Balanços, DRE e DFC) são apresentadas a seguir:

BALANÇOS PATRIMONIAIS	31/12/X0	31/12/X1	DRE	X1	DFC	X1
Caixa e Equivalentes	170.000	194.000	Receita de Vendas	300.000	At. Operacionais	
Estoques	30.000	20.000	(–) CMV	(250.000)	Lucro Líquido	14.000
Total	**200.000**	**214.000**	**(=) Lucro Bruto**	**50.000**	Variação de Estoques	10.000
Capital	200.000	200.000	Desp. Salários	(46.000)		**24.000**
Reservas de Lucros	–	14.000	Rec. Juros	10.000	(+) SI Caixa e Eq.	170.000
Total	**200.000**	**214.000**	**(=) Lucro Líquido**	**14.000**	**(=) SF Caixa e Eq.**	**194.000**

Além disso, as seguintes informações são fornecidas:

- A inflação acumulada desde a formação do estoque inicial e do capital social até 31/12/X0 é de 2%.
- A empresa adota o Primeiro que Entra é o Primeiro que Sai (PEPS) para o controle dos seus estoques.
- A inflação de X1 foi de 5%.
- As receitas, as compras e as despesas foram distribuídas uniformemente ao longo do ano.

Novamente, vamos apresentar as mesmas demonstrações, só que agora corrigidas e apresentadas em moeda de 31/12/X1:

BALANÇOS PATRIMONIAIS	31/12/X0 em moeda de 31/12/X1	31/12/X1 em moeda de 31/12/X1	DRE	X1 em moeda de 31/12/X1	DFC	X1 em moeda de 31/12/X1
Caixa e Equivalentes	178.500	194.000	Receita de Vendas	307.409	At. Operacionais	
Estoques	32.130	20.494	(–) CMV	(257.563)	Lucro Líquido	3.864
Total	**210.630**	**214.494**	**(=) Lucro Bruto**	**49.846**	Variação de Estoques	11.636
Capital	214.200	214.200	Desp. Salários	(47.136)		**15.500**
Reservas de Lucros	(3.570)	294	Rec. Juros	1.154	(+) SI Caixa e Eq.	178.500
Total	**210.630**	**214.494**	**(=) Lucro Líquido**	**3.864**	**(=) SF Caixa e Eq.**	**194.000**

Esse exemplo difere do anterior em alguns aspectos. Primeiro, não há ativo imobilizado, fazendo com que o lucro atualizado seja menor do que o lucro nominal. Além disso, o saldo de caixa está aplicado (em uma aplicação que rende uma taxa superior à taxa da inflação), logo, ao invés de perdas no caixa, a empresa possui uma receita financeira (em seguida detalharemos esse cálculo). E, finalmente, esta é uma empresa comercial, assim, a atualização monetária tanto dos estoques quanto do CMV deve respeitar a data de aquisição dos estoques.

Assim, destacaremos os cálculos apenas de estoques, CMV e receita de juros, que são os itens "novos" em relação ao exemplo anterior.

Atualização monetária dos estoques e do CMV

Os estoques são ativos não monetários. Desse modo, eles precisam estar apresentados pelo seu valor atualizado monetariamente. O saldo do estoque inicial estava apresentado nominalmente pelo valor de $ 30.000, porém, considerando que, desde a data de sua formação até 31/12/X0, houve uma inflação de 2%, e ainda, sendo a inflação de X1 de 5%, isso faz com que o valor dos estoques de 31/12/X0 apresentado em moeda de 31/12/X1 seja de $ 32.130 ($ 30.000 × 1,02 × 1,05). O mesmo raciocínio repete-se no Balanço de 31/12/X1. Neste caso, como a empresa adota o PEPS, concluímos que o estoque final é formado pelas compras realizadas durante o ano. Logo, há uma inflação acumulada de aproximadamente 2,4695% ($(1,05)^{1/2} - 1$). Portanto, o estoque final nominal de $ 20.000, corrigido monetariamente, é apresentado por $ 20.494 ($ 20.000 × 1,024695).

Já o CMV é composto por dois valores ($ 30.000 e $ 220.000, em valores nominais): uma pequena parcela é formada pelo estoque inicial, que foi vendido em X1 ($ 32.130), e o restante é composto por compras realizadas durante X1, que totalizaram $ 225.433 ($ 220.000 × 1,024695). Assim, o CMV total corrigido monetariamente é de $ 257.563 ($ 32.130 + $ 225.433).

Receita de juros

Na linha da receita de juros, utilizamos o mesmo conceito que no exemplo anterior (ao tratarmos de despesa de juros): precisamos apresentar a receita financeira real, ou seja, o ganho financeiro obtido acima da inflação. Podemos apresentar esse cálculo de uma forma semelhante à que fizemos para as perdas no caixa:

Receita financeira real	Valor nominal	Valor em moeda de 31/12/X1
Saldo Inicial	170.000	178.500
(+) Receitas	300.000	307.409
(–) Compras	(240.000)	(245.927)
(–) Salários	(46.000)	(47.136)
(=) Saldo que deveria existir	184.000	192.846
Saldo existente	194.000	194.000
Receita Financeira	10.000	1.154

Esse cálculo confirma que a empresa está realizando as suas aplicações em um produto que rende uma taxa acima da inflação, já que, em termos reais, está obtendo $ 1.154 de receita financeira.

> Agora, note-se que, neste segundo exemplo, a inflação é menor ainda do que no primeiro exemplo (apenas 5%) e o resultado líquido é reduzido em cerca de 72% em relação ao lucro nominal. E, se calcularmos o ROE nos dois modelos, perceberemos que, no modelo nominal, ele é de 7% ($ 14.000/$ 200.000). Já considerando-se os efeitos da inflação, o ROE foi de 1,8% ($ 3.864/$ 210.630), ou seja, uma queda de mais de 74% no indicador.
>
> E ainda há muitos profissionais que defendem que uma inflação baixa pode ser olimpicamente ignorada pela contabilidade!

Esperamos que esses exemplos simples tenham ilustrado a aplicação dos conceitos da correção monetária e que possam ter demonstrado que o critério do IASB utilizado para a aplicação obrigatória do modelo de correção é totalmente inadequado.

28.7 Diferenças entre a correção integral e o CPC 42

Na correção integral, cada ganho e perda num item monetário é alocado a uma linha em particular; por exemplo, a perda sobre o caixa, na linha de perda com caixa. O ganho em salários a pagar reduz a despesa de salário, o ganho por dividendo a pagar fica numa linha especial também, e assim por diante. E mais, as perdas nas contas que geram receitas financeiras são diminuídas dessas receitas nominais. O mesmo com as despesas de juros geradas por contas do Passivo.

No CPC 42, estes últimos, os ganhos e as perdas nas receitas e despesas financeiras, ficam como mostrado pela correção integral. Mas todos os demais ganhos e perdas nos itens monetários são juntados numa única conta. Por isso sugerimos que, na verdade, seja adotado o modelo da correção integral. A demonstração fica mais fidedigna se esses ganhos ou perdas forem significativos.

Com tudo isso, um investimento em um país hiperinflacionário exige que as demonstrações dessa investida sejam assim ajustadas para moeda de final do período, para daí serem convertidas para a moeda da investidora, e só então servirem para cálculo da equivalência patrimonial e elaboração das demonstrações consolidadas.

E quando o país deixar de ser hiperinflacionário, os saldos contábeis nesse momento continuarão sendo a base para a contabilidade.

Apêndice
(Modelo de Plano de Contas)

Apresentação

A elaboração de um bom Plano de Contas é fundamental no sentido de utilizar todo o potencial da Contabilidade em seu valor informativo para os inúmeros usuários.

Assim, ao preparar um projeto para desenvolver um Plano de Contas, a empresa deve ter em mente as várias possibilidades de relatórios gerenciais e para uso externo e, dessa maneira, prever as contas de acordo com os diversos relatórios a serem produzidos.

Se, anteriormente, isso era de grande importância, atualmente, com os recursos tecnológicos da informática, passou a ser essencial, pois tais relatórios propiciarão tomada de decisão mais ágil e eficaz por parte dos usuários.

A Lei nº 12.973/2014 estabeleceu regras para que certas receitas e despesas, decorrentes do processo de convergência contábil, não apresentassem impacto fiscal no momento de seu reconhecimento. Uma dessas regras trata do controle em subcontas específicas em determinadas situações:

a) **Avaliação a valor justo de ativos ou passivos**: o valor do ajuste a valor justo deve ser registrado separadamente do valor do respectivo componente patrimonial.

b) **Ajuste a valor presente de ativos e passivos**: o valor do ajuste a valor presente deve ser registrado separadamente do valor do respectivo componente patrimonial.

c) **Combinação de negócios**: o custo de aquisição de participação deverá ser desmembrado em (i) valor do Patrimônio Líquido da investida na época da aquisição; (ii) mais ou menos-valia, que corresponde à diferença entre o valor justo dos ativos líquidos da investida, avaliados individualmente, na proporção da porcentagem da participação adquirida, e o valor do Patrimônio Líquido da investida na época da aquisição; e (iii) o ágio por rentabilidade futura (*goodwill*), que corresponde à diferença entre o custo de aquisição do investimento e o somatório dos valores apresentados anteriormente (i e ii).

Há também outras previsões de escrituração contábil em subcontas específicas relacionadas com a adoção inicial da Lei nº 12.973/2014. Detalhes sobre quando os valores registrados nessas subcontas devem incorporar o resultado tributável (Lucro Real) podem ser encontrados nessa própria Lei e também na Instrução Normativa RFB nº 1.700/2017.

A seguir, apresentamos um modelo.

Modelo de Plano de Contas

MODELO DE PLANO DE CONTAS – ATIVO

I. **ATIVO CIRCULANTE**

1. DISPONÍVEL

    Caixa

    Depósitos bancários à vista

    Numerário em trânsito

    Equivalentes de caixa – Aplicações de liquidez imediata

2. CLIENTES

    Duplicatas a receber

    a) Clientes

    b) Controladas e coligadas – transações operacionais

    Perdas estimadas em créditos de liquidação duvidosa (conta credora)

    Ajuste a valor presente (conta credora)

    Faturamento para entrega futura (conta credora)

    Saques de exportação

3. ATIVO DE CONTRATO

4. OUTROS CRÉDITOS

    Títulos a receber

    a) Clientes – renegociação de contas a receber

    b) Devedores mobiliários

    c) Empréstimos a receber de terceiros

    d) Receitas financeiras a transcorrer (conta credora)

    Cheques em cobrança

Dividendos propostos a receber

Bancos – contas vinculadas

Juros a receber

Adiantamentos a terceiros

Créditos de funcionários

   a) Adiantamentos para viagens

   b) Adiantamentos para despesas

   c) Antecipação de salários e ordenados

   d) Empréstimos a funcionários

   e) Antecipação de 13º salário

   f) Antecipação de férias

Tributos a compensar e recuperar

   a) IPI a compensar

   b) ICMS a compensar

   c) IRRF a compensar

   d) IR e CS a restituir/compensar

   e) PIS/PASEP a recuperar

   f) COFINS a recuperar

   g) Outros tributos a recuperar

Operações em bolsa

   a) Depósitos para garantia de operação a termo

   b) Prêmios pagos – mercado de opções

Depósitos restituíveis e valores vinculados

Perdas estimadas para créditos de liquidação duvidosa (conta credora)

Perdas estimadas para redução ao valor recuperável (conta credora)

Ajuste a valor presente (conta credora)

5. INVESTIMENTOS TEMPORÁRIOS

   Aplicação temporária em ouro

   Títulos e valores mobiliários

   Perda estimada para redução ao valor recuperável (conta credora)

   Perdas estimadas (conta credora)

6. ESTOQUES

    Produtos acabados

    Mercadorias para revenda

    Produtos em elaboração

        Matérias-primas

        Outros materiais diretos

        Mão de obra direta

            Salário

            Prêmios de produção

            Gratificações

            Férias

            13º salário

            INSS

            FGTS

            Benefícios a empregados

            Aviso-prévio e indenizações

            Assistência médica e social

            Seguro de vida em grupo

            Seguro de acidentes do trabalho

            Auxílio-alimentação

            Assistência Social

            Outros encargos

        Outros custos diretos

            Serviços de terceiros

            Outros

        Custos indiretos

            Material indireto

            Mão de obra indireta

                Salários e ordenados dos supervisores de produção

                Salários e ordenados dos departamentos de produção

                Gratificações

                Férias

                13º salário

        INSS

        FGTS

        Benefícios a empregados

        Aviso-prévio e indenizações

        Assistência médica e social

        Seguro de vida em grupo

        Seguro de acidentes do trabalho

    Outros encargos

        Honorários da diretoria de produção e encargos

Ocupação

    Aluguéis e condomínios

    Depreciações e amortizações

    Manutenção e reparos

Utilidades e serviços

    Energia elétrica (luz e força)

    Água

    Transporte do pessoal

    Comunicações

    Reproduções

    Refeitório

Outros custos

    Recrutamento e seleção

    Treinamento do pessoal

    Roupas profissionais

    Conduções e refeições

    Impostos e taxas

    Segurança e vigilância

    Ferramentas perecíveis

    Outras

Materiais de acondicionamento e embalagem

Materiais auxiliares

Materiais semiacabados

Manutenção e suprimentos gerais

Mercadorias em trânsito
Mercadorias entregues em consignação
Importações em andamento
Almoxarifado
Adiantamento a fornecedores
Perda estimada para redução ao valor recuperável (conta credora)
Ajuste a valor presente (conta credora)
Serviços em andamento
Ativos biológicos – ao custo
Ativos biológicos – ao valor justo
Produtos biológicos – ao custo
Produtos biológicos – ao valor justo

7. ATIVOS ESPECIAIS

   Ativos especiais
   Ativos especiais em produção
   Amortização/Depreciação acumulada (conta credora)
   Perda estimada para redução ao valor recuperável (conta credora)

8. DESPESAS DO EXERCÍCIO SEGUINTE PAGAS ANTECIPADAMENTE

   Prêmios de seguros a apropriar
   Encargos financeiros a apropriar
   Assinaturas e anuidades a apropriar
   Comissões e prêmios pagos antecipadamente
   Aluguéis pagos antecipadamente
   Outros custos e despesas pagos antecipadamente

9. ATIVO NÃO CIRCULANTE MANTIDO PARA VENDA

II. ATIVO NÃO CIRCULANTE

II.1. ATIVO REALIZÁVEL A LONGO PRAZO

1. CRÉDITOS E VALORES

   Bancos – contas vinculadas
   Clientes

Ativo de contrato

Títulos a receber

Créditos de acionistas – transações não recorrentes

Crédito de diretores – transações não recorrentes

Crédito de coligadas e controladas – transações não recorrentes

Adiantamentos a terceiros

Perdas estimadas com créditos de liquidação duvidosa (conta credora)

Impostos e contribuições a recuperar

Empréstimos compulsórios à Eletrobras

Empréstimos feitos com incentivos fiscais

Depósitos restituíveis e valores vinculados

Perdas estimadas para redução ao valor recuperável (conta credora)

Aplicações financeiras

Ajuste a valor presente (conta credora)

2. INVESTIMENTOS TEMPORÁRIOS A LONGO PRAZO

Aplicações em títulos e valores mobiliários

Aplicações em instrumentos patrimoniais de outras sociedades

Depósitos e aplicações para investimentos com incentivos fiscais

a) FINOR
b) FINAM
c) FUNRES

Participações em fundos de investimento

a) FINOR
b) FINAM
c) FUNRES

Perdas estimadas para redução ao valor recuperável (conta credora)

3. DESPESAS ANTECIPADAS

Prêmios de seguro a apropriar a longo prazo

Outros custos e despesas pagos antecipadamente

4. TRIBUTOS DIFERIDOS

IR e CS diferidos

II.2. INVESTIMENTOS

1. PARTICIPAÇÕES PERMANENTES EM OUTRAS SOCIEDADES

    A. Avaliadas por equivalência patrimonial

    a) Valor da equivalência patrimonial
       1) Participações em controladas (conta por empresa)
       2) Participações em controladas em conjunto (conta por empresa)
       3) Participações em coligadas (conta por empresa)
       4) Participações em sociedades do grupo (conta por empresa)
    b) Mais-valia sobre os ativos líquidos das investidas
    c) Ágio por rentabilidade futura (*goodwill*) (conta por empresa)
    d) Perdas estimadas para redução ao valor realizável líquido (conta credora)
    e) Lucros a apropriar (conta credora)
       1) Lucro em vendas para controladas
       2) Lucro em vendas para coligadas
       3) Lucro em vendas para *joint venture*s

    B. Avaliadas pelo valor justo

    a) Participações em outras sociedades (conta por empresa)

    C. Avaliadas pelo custo

    a) Participações em outras sociedades (conta por empresa)
    b) Perdas estimadas (conta credora)

2. OUTROS INVESTIMENTOS PERMANENTES

   Ativos para futura utilização

   Obras de arte

   Perdas estimadas (conta credora)

II.3. PROPRIEDADES PARA INVESTIMENTO

   A. Avaliadas por valor justo

   a) Propriedades para investimento

   B. Avaliadas pelo custo

   a) Propriedades para investimento
   b) Depreciação acumulada (conta credora)
   c) Perdas estimadas (conta credora)

II.4. ATIVO IMOBILIZADO

A. BENS EM OPERAÇÃO – CUSTO

Terrenos

Obras preliminares e complementares

Obras civis

Instalações

Máquinas, aparelhos e equipamentos

Equipamentos de processamento eletrônico de dados

Móveis e utensílios

Veículos

Ferramentas

Softwares

Ativo biológico (ao Custo)

Direitos sobre recursos naturais

Peças e conjuntos de reposição

Benfeitorias em propriedades de terceiros

Direito de uso de arrendamento

B. DEPRECIAÇÃO, AMORTIZAÇÃO ou EXAUSTÃO ACUMULADA E PERDAS POR REDUÇÃO AO VALOR RECUPERÁVEL (contas credoras)

Obras preliminares e complementares – depreciação

Obras civis – depreciação

Instalações – depreciação

Máquinas, aparelhos e equipamentos – depreciação

Equipamentos de processamento eletrônico de dados – depreciação

Móveis e utensílios – depreciação

Veículos – depreciação

Ferramentas – depreciação

Peças e conjuntos de reposição – depreciação

Benfeitorias em propriedades de terceiros – amortização

Imobilizado biológico – depreciação

Direito sobre recursos naturais – amortização

Direito de uso de arrendamento – depreciação

Perdas estimadas por redução ao valor recuperável

C. IMOBILIZADO EM ANDAMENTO – CUSTO

Bens em uso na fase de implantação

a) Custo (por conta)

b) Perdas estimadas por redução ao valor recuperável (contas credoras)

Construções em andamento

Importações em andamento de bens do imobilizado

Adiantamentos a fornecedores de imobilizado

Almoxarifado de materiais para construção de imobilizado

II.5. INTANGÍVEL

A. CUSTO

Marcas

Patentes

Concessões

Softwares

Goodwill (ágio por expectativa de rentabilidade futura) (só no Balanço Consolidado)

Direitos autorais

Direitos sobre recursos minerais – outros

Pesquisa e desenvolvimento

B. AMORTIZAÇÃO ACUMULADA E PERDAS ESTIMADAS POR REDUÇÃO AO VALOR RECUPERÁVEL (conta credora)

II.6. ATIVO DIFERIDO – CUSTO (em extinção)

A. GASTOS DE IMPLANTAÇÃO E PRÉ-OPERACIONAIS

Gastos de organização e administração

Encargos financeiros líquidos

Estudos, projetos e detalhamentos

Juros a acionistas na fase de implantação

Gastos preliminares de operação

Amortização acumulada (conta credora)

B. GASTOS DE IMPLANTAÇÃO DE SISTEMAS E MÉTODOS

Custo

Amortização acumulada (conta credora)

C. GASTOS DE REORGANIZAÇÃO

Custo

Amortização acumulada (conta credora)

MODELO DE PLANO DE CONTAS – PASSIVO + PATRIMÔNIO LÍQUIDO

I. **PASSIVO CIRCULANTE**

1. SALÁRIOS E ENCARGOS SOCIAIS

    Ordenados e salários a pagar

    13º a pagar

    Férias a pagar

    INSS a pagar

    FGTS a recolher

    Honorários da administração a pagar

    Comissões a pagar

    Gratificações a pagar

    Participações no resultado a pagar

    Retenções a recolher

2. FORNECEDORES

    Fornecedores nacionais

    Ajuste a valor presente (conta devedora)

    Fornecedores estrangeiros

3. OBRIGAÇÕES FISCAIS

    ICMS a recolher

    IPI a recolher

    IR a pagar

    IR recolhido (conta devedora)

    CS a pagar

    CS recolhida (conta devedora)

IOF a pagar

ISS a recolher

PIS/PASEP a recolher

COFINS a recolher

Impostos retidos a recolher

Obrigações fiscais – REFIS a pagar

Receita diferida (REFIS)

Ajuste a valor presente (conta devedora)

Outros impostos e taxas a recolher

4. EMPRÉSTIMOS E FINANCIAMENTOS

Parcela a curto prazo dos empréstimos e financiamentos

Credores por financiamento

Financiamentos bancários a curto prazo

Arrendamentos a pagar

Duplicatas descontadas

Adiantamentos de contratos de câmbio

Títulos a pagar

Encargos financeiros a transcorrer (conta devedora)

Custos de transação a apropriar (conta devedora)

Juros a pagar de empréstimo e financiamento

5. DEBÊNTURES E OUTROS TÍTULOS DE DÍVIDA

Conversíveis em ações

Não conversíveis em ações

Juros e participações

Prêmios na emissão de debêntures a apropriar

Deságio a apropriar (conta devedora)

Custos de transação a apropriar (conta devedora)

6. PASSIVO DE CONTRATO

7. OUTRAS OBRIGAÇÕES

Adiantamentos de clientes

Faturamento para entrega futura

Contas a pagar

Ordenados e salários a pagar

Encargos sociais a pagar

FGTS a recolher

Honorários da administração a pagar

Comissões a pagar

Gratificações a pagar

Retenções contratuais

Dividendos e juros sobre o capital próprio a pagar

Juros de empréstimos e financiamentos a pagar

Operações em bolsa

Ajuste a valor presente (conta devedora)

Dividendo mínimo obrigatório a pagar

Autorizações de pagamentos a liquidar

Outras contas a pagar

8. PROVISÕES

Provisões fiscais, previdenciárias, trabalhistas e cíveis

Provisão para benefícios a empregados (aposentadorias e pensões)

Provisão para garantias

Provisão para reestruturação

II. PASSIVO NÃO CIRCULANTE

1. EMPRÉSTIMOS E FINANCIAMENTOS

Empréstimos e financiamentos a longo prazo
   a) Em moeda nacional
   b) Em moeda estrangeira

Financiamento por arrendamento financeiro

Credores por financiamento

Títulos a pagar

Encargos financeiros a transcorrer (conta devedora)

Custos de transação a apropriar (conta devedora)

Juros a pagar de empréstimos e financiamentos

2. DEBÊNTURES E OUTROS TÍTULOS DE DÍVIDA

   Conversíveis em ações
   Não conversíveis em ações
   Juros e participações
   Deságio a apropriar (conta devedora)
   Custos de transação a apropriar (conta devedora)
   Prêmios na emissão de debêntures a apropriar

3. RETENÇÕES CONTRATUAIS

4. IR E CS DIFERIDOS

5. RESGATE DE PARTES BENEFICIÁRIAS

6. PROVISÕES

   Provisões fiscais, previdenciárias, trabalhistas e cíveis
   Provisão para benefícios a empregados (aposentadorias e pensões)
   Provisão para garantias
   Provisão para reestruturação

7. REFIS

   Obrigações fiscais – REFIS a pagar
   Receita diferida (REFIS)
   Ajuste a valor presente (conta devedora)

8. RECEITAS A APROPRIAR

9. SUBVENÇÕES DE INVESTIMENTO A APROPRIAR

III. PATRIMÔNIO LÍQUIDO

PATRIMÔNIO LÍQUIDO DOS SÓCIOS DA CONTROLADORA (só no Balanço Consolidado)

1. CAPITAL SOCIAL

   Capital subscrito
   a) Capital autorizado
   b) Capital a subscrever (conta devedora)
   c) Capital a integralizar (conta devedora)
   d) Gastos com emissão de ações (retificadora do Capital Social)

2. RESERVAS DE CAPITAL

   Ágio na emissão de ações

   Reserva especial de ágio na incorporação

   Alienação de bônus de subscrição

   Gastos na emissão de outros valores patrimoniais (conta devedora)

3. OPÇÕES OUTORGADAS EXERCIDAS

4. RESERVAS DE REAVALIAÇÃO (quando permitidas pela lei – em extinção)

   Reavaliação de ativos próprios (contas por natureza dos ativos)

   Reavaliação de ativos de coligadas e controladas avaliadas pelo método de equivalência patrimonial

5. RESERVAS DE LUCROS

   Reserva legal

   Reservas estatutárias (contas por tipo)

   Reservas para contingências

   Reservas de lucros a realizar

   Reservas de lucros para expansão

   Reservas de incentivos fiscais

   Reserva especial para dividendo obrigatório não distribuído

6. LUCROS OU PREJUÍZOS ACUMULADOS

   Lucros acumulados

   Prejuízos acumulados (conta devedora)

7. DIVIDENDO ADICIONAL PROPOSTO

8. AÇÕES EM TESOURARIA (conta devedora)

9. OUTROS RESULTADOS ABRANGENTES

   Ajuste acumulado de conversão

   Ajustes de avaliação patrimonial

10. MUDANÇA NA PARTICIPAÇÃO RELATIVA EM COLIGADA, CONTROLADA E CONTROLADA EM CONJUNTO

ACIONISTAS OU SÓCIOS NÃO CONTROLADORES (só no Balanço Consolidado)

MODELO DE PLANO DE CONTAS – CONTAS DE RESULTADO

I. **FATURAMENTO BRUTO DE VENDAS DE PRODUTOS**

II. **DEDUÇÕES DO FATURAMENTO BRUTO**

   IMPOSTO SOBRE PRODUTOS INDUSTRIALIZADOS (IPI)[1]

III. **RECEITA BRUTA DE VENDAS DE MERCADORIAS, PRODUTOS E SERVIÇOS**

   1. VENDAS DE PRODUTOS

      Mercado nacional

      Exportação

   2. VENDAS DE SERVIÇOS

      Mercado nacional

      Exportação

IV. **DEDUÇÕES DA RECEITA BRUTA**

   1. VENDAS CANCELADAS

   2. DEVOLUÇÕES PROVÁVEIS

   3. ABATIMENTOS

   4. IMPOSTOS INCIDENTES SOBRE VENDAS

      ICMS

      ISS

      PIS OU PASEP (sobre a receita bruta)

      COFINS (sobre a receita bruta)

V. **AJUSTE A VALOR PRESENTE DE CLIENTES (conta devedora)**

---

[1] Pela legislação fiscal e pelas normas do CPC, não deve integrar a Receita Bruta. Veja o Capítulo 18 – Receitas de Vendas.

VI. CUSTO DAS MERCADORIAS VENDIDAS E DOS SERVIÇOS PRESTADOS

1. CUSTO DAS MERCADORIAS VENDIDAS
2. CUSTO DOS SERVIÇOS PRESTADOS
3. (−) CMV/CSP POR DEVOLUÇÕES PROVÁVEIS

VII. CUSTOS DOS PRODUTOS VENDIDOS

1. MATÉRIA-PRIMA DIRETA
2. OUTROS MATERIAIS DIRETOS
3. MÃO DE OBRA DIRETA
4. OUTROS CUSTOS DIRETOS
5. CUSTOS INDIRETOS
6. (−) CPV POR DEVOLUÇÕES PROVÁVEIS

VIII. DESPESAS OPERACIONAIS

A. DE VENDAS

1. DESPESAS COM PESSOAL
   Contas como subgrupo B – 1 a seguir
2. COMISSÕES DE VENDAS
   Contas como subgrupo B – 1 a seguir
3. OCUPAÇÃO
   Contas como subgrupo B – 2 a seguir
4. UTILIDADES E SERVIÇOS
   Contas como subgrupo B – 3 a seguir
5. PROPAGANDA E PUBLICIDADE
   Propaganda
   Publicidade
   Amostras

Anúncios

Pesquisas de mercado e de opinião

6. DESPESAS GERAIS

Contas como subgrupo B – 5 a seguir

7. TRIBUTOS E CONTRIBUIÇÕES

8. PERDAS ESTIMADAS COM CRÉDITOS DE LIQUIDAÇÃO DUVIDOSA

Constituição de novo saldo

Reversão do saldo anterior (conta credora)

B. ADMINISTRATIVAS

1. DESPESAS COM PESSOAL

Salários e ordenados

Gratificações

Férias

13º salário

INSS

FGTS

Indenizações

Assistência médica e social

Seguro de vida em grupo

Seguro de acidentes do trabalho

Outros encargos

2. OCUPAÇÃO

Aluguéis e condomínios

Depreciações e amortizações

Manutenção e reparos

3. UTILIDADES E SERVIÇOS

Energia elétrica

Água e esgoto

Telefonia/Internet

Correios e malotes

Reprodução

Seguros

Transporte de pessoal

4. HONORÁRIOS

Diretoria

Conselho de administração

Conselho fiscal

5. DESPESAS GERAIS

Viagens e representações

Material de escritório

Materiais auxiliares e de consumo

Higiene e limpeza

Copa, cozinha e refeitório

Conduções e lanches

Revistas e publicações

Donativos e contribuições

Legais e judiciais

Serviços profissionais contratados

Auditoria

Consultoria

Recrutamento e seleção

Segurança e vigilância

Treinamento de pessoal

Despesas com pesquisa e desenvolvimento

6. TRIBUTOS E CONTRIBUIÇÕES

ITR

IPTU

IPVA

Taxas municipais e estaduais

Contribuição social

PIS

PASEP

COFINS

7. DESPESAS COM PROVISÕES

   Constituição de provisão para perdas diversas

   Constituição de provisões fiscais, previdenciárias, trabalhistas e cíveis

   Constituição de provisão para benefícios a empregados

   Constituição de perdas estimadas para redução a valor recuperável

   Constituição de perdas estimadas nos estoques

   Reversão de provisão para perdas diversas

   Reversão de provisões fiscais, previdenciárias, trabalhistas e cíveis

   Reversão de provisão para benefícios a empregados

   Reversão de perdas estimadas para redução a valor recuperável

   Reversão de perdas estimadas nos estoques

C. RESULTADO FINANCEIRO LÍQUIDO

   1. RECEITA E DESPESAS FINANCEIRAS

      a) DESPESAS FINANCEIRAS

         Juros pagos ou incorridos

         Descontos concedidos

         Comissões e despesas bancárias

         Custos de transação

         Variação monetária prefixada de obrigações

      b) RECEITAS FINANCEIRAS

         Descontos obtidos

         Juros recebidos ou auferidos

         Receitas de títulos vinculados ao sistema financeiro

         Receitas sobre outros investimentos temporários

         Prêmio de resgate de títulos e debêntures

      c) RESULTADO FINANCEIRO COMERCIAL

         Receita financeira comercial

         (Reversão de ajuste a valor presente de clientes, líquido de suas perdas monetárias)

         Despesa financeira comercial

         (Reversão de ajuste a valor presente de clientes, líquido de suas perdas monetárias)

2. VARIAÇÕES MONETÁRIAS DE OBRIGAÇÕES E CRÉDITOS
   a) VARIAÇÕES DE OBRIGAÇÕES
      Variação cambial
      Variação monetária passiva, exceto prefixada
   b) VARIAÇÕES DE CRÉDITOS
      Variação cambial
      Variação monetária ativa
3. PIS/PASEP SOBRE RECEITAS FINANCEIRAS
4. COFINS SOBRE RECEITAS FINANCEIRAS

D. OUTRAS RECEITAS E DESPESAS OPERACIONAIS[2]

1. LUCROS E PREJUÍZOS DE PARTICIPAÇÕES EM OUTRAS SOCIEDADES
   Participação nos resultados de coligadas e controladas pelo método de equivalência patrimonial
   Dividendos e rendimentos de outros investimentos
   Amortização de ágio ou deságio de investimentos
2. VENDAS DIVERSAS
   Vendas de sucatas (líquidas de ICMS)
3. GANHOS E PERDAS DE CAPITAL NOS INVESTIMENTOS
   Ganhos e perdas na alienação de investimentos
   Ganhos com compra vantajosa – Ágio
   Perdas prováveis na realização de investimentos
   Outros resultados em investimentos avaliados pela equivalência patrimonial
4. GANHOS E PERDAS DE CAPITAL NO IMOBILIZADO
   Ganhos e perdas na alienação ou baixa de imobilizado
   Valor líquido de bens baixados
5. GANHOS E PERDAS DE CAPITAL NO INTANGÍVEL
   Baixa de ativos intangíveis

---

[2] Muitas dessas contas, em certas circunstâncias, podem, ou até devem, ser reclassificadas para fins de demonstração do resultado do exercício.

6. OUTROS GANHOS E PERDAS
   Ganhos/perdas no diferido

7. RESULTADO DE OPERAÇÕES DESCONTINUADAS
   Receitas e despesas das operações descontinuadas
   Tributos sobre operações descontinuadas
   Ganhos ou perdas reconhecidos nos ativos da operação descontinuada
   Imposto de renda e contribuição social relacionados

8. GANHOS/PERDAS EM ITENS MONETÁRIOS

IX. **IMPOSTO DE RENDA E CONTRIBUIÇÃO SOCIAL**

X. **PARTICIPAÇÕES E CONTRIBUIÇÕES**

1. DEBÊNTURES

2. EMPREGADOS

3. ADMINISTRADORES

4. PARTES BENEFICIÁRIAS

5. INSTITUIÇÃO OU FUNDO DE ASSISTÊNCIA OU PREVIDÊNCIA A EMPREGADOS

XI. **LUCRO (PREJUÍZO) LÍQUIDO DO EXERCÍCIO**

Índice Alfabético

A

Ações em tesouraria, 177
    classificação contábil, 178
    conceito, 177

Adiantamento de clientes, 130

Ajuste a valor presente, 43

Ajustes de avaliação patrimonial, 169
    constituição e realização, 169

Ajustes de exercícios anteriores, 183

Alocação do valor do contrato nas obrigações de *performance*, 204

Alteração de estimativas contábeis, 266

Alteração de políticas contábeis, 265

Aluguéis e outros direitos de uso, 147
    objetivo e alcance, 147

Apuração do custo dos produtos vendidos, 193

Apuração do lucro real, 136

Arrendamento mercantil (aluguel ou outro contrato), 147
    mensuração inicial, 148
    mensuração subsequente, 149
    no arrendatário, 147
    operações, 77
    reconhecimento, 148

Aspectos contábeis gerais, 135

Atendimento de pedidos de normas contábeis, 289
    obrigatoriedade de menção de todas as práticas contábeis, 289

Atividades de financiamento, 232

Atividades operacionais, 232

Ativo, 8

Ativo imobilizado, 67

Ativo não circulante mantido para venda, 37

Ativos biológicos, 81, 84
    exemplos de transações, 85
    modelo contábil específico para a atividade agrícola, 84

Ativos contingentes, 135, 142, 144

Ativos especiais, 33

Ativos intangíveis, 81
    exemplos de transações envolvendo ativos intangíveis, 82
    mensuração subsequente e vida útil, 81
Avaliação de investimentos, 63
    mudanças de critério, 63

B

Balanço de abertura, 10
    elaboração, 10
Balanços individuais e consolidados, 5
Benefícios a empregados, 215
    plano de benefício definido, 216
    plano de contribuição definida, 216
    reconhecimento, mensuração e divulgação, 216

C

Cálculo da Contribuição Social sobre o Lucro, 136
Cálculo do Imposto de Renda, 136
Capacidade ociosa, 28
Capital social, 166
    capital realizado, 166
    conceito, 166
Características qualitativas de informações financeiras úteis, 7
Cisão, 271
Cláusulas restritivas, 301
Código Civil, 2
Coligadas, 49, 50
    investimentos, 49
Combinação de Negócios, 271
    mensuração, 273
    reconhecimento, 273

Comissões a pagar, 133
Comitê de Pronunciamentos Contábeis (CPC), 3
Concessões, 315
    casos de aplicação da norma, 317
    mensuração, 315
    noções preliminares, 315
    reconhecimento, 315
Consolidação das demonstrações contábeis, 245
Contabilidade, 1
Contabilidade em economia inflacionária, 329
    correção monetária no brasil, 329
    exemplos, 331
    modelo do IASB, 330
Contas a Pagar, 131
Contas a Receber, 13, 15
Contraprestação variável, 201
Contribuição Social sobre o Lucro Líquido (CSLL), 135
Controladas em conjunto, 50
Controladas investimentos em, 49
Conversão de demonstrações contábeis, 98
Correção monetária no Brasil, 329
Créditos e valores, 42
Criptoativos
    tratamento atual, 13
Custo das mercadorias e dos produtos vendidos e dos serviços prestados, 193
Custos contratuais incrementais ativáveis, 213

D

Debêntures, 157

Demonstração das mutações do patrimônio líquido (DMPL), 181
    conceitos iniciais, 181
    conteúdo, 181
    estrutura de apresentação, 182

Demonstração do resultado abrangente do exercício (DRA), 191
    critérios gerais de apresentação, 191

Demonstração do resultado abrangente, 187

Demonstração do resultado do exercício (DRE), 188

Demonstração do resultado, 187

Demonstração do valor adicionado (DVA), 231, 237
    aspectos conceituais discutíveis, 238
    aspectos introdutórios, 237
    exemplo completo, 240

Demonstração dos fluxos de caixa (DFC), 231
    aspectos introdutórios, 231
    exemplos de elaboração, 233
    métodos de elaboração, 232

Demonstrações contábeis consolidadas, 245
    conexão entre poder e os retornos variáveis, 251
    eliminações, 256
    exceção ao princípio de consolidação, 253
    exposição ou não a retornos variáveis, 250
    participação dos acionistas não controladores, 261
    poder, 246
    procedimentos de consolidação, 255

Demonstrações contábeis e a entidade que reporta, 8

Demonstrações contábeis separadas, 263

Demonstrações contábeis, elementos, 8

Demonstrações separadas, 245

Depreciação, 77

Depreciação incentivada, 137

Despesas antecipadas, 35, 42

Despesas de vendas, 196

Despesas e outros resultados das operações continuadas, 196
    conceitos gerais, 196
    exemplos, 196

Despesas operacionais, 187

Determinação da data de aquisição, 275

Determinação do preço da transação, 201

Direitos federativos, 82

Disponibilidades, 1, 13, 231
    classificação, 13
    conteúdo, 13

Dividendos e juros sobre o capital próprio a pagar, 132

DRE (demonstração do resultado do exercício), 188
    critérios gerais de apresentação, 188

DVA (demonstração do valor adicionado), 237
    aspectos conceituais discutíveis, 238
    aspectos introdutórios, 237
    exemplo completo de DVA, 240

E

Efeitos da inflação, 2

Elaboração do balanço de abertura, 10

Elementos das demonstrações contábeis, 8

Empréstimos e financiamentos, 157, 298

Encargos financeiros, 159

Encargos sociais a pagar, 132

Entidades em liquidação, 11

Estoques, 21
    apuração do custo, 22
    apuração do valor realizável líquido, 29
    conteúdo e principais contas, 21
    critérios de mensuração, 22
    produto agrícola, 30

Estrutura conceitual de contabilidade, 1, 6

Estudo da Organização das Nações Unidas (ONU), 326
    projeto do IASB, 327

Evento subsequente, 265, 270

Evolução histórica da correção monetária no Brasil, 329

F

Férias coletivas, 28

FGTS a recolher, 132

Fisco e legislações específicas, 1

Fornecedores, 125

Fusão, 271

G

Goodwill, 51

H

Hedge accounting, 118

Hedge de fluxo de caixa, 119

Hedge de investimentos no exterior, 119

Hedge de valor justo, 119

I

Identificação das obrigações contratuais de *performance*, 200

Identificação de contrato com cliente, 199

Identificação do adquirente, 274

Imobilizado, 67
    conceituação, 67
    critérios de avaliação, 68
    depreciação, 77
    gastos relacionados, 75
    retiradas, 76

Imposto sobre a Renda das Pessoas Jurídicas (IRPJ), 135

Impostos incidentes sobre a receita, 127

Impostos incidentes sobre o lucro, 128

Impostos retidos na fonte, 128

Incorporação, 271

Informação sabidamente irrelevante e informação relevante, 289

Informações por Segmento, 305, 306
    características, 306
    divulgação, 307
    exemplo real, 307

Instrumentos financeiros, 109
    definição e classificação, 110
    teste de *impairment*, 113

Introdução, 1

Investidas
    patrimônio líquido, 57

Investimentos em coligadas, 49

Investimentos em Controladas, 49

Investimentos em *Joint Ventures*, 49

Investimentos em outras sociedades, 41, 45
    conceitos iniciais, 45

Investimentos permanentes em outras sociedades, 45

J

Joint Ventures
    investimentos, 49

Juros de empréstimos e financiamentos, 133

L

LALUR, 136

Leaseback, 153

Lei das Sociedades por Ações
    principais diretrizes, 290

Licença de *software*, 82

M

Mais-valia, 51

Marca comercial, 83

Matérias-primas, 23

Mensuração ao valor justo, 93

Método da equivalência patrimonial
    aplicação, 51

Moeda estrangeira
    saldos, 14

Mudança de estimativa, 265
    alteração, 266

Mudança nas taxas de câmbio, 93

Mudanças de critério na avaliação de investimentos, 63

Mudanças nas taxas de câmbio em investimentos no exterior, 98

N

Negócio
    conceito, 272

Normas internacionais de contabilidade, 4

Normas internacionais e do CPC, 9
    adoção inicial, 9

Notas explicativas, 79, 287
    aspectos introdutórios, 287
    exemplos de notas explicativas, 290
    materialidade ou relevância, 288
    principais pontos a serem abordados – OCPC 07, 287
    sequência das notas explicativas, 289

O

Obrigações contratuais de *performance*, 200

Obrigações fiscais, 127

Obrigatoriedade de menção de todas as práticas contábeis, 289

Operações de arrendamento mercantil, 77

Operações descontinuadas, 33, 39

Operações intersociedades, 58
    resultados não realizados de, 58

Ordenados e salários a pagar, 131

Outros ativos, 33

Outros títulos de dívida, 157

P

Pagamento baseado em ações, 215, 220
    avaliação dos instrumentos outorgados, 221
    condições de aquisição de direitos (*vesting conditions*), 221
    critérios de reconhecimento e mensuração das transações, 222
    exemplos, 223
    liquidadas pela entrega de instrumentos patrimoniais, 222
    problema conceitual, 228

transações com pagamento baseado em ações liquidadas em caixa, 223

Pagamento com ações em tesouraria, 228
    divulgações, 229

Passivo, 8

Passivo exigível, 123
    classificação, 124
    conceitos gerais de passivo, 123
    definição e reconhecimento, 123
    mensuração, 125

Passivos contingentes, 135, 142

Passivos financeiros gerais, 157

Patente para fabricação de produtos, 83

Patrimônio líquido, 9, 165
    conceituação, 165
    das investidas, 57

Pequena e média empresa: pronunciamento especial do CPC e pequena empresa e microentidade (CFC), 5

Perda da influência, 63

Perda do controle, 63

Perdas estimadas em créditos de liquidação duvidosa (PECLD), 15
    conceito e critérios contábeis, 17

Perdas
    reconhecimento, 63

Políticas contábeis, 265
    alteração, 265

Prejuízos acumulados, 179

Prevalência da essência sobre a forma, 7

Produtos em processo, 26

Propriedade para investimento, 67, 77
    avaliação de propriedade para investimento, 78
    conceito, 77

Provisões, 133, 135, 142

Provisões dedutíveis no futuro, 139

Prudência, 7

R

Realizável a longo prazo, 41
    conceitos iniciais, 41
    conteúdo das contas, 42

Receita, 9

Receitas de vendas, 199
    conceitos fundamentais, 199
    de produtos e serviços, 199

Reconhecimento de perdas, 63, 206

Reconhecimento de receitas da atividade de incorporação imobiliária, 211

Reconhecimento e mensuração de receitas de vendas, 199

Reconhecimento e mensuração do *goodwill* ou ganho por compra vantajosa, 279

Regime de competência, 7

Relatório da administração, 323
    deliberações e instruções da Comissão de Valores Mobiliários (CVM), 323
    estudos no Brasil e no mundo, 323
    Lei nº 6.404/1976, 323
    regulamentações, 323

Relatório financeiro objetivo, 7
    limitações do, 7
    utilidade, 7

Reserva legal, 172

Reserva para contingências, 172

Reservas de capital, 167
    conceito, 167
    conteúdo e classificação das contas, 167
    destinação, 168

Reservas de lucros a realizar, 173

Reservas de lucros, 171
    conceito, 171

Reservas estatutárias, 172

Resultado abrangente, 183

Resultados não realizados de operações intersociedades, 58

Retenções contratuais, 132

Retificação de erro, 265, 267

S

Saldos em moeda estrangeira, 14

Sistemas de custeio, 27

T

Teste de *impairment* de instrumentos financeiros, 113

Transação de venda, 150
    exemplos com arrendamentos, 151
    leaseback, 150
    mensuração subsequente, 151, 152
    reconhecimento Inicial, 151

Transações com partes relacionadas, 305, 309
    divulgações, 310
    entidades relacionadas com o Estado, 311
    exemplo real, 311
    partes relacionadas, 309

Tributos a compensar e a recuperar, 18
    recuperabilidade, 19

Tributos diferidos, 43

Tributos sobre o lucro, 135

V

Variações cambiais de investimentos no exterior, 104